Cirsten Witt

Bewertung von öffentlich-rechtlichen Sparkassen im Rahmen einer Privatisierungsentscheidung

GABLER EDITION WISSENSCHAFT

Moderne Finanzwirtschaft & Unternehmensbewertung

Herausgegeben von
Professor Dr. Manfred Jürgen Matschke

In dieser Schriftenreihe werden betriebswirtschaftliche Forschungsergebnisse zu aktuellen Fragestellungen der betrieblichen Finanzwirtschaft im ganzen und der Unternehmensbewertung im besonderen präsentiert. Die Reihe richtet sich an Leser in Wissenschaft und Praxis. Sie ist als Veröffentlichungsplattform für alle herausragenden Arbeiten auf den genannten Gebieten offen, unabhängig davon, wo sie entstanden sind.

Cirsten Witt

Bewertung von öffentlich-rechtlichen Sparkassen im Rahmen einer Privatisierungsentscheidung

Mit einem Geleitwort von
Prof. Dr. Manfred Jürgen Matschke

Deutscher Universitäts-Verlag

Die unterschiedlichen Ausprägungen einer Privatisierung werden klar voneinander abgegrenzt. Ein wichtiges Ergebnis der Arbeit ist, daß die Begründungspflicht bei den Gegnern einer materiellen, autonomen (Vermögens-)Privatisierung liegt, die den Status quo erhalten möchten, daß aber momentan auch die einfachgesetzliche Rechtslage eine solche Privatisierung be-/verhindert. Die verschiedenen Dimensionen der Privatisierungsdiskussion werden sorgfältig herausgearbeitet und gewichtet. Es wird keine generelle Aussage für oder gegen eine Privatisierung von öffentlich-rechtlichen Sparkassen getroffen. Ob eine Privatisierungsentscheidung aus Sicht des kommunalen Trägers zweckmäßig ist, ergibt sich nur unter Berücksichtigung der speziellen regionalen Situation sowie derjenigen der jeweiligen Sparkasse, also im Einzelfall.

Die Übertragung der funktionalen Unternehmensbewertung auf den Fall der Privatisierung einer öffentlich-rechtlichen Sparkasse aus der Sicht des kommunalen Trägers wird erstmals und äußerst konsequent vorgenommen. Die sich aus dem Kommunalrecht ergebenden Besonderheiten werden dabei erfaßt und im Modell eingebunden. Die Verfasserin konnte allgemeingültige Zusammenhänge zwischen dem kommunalen Haushaltsrecht und dem Wert der Sparkasse nachweisen.

Die Arbeit kann dazu beitragen, einerseits die Privatisierungsdiskussion zu versachlichen und andererseits den kommunalen Entscheidungsträgern (und/oder deren Beratern) eine Entscheidungshilfe zu geben, welche finanziellen Aspekte prognostisch zu erfassen und wie sie in eine entscheidungsorientierte Bewertung der Sparkasse sachgerecht zu integrieren sind, falls eine Privatisierungsentscheidung anstehen sollte, um den mindestens zu verlangenden Grenzpreis aus Trägersicht zu ermitteln.

Ich wünsche der Arbeit die ihr gebührende Beachtung in Theorie und Praxis auf den Gebieten der Öffentlichen Betriebswirtschaftslehre und der Unternehmensbewertung.

PROF. DR. MANFRED JÜRGEN MATSCHKE

Vorwort

Die vorliegende Arbeit entstand während meiner Tätigkeit als wissenschaftliche Mitarbeiterin am Lehrstuhl für Allgemeine Betriebswirtschaftslehre und Betriebliche Finanzwirtschaft, insbesondere Unternehmensbewertung an der Ernst-Moritz-Arndt-Universität Greifswald. Sie wurde im September 2005 als Dissertation eingereicht und von der Rechts- und Staatswissenschaftlichen Fakultät im gleichen Jahr angenommen.

Zu großem Dank fühle ich mich an erster Stelle meinem verehrten akademischen Lehrer Herrn PROF. DR. MANFRED JÜRGEN MATSCHKE verpflichtet. Er hat mir nicht nur die Gelegenheit zur Promotion gegeben, sondern die Arbeit auch durch wertvolle Anregungen unterstützt. Herrn PROF. DR. ARMIN ROHDE bin ich dankbar für die Übernahme und schnelle Erstellung des Zweitgutachtens.

Zudem danke ich ganz herzlich meinen Kollegen und Freunden Herrn DIPL.-KFM. ANDREAS BULL, Herrn DIPL.-WIRTSCH.-ING. STEFAN MIRSCHEL und Frau DR. CLAUDIA ROTHE, die nicht nur die gesamte Arbeit gelesen und konstruktive Hinweise gegeben, sondern mich auch durch ihre Diskussionsbereitschaft in allen Phasen der Promotion unterstützt haben. Die motivierende und harmonische Lehrstuhlatmosphäre war ebenfalls ein wesentlicher Faktor für das Gelingen meines Promotionsvorhabens. Dafür danke ich allen Kollegen und studentischen Hilfskräften des Lehrstuhls.

Ohne die stete Unterstützung und Förderung durch meine Eltern hätte meine gesamte Ausbildung nicht so erfolgreich verlaufen können. Hierfür danke ich meinen Eltern von Herzen.

CIRSTEN WITT

Inhaltsverzeichnis

Abkürzungsverzeichnis

a. F.	alte Fassung
a. M.	am Main
Abs.	Absatz
AG	Aktiengesellschaft
AktG	Aktiengesetz
Amtsbl.	Amtsblatt
Art.	Artikel
Aufl.	Auflage
BAnz.	Bundesanzeiger
BAT	Bundesangestelltentarif
BB	Brandenburg
BFH	Bundesfinanzhof
BGB	Bürgerliches Gesetzbuch
BGBl.	Bundesgesetzblatt
BGH	Bundesgerichtshof
BGHZ	Entscheidungssammlung des Bundesgerichtshofes in Zivilsachen
BHO	Bundeshaushaltsordnung
BStBl.	Bundessteuerblatt
BVerfG	Bundesverfassungsgericht
BVerfGE	Entscheidungssammlung des Bundesverfassungsgerichts
BVerwG	Bundesverwaltungsgericht
BVerwGE	Entscheidungssammlung des Bundesverwaltungsgerichts
BW	Baden-Württemberg
BY	Bayern
DCF	Discounted Cash Flow
DDR	Deutsche Demokratische Republik
DGZ	Deutsche Girozentrale

DSGV	Deutscher Sparkassen- und Giroverband
e. V.	eingetragener Verein
EAEG	Einlagensicherungs- und Anlegerentschädigungsgesetz
EG	Europäische Gemeinschaft
EGV	Vertrag zur Gründung der Europäischen Gemeinschaft
EStG	Einkommensteuergesetz
EU	Europäische Union
EuG	Europäisches Gericht erster Instanz
EuGH	Europäischer Gerichtshof
EuGHE II	Gerichtshof der Europäischen Gemeinschaften, Teil II: Rechtsprechung des Gerichts erster Instanz
EWU	Europäische Wirtschafts- und Währungsunion
f.	folgende
FAZ	Frankfurter Allgemeine Zeitung
ff.	fortfolgende
Fn.	Fußnote
Fraspa	Frankfurter Sparkasse
FTD	Financial Times Deutschland
GBl.	Gesetzblatt
GE	Geldeinheiten
GemHVO	Gemeindehaushaltsverordnung
GewStG	Gewerbesteuergesetz
GG	Grundgesetz
GmbH	Gesellschaft mit beschränkter Haftung
GO	Gemeindeordnung
GrStG	Grundsteuergesetz
GV.	Gesetz- und Verordnungsblatt
GVBl.	Gesetz- und Verordnungsblatt
GVOBl.	Gesetz- und Verordnungsblatt
GWB	Gesetz gegen Wettbewerbsbeschränkungen
HASPA	Hamburger Sparkasse AG

HB	Freie Hansestadt Bremen
HE	Hessen
hEK	haftendes Eigenkapital
Helaba	Landesbank Hessen-Thüringen
HFA	Hauptfachausschuß
HGB	Handelsgesetzbuch
Hrsg.	Herausgeber
i. d. F.	in der Fassung
i. V. m.	in Verbindung mit
IDW	Institut der Wirtschaftsprüfer in Deutschland e. V.
IFSt	Institut „Finanzen und Steuern" e. V.
KO	Kommunalordnung
KStG	Körperschaftsteuergesetz
KSVG	Kommunalselbstverwaltungsgesetz
KV	Kommunalverfassung
KWG	Kreditwesengesetz
LB	Landesbank
LBG	Landesbankgesetz
LVerfGE	Entscheidungen der Verfassungsgerichte der Länder Berlin, Brandenburg, Hamburg, Mecklenburg-Vorpommern, Saarland, Sachsen-Anhalt, Thüringen
m. w. N.	mit weiteren Nachweisen
max.	maximiere
min.	minimiere
Mio.	Millionen
Mrd.	Milliarden
MuSa	Mustersatzung
MV	Mecklenburg-Vorpommern
NI	Niedersachsen
n. F.	neue Fassung
Nr.	Nummer

NRW	Nordrhein-Westfalen
NS	Nationalsozialismus
ÖSpkG	Österreichisches Sparkassengesetz
RG	Reichsgericht
RGBl.	Reichsgesetzblatt
RP	Rheinland-Pfalz
Rz.	Randziffer
S.	Seite
SH	Schleswig-Holstein
SL	Saarland
SN	Sachsen
Sp.	Spalte
SpkG	Sparkassengesetz
SpkO	Sparkassenordnung
SpkVO	Sparkassenverordnung
ST	Sachsen-Anhalt
StÄndG	Steueränderungsgesetz
TH	Thüringen
u.	und
u. a.	und andere
UK	Großbritannien
UmwG	Umwandlungsgesetz
USA	Vereinigte Staaten von Amerika
UStG	Umsatzsteuergesetz
v. H.	vom Hundert
vgl.	vergleiche
WM	Wertpapiermitteilungen
z. B.	zum Beispiel

Symbolverzeichnis

α	für innere Darlehen zur Verfügung stehender Prozentsatz des Bestandes der Sonderrücklagen
A_{jt}^{VW}	Ausgaben des Verwaltungshaushaltes des Investitionsobjektes j in der Periode t
aR_t	Bestand der allgemeinen Rücklage im Zeitpunkt t
aR_t^{Ent}	Entnahme aus der allgemeinen Rücklage in der Periode t
aR_t^{Zu}	Zuführung zur allgemeinen Rücklage in der Periode t
Az_t^{VW}	Ausgaben des Verwaltungshaushaltes in der Periode t
BGL	Bemessungsgrundlage
BS	Beitragssatz
D	Zielfunktionswert des dualen Bewertungsansatzes
d_t	primale Schlupfvariable für die Restriktion zur Beschränkung der Höhe eines inneren Darlehens in der Periode t
δ	duale Strukturvariable der primalen Mindestzielfunktionswertrestriktion
E_{jt}^{VM}	Einnahmen des Vermögenshaushaltes des Investitionsobjektes j in der Periode t
E_{jt}^{VW}	Einnahmen des Verwaltungshaushaltes des Investitionsobjektes j in der Periode t
EW	Zielfunktionswert des primalen Bewertungsansatzes
η_t	duale Strukturvariable der primalen Restriktion zur Beschränkung der Höhe eines inneren Darlehens in der Periode t
GV	Gesamtvolumen
i_H	Habenzinssatz
i_H^{Ba}	Habenzinssatz im Basisprogramm
i_H^{Be}	Habenzinssatz im Bewertungsprogramm

IA_{jt}^{VM}	Investitionsausgaben des Vermögenshaushaltes des Investitionsobjektes j in der Periode t
iD_t	inneres Darlehen in der Periode t
$\mathfrak{J}^{ganz}$	Indexmenge der ganzzahligen Investitionsobjekte
$\mathfrak{J}^{teilb}$	Indexmenge der beliebig teilbaren Investitionsobjekte
$\mathfrak{J}^{wahl}$	Indexmenge der sich gegenseitig ausschließenden Investitionsobjekte
J	Anzahl der Investitionsobjekte
k_t	primale Schlupfvariable für die Restriktion zur Beschränkung der Kreditaufnahme in der Periode t
K_{Priv}^{Ba}	Kapitalwert des Verkaufs der Sparkasse im Basisprogramm
K_j^{korr}	korrigierter Kapitalwert des Investitionsobjektes j
$K^{korr,Ba(Be)}$	korrigierter Kapitalwert des Basisprogramms im Bewertungsprogramm
$K^{korr,Be}$	korrigierter Kapitalwert des Bewertungsprogramms (mit Bewertungsobjekt)
KBK_{mt}	Kreditbeschaffungskosten des Kredits m in der Periode t
KBK_{mt}^{Ba}	Kreditbeschaffungskosten des Kredits m in der Periode t im Basisprogramm
KBK_{mt}^{Be}	Kreditbeschaffungskosten des Kredits m in der Periode t im Bewertungsprogramm
KNB_{mt}	Kreditnominalbetrag des Kredits m in der Periode t
KNB_{mt}^{Ba}	Kreditnominalbetrag des Kredits m in der Periode t im Basisprogramm
KNB_{mt}^{Be}	Kreditnominalbetrag des Kredits m in der Periode t im Bewertungsprogramm
KT_{mt}	Kredittilgung des Kredits m in der Periode t
KT_{mt}^{Ba}	Kredittilgung des Kredits m in der Periode t im Basisprogramm

KT_{mt}^{Be}	Kredittilgung des Kredits m in der Periode t im Bewertungsprogramm
kx_j	primale Schlupfvariable für die Kapazitätsbeschränkungsrestriktion des Investitionsobjektes j
ky_m	primale Schlupfvariable für die Kapazitätsbeschränkungsrestriktion des Kredits m
λ_t^{VM}	duale Strukturvariable der primalen Restriktion zum Ausgleich des Vermögenshaushaltes in der Periode t
λ_t^{VW}	duale Strukturvariable der primalen Restriktion zum Ausgleich des Verwaltungshaushaltes in der Periode t
M	Anzahl der Kredite
μ_t	duale Strukturvariable der primalen Restriktion zur Sicherstellung des Mindestbestandes der allgemeinen Rücklage in der Periode t
P	Grenzpreis
P^e	minimal zu fordernde Preis
P^a	Grenzzahlungsbereitschaft
pf_t	primale Schlupfvariable für die Restriktion zur Sicherung der Pflichtzuführung in der Periode t
π_t	duale Strukturvariable der primalen Restriktion zur Gewährleistung der Pflichtzuführung in der Periode t
φ	duale Strukturvariable der primalen Auswahlrestriktion
r_t	primale Schlupfvariable für die Restriktion zur Sicherstellung des Mindestbestandes der allgemeinen Rücklage in der Periode t
RTQ	Risikotragfähigkeitsquotient
ρ_t	Zerobondabzinsungsfaktor vom Zeitpunkt t auf den Zeitpunkt 0
SR_t	Bestand der Sonderrücklagen im Zeitpunkt t
SR_t^{Ent}	Entnahmen aus den Sonderrücklagen in der Periode t
SR_t^{Zu}	Zuführungen zu den Sonderrücklagen in der Periode t

σ_t	duale Strukturvariable der primalen Restriktion zur Beschränkung der Kreditaufnahme in der Periode t
T	Anzahl der Perioden
$üA_{jt}^{VM}$	durch die Investition j verursachte übrige Ausgaben des Vermögenshaushaltes in der Periode t
vA_t^{VM}	vordisponierte Ausgaben des Vermögenshaushaltes in der Periode t
$vA_t^{VM,Ba}$	vordisponierte Ausgaben des Vermögenshaushaltes in der Periode t im Basisprogramm
$vA_t^{VM,Be}$	vordisponierte Ausgaben des Vermögenshaushaltes in der Periode t im Bewertungsprogramm
$\Delta vA_t^{VM,Sp}$	Veränderungen der vordisponierten Ausgaben des Vermögenshaushaltes durch die Privatisierung der Sparkasse
vA_t^{VW}	vordisponierte Ausgaben des Verwaltungshaushaltes in der Periode t
$vA_t^{VW,Ba}$	vordisponierte Ausgaben des Verwaltungshaushaltes in der Periode t im Basisprogramm
$vA_t^{VW,Be}$	vordisponierte Ausgaben des Verwaltungshaushaltes in der Periode t im Bewertungsprogramm
$\Delta vA_t^{VW,Sp}$	Veränderungen der vordisponierten Ausgaben des Verwaltungshaushaltes durch die Privatisierung der Sparkasse
vE_t^{VM}	vordisponierte Einnahmen des Vermögenshaushaltes in der Periode t
$vE_t^{VM,Ba}$	vordisponierte Einnahmen des Vermögenshaushaltes in der Periode t im Basisprogramm
$vE_t^{VM,Be}$	vordisponierte Einnahmen des Vermögenshaushaltes in der Periode t im Bewertungsprogramm
$\Delta vE_t^{VM,Sp}$	Veränderungen der vordisponierten Einnahmen des Vermögenshaushaltes durch die Privatisierung der Sparkasse
vE_t^{VW}	vordisponierte Einnahmen des Verwaltungshaushaltes in der Periode t

$vE_t^{VW,Ba}$	vordisponierte Einnahmen des Verwaltungshaushaltes in der Periode t im Basisprogramm
$vE_t^{VW,Be}$	vordisponierte Einnahmen des Verwaltungshaushaltes in der Periode t im Bewertungsprogramm
$\Delta vE_t^{VW,Sp}$	Veränderungen der vordisponierten Einnahmen des Verwaltungshaushaltes durch die Privatisierung der Sparkasse
vIA_t	vordisponierte Investitionsausgaben in der Periode t
vKT_t	vordisponierte Kredittilgungen in der Periode t
vm_t	primale Schlupfvariable für die Restriktion zum Ausgleich des Vermögenshaushaltes in der Periode t
vw_t	primale Schlupfvariable für die Restriktion zum Ausgleich des Verwaltungshaushaltes in der Periode t
w	primale Schlupfvariable für die Auswahlrestriktion in der Periode t
x_j	Anzahl der Durchführungen des Investitionsobjektes j
x_j^o	Obergrenze für die Anzahl der Durchführungen des Investitionsobjektes j
ξ_j	duale Strukturvariable der primalen Restriktion zur Kapazitätsbeschränkung des Investitionsobjektes j
Y	Zielfunktionswert des dualen Basisansatzes
y_m	Anzahl der Durchführungen des Kredits m
y_m^o	Obergrenze für die Anzahl der Durchführungen des Kredits m
Z	Zielfunktionswert des primalen Basisansatzes
$ZEW_{Sp}^{korr,Ba}$	korrigierter Zukunftserfolgswert der Sparkasse im Basisprogramm
$ZEW_{Sp}^{korr,Be}$	korrigierter Zukunftserfolgswert der Sparkasse im Bewertungsprogramm
ZF_t	Zuführung vom Verwaltungs- zum Vermögenshaushalt in der Periode t

Zs_{mt}	Zinsausgaben des Kredits m in der Periode t
Zs_{mt}^{Ba}	Zinsausgaben des Kredits m in der Periode t im Basisprogramm
Zs_{mt}^{Be}	Zinsausgaben des Kredits m in der Periode t im Bewertungsprogramm
ζ_m	duale Strukturvariable der primalen Restriktion zur Kapazitätsbeschränkung des Kredits m

Abbildungsverzeichnis

Tabellenverzeichnis

1 Problemstellung und Gang der Untersuchung

Anstoß für das Wiederaufleben der Diskussion um den öffentlich-rechtlichen Charakter der Sparkassen in Deutschland war die Entscheidung der Europäischen Kommission im Juli 2001 für eine Abschaffung der Gewährträgerhaftung sowie eine Modifizierung der Anstaltslast. Diese bislang von der öffentlichen Hand übernommenen Haftungsgarantien in bezug auf öffentlich-rechtliche Sparkassen und Landesbanken laufen unter Berücksichtigung entsprechender Übergangsregelungen im Jahr 2005 aus. Derzeit beschäftigt sich die Europäische Kommission wiederum mit den öffentlich-rechtlichen Sparkassen und untersucht, ob die sogenannte Drei-Säulen-Struktur des deutschen Bankenmarktes ein Hindernis für die Konsolidierung des europäischen Bankenmarktes darstellt.[1] Dabei wird insbesondere die Tatsache, daß öffentlich-rechtliche Sparkassen aufgrund der Vorschriften der Sparkassengesetze nicht von privaten Investoren gekauft werden können, im Mittelpunkt stehen.

Die Privatisierungsdiskussion ist jedoch nicht neu. So finden sich Überlegungen zur Privatisierung von Sparkassen bereits vor rund 100 Jahren.[2] Später wurden derartige Forderungen durch ein Gutachten von *Stützel*[3] und in der sogenannten Wettbewerbsenquête der Bundesregierung von 1968[4] wieder aufgegriffen. Im Jahre 1992 führte auch die Monopolkommission in ihrem IX. Hauptgutachten aus, daß sie „keine Gründe mehr für das Betreiben des allgemeinen Bankgeschäfts – im Unterschied zu spezifischen öffentlichen Förderaufträgen wie etwa bei der Kreditanstalt für Wiederaufbau – durch die öffentliche Hand"[5] sieht. Diese Aussage wiederholte die Kommission im wesentlichen im Jahre 1999 in ihrem XIII. Hauptgutachten, in welchem sie den öffentlichen Auftrag für obsolet erachtet und feststellt, daß sich öffentlich-rechtliche Kreditinstitute nicht anders verhalten als private Kreditinstitute. Hinsichtlich kommunaler Sparkassen betont die Monopolkommission in diesem Gutachten aber, daß nach einer Privatisierung möglichst ein regionaler Bezug erhalten bleiben sollte.[6] Nachdem sich der Internationale Währungsfonds[7] und die Deutsche Bundesbank[8] ebenfalls für eine

---

[1] Vgl. *SCHMIDT/FROMM*, Ärger mit der EU, FTD, 14.2.2005, S. 20.

[2] Vgl. *WELTEKE*, Haben Sparkassen Zukunft, 1994, S. 162; *STEINER*, Bankenmarkt, 1994, S. 17-19.

[3] Vgl. *STÜTZEL*, Bankpolitik, 1983.

[4] Vgl. *BUNDESTAGSDRUCKSACHE V/3500*, Untersuchung der Wettbewerbsverschiebungen, 1968.

[5] *MONOPOLKOMMISSION*, Industriepolitik, 1992, S. 26.

[6] Vgl. *MONOPOLKOMMISSION*, Wettbewerbspolitik, 2000, S. 80.

[7] Vgl. *BRUNNER ET AL.*, Germany's Three-Pillar Banking System, 2004, S. 26-29.

[8] Vgl. *DEUTSCHE BUNDESBANK*, Stabilität des deutschen Finanzsystems, 2003, S. 47.

„vorsichtige“ Öffnung der Sparkassen und Landesbanken hinsichtlich privater Rechtsformen ausgesprochen haben, schloß sich auch der Sachverständigenrat zur Begutachtung der gesamtwirtschaftlichen Entwicklung im Jahre 2004 dieser Ansicht an.[9] Während sich weiterhin auch der Bundesverband deutscher Banken vehement für eine Öffnung der öffentlichen Kreditinstitute einsetzt,[10] stellen sich insbesondere Vertreter der Sparkassen, der Sparkassen- und Giroverbände sowie des Verbandes öffentlicher Banken energisch gegen eine solche Privatisierung.[11]

Unabhängig von einer Änderung der Rechtsform haben sich die kommunalen Sparkassen aufgrund von Änderungen der Sparkassengesetze in den letzten Jahren zunehmend auch privaten Investoren geöffnet. So können sich in den meisten Bundesländern bereits private Investoren bis zu 49 % des haftenden Eigenkapitals an öffentlich-rechtlichen Sparkassen beteiligen. In Hessen und Rheinland-Pfalz dürfen diese Beteiligungen sogar mit Mitwirkungsrechten verbunden sein.[12] In Rheinland-Pfalz ist weiterhin auch die Bildung von Stammkapital und dessen Übertragung an andere Sparkassen, kommunale Gebietskörperschaften und Zweckverbände im Sparkassengesetz geregelt.[13] Ein Verkauf von kommunalen Sparkassen ist demnach in Rheinland-Pfalz bereits möglich, jedoch nicht an private Investoren.

Einen wesentlichen Aspekt in der Diskussion über die Privatisierung der öffentlichen Sparkassen stellt die Höhe der Privatisierungserlöse dar. In der Literatur finden sich häufig einfache Schätzungen über den Umfang der Privatisierungserlöse beispielsweise auf der Basis des Ertragswertes.[14] Diese Schätzungen gehen im allgemeinen zusätzlich von der gleichzeitigen Privatisierung aller öffentlichen Sparkassen aus und ermitteln den potentiellen Privatisierungserlös somit aus dem zukünftigen aggregierten Jahresüberschuß sämtlicher Sparkassen. Eine Anwendung des Ertragswertverfahrens auf einzelne Sparkassen würde zwar eine differenzierte Betrachtung der einzelnen Sparkassen als Bewertungsobjekte zulassen, aber weder die jeweilige finanzielle Situation

---

9 Vgl. *Sachverständigenrat zur Begutachtung der gesamtwirtschaftlichen Entwicklung*, Jahresgutachten, 2004, S. 382.

10 Vgl. *Weber*, Vorrang für das Private, 2004, S. 14.

11 Vgl. *Ketzel*, Privatisierung der Sparkassen, 1990; *Gröschel*, Wettbewerbspolitische Aspekte, 1992; *Fischer*, Sparkassenstruktur, 1992; *Ketzel*, Privatisierungsdebatte, 1993; *Rehm*, Sparkassenprivatisierung, 1993; *Rehm*, Öffentlich-rechtliche Sparkassen, 1993; *Schmidhuber*, Öffentlicher Auftrag, 1993; *Hoppenstedt*, Institute der Bürger, 2004.

12 Vgl. § 22 SpkG HE; § 21 u. § 21a SpkG RP.

13 Vgl. § 3 Abs. 4 SpkG RP.

14 Vgl. *Möschel*, Privatisierung der Sparkassen, 1993, S. 94; *Karl-Bräuer-Institut*, Privatisierung, 1994, S. 110-112; *Klein*, Privatisierung der Sparkassen, 2003, S. 160-165.

der Kommunen als Bewertungssubjekte erfassen noch die Berücksichtigung des konkreten Bewertungsanlasses und der konkreten Bewertungsfunktion im Sinne der funktionalen Unternehmensbewertungstheorie gewährleisten.

Ziel der vorliegenden Arbeit ist, nach einer Untersuchung verschiedener Argumente für oder gegen eine Privatisierung öffentlich-rechtlicher Sparkassen ein Modell für eine monetäre Bewertung öffentlich-rechtlicher Sparkassen aus kommunaler Sicht zu entwickeln, welches als Ergebnis angibt, wieviel die Sparkasse ihrem Träger in finanzieller Hinsicht wert ist. Dieser Wert stellt den Grenzpreis aus Sicht der Kommune dar, den sie mindestens für die Privatisierung ihrer Sparkasse verlangen müßte, damit sie nach einer Privatisierung nicht schlechter gestellt ist als vorher. Er dient insofern, neben anderen vor allem auch nicht finanziellen Gesichtspunkten, als Entscheidungsgrundlage für oder gegen eine Privatisierung der Sparkasse.

Dazu werden im *zweiten Kapitel* zunächst Grundlagen und Rahmenbedingungen des deutschen Sparkassensystems vorgestellt, wobei die Entwicklung der Sparkassen, ihre Grundprinzipien, ihr Ziel- und Haftungssystem und ihre derzeitige Ertragslage im Vordergrund stehen. Ausgangspunkt der Privatisierungsdiskussion im *dritten Kapitel* ist die Erläuterung unterschiedlicher Privatisierungsbegriffe und -formen sowie eine kurze Übersicht zu Privatisierungsanstrengungen hinsichtlich öffentlicher Sparkassen in anderen ausgewählten europäischen Ländern. Eine kurze Untersuchung politischer Aspekte leitet die Diskussion der Privatisierung öffentlich-rechtlicher Sparkassen in Deutschland ein. Im Anschluß daran wird sowohl in bezug auf verfassungsrechtliche Normen als auch einfachgesetzliche Vorschriften geprüft, ob in Deutschland derzeit eine Privatisierung öffentlich-rechtlicher Sparkassen rechtlich überhaupt zulässig ist oder ob sie aus rechtlicher Sicht sogar geboten wäre. Bereits im Zusammenhang mit diesen Fragen sind auch ökonomische Gesichtspunkte zu berücksichtigen, die anschließend unterteilt in gesamtwirtschaftliche, betriebswirtschaftliche und kommunale Aspekte ausführlich betrachtet werden. Das *vierte Kapitel* zur Bewertung von öffentlich-rechtlichen Sparkassen im Rahmen einer Privatisierung beginnt mit der Erläuterung der Grundlagen der funktionalen Unternehmensbewertung, deren zentrale Größe der Entscheidungswert ist. Anschließend wird durch die Beurteilung der Privatisierung als Bewertungsanlaß, der Sparkassen als Bewertungsobjekte, der Kommunen als Bewertungssubjekte sowie der Entscheidungswertermittlung als Bewertungsfunktion die zu untersuchende Bewertungssituation näher charakterisiert. Für diese spezielle Bewertungssituation folgt dann auf der Basis eines Totalmodells die Ermittlung eines Entscheidungswertes aus der Sicht der Kommune im Sinne eines Grenzpreises und die Untersuchung möglicher Vereinfachungen dieser Entscheidungswertermittlung durch die Verwendung eines Partialmodells. Abschließend werden die gewonnenen Ergebnisse im *fünften Kapitel* zusammengefaßt.

2 Grundlagen und Rahmenbedingungen des deutschen Sparkassensystems

2.1 Geschichte der deutschen Sparkassen

Allgemein gilt die als eine von zehn Klassen der Allgemeinen Versorgungsanstalt der Hamburgischen Gesellschaft zur Beförderung der Künste und nützlichen Gewerbe im Jahre 1778 gegründete „Ersparungsklasse“ als erste deutsche Sparkasse.[15] Das Motiv zur Gründung der ersten Sparkassen in Deutschland war, der ärmeren Bevölkerungsschicht die Möglichkeit zur Ansammlung und Anlage von Ersparnissen zu geben sowie sie in Notfällen durch das Ausleihen von Mitteln zu unterstützen. Dementsprechend ging die Initiative für die ersten Gründungen auch zumeist von gemeinnützigen und wohltätigen Vereinen aus, welche die Not und Armut Ende des 18. und Anfang des 19. Jahrhunderts durch die Hilfe zur Selbsthilfe bekämpfen wollten. Gleichzeitig wurde auch ein positiver Effekt auf den Staat erhofft.[16] Der Gründung der ersten kommunalen Sparkasse in Göttingen im Jahre 1801 folgte die Errichtung zahlreicher weiterer kommunaler Sparkassen als Gemeinde- oder Stadtsparkassen.[17] Ab dem Jahr 1830 entstanden dann zunehmend auch Kreissparkassen, um das Sparen und die finanzielle Versorgung der Bevölkerung auch außerhalb der Zentren zu fördern. Etwa 280 Sparkassen existierten in Deutschland bereits im Jahre 1836 darunter etwa zwei Drittel

---

[15] Vgl. *WILL*, Sparkassen, 1935, S. 63 f.; *WYSOCKI*, Sparkassen, 1980, S. 17; *TRENDE*, Geschichte der deutschen Sparkassen, 1993, S. 29 f. Anderer Auffassung ist z. B. *HÖPKER*, Sparkassen, 1997, S. 78, für den die 1765 gegründete Herzogliche Leihhauskasse in Braunschweig die älteste Sparkasse ist. Vgl. dazu und zum folgenden ausführlich *ASHAUER*, Ersparungscasse, 1991, S. 51-283; *MURA*, Sparkassengeschichte, 1994, S. 25-36.

[16] Vgl. dazu *WILL*, Sparkassen, 1935, S. 63. Vgl dazu auch den § 94 der im Jahre 1778 beschlossenen Anordnung der „Kaiserlich freyen Reichsstadt Hamburg“:

„§ 94: Die Ersparungsklasse dieser Versorgungsanstalt ist zum Nutzen geringer fleißiger Personen beiderlei Geschlechts, als Dienstboten, Tagelöhner, Handarbeiter, Seeleute, errichtet, um Ihnen Gelegenheit zu geben, auch bei Kleinigkeiten etwas zurückzulegen und ihren sauer erworbenen Not- und Brautpfennig sicher zu einigen Zinsen belegen zu können, wobei man hoffet, daß sie diese ihnen verschaffte Bequemlichkeit sich zur Aufmunterung gereichen lassen mögen, um durch Fleiß und Sparsamkeit dem Staate nützlich und wichtig zu werden.“

Zitiert nach *TRENDE*, Geschichte der deutschen Sparkassen, 1993, S. 30.

[17] Vgl. *TRENDE*, Geschichte der deutschen Sparkassen, 1993, S. 55 f.

kommunale Sparkassen, die auch in der Folgezeit vorherrschten.[18] Anfang des 20. Jahrhunderts war die Zahl der Sparkassen schon auf über 2800 angestiegen.[19]

Das „Preußische Sparkassenreglement" von 1838 als erstes landesweites deutsches Sparkassengesetz enthielt vor allem Regelungen für die Verwaltung der Sparkasse und die Sicherheit der Spargelder.[20] Ihm folgten später Sparkassengesetze in anderen deutschen Ländern. Zu dieser Zeit waren die geschäftlichen Aktivitäten einerseits auf die nicht wohlhabende Bevölkerung und anderseits durch die Einlagenhöhe beschränkt sowie durch das Regionalprinzip gekennzeichnet. Das Aktivgeschäft umfaßte im wesentlichen Hypothekarkredite, die Anlage in öffentliche Titel, sonstige Wertpapiere und Pfandbriefe.[21] Ein wesentlicher Schritt für die Entwicklung der Sparkassen zu regulären Banken war das Reichsscheckgesetz vom 11. März 1908[22], welches den Sparkassen die passive Scheckfähigkeit verlieh und damit den bargeldlosen Zahlungsverkehr förderte.[23] Im selben Jahr wurde auch der deutsche Giroverband in Sachsen gegründet. Mit dieser Gründung begann die wirtschaftlich wichtige Einführung des bargeldlosen Zahlungsverkehrs der Sparkassen, welche durch die regionalen Girozentralen miteinander verbunden wurden. Die Deutsche Girozentrale als Spitzeninstitut wurde 1918 gegründet. Erst im Ersten Weltkrieg nahmen die Sparkassen mit der Zeichnung der Kriegsanleihen des Deutschen Reiches das Effektenkommissions- und das Depotgeschäft auf.[24] Andere Einschränkungen der Geschäftstätigkeit der Sparkassen im Bereich des Depositen- und Kontokorrentverkehrs wurden bereits durch einen preußischen Erlaß vom 15. April 1921 aufgehoben, so daß den Sparkassen unter anderem auch die Beleihung von Wechseln sowie der Ankauf von Wertpapieren für Kunden erlaubt waren.[25]

Als Reaktion auf die Bankenkrise im Jahre 1931 erließ der Reichspräsident drei Notverordnungen, welche die Beziehung zwischen den Sparkassen und den Kommunen lockern und die Liquidität der Sparkassen langfristig sicherstellen sollten. Aufgrund

---

18 Vgl. *Malchus*, Sparcassen in Europa, 1838, S. 186 u. S. 246.

19 Vgl. *Braedt*, Sparkassenwesen, 1912, S. 110.

20 Vgl. *Höpker*, Sparkassen, 1997, S. 79.

21 Vgl. *Mura*, Deutschland, 1995, S. 79.

22 Vgl. Scheckgesetz vom 11.3.1908, in: RGBl. S. 71.

23 Vgl. *Mura*, Deutschland, 1995, S. 80.

24 Vgl. *Mura*, Deutschland, 1995, S. 80.

25 Vgl. *Mura*, Deutschland, 1995, S. 80; *Hoppenstedt*, Sparkassen, 2001, Sp. 1952.

der 3. Reichsnotverordnung vom 6. Oktober 1931[26] wurden die Sparkassen und Girozentralen zu eigenständigen Anstalten des öffentlichen Rechts. Auch wenn sich die personelle und organisatorische Verbindung zwischen den Sparkassen und ihren Gewährträgern wesentlich lockerte, blieben die öffentliche Haftung und die kommunale Bindung bestehen. Die Bankenquête im Jahre 1933 infolge der Bankenkrise führte zu Angriffen auf die Betätigung der Sparkassen, die jedoch vom Deutschen Sparkassen- und Giroverband zurückgewiesen werden konnten. Im Jahr 1934 wurden die Sparkassen schließlich durch das Reichskreditwesengesetz als Kreditinstitute anerkannt und unterstanden nun ebenso wie alle anderen Kreditinstitute der Bankenaufsicht des Reiches.[27]

Während des Nationalsozialismus verloren die Sparkassen jedoch teilweise ihre Selbständigkeit wieder; sie wurden in die NS-Wirtschaftsorganisation integriert. So bildete der Deutsche Sparkassen- und Giroverband ab dem Jahr 1935 die „Wirtschaftsgruppe Sparkassen" in der „Reichsgruppe IV Banken".[28] Große Teile der Einlagen der Sparkassen sind in dieser Zeit in Reichsanleihen geflossen und dienten somit der Finanzierung der Aufgaben des Reiches. Die Anzahl der Sparkassen ist während des Zweiten Weltkrieges und in der Nachkriegszeit stark gesunken und so existierten im Jahr 1951 nur noch 879 Sparkassen.[29]

Um nach dem Zweiten Weltkrieg den Wiederaufbau des Sparkassenverbundes zu fördern, wurde im Jahr 1947 die „Arbeitsgemeinschaft Deutscher Sparkassen- und Giroverbände und Girozentralen" gegründet. Nach der Währungsreform 1948 begann diese, eine Reform des Sparkassenrechts vorzubereiten, wobei die durch die 3. Reichsnotverordnung veranlaßte Verselbständigung der Sparkassen weitergeführt werden sollte, ohne den kommunalen Status zu gefährden. Diese Arbeiten, deren Kern die personelle Selbstverwaltung der Sparkassen darstellte, waren 1953 auf Bundesebene abgeschlossen.[30] Die Spartätigkeit der Bevölkerung begann zuzunehmen, und den Sparkassen gelang es allmählich, wieder einen geordneten Geschäftsverkehr aufzunehmen. Durch Mittelstands-, Agrar-, und Kommunalkredite trugen die Sparkassen wesentlich zum wirtschaftlichen Aufschwung bei.[31] Die Einführung der bargeldlosen Lohn- und Ge-

---

26 Vgl. Dritte Verordnung des Reichspräsidenten zur Sicherung von Wirtschaft und Finanzen und zur Bekämpfung politischer Ausschreitungen vom 6.10.1931, in: RGBl. I S. 537.

27 Vgl. *MURA*, Deutschland, 1995, S. 81; Reichsgesetz über das Kreditwesen vom 5.12.1934, in: RGBl. I S. 1203.

28 Vgl. *HOPPENSTEDT*, Sparkassen, 2001, Sp. 1952.

29 Vgl. *STATISTISCHES BUNDESAMT DEUTSCHLAND*, Jahrbuch, 1952, S. 320.

30 Vgl. *MURA*, Deutschland, 1995, S. 83.

31 Vgl. *HOPPENSTEDT*, Sparkassen, 2001, Sp. 1953.

haltszahlung Ende der 50er Jahre war ein wichtiger Schritt zur kreditwirtschaftlichen Integration der Arbeitnehmerhaushalte.

Zu einer starken Expansion der Zahl der Sparkassenzweigstellen führte die Aufhebung der Bedürfnisprüfung für die Errichtung von Zweigstellen durch das sogenannte „Apotheken-Urteil" des Bundesverfassungsgerichts.[32] Und auch die im Jahre 1965 in Kraft getretene Zinsverordnung wurde mit Wirkung zum 1. April 1967 wieder aufgehoben.[33] Weitere wichtige Schritte für die Entwicklung der Sparkassen hin zu Universalkreditinstituten waren die Einführung der Scheckkarte (1967), des Sparkassenbriefes (1967), des Dispositionskredites (1968), der Sparkassenobligation (1970) und der Eurochequekarte (1972).[34]

Eine andere Entwicklung nahmen die Sparkassen nach 1945 in der sowjetischen Besatzungszone und in der späteren DDR.[35] Sie wurden dort zunächst, genauso wie Landesbanken und öffentliche Bausparkassen, geschlossen. Gleichzeitig konnten Städte und Kreise neue Sparkassen gründen, die aber keine Rechtsnachfolgerinnen der alten Sparkassen sein durften. Die 1956 erlassene Verordnung des Ministerrats der DDR über das „Statut der volkseigenen Sparkassen der DDR" stellte die Sparkassen unter die Aufsicht des Finanzministeriums. Angeleitet und kontrolliert wurden die Sparkassen jedoch von den zuständigen Städten und Kreisen. Das neue „Statut der Sparkassen der Deutschen Demokratischen Republik" von 1976 übertrug dann die Weisungs- und Kontrollfunktionen des Finanzministeriums der DDR auf die Staatsbank der DDR. Im wesentlichen bestand die Aufgabe der Sparkassen in der Annahme von Spareinlagen und in der Abwicklung des Zahlungsverkehrs. Während das Wertpapiergeschäft völlig abgeschafft wurde, beschränkte sich das Kreditgeschäft überwiegend auf den Konsumentenkredit und den Wohnungsbaukredit.

Nach der Wende entwickelten die ostdeutschen Sparkassen eine der westdeutschen Sparkassen-Finanzgruppe ähnliche Struktur. Sie gründeten am 20. März 1990 mit Ausnahme der Sparkassen in Thüringen, die sich dem Sparkassen- und Giroverband Hessen anschlossen, mit ihren regionalen Gewährträgern den Ostdeutschen Sparkassen- und Giroverband. Infolge einer Vielzahl von Fusionen, deren Ziel vor allem die

---

32 Vgl. BVerfG-Urteil vom 11.6.1958, BVerfGE 7, 377, 444.

33 Vgl. Verordnung über die Bedingungen, zu denen Kreditinstitute Kredite gewähren und Einlagen entgegennehmen dürfen (Zinsverordnung) vom 5.2.1965, in: BGBl. I S. 33; Verordnung über die Aufhebung der Zinsverordnung und von Bestimmungen über die Kosten für Teilzahlungsfinanzierungskredite und Kleinkredite vom 21.3.1967, in: BGBl. I S. 352.

34 Vgl. *HOPPENSTEDT*, Sparkassen, 2001, Sp. 1953.

35 Vgl. zum folgenden *ASHAUER*, Ersparungscasse, 1991, S. 269-278; *MURA*, Sparkassengeschichte, 1994, S. 271-297.

Steigerung der Effizienz und damit der Wettbewerbsfähigkeit der beteiligten Institute war, reduzierte sich die Anzahl der Sparkassen bis Ende 2004 in ganz Deutschland auf 477.[36]

Die Sparkassen galten in Deutschland bis zum Erlaß der Reichsnotverordnung vom 6. Oktober 1931[37] überwiegend als rechtlich unselbständige Anstalten der sie gegründeten Institutionen. In der Reaktion auf diese Verordnung wurden die Sparkassen dann durch die Landesgesetzgebung zu selbständigen Anstalten des öffentlichen Rechts umgestaltet.[38] In dieser Organisationsform werden, abgesehen von wenigen privatrechtlichen Ausnahmen, noch heute die Sparkassen in Deutschland geführt. Lediglich während des Dritten Reiches und in der sowjetischen Besatzungszone sowie der späteren DDR verloren die Sparkassen vorübergehend teilweise ihre Selbständigkeit durch die Integration in ein zentral geplantes Wirtschaftssystem.

In Deutschland existieren zur Zeit sieben *freie Sparkassen*: die Hamburger Sparkasse AG,[39] die Sparkasse zu Lübeck AG, die Sparkasse Bremen AG,[40] die Frankfurter Sparkasse AG,[41] die Spar- und Leihkasse zu Bredstedt AG, die Sparkasse Mittelholstein AG und die Bordesholmer Sparkasse. Mit Ausnahme der Bordesholmer Sparkasse, die ein wirtschaftlicher Verein ist, sind die freien Sparkassen Aktiengesellschaften.

Ebenfalls nicht zu den kommunalen Sparkassen gehört die Nassauische Sparkasse, deren Gewährträger bis zum Jahr 1991 das Land Hessen war. Derzeit ist der Sparkassenzweckverband Nassau Gewährträger der Nassauischen Sparkasse.[42] Unabhängig

---

36 Vgl. *DEUTSCHE BUNDESBANK*, Bankenstatistik April 2005, S. 104.

37 Die „kommunalen" Sparkassen in Baden waren bereits 1880 rechtlich selbständige Anstalten. Vgl. *SCHLIERBACH*, Sparkassenrecht, 2003, S. 22 f.

38 Vgl. *WILL*, Sparkassen, 1935, S. 55. Vgl. dazu auch *WEBER*, Entwicklung der Sparkassen, 1985, S. 203, der die Sparkassen trotz fehlender Rechtsfähigkeit bereits vor der Reichsnotverordnung von 1931 als selbständig ansieht.

39 Die Hamburger Sparkasse AG ist durch die Umwandlung der Hamburger Sparkasse in der Rechtsform einer „Juristischen Person alten hamburgischen Rechts" in eine Aktiengesellschaft entstanden. Die HASPA Finanzholding ist die Alleinaktionärin der Hamburger Sparkasse AG.

40 Der wirtschaftliche Verein „Die Sparkasse in Bremen" hat das operative Bankgeschäft mit Wirkung zum 1.1.2004 auf „Die Sparkasse Bremen AG" übertragen, deren alleiniger Aktionär er ist.

41 Rückwirkend zum 1.1.2005 wurde die Frankfurter Sparkasse in eine Aktiengesellschaft umgewandelt, deren Anteile die Helaba zu 100 % übernimmt. Vgl. *O. V.*, Fraspa in der Helaba, FAZ, 17.5.2005, S. 16.

42 Diesen Zweckverband bilden die Städte Wiesbaden und Frankfurt am Main, der Hochtaunuskreis, der Landkreis Limburg-Weilburg, der Main-Taunus-Kreis und der Rheingau-Taunus-Kreis im Land Hessen sowie der Rhein-Lahn-Kreis und der Westerwaldkreis im Land Rheinland-Pfalz. Der Sparkassenzweckverband ist eine Körperschaft des öffentlichen Rechts und hat seinen Sitz in

von der Rechtsform bestehen in Sachsen und in Berlin strukturelle Besonderheiten der öffentlich-rechtlichen Sparkassen. So existiert in Sachsen die sogenannte Sachsen-Finanzgruppe, die als rechtsfähige Körperschaft des öffentlichen Rechts Träger der auf sie übertragenen Sparkassen sowie der Sachsen LB ist und die Aufgabe hat, die Zusammenarbeit zwischen den öffentlichen Kreditinstituten zu fördern, um so die Wettbewerbsfähigkeit und den öffentlichen Auftrag zu stärken.[43] In Berlin führt derzeit die Landesbank Berlin als rechtsfähige Anstalt des öffentlichen Rechts die öffentlich-rechtliche Sparkasse („Berliner Sparkasse") in einer besonderen Abteilung.[44] Zum 1. Januar 2006 soll die Landesbank Berlin in eine Aktiengesellschaft umgewandelt und als Aktiengesellschaft mit der Trägerschaft an der Berliner Sparkasse beliehen werden.[45] Damit wäre erstmals eine indirekte Beteiligung privater Investoren an einer öffentlich-rechtlichen Sparkasse möglich.

Da abgesehen von den erwähnten Ausnahmen die Sparkassen in Deutschland kommunale Anstalten des öffentlichen Rechts sind, wird im weiteren grundsätzlich von dieser Organisationsform der Sparkassen ausgegangen. Die öffentliche Rechtsform und die damit verbundene Regulierung der Sparkassen gab aber auch regelmäßig Anlaß zu Diskussionen.[46] Einerseits wurden die Privilegien der öffentlich-rechtlichen Sparkassen kritisiert, anderseits die Existenzberechtigung der Sparkassen insbesondere mit Hilfe von ordnungspolitischen Argumenten angezweifelt.

2.2 Begriff und Grundprinzipien der öffentlich-rechtlichen Sparkassen

Das Kreditwesengesetz definiert in § 1 Abs. 1 *Kreditinstitute*[47] als „Unternehmen, die Bankgeschäfte gewerbsmäßig oder in einem Umfang betreiben, der einen in kaufmän-

---

Wiesbaden. Bis zum Jahr 1999 hatte auch die Landesgirokasse Stuttgart eine Sonderstellung, da sie zwar eine Anstalt des öffentlichen Rechts war, jedoch keinen öffentlichen Gewährträger hatte. Vgl. *CLAUSSEN*, Teilprivatisierung kommunaler Sparkassen, 1990, S. 21 f. Zum 1.1.1999 entstand jedoch durch die Vereinigung der Südwestdeutschen Landesbank Girozentrale, der Landesgirokasse öffentliche Bank und Landessparkasse sowie der Landeskreditbank Baden-Württemberg die Landesbank Baden-Württemberg.

[43] Vgl. § 50 Abs. 1 u. Abs. 2 SpkG SN.

[44] Vgl. § 3 LBG Berlin.

[45] Vgl. Drucksache des Abgeordnetenhauses Berlin 15/3802 vom 29.3.2005.

[46] Vgl. *HEDRICH*, Privatisierung der Sparkassen, 1993, S. 63-84.

[47] Die Begriffe Kreditinstitut, Bank und Bankbetrieb werden im folgenden synonym verwendet.

nischer Weise eingerichteten Geschäftsbetrieb erfordert". Zu den sogenannten Bankgeschäften zählen nach § 1 Abs. 1 Nr. 1 bis 11 KWG:

1. die Annahme fremder Gelder als Einlagen oder anderer rückzahlbarer Gelder des Publikums, sofern der Rückzahlungsanspruch nicht in Inhaber- oder Orderschuldverschreibungen verbrieft wird, ohne Rücksicht darauf, ob Zinsen vergütet werden (*Einlagengeschäft*);
2. die Gewährung von Gelddarlehen und Akzeptkrediten (*Kreditgeschäft*);
3. der Ankauf von Wechseln und Schecks (*Diskontgeschäft*);
4. die Anschaffung und die Veräußerung von Finanzinstrumenten im eigenen Namen für fremde Rechnung (*Finanzkommissionsgeschäft*);
5. die Verwahrung und die Verwaltung von Wertpapieren für andere (*Depotgeschäft*);
6. die in § 7 Abs. 2 des Investmentgesetzes bezeichneten Geschäfte (*Investmentgeschäft*);
7. die Eingehung der Verpflichtung, Darlehensforderungen vor Fälligkeit zu erwerben;
8. die Übernahme von Bürgschaften, Garantien und sonstigen Gewährleistungen für andere (*Garantiegeschäft*);
9. die Durchführung des bargeldlosen Zahlungsverkehrs und des Abrechnungsverkehrs (*Girogeschäft*);
10. die Übernahme von Finanzinstrumenten für eigenes Risiko zur Plazierung oder die Übernahme gleichwertiger Garantien (*Emissionsgeschäft*);
11. die Ausgabe und die Verwaltung von elektronischem Geld (*E-Geld-Geschäft*).

Nach dem Kreditwesengesetz ist somit das Betreiben eines Bankgeschäftes ausreichend, damit ein Unternehmen zu den Kreditinstituten zählt. In der Literatur wird der Begriff der Kreditinstitute dagegen häufig enger definiert. So ist für *Mülhaupt* der Bankbetrieb ein „Mehrleistungsbetrieb, der gewerbsmäßig Leistungen des Geld-, Kredit- und Kapitalverkehrs erbringt".[48] Diese Definition trägt dem umfangreichen Leistungsprogramm von Banken Rechnung. *Deppe* versteht unter einem Bankbetrieb ein „einzelwirtschaftliches, zielgerichtetes, sozio-technisches Subsystem der Tauschwirtschaft in Form der Geldwirtschaft, das Produktionsfaktoren bzw. deren Nutzung gegen monetäre Leistungen (Entgelte) beschafft, durch Kombination dieser Produktionsfaktoren bzw. deren Nutzung Marktleistungen in Form monetärer Problemlösungen für den Zahlungs-, Kredit- und Kapitalverkehr zur Erstellung anbietet, um durch Absatz dieser Leistungen die übergeordnete Zielsetzung des Bankbetriebes zu realisieren".[49]

---

[48] *MÜLHAUPT*, Betriebswirtschaftslehre der Banken, 1980, S. 20.

[49] *DEPPE*, Konzeption, 1978, S. 9. Vgl. dazu auch *DEPPE*, Bankbetriebliches Wachstum, 1969, S. 16.

Unabhängig von der gewählten Definition zählen auch die öffentlich-rechtlichen Sparkassen zu den Kreditinstituten.

Die Sparkassengesetze definieren Sparkassen als rechtsfähige Anstalten des öffentlichen Rechts[50], die als kommunale Wirtschaftsunternehmen öffentliche Aufgaben wahrnehmen.[51] Sparkassen haben also eine sehr enge Bindung zu ihren kommunalen Gewährträgern, arbeiten aber trotz personeller Verflechtungen unabhängig.[52] Die in den Sparkassengesetzen enthaltenen geschäftspolitischen Restriktionen der öffentlich-rechtlichen Sparkassen gelten zwar grundsätzlich nicht für die darüber hinaus existierenden freien Sparkassen,[53] dennoch verfolgen auch die freien Sparkassen im allgemeinen freiwillig durch autonome Satzungen sowie Vereinbarungen mit den Sparkassen- und Giroverbänden die gleichen gemeinnützigen Ziele wie kommunale Sparkassen und zählen auch zur Sparkassen-Finanzgruppe.[54]

Neben den Sparkassengesetzen der einzelnen Bundesländer enthalten auch bundesrechtliche Vorschriften Hinweise auf den Sparkassenbegriff. Der § 1807 Abs. 1 Nr. 5 BGB erklärt inländische öffentliche Sparkassen als geeignet für die Anlage von Mündelgeld, und nach dem § 1 HGB zählen Sparkassen zu den Kaufleuten. Weiterhin gehören Sparkassen zu den Kreditinstituten nach § 1 Abs. 1 KWG, da sie Bankgeschäfte gewerbsmäßig oder in einem Umfang betreiben, der einen in kaufmännischer Weise eingerichteten Geschäftsbetrieb erfordert. Welche Unternehmen die Bezeichnung „Sparkasse" in ihrer Firma verwenden dürfen, ist im § 40 Abs. 1 KWG festgelegt. Danach beschränkt sich der Begriff im wesentlichen auf öffentlich-rechtliche Sparkassen und andere Unternehmen, die bislang befugt waren, eine solche Bezeichnung zu füh-

---

50 Vgl. zum Begriff der Anstalt des öffentlichen Rechts weiterführend *WEBER*, Entwicklung der Sparkassen, 1985, S. 5-89; *WOLFF/BACHOF/STOBER*, Verwaltungsrecht III; 2004, S. 353-365 u. S. 411 f.

51 Vgl. § 1 i. V. m. § 6 Abs. 1 SpkG BW; Art. 3 i. V. m. Art. 2 Abs. 1 SpkG BY; § 1 Abs. 1 i. V. m. § 2 Abs. 1 SpkG BB; § 1 i. V. m. § 3 Abs. 1 u. Abs. 2 SpkG HB; § 1 Abs. 1 i. V. m. § 2 SpkG HE; § 1 Abs. 1 i. V. m. § 2 Abs. 1 SpkG MV; § 3 i. V. m. § 4 Abs. 1 SpkG NI; § 2 i. V. m. § 3 Abs. 1 u. Abs. 2 SpkG NRW; § 1 Abs. 1 i. V. m. § 2 Abs. 1 u. Abs. 2 SpkG RP; § 1 Abs. 1 i. V. m. § 2 Abs. 1 u. Abs. 2 SpkG SL; § 1 Abs. 1 i. V. m. § 2 Abs. 1 SpkG SN; § 1 Abs. 2 i. V. m. § 2 Abs. 1 SpkG ST; § 1 Abs. 1 i. V. m. § 2 SpkG SH; § 1 Abs. 1 i. V. m. § 2 Abs. 1 SpkG TH.

52 Vgl. beispielsweise die Vorschriften des Sparkassengesetzes Mecklenburg-Vorpommern § 14 u. § 22 SpkG MV.

53 Vgl. *SCHLIERBACH*, Sparkassenrecht, 2003, S. 314. Lediglich in Schleswig-Holstein fallen die freien Sparkassen auch unter die Sparkassengesetzgebung. Vgl. § 33 bis 35 SpkG SH.

54 Vgl. *MÄHLMANN*, Freie Sparkassen, 1982, S. 141-144; *HAFKE*, Freie und öffentlich-rechtliche Sparkassen, 1988, S. 174-176; *LÜTZENKIRCHEN*, Unterschiede zwischen öffentlich-rechtlichen und freien Sparkassen, 1989, S. 222 f.

ren. Seit der mit Wirkung vom 1. Juli 1998 erfolgten Aufhebung des § 36 HGB a. F.,[55] der gewerbliche Unternehmen von Gebietskörperschaften von der Eintragungspflicht befreite, müssen sich auch Sparkassen ins Handelsregister eintragen lassen.

Öffentlich-rechtliche Sparkassen sind demnach Universalkreditinstitute, die als rechtsfähige, mündelsichere Anstalten des öffentlichen Rechts geführt werden, die die Kaufmannseigenschaft besitzen und als kommunale Wirtschaftsunternehmen öffentliche Aufgaben erfüllen.[56] Im folgenden werden die Begriffe öffentlich-rechtliche Sparkassen, öffentliche Sparkassen und Sparkassen synonym im Sinne von kommunalen öffentlich-rechtlichen Sparkassen verwendet.

Wesentliche Kennzeichen der öffentlich-rechtlichen Sparkassen sind neben der kommunalen Bindung und dem öffentlichen Auftrag[57] auch bestimmte geschäftspolitische Beschränkungen[58] wie das *Regionalprinzip*, welches das Geschäftsgebiet der Sparkasse grundsätzlich auf das Gebiet des Gewährträgers beschränkt. Dies bezieht sich insbesondere auf die Errichtung von Zweigstellen und die Vergabe von Krediten. Einlagen können Sparkassen hingegen auch von Personen entgegennehmen, die ihren Wohnsitz außerhalb des eigenen Geschäftsgebietes haben.[59]

Die *Sparkassen-Finanzgruppe*[60] umfaßt neben den Sparkassen und den Landesbanken insbesondere auch die Landesbausparkassen und die öffentlichen regionalen Erstversicherergruppen, die DekaBank Deutsche Girozentrale, die Deutsche Leasing AG, zahlreiche weitere Finanzdienstleistungsunternehmen, die regionalen Sparkassen- und Giroverbände sowie den Deutschen Sparkassen- und Giroverband (DSGV). Hinzu kommen international die Europäische Sparkassenvereinigung auf europäischer Ebene und das Weltinstitut der Sparkassen. Neben den öffentlich-rechtlichen Sparkassen zählen auch die freien Sparkassen zur Sparkassen-Finanzgruppe, da sie neben ihrer Mitgliedschaft im Verband der Deutschen Freien Öffentlichen Sparkassen e.V. auch den regio-

---

55 Vgl. Artikel 3 des Gesetzes zur Neuregelung des Kaufmanns- und Firmenrechts und zur Änderung anderer handels- und gesellschaftsrechtlicher Vorschriften (Handelsrechtsreformgesetz) vom 22.6.1998, in: BGBl. I S. 1474. Bereits bestehende Sparkassen hatten sich bis zum 31.3.2000 anzumelden. Vgl. *BAUMBACH/HOPT*, Handelsgesetzbuch, 2003, S. 1349.

56 Vgl. zu ähnlichen Definitionen *CLAUSSEN*, Teilprivatisierung kommunaler Sparkassen, 1990, S. 23; *SCHLIERBACH*, Sparkassenrecht, 2003, S. 40 f.

57 Vgl. zum öffentlichen Auftrag der Sparkassen Abschnitt 3.5.1.3.

58 Andere Geschäftsbeschränkungen betreffen z. B. den Erwerb von Beteiligungen, das Wertpapier- und Devisengeschäft sowie Höchstkreditgrenzen. Vgl. dazu Abschnitt 3.5.2.1.

59 Vgl. dazu ausführlich *SCHLIERBACH*, Sparkassenrecht, 2003, S. 132-143.

60 Vgl. *O. V.*, Sparkassen-Finanzgruppe, http://www.sparkassen-finanzgruppe.de/owx_medien/media0/70.pdf, 8.3.2005.

nalen Sparkassen- und Giroverbänden und damit auch dem Deutschen Sparkassen- und Giroverband angehören. Auch in das Einlagensicherungssystem der Sparkassenorganisation sind die freien Sparkassen in gleichem Maße eingebunden wie die öffentlich-rechtlichen Sparkassen.[61] Einen vereinfachten Überblick über die Struktur der Sparkassen-Finanzgruppe gibt die Abbildung 1.

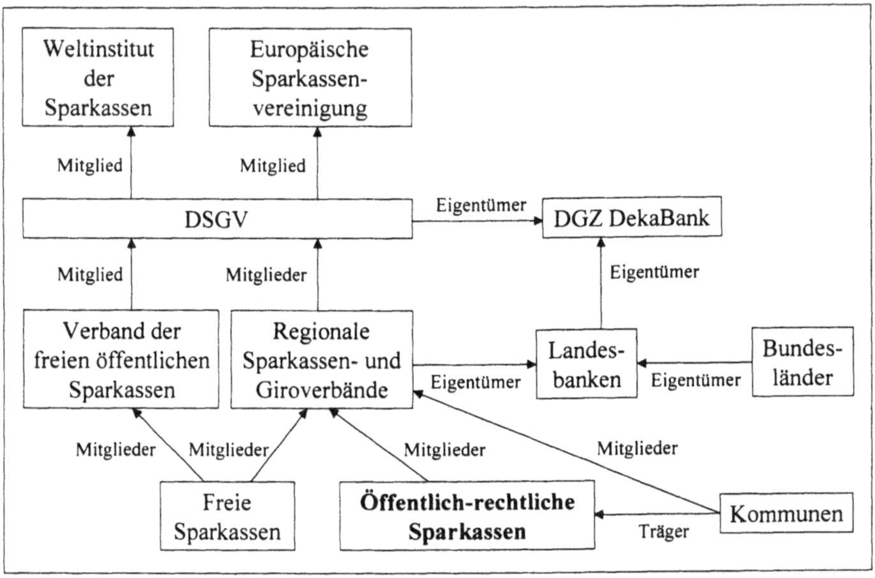

Abbildung 1: Struktur der Sparkassen-Finanzgruppe

2.3 Zielsystem der öffentlich-rechtlichen Sparkassen

Ziele sind normative Aussagen über einen von einem Entscheidungsträger erstrebenswerten zukünftigen Zustand einer Unternehmung.[62] Sie bilden die Grundlage für betriebswirtschaftliche Entscheidungen, denn nur mit Hilfe von Zielen als Beurteilungskriterien können optimale Handlungsalternativen identifiziert werden.[63] Dazu müssen

[61] Vgl. dazu Abschnitt 3.5.2.3.

[62] Vgl. *HAMEL*, Entscheidungsprozeß, 1974, S. 10 m. w. N.; *HEINEN*, Entscheidungen, 1976, S. 45; *HAUSCHILDT*, 1977, S. 9.

[63] Vgl. *ADAM*, Planung und Entscheidung, 1996, S. 99.

die Ziele operational sein, das heißt, daß die Alternativen mit ihrer Hilfe vollständig in einer Rangordnung abgebildet werden können, die auch interpersonell nachprüfbar ist.[64]

Bestandteile eines Zielsystems sind nach *Heinen*[65] die Zielgröße, das Zielniveau und der Zeitbezug. Während die Zielgröße oder der Zielinhalt angibt, welches Ziel verfolgt werden soll, bestimmt das Zielniveau oder das Zielausmaß, in welchem Umfang die Zielerreichung angestrebt wird. Zusätzlich ist der zeitliche Bezug des Ziels festzulegen, der sowohl zeitpunkt- als auch zeitraumbezogen sein kann. Das Zielsystem nach *Sieben*[66] unterscheidet zwischen Ergebnisdefinition und Präferenzen, wobei die Präferenzen in Höhen-, Zeit-, Sicherheits- und Artenpräferenz unterschieden werden. Die den Entscheidungsträger interessierenden Sachverhalte werden durch die Ergebnisdefinition festgelegt und durch die Präferenzen näher charakterisiert. Das Zielsystem nach *Sieben* erweitert insofern den Ansatz von Heinen durch die zusätzliche Berücksichtigung der Sicherheits- und der Artenpräferenz. Während die Sicherheitspräferenz verschiedene subjektive Einstellungen gegenüber nicht sicheren Handlungskonsequenzen ausdrückt, werden durch die Artenpräferenz unterschiedliche subjektive Einstellungen gegenüber mehreren interessierenden Sachverhalten formuliert. Häufig bestimmt sich das Handeln in Unternehmen nicht ausschließlich durch eine einzige Zielsetzung. Vielmehr sind mehrere Ziele gleichzeitig zu verfolgen. Entscheidende Bedeutung in einem solchen *Zielsystem*[67], als geordneter Gesamtheit von Zielen, haben die Beziehungen zwischen den Zielen. Problematisch sind hierbei insbesondere *Zielkonflikte*, die vorliegen, wenn sich gleichzeitig mit dem Verbessern des Niveaus einer Zielgröße das Niveau einer zweiten Zielgröße verschlechtert.[68]

Der Prozeß der *Zielbildung* in einer Unternehmung, die als System von verschiedenen Beteiligten mit zum Teil sehr differierenden Interessen aufgefaßt werden kann, ist sehr komplex. Die Struktur des Zielsystems stellt das Ergebnis des Zielbildungsprozesses dar und wird vor allem durch die an der Zielbildung beteiligten Personengruppen beeinflußt. Eine Besonderheit des Zielbildungsprozesses von öffentlich-rechtlichen Sparkassen betrifft den Einfluß des Verwaltungsrates auf die Formulierung der Ziele.[69] Während in anderen Kreditinstituten im allgemeinen der Vorstand für die Formulie-

---

[64] Vgl. *ADAM*, Planung und Entscheidung, 1996, S. 100 f.

[65] Vgl. *HEINEN*, Entscheidungen, 1976, S. 59-89.

[66] Vgl. *SIEBEN*, Bewertung von Erfolgseinheiten, 1968. Vgl. dazu auch *SIEBEN/SCHILDBACH*, Entscheidungstheorie, 1994, S. 23-30.

[67] Vgl. *HAUSCHILDT*, Zielsysteme, 1980, Sp. 2420.

[68] Vgl. *ADAM*, Planung und Entscheidung, 1996, S. 106 f.

[69] Vgl. *MÜLHAUPT/DOLFF*, Zielsystem, 1981, S. 680 f.

rung der Ziele zuständig ist, ermächtigen die Sparkassengesetze explizit den Verwaltungsrat dazu, Richtlinien der Geschäftspolitik zu bestimmen.[70] Damit hat der Verwaltungsrat einer Sparkasse größere Einflußmöglichkeiten auf die Geschäftspolitik als beispielsweise der Aufsichtsrat eines privaten Kreditinstitutes, der die Geschäftsführung lediglich zu überwachen hat.[71] Grundsätzlich sind hinsichtlich des Zielsystems von öffentlichen Banken Auftragsziele und Sicherungsziele zu unterscheiden.[72] Auftragsziele lassen sich aus dem Grundauftrag ableiten und haben eher einen politischen oder gar ideologischen Charakter. Sicherungsziele hingegen sollen als Mindestziele die Existenz des Kreditinstitutes und damit die Erfüllung der Auftragsziele gewährleisten und basieren auf ökonomischen Größen.

Die *Auftragsziele* von öffentlich-rechtlichen Sparkassen sind geprägt durch gesetzliche Vorgaben. So basiert das Zielsystem der Sparkassen insbesondere auf dem in den Sparkassengesetzen enthaltenen öffentlichen Auftrag. Die Konkretisierung des öffentlichen Auftrages als Sachziel bleibt jedoch weitgehend den einzelnen Trägern und Sparkassen überlassen.[73] Eine solche Konkretisierung des Zieles ist erforderlich, da nur operationale Ziele die Steuerungs- und Kontrollfunktion in ausreichendem Maße erfüllen können.[74] Ist die Erfüllung des öffentlichen Auftrages aufgrund einer fehlenden Operationalisierung nicht zu kontrollieren, stellt sich dadurch, daß der öffentliche Auftrag ein wesentliches Legitimationselement für öffentlich-rechtliche Sparkassen ist, sofort die Frage nach der Existenzberechtigung dieser Institute.[75] Die Operationalisierung kann sich jedoch sehr schwierig gestalten, weil einzelne Zielkriterien des öffentlichen Auftrages wie beispielsweise die flächendeckende Versorgung mit Krediten

---

70 Vgl. § 12 Abs. 1 SpkG BW; Art. 5 Abs. 3 Satz 2 SpkG BY; § 8 Abs. 1 SpkG BB; § 12 Abs. 1 SpkG HB; § 8 Abs. 1 SpkG MV; § 16 Abs. 4 Nr. 2 SpkG NI; § 14 Abs. 1 SpkG NRW; § 8 Abs. 1 SpkG RP; § 8 Abs. 1 SpkG SN; § 8 Abs. 1 SpkG ST; § 10 Abs. 1 Satz 2 SpkG SH; § 8 Abs. 1 Satz 2 SpkG TH. Keine solche Regelung enthalten die Sparkassengesetze von Hessen und dem Saarland.

71 Vgl. § 111 Abs. 1 AktG.

72 Vgl. dazu und zum folgenden *MÜLHAUPT/DOLFF*, Zielsystem, 1981, S. 682-690; *GÜDE*, Geschäftspolitik, 1995, S. 17 f. Zu beachten ist hierbei, daß der Begriff Sicherungsziele nicht dem Begriff Sicherheitsziele entspricht. Die Sicherungsziele umfassen unter anderem auch Sicherheitsziele.

73 Vgl. dazu auch Abschnitt 3.5.1.3.

74 Selbst wenn operationale Ziele vorliegen, ist die Wahrnehmung des öffentlichen Interesses nicht in jedem Fall gewährleistet. Vgl. dazu *BUDÄUS*, Instrumentalfunktion öffentlicher Unternehmen, 1984, S. 152.

75 Vgl. *SCHUPPERT*, Kontrolle öffentlicher Unternehmen, 1990, S. 143 f.; *KRÖNES*, Operationalisierung, 1998, S. 277 f.

oder das Ermöglichen eines Zugangs zum Zahlungsverkehr durch die Eröffnung eines Girokontos auch für sozial schwächere Gruppen kaum meßbar sind.

Zu den *Sicherungszielen* der Sparkassen zählen die Erzielung von Gewinn, die Sicherstellung der Liquidität sowie die Gewährleistung der Sicherheit.[76] Das Streben nach Gewinn ist ein operationales Ziel, denn es können sowohl die Zielgröße (z. B. Jahresüberschuß vor Steuern) und das Zielniveau (z. B. Maximum) als auch der Zeitbezug (z. B. Planungszeitraum von fünf Jahren) eindeutig definiert werden. Die Gewinnerzielung als Formalziel darf in Sparkassen aber nur insoweit verfolgt werden, wie dadurch der öffentliche Auftrag nicht vernachlässigt wird. Es ist aber gleichzeitig vor allem aufgrund der Eigenkapitalvorschriften ein Ziel von wesentlicher Bedeutung. Zwischen der Gewinnerzielung und der Erfüllung des öffentlichen Auftrages kann jedoch ein Konflikt bestehen, wenn beispielsweise Gewinne durch Verschlechterung der Konditionen für Kunden oder Ablehnung von Kunden, deren Geschäftsbeziehung zwar im öffentlichen Interesse liegt, aber unrentabel ist, erzielt werden und insofern die Erfüllung des öffentlichen Auftrags beeinträchtigt ist. Allerdings ist auch zu berücksichtigen, daß die Überschüsse der Sparkassen entweder den Rücklagen zugeführt oder an den Träger abgeführt werden. Im Falle der Rücklagenzuführung dienen diese Überschüsse der Eigenkapitalbildung. Dies ist für Sparkassen im allgemeinen die einzige Möglichkeit, um Kernkapital als wesentlichen Bestandteil der nach § 10 KWG und dem Grundsatz I über die Eigenmittel der Institute geforderten haftenden Eigenmittel zu bilden. Insofern tragen Gewinnerzielung und Rücklagenbildung zur Existenzsicherung der Sparkassen bei und ermöglicht damit indirekt auch die Erfüllung des öffentlichen Auftrages. Gleichermaßen dienen auch die an den Gewährträger abgeführten Überschüsse indirekt den öffentlichen Auftragszielen, da sie für öffentliche Aufgaben verwendet werden. Als Minimalziele zur Existenzsicherung sind weiterhin die Sicherstellung der jederzeitigen Liquidität und die Gewährleistung der Sicherheit zu nennen. Die Existenzbedrohung der Kreditinstitute durch bestimmte Risiken, wie Adressenausfallrisiken oder Marktpreisrisiken, wird unter anderem durch eine gesetzlich vorgeschriebene angemessene Eigenkapitalausstattung der Institute verringert, die insofern zur Sicherheit der Institute beiträgt. Ebenso existieren im Grundsatz II über die Liquidität der Institute aufsichtsrechtliche Vorschriften, welche die Liquiditätsrisiken begrenzen sollen. Sowohl die Sicherstellung der Liquidität als auch die angemessene Eigenkapitalausstattung lassen sich als Restriktionen in bezug auf die Verwirklichung der beiden Oberziele Erfüllung des öffentlichen Auftrages und Gewinnerzielung betrachten.

Von Interesse sind demnach mögliche *Zielkonflikte* zwischen der Erfüllung des öffentlichen Auftrages und dem Gewinnstreben. Grundsätzlich lassen sich Zielkonflikte

---

[76] Vgl. *GÜDE*, Geschäftspolitik, 1995, S. 18.

entweder mit Hilfe des Nebenbedingungskonzeptes überwinden oder indem eine Nutzenfunktion entwickelt oder eine Zielhierarchie aufgestellt wird.[77] Das Nutzenkonzept unterstellt, daß keines der Ziele Vorrang vor den anderen Zielen besitzt. Eine verminderte Zielerfüllung eines Ziels kann durch die bessere Verwirklichung eines anderen Ziels substituiert werden. In bezug auf Sparkassen hat aber der öffentliche Auftrag Vorrang vor der Gewinnerzielung, so daß eine Überwindung des Zielkonfliktes mit dem Nutzenkonzept nicht sinnvoll wäre. Das Aufstellen einer Zielhierarchie im Sinne einer lexikographischen Ordnung hätte den Nachteil, daß das Finden einer Optimallösung hinsichtlich des Ziels erster Ordnung (Erfüllung des öffentlichen Auftrages) dazu führt, daß das Ziel zweiter Ordnung (Gewinnerzielung) überhaupt nicht berücksichtigt wird. Im vorliegenden Fall erscheint das sogenannte Nebenbedingungskonzept geeignet, den Zielkonflikt zu überwinden. Dabei erhalten alle Ziele, bis auf die zu extremierende Zielgröße ein Mindest- oder Höchstniveau. Dies bedeutet konkret für das Zielsystem von Sparkassen, daß ein Mindestniveau für das Ziel der Erfüllung des öffentlichen Auftrages vorgegeben werden könnte, welches als Nebenbedingung ebenso wie die Nebenbedingungen Aufrechterhaltung der Liquidität und Sicherstellung einer angemessenen Eigenkapitalausstattung bei der Maximierung des Ziels Gewinnerzielung zu beachten wäre. Bei der Festlegung des Niveaus eines zu satisfizierenden Teilziels muß allerdings berücksichtigt werden, daß die Höhe so gewählt wird, daß Handlungsalternativen existieren, welche dieses Niveau erreichen. Ein weiteres Problem im Hinblick auf dieses Vorgehen bezieht sich auf das Verhältnis zwischen dem Niveau des zu extremierenden Ziels und dem des in eine Nebenbedingung umformulierten Ziels, da es für die Lösung unerheblich ist, ob das Restriktionsniveau gerade erreicht oder weit überschritten wird.[78]

2.4 Haftungssystem der öffentlich-rechtlichen Sparkassen

Die beiden staatlichen Haftungsgarantien für Sparkassen – Gewährträgerhaftung und Anstaltslast – laufen im Jahr 2005 aus. Die *Gewährträgerhaftung* beinhaltete die Haftung des Gewährträgers für die Verbindlichkeiten der Sparkasse nach außen, während der Anstaltsträger gemäß der *Anstaltslast* verpflichtet war, seine Anstalt zur Erfüllung ihrer Aufgaben instand zu halten.[79]

---

77 Vgl. *HAUSCHILDT*, Zielsysteme, 1980, Sp. 2420-2422; *ADAM*, Planung und Entscheidung, 1996, S. 109-112.

78 Vgl. *ADAM*, Planung und Entscheidung, 1996, S. 111 f.

79 Vgl. dazu ausführlich *SCHLIERBACH*, Sparkassenrecht, 2003, S. 144-148.

Ausgangspunkt des Streites um das Haftungssystem der öffentlichen-rechtlichen Kreditinstitute in Deutschland mit der EU-Kommission war eine Beschwerde des Bundesverbandes deutscher Banken e. V. vom 23. März 1993 bei der Europäischen Kommission.[80] Dabei ging es um die Übertragung der Wohnungsbauförderungsanstalt des Landes Nordrhein-Westfalen an die WestLB. Als Gegenleistung wurde nicht die Beteiligung des Landes an der WestLB erhöht, sondern das Land erhielt ein Entgelt in Höhe von 0,6 % der Jahresgewinne der WestLB nach Steuern. In ihrer Entscheidung vom 8. Juli 1999 stufte die EU-Kommission diese Übertragung als rechtswidrige staatliche Beihilfe ein und ordnete ihre vollständige Rückforderung an.[81] Grund für die Entscheidung war das nicht angemessene Entgelt als Gegenleistung für die Einbringung der Wohnungsbauförderungsanstalt. Gegen diese Entscheidung der EU-Kommission legten sowohl die Bundesregierung als auch das Land Nordrhein-Westfalen und die WestLB Widerspruch ein. Am 6. März 2003 bestätigte der Europäische Gerichtshof, daß in dem Fall eine unzulässige Beihilfe vorliegt, erklärte aber dennoch die Entscheidung der Europäischen Kommission aufgrund unzureichender Begründungen für nichtig, so daß das Verfahren neu aufgerollt werden mußte.[82] Während sich die deutschen Landesbanken mit der EU-Kommission inzwischen über den Umfang der an die Bundesländer zurückzuzahlenden Beihilfen geeinigt haben, verschärft sich der Streit darüber, wann die 4,3 Milliarden Euro, wie von den Bundesländern geplant, wieder rekapitalisiert, das heißt in die Landesbanken eingebracht, werden dürfen.[83]

Da der Europäische Bankenverband die beiden Haftungsinstrumente der öffentlich-rechtlichen Kreditinstitute in Deutschland ebenfalls als rechtswidrige staatliche Beihilfen ansah, klagte er im Dezember 1999 bei der Kommission der Europäischen Gemeinschaften. Die am 17. Juli 2001[84] und 28. Februar 2002[85] erzielte Einigung zwischen der EU-Kommission, der Bundesregierung und den öffentlich-rechtlichen Kreditinstituten sieht bis 18. Juli 2005[86] die Abschaffung der Gewährträgerhaftung und die

---

80 Vgl. EuG-Urteil vom 6.3.2003, EuGHE II 2003, 435, 575, S. 454.

81 Vgl. Amtsblatt der Europäischen Gemeinschaften Nr. L 150 vom 23.6.2000, S. 1-37.

82 Vgl. EuG-Urteil vom 6.3.2003, EuGHE II 2003, 435, 575, S. 509 u. S. 570.

83 Vgl. *MAI*, Landesbanken-Streit, FTD, 26.1.2005, S. 20.

84 Vgl. *EU-KOMMISSION*, Presseerklärung vom 17. Juli 2001, http://www.lrp.de/m2_kunden/download/pr_eu_17-7-01_dt.pdf, 8.8.2004.

85 Vgl. *EU-KOMMISSION*, Presseerklärung vom 28. Februar 2002, http://www.sachsenlb.de/libimg/pdf/0204_anlage_3.pdf, 8.8.2004; *BUNDESREGIERUNG*, Presseerklärung vom 1. März 2002, http://www.bundesregierung.de/artikel-,413.70827/Einigung-mit-der-EU-Kommission.htm, 8.8.2004.

86 Anstaltslast und Gewährträgerhaftung gelten für alle Verbindlichkeiten bis zum 18.7.2005. Für Verbindlichkeiten, die bis zum 18.7.2001 eingegangen wurden, gilt die Gewährträgerhaftung un-

Modifizierung der Anstaltslast vor. Die Anstaltslast ist zukünftig gemäß den folgenden Grundsätzen auszugestalten:

„a) Die finanzielle Beziehung zwischen dem öffentlichen Eigner und dem öffentlichen Kreditinstitut darf sich nicht von einer normalen wirtschaftlichen Eigentümerbeziehung gemäß marktwirtschaftlichen Grundsätzen unterscheiden, so wie der zwischen einem privaten Anteilseigner und einem Unternehmen in einer Gesellschaftsform mit beschränkter Haftung.

b) Jegliche Verpflichtung des öffentlichen Eigners zu wirtschaftlicher Unterstützung des öffentlichen Kreditinstituts und jeglicher Automatismus wirtschaftlicher Unterstützung durch den Eigner zugunsten des öffentlichen Kreditinstituts ist ausgeschlossen. Es besteht keine unbeschränkte Haftung des Eigners für Verbindlichkeiten des öffentlichen Kreditinstituts. Es gibt keine Absichtserklärung oder Garantie, den Bestand des öffentlichen Kreditinstituts sicher zu stellen.

c) Die öffentlichen Kreditinstitute werden den gleichen Regeln für den Insolvenzfall wie private Kreditinstitute unterworfen, ihre Gläubiger werden somit in ihrer Position denen privater Kreditinstitute gleichgestellt.

d) Diese Grundsätze gelten unbeschadet der Möglichkeit des Eigners, wirtschaftliche Unterstützung in Einklang mit den Beihilferegelungen des EG-Vertrags zu gewähren."[87]

Konkret sollen die zu ändernden Gesetzestexte die folgenden Elemente enthalten:

„1) Anstaltslast wird ersetzt durch die folgenden Bestimmungen:

2) Der Träger unterstützt die Sparkasse/Landesbank bei der Erfüllung ihrer Aufgaben nach Maßgabe der folgenden Grundsätze/Bestimmungen.

3) Eine Verpflichtung des Trägers zur oder ein Anspruch der Sparkasse/Landesbank gegen den Träger auf Zurverfügungstellung von Mitteln besteht nicht.

4) Die Sparkasse/Landesbank haftet für ihre Verbindlichkeiten mit ihrem gesamten Vermögen.

5) Die Haftung des Trägers der Landesbank ist auf das satzungsmäßige Kapital beschränkt./ Der Träger der Sparkasse haftet nicht für deren Verbindlichkeiten.

---

begrenzt bis zum Ende der Laufzeit. Für während der vierjährigen Übergangszeit vom 19.7.2001 bis zum 18.7.2005 vereinbarte Verbindlichkeiten gilt die Gewährträgerhaftung unter der Bedingung, daß deren Laufzeit nicht über den 31.12.2015 hinausgeht.

[87] *EU-Kommission*, Presseerklärung vom 17. Juli 2001, http://www.lrp.de/m2_kunden/download/pr_eu_17-7-01_dt.pdf, 8.8.2004.

6) Alle Landesbanken und Sparkassen müssen insolvenzfähig sein [zu erreichen durch die Abschaffung der Bestimmungen der Länder, die auf § 12(1) No 2 Insolvenzordnung beruhen].

7) Sämtliche bestehenden Bestimmungen über Anstaltslast und Gewährträgerhaftung, die mit dem Obigen im Widerspruch stehen, sind zu streichen."[88]

Das Verhältnis zwischen öffentlichen Eigentümern und dem Kreditinstitut soll also ähnlich dem zwischen privaten Anteilseignern und einer Kapitalgesellschaft gestaltet werden, wobei insbesondere eine unbeschränkte Haftung des öffentlichen Eigners ausgeschlossen wird. Damit reduziert sich die Anstaltslast lediglich auf die Möglichkeit einer wirtschaftlichen Unterstützung durch den öffentlichen Eigentümer im Einklang mit dem EU-Beihilferecht. Eine solche staatliche Unterstützung kann jedoch auch jedem privaten Kreditinstitut gewährt werden.[89] Aus diesem Grund wird auch von einer Abschaffung der Anstaltslast statt einer Modifizierung gesprochen.[90] Nach allgemeiner Auffassung kann es nach deutschem Recht ferner keine Anstalten mit öffentlichem Auftrag ohne Anstaltslast geben, so daß die Sparkassen in Gesellschaften des privaten Rechts umgewandelt werden müßten.[91]

Die zur Umsetzung dieser Vereinbarung notwendigen Gesetzesänderungen wurden nach einer Zusage der deutschen Behörden bis Ende 2002 verabschiedet.[92] Vor allem sind die Sparkassengesetze inzwischen dahingehend geändert worden, daß die Haftung der Träger ab dem 19. Juli 2005 der in der Verständigung mit der EU-Kommission geforderten Ausgestaltung entspricht.[93]

---

88 *EU-Kommission*, Presseerklärung vom 28. Februar 2002, http://www.sachsenlb.de/libimg/pdf/0204_anlage_3.pdf, 8.8.2004.

89 Vgl. *Wiesel*, Sparkassen, 2002, S. 291 f.

90 Vgl. *Möschel*, Anstaltslast, 2001, S. 1895 f.; *Möschel*, Bastionen, 2001, S. 1171.

91 Vgl. *Möschel*, Anstaltslast, 2001, S. 1897; *Möschel*, Bastionen, 2001, S. 1171; *Wiesel*, Sparkassen, 2002, S. 288 f. u. S. 294; *Deutscher Sparkassen- und Giroverband*, Stellungnahme, http://www.sparkassen-finanzgruppe.de/owx_1_48_1_6_0_00000000000000.html?ausgabe=presseforum_de&neworder=Datum&id=309&aktion=mehr, 25.5.2005, Rz. 96; *Kemmler*, Anstalt ohne Anstaltslast, 2003, S. 105 f. Vgl. zu einer anderen Meinung *Dülp*, Anstalten ohne Anstaltslast, 2002, S. 207 f.

92 Dazu gehören neben den verabschiedeten Landesgesetzen zur Änderung der einzelnen Sparkassengesetze auch die erlassenen Gesetze, welche die Regelungen zur Insolvenzunfähigkeit juristischer Personen des öffentlichen Rechts so ändern, daß sie nicht mehr für öffentlich-rechtliche Kreditinstitute gelten.

93 Vgl. Viertes Gesetz zur Änderung des Gesetzes über die Errichtung der Landesbank Berlin – Girozentrale vom 19.9.2002, in: GVBl. S. 286; Gesetz zur Änderung sparkassenrechtlicher Vorschrif-

Direkte Auswirkungen hat die Einigung zwischen der EU-Kommission und der Bundesregierung besonders auf die Landesbanken, da diese bislang aufgrund der staatlichen Haftungsgarantien ein besseres Rating erzielen und damit geringere Refinanzierungskosten gegenüber privaten Instituten realisieren konnten. Daher werden zukünftig voraussichtlich die Refinanzierungskosten der Landesbanken steigen. Um die derzeitigen Refinanzierungskosten beizubehalten, müßten die Landesbanken ansonsten ihr Eigenkapital erhöhen. In der Folge des EU-Beihilfestreites wurden von den Landesbanken zusätzlich verschiedene Modelle zu ihrer Umstrukturierung entwickelt.[94] Das Aufspaltungsmodell, welches die WestLB in Nordrhein-Westfalen und die Landesbank Rheinland-Pfalz umgesetzt haben, beinhaltet zum Beispiel eine Abspaltung des Wettbewerbsgeschäfts der Landesbank in eine privatrechtliche Tochtergesellschaft in der Rechtsform einer AG, während das Fördergeschäft bei der öffentlich-rechtlichen Muttergesellschaft verbleibt.[95] Eine andere Möglichkeit stellt das Avalmodell der Landesbank Baden-Württemberg dar, welches ein marktgerechtes, risikoadäquates Entgelt

---

ten vom 22.10.2002, in: GBl. S. 386 (Baden-Württemberg); Gesetz zur Änderung des Sparkassengesetzes vom 25.7.2002, in: GVBl. S. 324 (Bayern); Gesetz zur Änderung des Brandenburgischen Sparkassengesetzes vom 10.7.2002, in: GVBl. I S. 57; Gesetz zur Änderung des Sparkassengesetzes für öffentliche Sparkassen im Lande Bremen und des Gesetzes zur Ausführung der Zivilprozessordnung, der Insolvenzordnung und des Zwangsversteigerungsgesetzes vom 28.5.2002, in: GBl. S. 131; Gesetz zu dem Staatsvertrag zur Änderung des Staatsvertrages über die Bildung einer gemeinsamen Sparkassenorganisation Hessen-Thüringen, zur Änderung des Hessischen Sparkassengesetzes und zur Änderung des Gesetzes über die Vereinigung der Stadtsparkasse Frankfurt am Main mit der Frankfurter Sparkasse von 1822 (Polytechnische Gesellschaft) vom 18.6.2002, in: GVBl. I S. 260; Zweites Gesetz zur Änderung des Sparkassengesetzes des Landes Mecklenburg-Vorpommern vom 30.4.2002, in: GVBl. S. 182, berichtigt in: GVBl. S. 688; Gesetz zur Neuordnung des öffentlichen Sparkassenwesens in Niedersachsen vom 21.11.2002, in: GVBl. S. 730; Gesetz zur Neuregelung der Rechtsverhältnisse der öffentlich-rechtlichen Kreditinstitute in Nordrhein-Westfalen vom 2.7.2002, in: GVBl. S. 284; Siebtes Landesgesetz zur Änderung des Sparkassengesetzes vom 27.6.2002, in: GVBl. S. 304 (Rheinland-Pfalz); Gesetz zur Neuordnung des öffentlich-rechtlichen Kreditwesens im Saarland vom 27.11.2002, in: Amtsbl. S. 2502; Gesetz über das öffentliche Kreditwesen im Freistaat Sachsen vom 13.12.2002, in: GVBl. S. 333; Zweites Gesetz zur Änderung des Sparkassengesetzes des Landes Sachsen-Anhalt vom 18.12.2002, in: GVBl. S. 447; Gesetz zur Änderung des Sparkassengesetzes für das Land Schleswig-Holstein vom 12.12.2002, in: GVBl. S. 254; Erstes Gesetz zur Änderung des Thüringer Sparkassengesetzes vom 3.12.2002, GVBl. S. 416.

94 Vgl. zum folgenden auch *Klein*, Privatisierung der Sparkassen, 2003, S. 135-138; *Deutsches Institut für Wirtschaftsforschung*, Entwicklungsperspektiven des Bankensektors, 2004, S. 22-23.

95 Vgl. *Landesregierung Nordrhein-Westfalen*, Pressemitteilung vom 20.11.2003, http://www.presseservice.nrw.de/01_textdienst/11_pm/2003/q4/20031120_06.html, 25.5.2005; *Landesbank Rheinland-Pfalz*, Pressemitteilung vom 16.7.2004, http://www.lrp.de/m3_aktuell/pressecenter/pressemeld_2004_07_16.asp, 25.5.2005.

für zeitlich befristete und betragsmäßig festgelegte staatliche Garantien fordert.[96] In der von Bayern bevorzugten dritten Variante betreibt die Landesbank als Anstalt des öffentlichen Rechts, die gleichzeitig die Tochter einer Finanzholding in der Rechtsform einer AG ist, die Landesbankaktivitäten in einem Institut weiter.[97]

Auch auf die öffentlich-rechtlichen Sparkassen haben die Veränderungen hinsichtlich der Haftung ihrer Träger verschiedene Auswirkungen. So stellt sich im Zusammenhang mit den angesprochenen Änderungen beispielsweise die Frage nach dem Sinn der Aufrechterhaltung des Regionalprinzips.[98] In Anbetracht des Wegfalls der staatlichen Haftungsinstrumente wird der Sparkassensektor aber vor allem gezwungen sein, seine bestehenden Sicherungssysteme auszubauen, um den Verlust der staatlichen Haftung auszugleichen.

Der Sparkassensektor hat ebenso wie der Genossenschaftssektor eine *freiwillige Institutssicherung* etabliert, welche die angeschlossenen Institute von der Verpflichtung befreit, einer gesetzlichen Entschädigungseinrichtung anzugehören.[99] Die Sicherungsfonds des Sparkassensektors bewirken eine *indirekte Einlagensicherung* (sogenannte Institutssicherung), das heißt, drohenden oder bereits eingetretenen Schwierigkeiten der im Haftungsverbund stehenden Kreditinstitute soll begegnet und die Institute in ihrem Bestand geschützt werden, ohne daß die Einleger selbst etwas davon erfahren. Die Institutssicherung des Sparkassensektors umfaßt mehrere Stufen.[100] Zunächst stützen die elf regionalen Sparkassenstützungsfonds, die Sicherungsreserve der Landesbanken/Girozentralen oder der Sicherungsfonds der Landesbausparkassen ein in Schwierigkeiten geratenes, angeschlossenes Institut. Falls die Mittel eines regionalen Sparkassenstützungsfonds erschöpft sind, tritt ein überregionaler Ausgleich aller Sparkassenstützungsfonds ein.[101] Zusätzlich existiert ein Haftungsverbund zwischen den

---

96 Vgl. Gesetz zur Änderung des Landesbankgesetzes vom 22.10.2002, in: GBl. S. 385 (Baden-Württemberg).

97 Vgl. *Sparkassenverband Bayern*, Pressemitteilung vom 13.9.2002, http://www.sparkassenverband-bayern.de/contentserv/spk-verband.de/index.php?StoryID=189, 25.5.2005.

98 Vgl. *Deutsches Institut für Wirtschaftsforschung*, Entwicklungsperspektiven des Bankensektors, 2004, S. 19.

99 Vgl. § 12 Abs. 1 EAEG.

100 Vgl. *Deutsche Bundesbank*, Einlagensicherung, 1992, S. 34.

101 Vgl. *Deutscher Sparkassen- und Giroverband*, Überregionaler Ausgleich der Sparkassenstützungsfonds, 1998; *Deutscher Sparkassen- und Giroverband*, Überregionaler Ausgleich der Sparkassenstützungsfonds, 2003.

Sparkassenstützungsfonds, der Sicherungsreserve der Landesbanken/Girozentralen sowie dem Sicherungsfonds der Landesbausparkassen.[102]

Das Gesamtvolumen der einzelnen regionalen Sparkassenstützungsfonds soll *bis Ende 2005* mindestens 3 ‰ der Forderungen der Mitgliedssparkassen an Kunden betragen.[103] Bis der Fonds 1 ‰ dieses satzungsmäßigen Gesamtvolumens erreicht hat, sind die Institute verpflichtet, jährliche Umlagen in Höhe von 0,3 ‰ der Forderungen der Mitgliedssparkassen an Kunden an den Fonds zu leisten. Anschließend sind jährliche Umlagen in Höhe von 0,1 ‰ der Forderungen der Mitgliedssparkassen an Kunden zu entrichten bis der Fonds 1,5 ‰ dieses satzungsmäßigen Gesamtvolumens erreicht hat. Für die restlichen 50 % des Gesamtvolumens besteht für die Mitgliedsinstitute eine Nachschußpflicht.[104]

Mit Wirkung zum *1. Januar 2006* werden die Beiträge zu den Sicherungseinrichtungen der Sparkassen-Finanzgruppe nach dem Risiko der Mitgliedsinstitute differenziert und das Gesamtvolumen aller Sparkassenstützungsfonds und der Sicherungsreserve der Landesbanken mittels eines Kalibrierungsfaktors so ausgerichtet, daß es Ende des Jahres 2005 dem 1,5-fachen des vorherigen Gesamtvolumens entspricht.[105] In Abhängigkeit vom Kalibrierungsfaktor und einem Risikotragfähigkeitsquotienten (RTQ) wird der Beitragssatz eines Mitgliedsinstitutes nach folgender Formel ermittelt:

$$\text{Beitragssatz} = 0{,}0001 \cdot \left(5 + \frac{1}{\text{RTQ}}\right) \cdot \text{Kalibrierungsfaktor}$$

Entsprechend der nachfolgenden Formel bestimmt sich der Risikotragfähigkeitsquotient:

$$\text{RTQ} = \frac{\text{haftendes Eigenkapital (hEK)+ungebundene, nicht als hEK anerkannte Vorsorgereserven}}{\text{Summe anrechnungspflichtiger Positionen}}$$

---

[102] Vgl. *Deutscher Sparkassen- und Giroverband*, Haftungsverbund, 1998; *Deutscher Sparkassen- und Giroverband*, Haftungsverbund, 2003.

[103] Das Gesamtvolumen der Sicherungsreserve der Landesbanken/Girozentralen soll bis Ende 2005 ebenfalls 3 ‰ der Forderungen an Kunden und das des Sicherungsfonds der Landesbausparkassen 0,5 ‰ der Forderungen an Kunden betragen.

[104] Vgl. *Deutscher Sparkassen- und Giroverband*, Mustersatzung für die Sparkassenstützungsfonds, 2002.

[105] Vgl. dazu und zum folgenden *Deutscher Sparkassen- und Giroverband*, Mustersatzung für die Sparkassenstützungsfonds, 2003; *Deutscher Sparkassen- und Giroverband*, Grundsätze der Beitragsbemessung, 2003; *Matthiesen/Fest*, Haftungsverbund, 2004, S. 155 f.

Der so ermittelte Beitragssatz wird dann mit der Bemessungsgrundlage multipliziert, um das Gesamtvolumen eines Mitgliedsinstitutes zu berechnen:

$$\text{Gesamtvolumen} = \text{Bemessungsgrundlage} \cdot \text{Beitragssatz}$$

Während derzeit die Bemessungsgrundlage die Summe der anrechnungspflichtigen Positionen des Instituts nach dem Grundsatz I über die Eigenmittel der Institute ist, soll nach der Umsetzung von Basel II in nationales Recht als Bemessungsgrundlage die Gesamtrisikoposition anstelle der Summe anrechnungspflichtiger Positionen dienen. Die Mitgliedssparkassen müssen dem Fonds jährlich solange Barmittel zuführen, bis die Barmittel mindestens ein Drittel des Gesamtvolumens des Sparkassenstützungsfonds betragen. Solange der Fonds 65 % dieses Einzahlungs-Solls nicht erreicht hat, zahlen die Mitglieder jährlich mindestens 15 % des Einzahlungs-Solls ein. Soweit die Barmittel 65 % des Einzahlungs-Solls übersteigen, aber noch nicht das Einzahlungs-Soll erlangt haben, leisten die Mitgliedssparkassen jährlich mindestens 7,5 % des Einzahlungs-Solls. Für die verbleibenden zwei Drittel des Gesamtvolumens besteht eine Nachschußpflicht.[106] In bezug auf das Gesamtvolumen und die Beiträge der Sicherungsreserve der Landesbanken/Girozentralen sowie des Sicherungsfonds der Landesbausparkassen gelten ab dem 1. Januar 2006 den Regelungen der Sparkassenstützungsfonds entsprechende Vorschriften.[107]

Die veränderten Haftungsbedingungen der öffentlich-rechtlichen Kreditinstitute verlangen einen erheblichen Ausbau der Institutssicherung, das heißt, sowohl auf die Sparkassen als auch auf die Landesbanken werden höhere, risikogerechtere Gebühren für die freiwillige Einlagensicherung zukommen.[108]

Die Abschaffung der Gewährträgerhaftung und die Modifizierung der Anstaltslast führen demnach aufgrund steigender Refinanzierungskosten für die Landesbanken und zunehmender Kosten für den Ausbau der Institutssicherung des Sparkassensektors insgesamt zu steigenden Transaktionskosten im Finanzsektor. Damit könnte eine ge-

---

[106] Bezogen auf ein einzelnes Mitgliedsinstitut bedeutet dies, daß es zunächst jährlich 15 % von einem Drittel seines Gesamtvolumens einzahlen muß, bis 65 % dieses Einzahlungs-Solls erreicht sind. Anschließend hat es bis zum Erreichen des Einzahlungs-Solls jährlich 7,5 % seines Einzahlungs-Solls zu entrichten.

[107] Vgl. *Deutscher Sparkassen- und Giroverband*, Sicherungsreserve der Landesbanken, 2003; *Deutscher Sparkassen- und Giroverband*, Sicherungsfonds der Landesbausparkassen, 2003; *Deutscher Sparkassen- und Giroverband*, Grundsätze der Beitragsbemessung, 2003.

[108] Vgl. *Wiesel*, Sparkassen, 2002, S. 296; *Deutsches Institut für Wirtschaftsforschung*, Entwicklungsperspektiven des Bankensektors, 2004, S. 48.

dämpfte gesamtwirtschaftliche Dynamik einhergehen, da die für Investitionstätigkeit zur Verfügung stehenden Mittel geringer sind.[109]

2.5 Struktur des deutschen Bankenmarktes und Ertragslage der Sparkassen

Eine Untersuchung des Internationalen Währungsfonds kommt zu dem Ergebnis, daß deutsche Banken im Vergleich zu Kreditinstituten in anderen europäischen Ländern weniger profitabel sind und ihre Gewinne in den letzten Jahren relativ gesehen stärker gesunken sind.[110] Die Ursachen dafür liegen nach Ansicht des Internationalen Währungsfonds in der geringeren Mobilisierung von Einkünften sowie der Unfähigkeit, die Provisionserträge zu steigern, um sinkende Zinserträge auszugleichen. Der Bundesverband deutscher Banken wiederum führt diese Probleme auf strukturelle Mängel im deutschen Bankensystem zurück.[111]

Die *Struktur des deutschen Bankenmarktes* ist gekennzeichnet durch die drei Säulen: private Kreditinstitute, öffentlich-rechtliche Kreditinstitute und genossenschaftliche Kreditinstitute. Dabei ist im europäischen Vergleich der Anteil der öffentlich-rechtlichen Kreditinstitute in Deutschland sehr hoch, während der Anteil der Kreditinstitute, die in der Rechtsform einer Aktiengesellschaft betrieben werden, extrem niedrig ist. Dies veranschaulicht die folgende Abbildung 2, welche den prozentualen Anteil der unterschiedlichen Kreditinstitutsgruppen an allen Kreditinstituten für das Jahr 2002 in ausgewählten europäischen Ländern gegenüberstellt. Es wird deutlich, daß Deutschland in bezug auf seinen öffentlich-rechtlichen Finanzdienstleistungssektor in Europa eine Sonderrolle einnimmt.

---

[109] Vgl. *Deutsches Institut für Wirtschaftsforschung*, Entwicklungsperspektiven des Bankensektors, 2004, S. 59-63.

[110] Vgl. *Brunner et al.*, Germany's Three-Pillar Banking System, 2004.

[111] Vgl. dazu auch *Bundesverband deutscher Banken*, Banken, 2004, S. 8.

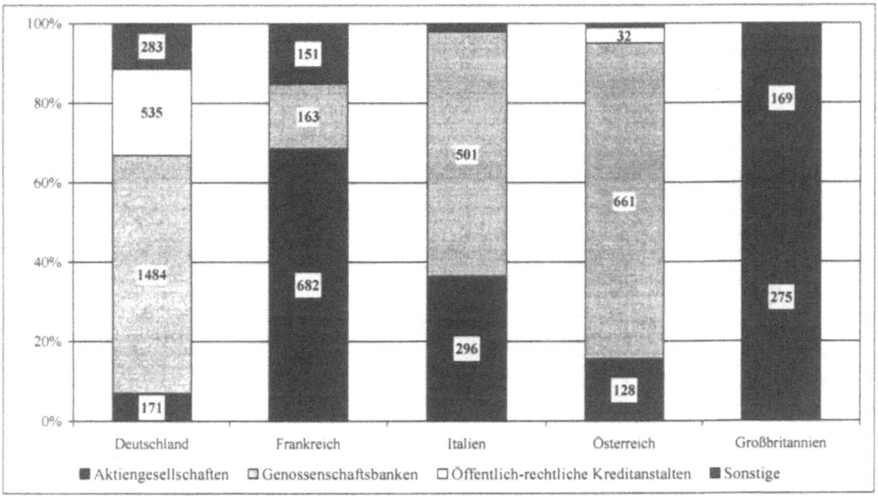

Abbildung 2: Anzahl und relativer Anteil der Kreditinstitute nach Rechtsformen in ausgewählten europäischen Ländern im Jahr 2002[112]

Abbildung 3 und Abbildung 4 zeigen weitere Besonderheiten des deutschen Bankensektors, wie die große Anzahl an Kreditinstituten und die hohe Bankstellendichte. Bezogen auf die betrachteten europäischen Länder ist lediglich in Österreich die Anzahl der Kreditinstitute pro Kopf der Bevölkerung größer als in Deutschland. Zu bemerken ist aber auch, daß in Deutschland absolut und relativ gesehen die Zahl der Kreditinstitute von 1997 bis 2003 ebenso wie die Bankstellendichte stärker abgenommen hat als in anderen Ländern der Europäischen Union. Vermutlich wird sich dieser Trend auch in den nächsten Jahren fortsetzen, denn der Wettbewerbsdruck auf die Banken ist in den letzten Jahren immer größer geworden.

---

[112] Quelle: *EUROSTAT*, Statistiken über Kreditinstitute, http://epp.eurostat.cec.eu.int/portal/page?_pageid=1996,45323734&_dad=portal&_schema=PORTAL&screen=welcomeref&open=/industry/financ/credstat&language=de&product=EU_MAIN_TREE&root=EU_MAIN_TREE&scrollto=236, 13.1.2005.

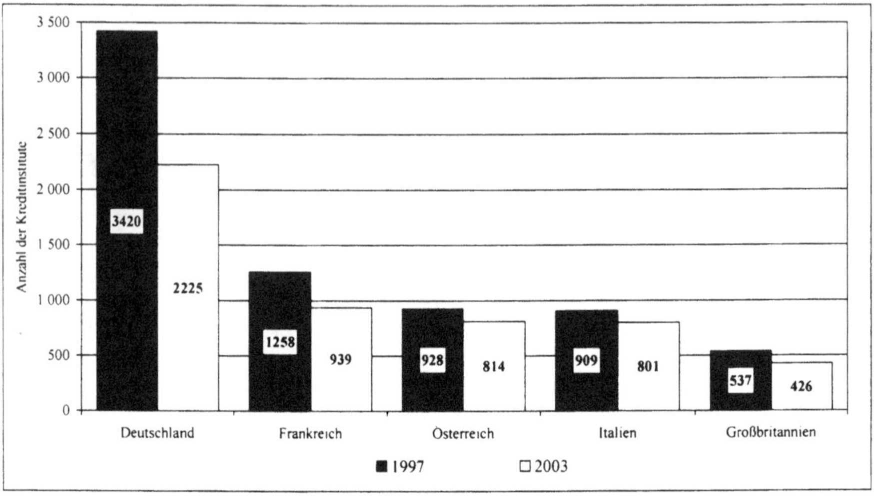

Abbildung 3: Anzahl der Kreditinstitute in ausgewählten europäischen Ländern[113]

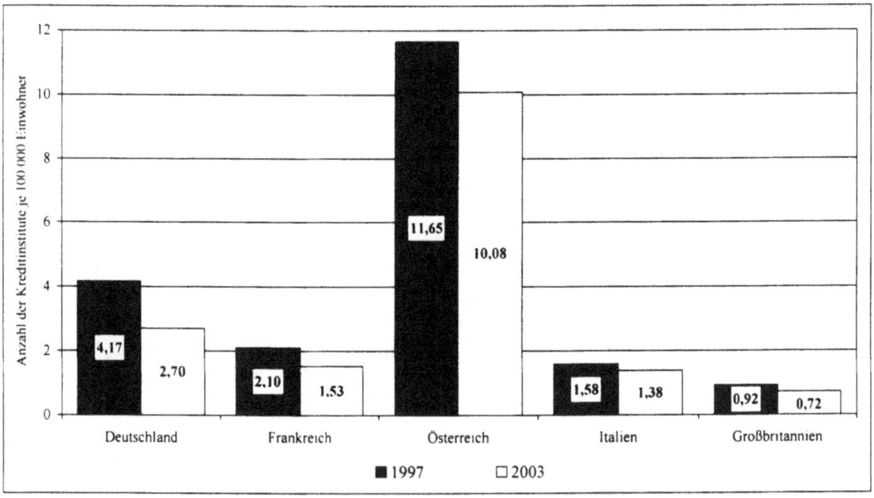

Abbildung 4: Anzahl der Kreditinstitute je 100.000 Einwohner in ausgewählten europäischen Ländern[114]

[113] Quelle: *Europäische Zentralbank*, EU Banking Structure, 2004, S. 33.

Ursache dafür ist vor allem eine durch die Weiterentwicklung der Informations- und Kommunikationstechnik sowie durch die Deregulierung und die Globalisierung bedingte immer stärkere Öffnung der Märkte. Kreditinstitute haben so die Möglichkeit, ihre bestehenden Geschäftsfelder zu erweitern und neue zu erschließen. Insbesondere das Internet, aber beispielsweise auch die einheitliche europäische Währung, bewirken zusätzlich eine erhöhte Markttransparenz. Somit können Kreditinstitute und Kunden schneller agieren und reagieren. Die Folge ist eine zunehmende Disintermediation, das heißt, Unternehmen finanzieren sich weniger über die Banken, sondern direkt auf dem Kapitalmarkt. Diese Entwicklung verschärft nicht nur den Wettbewerb der Banken untereinander, sondern auch den Wettbewerb zwischen Banken und anderen Finanzdienstleistern. Auch wenn seit dem Jahr 2001 der Anteil der Einlagen bei den Banken am Geldvermögen der privaten Haushalte wieder leicht gestiegen und der Anteil der Wertpapiere gesunken ist, hat sich die Anlagestruktur der privaten Haushalte in den letzten zehn Jahren deutlich in Richtung des Wertpapiergeschäftes verschoben.[115] Diese wachsende Bedeutung des Investmentbankings bedeutet auch eine stärkere Abhängigkeit der Kreditinstitute von den Entwicklungen auf den Finanzmärkten.

Im Jahr 2003 war die *Ertragskraft der deutschen Kreditinstitute* insgesamt wie bereits in den Vorjahren schwach, wobei die Ertragsentwicklung – wie auch die folgenden Tabellen 2 und 3 zeigt – in bezug auf die verschiedenen Bankengruppen sehr unterschiedlich verlief.[116] Während der Zinsüberschuß der Banken im Verhältnis zur Bilanzsumme weiter gesunken ist, stagnierte die Entwicklung des Provisionsüberschusses. Das Netto-Ergebnis aus Finanzgeschäften ist hingegen im Jahr 2003 im Vergleich zu 2002 deutlich angestiegen und die Verwaltungskosten sind leicht zurückgegangen. Auch der Saldo der sonstigen betrieblichen Aufwendungen und Erträge war 2003 höher als im Jahr 2002.

---

[114] Quelle: *Europäische Zentralbank*, EU Banking Structure, 2004, S. 33 u. S. 48.

[115] Vgl. *Deutsche Bundesbank*, Gesamtwirtschaftliche Finanzierungsströme, 2004, S. 53-55.

[116] Vgl. dazu und zum folgenden *Deutsche Bundesbank*, Ertragslage der deutschen Kreditinstitute, 2004, S. 15-41. Vgl. auch *Sachverständigenrat zur Begutachtung der gesamtwirtschaftlichen Entwicklung*, Jahresgutachten, 2004, S. 346.

		Alle Bankengruppen				Sparkassen			
		2000	**2001**	**2002**	**2003**	**2000**	**2001**	**2002**	**2003**
Zinsüberschuß	**in Mio. €**	76.894	79.229	85.568	81.760	21.526	21.606	23.234	23.540
	Veränderung zum Vorjahr in %		3.04	8.00	-4.45		0.37	7.53	1.32
+ Provisions-überschuß	**in Mio. €**	28.095	25.349	24.327	24.354	5.052	4.743	4.784	5.180
	Veränderung zum Vorjahr in %		-9.77	-4.03	0.11		-6.12	0.86	8.28
– Allg. Verwaltungs-aufwendungen	**in Mio. €**	77.673	81.045	78.324	77.278	18.335	18.688	19.022	19.346
	Veränderung zum Vorjahr in %		4.34	-3.36	-1.34		1.93	1.79	1.70
= Teilbetriebs-ergebnis	**in Mio. €**	*27.316*	*23.533*	*31.571*	*28.836*	*8.243*	*7.661*	*8.996*	*9.374*
	Veränderung zum Vorjahr in %		*-13,85*	*34,16*	*-8,66*		*-7,06*	*17,43*	*4,20*
+ Netto-Ergebnis aus Finanz-geschäften	**in Mio. €**	6.449	5.370	2.950	6.446	150	-11	-43	220
	Veränderung zum Vorjahr in %		-16.73	-45.07	118.51		-107.33	290.91	-611.63
+ Saldo der sonstigen betrieblichen Erträge und Aufwendungen	**in Mio. €**	2.046	3.540	3.693	3.825	-109	408	615	268
	Veränderung zum Vorjahr in %		73.02	4.32	3.57		-474.31	50.74	-56.42
+ Bewertungs-ergebnis	**in Mio. €**	-15.886	-19.616	-31.217	-21.754	-4.229	-4.980	-6.927	-5.247
	Veränderung zum Vorjahr in %		23.48	59.14	-30.31		17.76	39.10	-24.25
= Betriebsergebnis	**in Mio. €**	*19.925*	*12.827*	*6.997*	*17.353*	*4.055*	*3.078*	*2.641*	*4.615*
	Veränderung zum Vorjahr in %		*-35,62*	*-45,45*	*148,01*		*-24,09*	*-14,20*	*74,74*
+ Saldo der anderen u. außerordentlichen Erträge und Aufwendungen	**in Mio. €**	-601	1.225	3.923	-15.503	977	571	786	190
	Veränderung zum Vorjahr in %		-303.83	220.24	-495.18		-41.56	37.65	-75.83
= Jahresüberschuß vor Steuern	**in Mio. €**	*19.324*	*14.052*	*10.920*	*1.850*	*5.032*	*3.649*	*3.427*	*4.805*
	Veränderung zum Vorjahr in %		*-27,28*	*-22,29*	*-83,06*		*-27,48*	*-6,08*	*40,21*
– Steuern vom Einkommen und Ertrag	**in Mio. €**	6.747	3.672	3.850	5.533	2.770	1.633	1.471	3.047
	Veränderung zum Vorjahr in %		-45.58	4.85	43.71		-41.05	-9.92	107,14
= Jahresüberschuß bzw. -fehlbetrag	**in Mio. €**	*12.577*	*10.380*	*7.070*	*-3.683*	*2.262*	*2.016*	*1.956*	*1.758*
	Veränderung zum Vorjahr in %		*-17,47*	*-31,89*	*-152,09*		*-10,88*	*-2,98*	*-10,12*
Bilanzsumme im Jahresdurchschnitt	**in Mio. €**	6.716.341	7.090.826	7.129.090	7.027.988	922.381	948.723	975.490	974.186
	Veränderung zum Vorjahr in %		5.58	0.54	-1.42		2.86	2.82	-0,13

Tabelle 1: ***Ertragsentwicklung der deutschen Kreditinstitute nach Bankengruppen (I)***[117]

117 Vgl. *DEUTSCHE BUNDESBANK*, Ertragslage der deutschen Kreditinstitute, 2004, S. 36-39.

		Kreditbanken				Kreditgenossenschaften			
		2000	2001	2002	2003	2000	2001	2002	2003
Zinsüberschuß	**in Mio. €**	25.731	27.230	30.850	26.341	12.887	12.855	13.648	13.994
	Veränderung zum Vorjahr in %		5,83	13,29	-14,62		-0,25	6,17	2,54
+ Provisions- überschuß	**in Mio. €**	16.822	15.227	13.894	13.249	3.601	3.107	3.124	3.400
	Veränderung zum Vorjahr in %		-9,48	-8,75	-4,64		-13,72	0,55	8,83
– Allg. Verwaltungs- aufwendungen	**in Mio. €**	36.806	38.909	35.897	34.449	12.547	12.592	12.615	12.902
	Veränderung zum Vorjahr in %		5,71	-7,74	-4,03		0,36	0,18	2,28
= Teilbetriebs- ergebnis	**in Mio. €**	*5.747*	*3.548*	*8.847*	*5.141*	*3.941*	*3.370*	*4.157*	*4.492*
	Veränderung zum Vorjahr in %		*-38,26*	*149,35*	*-41,89*		*-14,49*	*23,35*	*8,06*
+ Netto-Ergebnis aus Finanzgeschäften	**in Mio. €**	5.371	4.719	2.144	5.355	23	-41	-28	138
	Veränderung zum Vorjahr in %		-12,14	-54,57	149,77		-278,26	-31,71	-592,86
+ Saldo der sonstigen betrieblichen Erträge und Aufwendungen	**in Mio. €**	868	1.245	1.515	1.635	325	495	503	1.031
	Veränderung zum Vorjahr in %		43,43	21,69	7,92		52,31	1,62	104,97
+ Bewertungs- ergebnis	**in Mio. €**	-4.012	-6.166	-9.034	-7.338	-2.445	-2.671	-3.687	-3.106
	Veränderung zum Vorjahr in %		53,69	46,51	-18,77		9,24	38,04	-15,76
= Betriebsergebnis	**in Mio. €**	*7.974*	*3.346*	*3.472*	*4.793*	*1.844*	*1.153*	*945*	*2.555*
	Veränderung zum Vorjahr in %		*-58,04*	*3,77*	*38,05*		*-37,47*	*-18,04*	*170,37*
+ Saldo der anderen u. außerordentlichen Erträge und Aufwendungen	**in Mio. €**	-1.563	905	-2.563	-10.476	250	735	1.572	340
	Veränderung zum Vorjahr in %		-157,90	-383,20	308,74		194,00	113,88	-78,37
= Jahresüberschuß vor Steuern	**in Mio. €**	*6.411*	*4.251*	*909*	*-5.683*	*2.094*	*1.888*	*2.517*	*2.895*
	Veränderung zum Vorjahr in %		*-33,69*	*-78,62*	*-725,19*		*-9,84*	*33,32*	*15,02*
– Steuern vom Einkommen und Ertrag	**in Mio. €**	695	446	869	300	1.096	772	801	1.478
	Veränderung zum Vorjahr in %		-35,83	94,84	-65,48		-29,56	3,76	84,52
= Jahresüberschuß bzw. -fehlbetrag	**in Mio. €**	*5.716*	*3.805*	*40*	*-5.983*	*998*	*1.116*	*1.716*	*1.417*
	Veränderung zum Vorjahr in %		*-33,43*	*-98,95*	*-15.057,50*		*11,82*	*53,76*	*-17,42*
Bilanzsumme im Jahresdurchschnitt	**in Mio. €**	2.201.783	2.362.423	2.309.650	2.251.587	525.687	534.337	548.026	553.146
	Veränderung zum Vorjahr in %		7,30	-2,23	-2,51		1,65	2,56	0,93

Tabelle 2: Ertragsentwicklung der deutschen Kreditinstitute nach Bankengruppen (II)[118]

[118] Vgl. *DEUTSCHE BUNDESBANK*, Ertragslage der deutschen Kreditinstitute, 2004, S. 36-39.

Der gesunkene *Zinsüberschuß* läßt sich vor allem auf die rückläufige Zinsspanne bei den Kreditbanken zurückführen, bei den Sparkassen und den Kreditgenossenschaften konnte dagegen ein leichter Anstieg der Zinsspanne verzeichnet werden. Obwohl der *Provisionsüberschuß* der Kreditbanken fiel, konnte er in bezug auf alle Bankengruppen insgesamt wieder das Niveau des Jahres 2002 erreichen, da die Provisionsüberschüsse der Sparkassen und Kreditgenossenschaften stiegen. Nach wie vor spielen die Provisionserträge aber in Sparkassen und Kreditgenossenschaften eine eher untergeordnete Rolle. Während die Sparkassen und die Kreditgenossenschaften eine Zunahme der Verwaltungskosten verzeichneten, gingen die Verwaltungskosten vor allem bei den Großbanken zurück, so daß die Verwaltungskosten hinsichtlich aller Bankengruppen insgesamt leicht gesunken sind. Insgesamt ist damit das *Teilbetriebsergebnis* aller Bankengruppen im Jahr 2003 gesunken. Die Sparkassen und die Kreditgenossenschaften konnten jedoch im Gegensatz zu den Kreditbanken ihr Teilbetriebsergebnis steigern.

Das gestiegene Netto-Ergebnis aus Finanzgeschäften ist vorwiegend auf die Großbanken zurückzuführen, die von den sich erholenden Kursen auf den internationalen Aktienmärkten profitieren konnten. Der Saldo der sonstigen betrieblichen Aufwendungen und Erträge stieg im Jahr 2003 trotz des bereits sehr hohen Wertes im Vorjahr weiter leicht an. Einen hohen Anteil daran haben neben den Kreditbanken vor allem die Kreditgenossenschaften; bei den Sparkassen ist der Saldo der sonstigen betrieblichen Aufwendungen und Erträge im Jahr 2003 gegenüber 2002 hingegen gesunken. Das Bewertungsergebnis[119] als Ausdruck der Risikovorsorge ist gegenüber dem Jahr 2002 erheblich gestiegen, daß heißt die Abschreibungen und Wertberichtigungen sind stark gesunken. Dennoch blieben sie auch 2003 auf hohem Niveau und belasteten so erneut die Ertragslage der Kreditinstitute. Insbesondere aufgrund der geringeren Belastung durch das Bewertungsergebnis konnte das *Betriebsergebnis* aller Bankengruppen im Jahr 2003 gegenüber dem Vorjahr stark verbessert werden.

Während der Saldo der anderen und außerordentlichen Erträge und Aufwendungen im Jahr 2002 für alle Bankengruppen insgesamt mit 3,9 Mrd. € noch positiv war, sank er 2003 auf -15,5 Mrd. €. Bei allen Bankengruppen war der Saldo der anderen und außerordentlichen Erträge und Aufwendungen im Jahr 2003 negativ; lediglich die Sparkassen und die Kreditgenossenschaften konnten einen positiven Saldo erzielen. Trotz des negativen Saldos der anderen und außerordentlichen Erträge und Aufwendungen blieb der *Jahresüberschuß vor Steuern* hinsichtlich aller Bankengruppen insgesamt

---

[119] Bewertungsergebnis = Erträge aus Zuschreibungen zu Forderungen und bestimmten Wertpapieren sowie aus der Auflösung von Rückstellungen im Kreditgeschäft – Abschreibungen und Wertberichtungen auf Forderungen und bestimmte Wertpapiere sowie Zuführungen zu Rückstellungen im Kreditgeschäft.

noch positiv. Er fiel jedoch gegenüber dem Vorjahr um 83 % geringer aus. Diese Verringerung ist insbesondere auch auf die Kreditbanken zurückzuführen, deren Jahresüberschuß vor Steuern von 2002 auf 2003 um 725 % auf -5,7 Mrd. € fiel. Die Sparkassen und Kreditgenossenschaften hingegen konnten ihren Jahresüberschuß vor Steuern im gleichen Zeitraum deutlich erhöhen.

Die von den Kreditinstituten insgesamt zu zahlenden Steuern vom Einkommen und Ertrag stiegen im Jahr 2003 spürbar an. Dies resultiert vor allem aus den im Gegensatz zum Vorjahr höheren Steuerzahlungen der Sparkassen und Kreditgenossenschaften. Der nach Steuern resultierende *Jahresüberschuß oder Jahresfehlbetrag* für die gesamte deutsche Kreditwirtschaft war so im Jahr 2003 negativ und betrug -3,7 Mrd. €. Bezogen auf die einzelnen Bankengruppen wiesen insbesondere die Kreditbanken und die Landesbanken einen Jahresfehlbetrag auf. Die Sparkassen und Kreditgenossenschaften erzielten hingegen trotz höherer Steuerzahlungen im Jahr 2003 noch einen Jahresüberschuß, der jedoch geringer als im Vorjahr war. Während der Jahresüberschuß oder -fehlbetrag im Verhältnis zur *Bilanzsumme* bei den Kreditbanken in den letzten Jahren stark gesunken ist, blieb dieses Verhältnis bei den Sparkassen und Kreditgenossenschaften fast unverändert. Insgesamt zeigt die dargestellte Entwicklung der Ertragslage der verschiedenen Kreditinstitutsgruppen, daß sich Privatisierungsforderungen mit der Ertragsentwicklung der Sparkassen nicht begründen lassen.

Die dargestellten strukturellen Veränderungen können eine neue strategische Ausrichtung der Kreditinstitute erforderlich machen. Neben Kostenreduzierungen durch Reorganisation und Rationalisierung sowie der Konzentration auf Kernkompetenzen könnte die Erschließung neuer Geschäftsfelder im Ausland ebenso dazugehören wie Fusionen oder Kooperationen. Bisher sind in Deutschland jedoch Fusionen aufgrund der verschiedenen Rechtsformen nur innerhalb der einzelnen Kreditinstitutsgruppen möglich und ausländische Interessenten können ausschließlich private Banken erwerben. Die in den Tabellen 2 und 3 aufgeführten Jahresüberschüsse vor Steuern lassen vermuten, daß die Ergebnisse der öffentlichen Sparkassen im Vergleich zu denen der Kreditbanken relativ unabhängig von vielen der genannten strukturellen Veränderungen, zum Beispiel der stärkeren Öffnung der Finanzmärkte und der damit verbundenen Abhängigkeit von den Entwicklungen auf diesen, sind. Ursache dafür könnten sparkassenspezifische Besonderheiten wie der öffentliche Auftrag und das Regionalprinzip sein. Gleichzeitig sind die unter anderem die Sparkassen betreffenden strukturellen Änderungen wie der Wegfall der staatlichen Haftungsgarantien[120] ein wesentlicher Auslöser der Diskussion über eine Privatisierung der öffentlich-rechtlichen Sparkassen.

---

[120] Vgl. Abschnitt 2.4.

3 Privatisierung öffentlich-rechtlicher Sparkassen

3.1 Begriffsabgrenzungen und Definition verschiedener Privatisierungsformen

Eine einheitliche Definition des Begriffs „Privatisierung“ existiert in der Literatur nicht. Er steht vielmehr für eine Vielzahl zum Teil sehr unterschiedlicher Vorgänge.[121] Grundsätzlich umfaßt der Begriff „*Privatisierung*“ sämtliche Maßnahmen, bei denen staatliche Verfügungsrechte im Zusammenhang mit dem Betreiben öffentlicher Unternehmen oder mit der Wahrnehmung öffentlicher Aufgaben auf Personen des Privatrechts übertragen werden, wobei damit natürliche Personen und jede Art von privatrechtlich organisierten Rechtssubjekten gemeint sind, ohne Rücksicht auf den Anteilseigner.[122] Diese weite Auslegung[123] des Begriffs umfaßt insbesondere auch die sogenannte „formale Privatisierung“, bei welcher keine „echten“ Privaten beteiligt sind, sondern die Anteile eines privatrechtlich organisierten Rechtssubjektes vollständig in der öffentlichen Hand verbleiben.

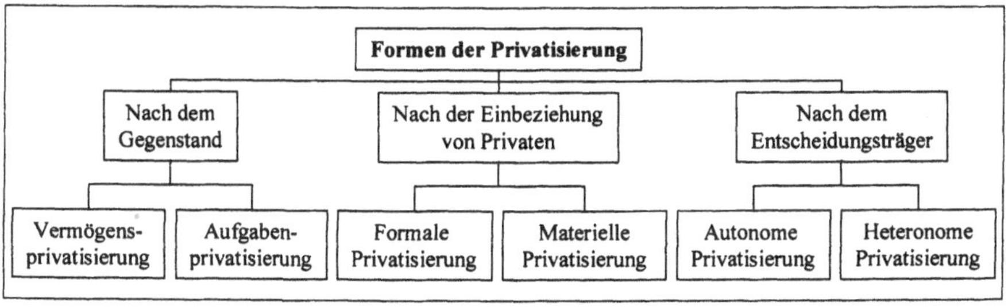

Abbildung 5: Privatisierungsformen

---

[121] Vgl. *FLUHRER*, Privatisierung im kommunalen Bereich, 1984, S. 6-10; *THIEMEYER*, Privatisierung, 1986, S. 143-146; *LEE*, Privatisierung als Rechtsproblem, 1997, S. 26.

[122] Vgl. *LEE*, Privatisierung als Rechtsproblem, 1997, S. 27; *ERDMEIER*, Privatisierung von Unternehmensbeteiligungen, 1998, S. 21; *KÄMMERER*, Privatisierung, 2001, S. 37.

[123] Vgl. zu einer engeren Auslegung des Begriffs „Privatisierung“ z. B. *GRAMM*, Privatisierung, 2001, S. 107 u. S. 110.

Die *Privatisierungsformen* lassen sich, wie Abbildung 5 veranschaulicht, nach verschiedenen Kriterien systematisieren.[124] Hinsichtlich des Privatisierungsgegenstandes ist zwischen Aufgaben- und Vermögensprivatisierung zu differenzieren. Während eine Vermögensprivatisierung bedeutet, daß staatliches Eigentum, beispielsweise ein öffentliches Unternehmen, auf eine juristische Person des Privatrechts übertragen wird,[125] umfaßt eine aufgabenbezogene Privatisierung die Übertragung von Aufgaben des Staates an Personen des Privatrechts.[126] Dennoch können Aufgaben- und Vermögensprivatisierung auch in einem sehr engen Verhältnis stehen, zum Beispiel wenn ein öffentliches Unternehmen, welches eine bestimmte öffentliche Aufgabe erfüllt, privatisiert wird. In bezug auf die Einbeziehung von Privaten ist zwischen formaler Privatisierung[127] und materieller Privatisierung[128] zu unterscheiden.[129] Zur Charakterisierung von Privatisierungsformen läßt sich dieses Begriffspaar auch mit dem der Vermögens- und Aufgabenprivatisierung koppeln.[130] Während bei der formalen Privatisierung der Privatisierungsadressat eine juristische Person des Privatrechts ist, deren Anteile vollständig in öffentlicher Hand verbleiben, ist der Privatisierungsadressat im Falle der materiellen Privatisierung eine natürliche Person oder eine juristische Person des Privatrechts, deren Anteile zumindest zum Teil natürliche Personen oder von ihnen gehaltene juristische Personen besitzen.[131] Als formale Privatisierung wird demnach die

---

[124] Vgl. stellvertretend für viele *LEE*, Privatisierung als Rechtsproblem, 1997, S. 23-26; *KÄMMERER*, Privatisierung, 2001, S. 37-53.

[125] Vgl. *SCHOCH*, Privatisierung von Verwaltungsaufgaben, 1994, S. 962; *KRAUS*, Privatisierung öffentlicher Aufgaben, 1997, S. 104; *ERDMEIER*, Privatisierung von Unternehmensbeteiligungen, 1998, S. 23; *SCHUPPERT*, Jenseits von Privatisierung, 1998, S. 75 f.; *KÄMMERER*, Privatisierung, 2001, S. 39; *WEISS*, Privatisierung und Staatsaufgaben, 2002, S. 35 f.

[126] Vgl. *SCHOCH*, Privatisierung von Verwaltungsaufgaben, 1994, S. 963; *ERDMEIER*, Privatisierung von Unternehmensbeteiligungen, 1998, S. 26; *KÄMMERER*, Privatisierung, 2001, S. 39 f. Auch die in der Literatur als „funktionale Privatisierung“ bezeichneten Formen fallen hierunter. „Funktionale Privatisierung“ meint Aufgabenteilprivatisierung, bei der die Aufgabe dem Verwaltungsträger zugeordnet bleibt, aber ein Privater die Aufgabe erfüllt.

[127] „Formale Privatisierung“ wird auch als „Organisationsprivatisierung“ oder „unechte Privatisierung“ bezeichnet.

[128] „Materielle Privatisierung“ wird auch als „Popularprivatisierung“ oder „echte Privatisierung“ bezeichnet.

[129] Vgl. *BUNDESMINISTERIUM FÜR FINANZEN*, Entwicklung der Staatsfinanzen, 1975, S. 7 f.

[130] Vgl. *KÄMMERER*, Privatisierung, 2001, S. 48-53. Vgl. dazu auch *HAMER/GEBHARDT*, Privatisierungspraxis, 1992, S. 74-80; *ERDMEIER*, Privatisierung von Unternehmenbeteiligungen, 1998, S. 23-25, die eine Unterscheidung von formaler und materieller Privatisierung nur in bezug auf Vermögensprivatisierungen vornehmen.

[131] Vgl. *BREDE*, Einleitung, 1988, S. 13 f.; *GROSSEKETTLER*, Deregulierung und Privatisierung, 1988, S. 2; *HAMER/GEBHARDT*, Privatisierungspraxis, 1992, S. 76-80; *GROSSEKETTLER*, Privatisierung, Deregulierung und Entbürokratisierung, 1993, S. 4 f.; *SCHOCH*, Privatisierung von Verwaltungsaufgaben, 1994, S. 962 f.; *LAUDENBACH*, Kommunale Sparkassen, 1994, S. 54 f.; *KRAUS*, Privati-

Umwandlung in eine private Rechtsform bezeichnet, die gleichzeitig auch die Voraussetzung für eine materielle Privatisierung ist. Der Umfang einer Privatisierungsmaßnahme wird teilweise auch durch die Begriffe Vollprivatisierung und Teilprivatisierung umschrieben. Bei einer Teilprivatisierung verbleiben Anteile des Privatisierungssubjekts in öffentlicher Hand, bei Vollprivatisierungen hingegen werden sie vollständig auf Private übertragen.[132] Mittels dieser Unterscheidung läßt sich eine materielle Privatisierung näher charakterisieren. Hinsichtlich kommunaler Privatisierungsvorhaben ist weiterhin die Differenzierung in solche, über welche die Gemeinde selbst entscheidet (autonome Privatisierungen), und solche aufgrund staatlicher Gesetze (heteronome Privatisierungen) von Interesse.[133]

Zielen bestimmte Maßnahmen in die entgegengesetzte Richtung, das heißt, werden Verfügungsrechte von Privaten an den Staat übertragen, wird von *Verstaatlichung* gesprochen. Auch im Zusammenhang mit Kreditinstituten ist, aufgrund der Sonderstellung von Banken und einzelnen Bankzusammenbrüchen[134], schon eine generelle Verstaatlichung gefordert worden, also eine Überführung sämtlicher Kreditinstitute in das Eigentum der öffentlichen Hand.[135]

Die vorliegende Arbeit beschäftigt sich mit der Privatisierung öffentlich-rechtlicher Sparkassen, also einer Vermögensprivatisierung, wobei in diesem Kapitel zunächst sowohl die formale und materielle als auch die autonome und heteronome Vermögensprivatisierung dieser Anstalten des öffentlichen Rechts betrachtet wird. Im vierten Kapitel ist dann ausschließlich die autonome, materielle Vermögensprivatisierung von öffentlich-rechtlichen Sparkassen Anlaß für eine Bewertung.

---

sierung öffentlicher Aufgaben, 1997, S. 104; *BUDÄUS*, Privatisierung, 1998, S. 15 f.; *SCHUPPERT*, Jenseits von Privatisierung, 1998, S. 75 f.; *KÄMMERER*, Privatisierung, 2001, S. 41-44; *WEISS*, Privatisierung und Staatsaufgaben, 2002, S. 29.

132 Vgl. *BREDE*, Einleitung, 1988, S. 14; *SCHOCH*, Privatisierung von Verwaltungsaufgaben, 1994, S. 963; *LEE*, Privatisierung als Rechtsproblem, 1997, S. 26.

133 Vgl. *ARNIM*, Rechtsfragen der Privatisierung, 1995, S. 48-53.

134 Auch in Deutschland müssen immer wieder private Banken Insolvenz anmelden und die Sicherungseinrichtungen von Genossenschaften und Sparkassen eingreifen.

135 Vgl. *DUPPRÉ*, Öffentlicher Auftrag, 1977, S. 62 f.

3.2 Privatisierung von Sparkassen in ausgewählten europäischen Ländern

Obwohl die Motive zur Gründung der Sparkassen in den einzelnen europäischen Ländern ähnlich waren, sind die Rechtsformen, in denen die Sparkassen in Europa betrieben wurden und heute noch betrieben werden, sehr unterschiedlich. Die unterschiedlichen Entwicklungen der öffentlichen Kreditinstitute, insbesondere der Sparkassen in Großbritannien, Italien, Frankreich und Österreich, werden im weiteren exemplarisch vorgestellt.

In *Großbritannien* existieren keine öffentlich-rechtlichen Kreditinstitute mehr. Die „Trustee Savings Banks", die britischen Sparkassen, wurden Ende der 80er Jahre aufgrund eines Gutachtens des sogenannten „Page-Ausschuß" in Aktiengesellschaften umgewandelt.[136] Argumente für die Umwandlung waren mangelnde Leistungsanreize, Geschäftsbeschränkungen und fehlende Vielfalt der Produkte, wodurch der Marktanteil der „Trustee Savings Banks" auf unter 5 % der Bilanzsummen aller britischen Banken fiel.[137] Der im März 2000 veröffentlichte „Cruickshank-Report"[138] macht jedoch deutlich, daß der britische Bankenmarkt beispielsweise im Geschäft mit Kleinunternehmen eine sehr hohe Konzentration aufweist. So treten in Großbritannien regionale und sektorale Versorgungslücken auf; zum Beispiel werden bestimmte Bevölkerungsgruppen davon ausgeschlossen, Kontoverbindungen in den dafür vorgesehenen Einrichtungen einzugehen. Dieser fehlender Zugang von Verbrauchern zu kreditwirtschaftlichen Dienstleistungen hat nicht nur auf die Gesellschaft negative Auswirkungen, sondern auch auf die Gesamtwirtschaft. Ebenso existieren bei der Finanzierung kleinerer und mittlerer Unternehmen aufgrund der hohen Marktkonzentration in diesem Bereich sowie der hohen Barrieren des Eintritts neuer Wettbewerber Marktmängel. Dennoch kann der „Cruickshank-Report" wegen der Besonderheiten des britischen Bankensektors nicht uneingeschränkt als Argument gegen eine Privatisierung der öffentlich-rechtlichen Kreditinstitute in Deutschland dienen.[139] Zusätzlich muß die

---

[136] Vgl. zum folgenden *MEYER-HORN*, Reform der britischen Sparkassen, 1987; *HUGHES*, Sparkassen in Großbritannien, 1989; *HEDRICH*, Privatisierung der Sparkassen, 1993, S. 287 f.; *GOSDEN*, Grossbritannien, 1995.

[137] Vgl. *MEYER-HORN*, Reform der britischen Sparkassen, 1987, S. 105; *HEDRICH*, Privatisierung der Sparkassen, 1993, S. 287.

[138] Vgl. *REVIEW OF BANKING SERVICES IN THE UK*, Competition in UK Banking, http://www.hm-treasury.gov.uk/documents/financial_services/banking/bankreview/fin_bank_reviewfinal.cfm, 15.7.2005.

[139] Vgl. *LE FANU*, Bankenmarkt Großbritannien, 2004, S. 153.

Entscheidung für eine Umwandlung der britischen Sparkassen in Aktiengesellschaften vor dem Hintergrund der damaligen Situation beurteilt werden, in der die Alternative, den Schlußfolgerungen des „Page-Ausschusses" zufolge, nur noch die vollständige Liquidierung der Sparkassen war.[140]

Im wesentlichen abgeschlossen ist der Privatisierungsprozeß der italienischen Sparkassen. Vor dem Jahr 1990 war der Bankenmarkt in *Italien* geprägt durch viele kleine, regionale Institute, die sich meist in staatlicher Trägerschaft befanden.[141] Italien galt als einer der ineffizientesten Bankenmärkte Europas.[142] Es existierte kaum Wettbewerb, und führende Positionen in den Sparkassen (Casse di Risparmio) wurden vorrangig nach politischen Aspekten besetzt. Die Reform des italienischen Bankensystems und insbesondere der italienischen Sparkassen begann mit dem Amato-Gesetz (Gesetz Amato vom 30. Juli 1990, Gesetz Nr. 218/1990), welches das Ziel hatte, die Verbindung zwischen öffentlichen Eigentum und der eigentlichen Tätigkeit der Sparkassen aufzulösen und deshalb die Sparkassen aufforderte, die Rechtsform einer Aktiengesellschaft anzunehmen. Zusätzlich sollte in einem zweiten Schritt das gesamte Kapital der Sparkasse in eine neu gegründete Stiftung des privaten Rechts eingebracht werden. Die Stiftung sollte die sozialen und öffentlichen Aufgaben, die Sparkasse das Bankgeschäft wahrnehmen.[143] Seit im Jahre 1994 ein weiteres italienisches Privatisierungsgesetz (Dini-Direktive vom 30. Juli 1994, Gesetz Nr. 474/1994) in Kraft getreten war, konnten Kreditinstitute nur noch in der Rechtsform der Aktiengesellschaft oder der Genossenschaft mit beschränkter Kapitalhaftung bestehen.[144] Allerdings war eine Vielzahl der Sparkassen-Stiftungen immer noch im Besitz der Aktienmehrheit der zugehörigen Sparkasse.[145] Der nächste Schritt in Richtung Privatisierung der Sparkassen wurde durch das Ciampi-Gesetz (Ciampi-Gesetz vom 23. Dezember 1998, Gesetz Nr. 461/1998) eingeleitet. Beschleunigt durch Steueranreize sollen die Stiftungen bis spätestens zum Jahr 2005 die Aktienmehrheit an der jeweils zugehörigen Sparkasse an Dritte veräußern. So gingen bereits steuerliche Vorteile der Stiftungen verloren, wenn die Aktienmehrheit nicht bis zum Jahr 2003 veräußert wurde, indem die Stiftungen den Status von non-profit-Einrichtungen verloren haben. Das schließt eine Beteiligung der Stiftungen an den Sparkassen nicht aus, solange diese unter 50 % bleibt.[146] Trotz

---

140 Vgl. *MEYER-HORN*, Reform der britischen Sparkassen, 1987, S. 108.

141 Vgl. dazu und zum folgenden auch *KÖRNERT/NOLTE*, Italiens Bankensystem, 2005, S. 79-82.

142 Vgl. *HUBER*, Gesetz Amato, 1993, S. 842; *KLEIN*, Bankensysteme, 1998, S. 266 f; *LARCH*, Italienische Sparkassen, 2000, S. 3.

143 Vgl. *HUBER*, Gesetz Amato, 1993, S. 843-846; *LARCH*, Italienische Sparkassen, 2000, S. 3 f.

144 Vgl. *KLEIN*, Bankensysteme, 1998, S. 272.

145 Vgl. *LARCH*, Italienische Sparkassen, 2000, S. 4.

146 Vgl. *LARCH*, Italienische Sparkassen, 2000, S. 4 f.

des Privatisierungsprozesses bauten die italienischen Banken ihr Filialnetz aus. Die Liberalisierung und Konsolidierung des Bankgewerbes in Italien ging also nicht mit einer Verringerung der Präsenz vor Ort einher.[147] Insgesamt hat der Privatisierungsprozeß der Sparkassen in Italien die Marktanteile der großen Kreditinstitute stark zunehmen lassen, so daß die italienischen Banken im internationalen Wettbewerb kräftig aufgeholt haben. Gleichzeitig sind die früheren Eigner der Sparkassen aber immer noch maßgebliche Aktionäre dieser privaten Kreditinstitute.[148]

Einen anderen Weg hat *Frankreich* in bezug auf seine Sparkassenorganisation eingeschlagen. Während Italien durch Stiftungen die Bankgeschäfte von den öffentlichen und gemeinnützigen Aufgaben trennte, wurden in Frankreich die Sparkassen mit ihrem besonderen Statuts von Einrichtungen des privaten Rechts mit gemeinnützigem Charakter in Genossenschaften umgewandelt.[149] Durch die Reform von 1983 erhielten die französischen Sparkassen, deren Geschäftstätigkeit durch Gesetz eingeschränkt war, den gleichen Status wie andere Kreditinstitute in Frankreich. Sie wurden bis zum Jahr 1999 in einer stiftungsähnlichen Rechtsform des privaten Rechts geführt. Mit dem Ziel der Modernisierung der Rechtsform und der Schaffung von Voraussetzungen zum Bestehen in einem verschärften internationalen Wettbewerb wurde im Juni 1999 ein Gesetz verabschiedet, welches zum 1. Januar 2000 die Umwandlung der französischen Sparkassen in Genossenschaften vorsah. Anteilseigner der lokalen Spargesellschaften sind Kunden, Angestellte und Gebietskörperschaften. An den Prinzipien der Sparkassen hat sich durch die Reform jedoch nichts verändert, das heißt, sie sind weiterhin nicht auf Gewinnmaximierung ausgerichtet und ihre Kunden sind vorwiegend Privatpersonen, gemeinnützige Organisationen und nicht börsennotierte Unternehmen.

In *Österreich* existieren neben den von Sparkassenvereinen gegründeten privatrechtlichen Vereinssparkassen die von Gemeinden errichteten Gemeindesparkassen. Diese sind jedoch im Gegensatz zu den deutschen öffentlich-rechtlichen Sparkassen juristische Personen des Privatrechts.[150] Grundsätzlich von einer Beteiligung am Vermögen oder Gewinn einer Sparkasse ausgeschlossen sind in Österreich Gemeinden, Sparkassenvereine und sonstige juristische und natürliche Personen. Am Vermögen können sie lediglich über das Partizipationskapital teilnehmen und am Gewinn oder Verlust nur über das Partizipationskapital und das Ergänzungskapital.[151] Die Haftungsgemeinde

---

147 Vgl. *POLSTER*, Reform des Sparkassensektors in Italien, 2004, S. 16.

148 Vgl. *PILLER*, Sparkassen zerschlagen, FAZ, 7.4.2004, S. 18; *PILLER*, Italiens Bankenszene, FAZ, 25.8.2004, S. 9.

149 Vgl. dazu und zum folgenden *KLEIN*, Bankensysteme, 1998, S. 114 f.; *SKOWRONEK*, Sparkassensysteme, 2001, S. 79; *POLSTER*, Frankreichs Sparkassenreform, 2005.

150 Vgl. *KLEIN*, Bankensysteme, 1998, S. 177; § 1 Abs. 1 ÖSpkG.

151 Vgl. § 1 Abs. 2 ÖSpkG.

oder der Sparkassenverein haben der Sparkasse ausreichendes Gründungskapital unentgeltlich zur Verfügung zu stellen.[152] Ein gesetzlich festgelegter öffentlicher Auftrag existiert ebensowenig wie ein Regionalitätsprinzip. Auch die Ausfallhaftung der Gemeinden für ihre Sparkassen wurde für alle nach dem 1. April 2007 entstehenden Verbindlichkeiten abgeschafft.[153] Seit Januar 1999 ist es den Sparkassen nach einer Sparkassengesetznovelle auch erlaubt, sich in Form von Stiftungen zu organisieren.[154]

Die dargestellten Beispiele zeigen, daß die Privatisierungstendenzen in einigen europäischen Ländern wesentlich weiter fortgeschritten sind als in Deutschland oder die Privatisierung von öffentlich-rechtlichen Sparkassen sogar bereits vollzogen worden ist. Vor allem wegen der unterschiedlichen Ausgangssituationen kann aus ihnen aber kein Argument für oder gegen eine Privatisierung der öffentlich-rechtlichen Sparkassen in Deutschland abgeleitet werden. Dennoch verdeutlichen sie, daß die Privatisierung eine öffentlich-rechtliche Anbindung der Institute nicht ausschließen muß und die Veränderungen auch ohne gravierende Belastungen auf den Wettbewerb vonstatten gehen können. Sie zeigen allerdings auch, daß mit einer Privatisierung Folgeprobleme wie in Großbritannien einhergehen können.

3.3 Politische Aspekte der Privatisierung von Sparkassen

An der Privatisierung öffentlich-rechtlicher Sparkassen interessiert oder davon betroffen sind verschiedene gesellschaftliche Gruppen. Die Interessen dieser Gruppen können kollidieren und die Möglichkeiten der einzelnen Gruppen, eine Privatisierungsentscheidung zu beeinflussen, sind unterschiedlich groß.[155] Im folgenden stehen weniger die Argumente für oder gegen eine Privatisierung im Vordergrund als vielmehr die Motive der verschiedenen Gruppen, die zur Einnahme ihrer Position führen.

Direkt von der Privatisierung einer öffentlich-rechtlichen Sparkasse betroffen wären deren *Mitarbeiter*, die sich in Angestellte und leitende Angestellte unterscheiden lassen. Eine materielle Privatisierung der Sparkasse wäre mit einer Veränderung des Ta-

---

152 Vgl. § 2 Abs. 2 u. § 3 Abs. 2 ÖSpkG. Partizipationskapital ist zusätzlich zum Gründungskapital zur Verfügung gestelltes Kapital.

153 Vgl. § 2 Abs. 1 ÖSpkG.

154 Vgl. SKOWRONEK, Sparkassensysteme, 2001, S. 74; § 27a ÖSpkG.

155 Vgl. BLANKENBURG, Politökonomie, 1999, S. 5-13, der die Gruppen in unbeteiligt Betroffene, Beeinflusser und Entscheider unterteilt. Aufgrund der nicht eindeutig möglichen Zuordnung zu den Gruppen der Betroffenen und der Beeinflusser wird hier auf eine solche Einteilung verzichtet.

rifrechts verbunden. Die relativ träge, auf starren Steigerungsregelungen basierende Besoldung nach BAT würde einer Besoldung nach Bankentarif weichen, die stärker an die Ertragssituation des Unternehmens angepaßt wäre.[156] Im allgemeinen ist davon auszugehen, daß die Gehälter steigen, bisherige Sozialleistungen aber wegfallen könnten. Zusätzlich besteht nach einer Privatisierung die Gefahr, daß infolge von Rationalisierungsmaßnahmen Arbeitsplätze wegfallen. Die Mitarbeiter, für die das leistungsorientierte private Tarifrecht sowie der voraussichtlich höhere Arbeitsdruck einen Anreiz darstellen, werden tendenziell eine Privatisierung befürworten. Viele Mitarbeiter, die darin Vorteile sehen, werden aber unabhängig von einer Privatisierung die Sparkasse bereits verlassen haben. Die meisten Angestellten könnten deshalb insbesondere aufgrund der mit einer Privatisierung verbundenen steigenden Gefahr des Arbeitsplatzverlustes und der härteren Arbeitsbedingungen Bedenken gegen eine solche Privatisierung haben. Die leitenden Angestellten, zu denen auch der Vorstand zählt, werden mit der gleichen Begründung wie die übrigen Angestellten geteilter Meinung über eine Privatisierung sein. Insbesondere für die Vorstände kleiner Sparkassen könnte aber die bisherige Gesamtverantwortung interessanter sein als die Aussicht auf eine hierarchische Herabstufung, die aufgrund des mit einer Privatisierung verbundenen höheren Fusionsdrucks zu befürchten wäre.[157] Im Gegensatz zu den übrigen Angestellten haben die leitenden Angestellten aufgrund ihrer Position zumindest die Möglichkeit, die Privatisierungsentscheidung mit zu beeinflussen. Auch die vereinzelte Beschäftigung von Bediensteten der Sparkasse als Beamte stellt zumindest für formale Privatisierungen sowie materielle Privatisierungen, in deren Folge die öffentliche Hand eine Mehrheitsbeteiligung hält, kein Hemmnis dar. Die Beamten können auch privatisierten Unternehmen zugewiesen werden.[158]

Vorsitzender des *Verwaltungsrates*, als oberstes Organ der Sparkasse, ist der Leiter der Verwaltung des Trägers, also im allgemeinen der Bürgermeister oder der Landrat. Bis zu zwei Dritteln darf der Verwaltungsrat auch aus Mitgliedern der Vertretung des Trägers bestehen; ein Drittel dagegen müssen Beschäftigte der Sparkasse sein.[159] Verantwortlich ist der Verwaltungsrat für die Bestimmung der Richtlinien der Geschäftspolitik und die Überwachung der Geschäftsführung der Sparkasse.[160] Insbesondere ist er

[156] Vgl. *FINZEL/THUY*, Privatisierung der Sparkassen, 1996, S. 245 f. Sowohl bei den öffentlich-rechtlichen Sparkassen als auch bei privaten Kreditinstituten sind auch außertarifliche Sondervergütungen möglich.

[157] Vgl. *KLEIN*, Privatisierung der Sparkassen und Landesbanken, 2003, S. 190.

[158] Vgl. dazu ausführlicher *WITTE/RAFIQPOOR*, Privatisierung öffentlich-rechtlicher Kreditinstitute, 2003, S. 1891; *BEUTHIEN*, Öffentliche Kreditinstitute, 2004, S. 1470 f.

[159] Vgl. § 9 Abs. 2 i. V. m. § 11 Abs. 1 SpkG MV.

[160] Vgl. § 8 Abs. 1 SpkG MV.

vor der Beschlußfassung des Trägers über die Auflösung der Sparkasse, über Vereinbarungen hinsichtlich einer Vereinigung von Sparkassen und über den Erlaß und die Änderung der Satzung anzuhören.[161] Der Verwaltungsrat hat insofern nicht nur aufgrund der engen personellen Verknüpfung mit der Gemeindevertretung im Vergleich zu den anderen Gruppen einen relativ großen Einfluß auf eine eventuelle Entscheidung der Gemeindevertretung über die Änderung der Rechtsform oder einen Verkauf der Sparkasse. Da der Verwaltungsrat sich aus Vertretern der beiden Gruppen Kommunalpolitiker und Angestellte der Sparkasse zusammensetzt, kann davon ausgegangen werden, daß die Einstellung zur Privatisierung der Verwaltungsratsmitglieder im wesentlichen mit der Einstellung der entsprechenden Gruppe übereinstimmt. Weiterhin spielt jedoch auch der Nutzen eine Rolle, den die Mitglieder des Verwaltungsrates aus dieser ehrenamtlichen Tätigkeit für sich ziehen können, wie zum Beispiel persönliche Kontakte und Einflußnahme. Aufgrund dieser persönlichen Motive könnten die Mitglieder des Verwaltungsrates die Privatisierung der Sparkasse tendenziell eher ablehnen. Grundsätzlich sind die Befugnisse, mit denen der Verwaltungsrat ausgestattet ist, wesentlich weitreichender als beispielsweise die des Aufsichtsrates einer Aktiengesellschaft. Insofern ist die Einflußnahme der Kommune selbst bei einer formalen Privatisierung, beispielsweise einer Umwandlung der Sparkasse in eine Aktiengesellschaft, geringer als vorher. Während der Aufsichtsrat nach § 111 Abs. 4 Satz 1 AktG keine Geschäftsführungsbefugnisse hat, jedoch für bestimmte Arten von Geschäften einen Zustimmungsvorbehalt gemäß § 111 Abs. 4 Satz 2 AktG geltend machen kann, bestimmt der Verwaltungsrat einer öffentlich-rechtlichen Sparkasse die Richtlinien ihrer Geschäftspolitik.[162] Ein dem Aktienrecht entsprechender Zustimmungsvorbehalt in bezug auf bestimmte Geschäfte zugunsten des Verwaltungsrates existiert in den Sparkassengesetzen der Bundesländer Nordrhein-Westfalen, Niedersachsen, Bayern, Hessen, Thüringen, Sachsen, Sachsen-Anhalt, Mecklenburg-Vorpommern und Brandenburg nicht. Eine dem § 111 Abs. 4 Satz 2 AktG vergleichbare Regelung findet sich hingegen in den Sparkassengesetzen von Baden-Württemberg, dem Saarland und von Rheinland-Pfalz.[163] In Schleswig-Holstein kann der Verwaltungsrat in Einzelfällen sogar dem Vorstand die Beschlußfassung entziehen und selbst übernehmen.[164]

Gegen eine Abschaffung der öffentlich-rechtlichen Rechtsform der Sparkassen sprechen sich derzeit insbesondere der *Bundesverband Öffentlicher Banken Deutsch-*

---

[161] Vgl. § 8 Abs. 4 SpkG MV.

[162] Vgl. dazu ausführlich *LÜTTMANN*, Verwaltungsräte, 2002, S. 50-56. Vgl. zur Richtlinienkompetenz *LÜTTMANN*, Verwaltungsräte, 2002, S. 105-119.

[163] Vgl. § 6 Abs. 4 SpkG BW; § 3 Abs. 2 SpkG SL; § 8 Abs. 1 Satz 3 SpkG RP.

[164] Vgl. § 10 Abs. 2 Satz 2 SpkG SH.

lands e. V. und der *Deutsche Sparkassen- und Giroverband e. V.* (DSGV) aus.[165] Ordentliche Mitglieder des Bundesverbandes Öffentlicher Banken Deutschlands e. V. sind Banken, an denen die öffentliche Hand direkt oder indirekt Anteile hält und/oder die öffentliche Aufgaben wahrnehmen sowie keinem kreditwirtschaftlichen Verband privatrechtlicher Kreditinstitute angehören. Andere juristische Personen oder sonstige Vereinigungen, deren Interessen denen der ordentlichen Mitglieder ähneln oder deren Mitgliedschaft eine Förderung des Vereinszwecks erwarten läßt, sind außerordentliche Mitglieder des Bundesverbandes Öffentlicher Banken Deutschlands e. V.[166] Zu den Mitgliedern des Bundesverbandes Öffentlicher Banken Deutschlands e. V. zählen unter anderem auch Landesbanken, Landesbausparkassen und freie Sparkassen. Ordentliche Mitglieder des DSGV sind die regionalen Sparkassen- und Giroverbände und die Girozentralen; außerordentliche Mitglieder sind beispielsweise die LBS Landesbausparkassen sowie der Verband der Deutschen Freien Öffentlichen Sparkassen e. V. Für diese Verbände bestünde im Falle einer Privatisierung die Gefahr eines Verlustes ihrer Existenzberechtigung als eigenständige Interessenvertretung, da die Sparkassen dann auch die Möglichkeit hätten, sich aus dem Verbund zu lösen.[167] Die *Vereinte Dienstleistungsgewerkschaft*, in welcher unter anderem sowohl die Gewerkschaft Handel, Banken und Versicherungen als auch die Deutsche Angestellten-Gewerkschaft zusammengefaßt wurden,[168] spricht sich ebenfalls deutlich gegen eine Privatisierung der öffentlich-rechtlichen Kreditinstitute in Deutschland aus.[169] Als Hauptgrund dafür kommt die leichtere Durchsetzbarkeit von Forderungen der Gewerkschaft in öffentlichen Unternehmen in Betracht.[170] Der *Bundesverband deutscher Banken e. V.* als Vertreter der Privatbanken ist insbesondere aufgrund der nach einer Sparkassenprivatisierung bestehenden Möglichkeit, sich an den Sparkassen zu beteiligen, in die Gruppe der Befürworter einzuordnen. Mit einer solchen Beteiligung wären Marktanteilszuwächse der privaten Banken verbunden.[171] Grundsätzlich skeptisch steht hingegen der *Bundesverband der Deutschen Volksbanken und Raiffeisenbanken* (BVR) den Privatisierungs-

---

165 Vgl. *KETZEL*, Privatisierung der Sparkassen, 1990; *GRÖSCHEL*, Wettbewerbspolitische Aspekte, 1992; *FISCHER*, Sparkassenstruktur, 1992; *KETZEL*, Privatisierungsdebatte, 1993; *REHM*, Sparkassenprivatisierung, 1993; *REHM*, Öffentlich-rechtliche Sparkassen, 1993; *SCHMIDHUBER*, Öffentlicher Auftrag, 1993; *HOPPENSTEDT*, Institute der Bürger, 2004.

166 Vgl. *BUNDESVERBAND ÖFFENTLICHER BANKEN DEUTSCHLANDS E. V.*, VÖB-Mitglieder, http://www.voeb.de/mitglied_ordent.html, 30.09.2004.

167 Vgl. *VONDERHEID*, Privatisierung von Sparkassen, 1991, S. 279.

168 Vgl. *VEREINTE DIENSTLEISTUNGSGEWERKSCHAFT*, Blick in die Geschichte, http://www.verdi.de/0x0ac80f2b_0x0003c3f9, 6.5.2005.

169 Vgl. *VEREINTE DIENSTLEISTUNGSGEWERKSCHAFT*, Sparkasse Düsseldorf, http://www.verdi.de/0x0ac80f2b_0x007ae20a;internal&action=verdi_show_nachricht.action, 1.10.2004.

170 Vgl. *HAMM*, Öffentliche Unternehmen, 1984, S. 38.

171 Vgl. *WEBER*, Öffentlicher Auftrag, 2004; *WEBER*, Vorrang für das Private, 2004.

forderungen gegenüber,[172] wobei der Gesetzgeber zwischenzeitlich auch aufgefordert wurde, die Rechtsform der eingetragenen Genossenschaften für Sparkassen zu erwägen, um so Zusammenschlüsse zwischen Sparkassen und Genossenschaftsbanken zu ermöglichen.[173]

Eine weitere an der Entscheidung über eine Privatisierung interessierte Gruppe sind die *Wähler*, zu denen auch die Sparkassenkunden zählen. Angesichts der prekären Haushaltslage der Kommunen ist in der Regel jedoch nicht davon auszugehen, daß durch Privatisierungserlöse die Abgabenlast der Wähler sinken würde. Wahrscheinlicher ist, daß die meisten Kommunen diese Erlöse zum Abbau der Verschuldung oder zur Finanzierung neuer Investitionen verwenden würden. Damit haben die Wähler zwar indirekt einen zusätzlichen Nutzen durch die Privatisierung, ob dieser aber ausreicht, um die Wahlentscheidung und damit auch die Privatisierungsentscheidung zu beeinflussen, bleibt fraglich. Speziell für die Sparkassenkunden könnten sich Nachteile durch die Auflösung des sehr dichten Geschäftsstellennetzes der Sparkassen in strukturschwachen Gebieten sowie die neuen geschäftspolitischen Freiheiten der Sparkassen ergeben. So wäre denkbar, daß unrentable Kundengruppen, die zuvor wegen des öffentlichen Auftrages mit Bankdienstleistungen versorgt wurden, ausgegrenzt werden. Insbesondere Firmenkunden könnten jedoch durch die Abschaffung des Enumerationsprinzips auch von einem umfangreicheren Leistungsangebot der Sparkassen, zum Beispiel im Auslandsgeschäft profitieren.[174] Unabhängig von einer eher positiven oder eher negativen Einstellung zur Privatisierung ist der Einfluß, den die Sparkassenkunden auf die Entscheidung ausüben können, als relativ gering einzuschätzen, da sie letztlich nur eine kleine Gruppe innerhalb der Wähler sind.

Im Falle von autonomen Privatisierungen entscheidet die *Gemeindevertretung* einer Kommune über eine Umwandlung der Rechtsform öffentlicher Unternehmen.[175] Deren Beschlüsse werden, soweit das Gesetz nichts anderes bestimmt, mit einfacher Stim-

---

[172] Vgl. *Bundesverband der Deutschen Volksbanken und Raiffeisenbanken*, Wettbewerb im Markt, http://www.bvr.de/public.nsf/detail.html?ReadForm&main=6&sub=10&ParentUNID=1E9D33FD29B3A2E3C1256DF90038E6A6, 6.5.2005.

[173] Vgl. *Schmidt*, Genossenschaftsbanken, FTD, 22.12.2003, S. 1.

[174] Vgl. *Vonderheid*, Privatisierung von Sparkassen, 1991, S. 276 f.

[175] Vgl. § 39 Abs. 2 Nr. 12 GO BW; Art. 32 Abs. 2 Nr. 7 GO BY; § 35 Abs. 2 Nr. 27 GO BB; § 51 Nr. 12 GO HE; § 22 Abs. 3 Nr. 10 KV MV; § 40 Abs. 1 Nr. 10 GO NI; § 41 Abs. 1 Nr. m GO NRW; § 32 Abs. 2 Nr. 15 GO RP; § 35 Nr. 19 KSVG SL; § 41 Abs. 2 Nr. 11 GO SN; § 44 Abs. 3 Nr. 9 GO ST; § 28 Nr. 17 GO SH; § 26 Abs. 2 Nr. 11 KO TH. Die Landkreisordnungen der Länder enthalten den Gemeindeordnungen der einzelnen Bundesländer im wesentlichen entsprechende Regelungen.

menmehrheit gefaßt.[176] Ist ein Zweckverband Träger der Sparkasse, regelt die Zweckverbandssatzung die Beschlußfassung.[177] Der Kommune würde im Falle einer Privatisierung der Verkaufserlös zufließen. Ihren Einfluß auf die Geschäftspolitik der Sparkasse durch den Verwaltungsrat würde die Gemeinde ebenso verlieren wie den Anspruch auf eine Gewinnbeteiligung. Eine Ausschüttung von Gewinnen der Sparkasse an ihren Träger war allerdings auch bislang eher selten, da wegen der begrenzten Möglichkeiten der Sparkassen, Eigenkapital aufzunehmen, die Gewinne im allgemeinen thesauriert wurden. Die Politische Ökonomie geht allerdings nicht von einem unmittelbar nach Gemeinwohl strebenden, sondern vielmehr von einem nach Eigennutz strebenden Politiker aus.[178] Darunter ist der mit der Ausübung des politischen Amtes verbundene Nutzen zu verstehen, wie beispielsweise Einkommen, Prestige und Einfluß. Durch Sparkassen ließen sich die Zusicherung von Positionen oder Beraterverträgen sowie technische, organisatorische oder finanzielle Unterstützungsleistungen als Eigeninteressen von Politikern durchsetzen.[179] Häufig wird auch der Vorwurf erhoben, daß Länder und Kommunen über personelle Verknüpfungen Sparkassen zu industriepolitischen Projekten instrumentalisieren, die sich nicht rechnen oder scheitern.[180]

Im Hinblick auf eine heteronome Privatisierung entscheiden nicht die Kommunalpolitiker über die Privatisierung; sie sind ebenso wie die anderen Interessengruppen lediglich von ihr betroffen. Da Sparkassenrecht Landesrecht ist, wird die Entscheidung bei einer heteronomen Privatisierung von den *Landespolitikern* getroffen. Die für Kommunalpolitiker wichtigen finanziellen Auswirkungen auf den Haushalt aufgrund eines potentiellen Privatisierungserlöses spielen für die Landespolitiker höchstens indirekt eine Rolle. Insofern werden die Landespolitiker eher gesamtwirtschaftliche Aspekte einer Privatisierung[181] sowie die „politische Stimmung" berücksichtigen. Denn im allgemeinen ist das vorrangige Ziel der Politiker die Stimmenmaximierung, um den Nutzen aus ihrer Position dauerhaft zu bewahren. Dafür müssen die Politiker selbstver-

---

176 Vgl. § 37 Abs. 6 GO BW; Art. 51 Abs. 1 GO BY; § 47 Abs. 1 GO BB; § 54 Abs. 1 GO HE; § 31 Abs. 1 KV MV; § 47 Abs. 1 GO NI; § 50 Abs. 1 GO NRW; § 40 Abs. 1 GO RP; § 45 Abs. 1 KSVG SL; § 39 Abs. 6 GO SN; § 54 Abs. 2 GO ST; § 39 Abs. 1 GO SH; § 39 Abs. 1 KO TH. Die Landkreisordnungen der Länder enthalten den Gemeindeordnungen der einzelnen Bundesländer im wesentlichen entsprechende Regelungen.

177 Vgl. *ENDLEIN*, Zweckverband, 1999, S. 16.

178 Vgl. *KIRCHGÄSSNER*, Homo Oeconomicus, 2000, S. 113.

179 Vgl. dazu auch *KLEIN*, Privatisierung der Sparkassen und Landesbanken, 2003, S. 185 f.

180 Vgl. *MONOPOLKOMMISSION*, Wettbewerbspolitik, 2000, S. 79 f.

181 Vgl. dazu Abschnitt 3.5.1.

ständlich vor allem auch den Wünschen der ebenfalls nutzenmaximierenden Wähler entsprechen, also dem Gemeinwohl dienen.[182]

3.4 Rechtliche Zulässigkeit oder Gebot der Privatisierung von Sparkassen

3.4.1 Verfassungsrechtliche Normen

Bevor wirtschaftliche Argumente für oder gegen eine Privatisierung von öffentlich-rechtlichen Sparkassen diskutiert werden, ist zunächst zu klären, ob eine Privatisierung von Sparkassen rechtlich zulässig oder sogar geboten ist. Dazu soll zunächst eine kurze Übersicht über verfassungsrechtliche Deregulierungsaufträge und mögliche verfassungsrechtliche Schranken einer Privatisierung kommunaler Unternehmen sowie deren Bewertung in der juristischen Literatur gegeben werden.

1. Kommunale Selbstverwaltungsgarantie

Aufgrund der Selbstverwaltungsgarantie des Art. 28 Abs. 2 GG haben die Gemeinden das Recht, ihre kommunalen Angelegenheiten selbst zu regeln. Zum Wesensgehalt der kommunalen Selbstverwaltung gehört laut Bundesverfassungsgericht „kein gegenständlich bestimmter oder nach feststehenden Merkmalen bestimmbarer Aufgabenkatalog, wohl aber die Befugnis, sich aller Angelegenheiten der örtlichen Gemeinschaft, die nicht durch Gesetz bereits anderen Trägern öffentlicher Verwaltung übertragen sind, ohne besondere Kompetenztitel anzunehmen“[183]. Die kommunale Selbstverwaltungsgarantie des Art. 28 Abs. 2 GG umfaßt nach der herrschenden Lehre neben der objektiven Rechtsinstitutionsgarantie (Garantie der eigenverantwortlichen Aufgabenerfüllung) eine institutionelle Rechtssubjektsgarantie (institutionelle Garantie der Gemeinden) und eine subjektive Rechtsstellungsgarantie (Recht der Gemeinden sich gegen Angriffe auf eine der beiden anderen Garantien zur Wehr zu setzen).[184] Den Rahmen hierfür kann aufgrund des Gesetzesvorbehaltes des Art. 28 Abs. 2 GG der Gesetzgeber festlegen. Die Frage nach den Grenzen einer Privatisierung aufgrund der kommunalen Selbstverwaltungsgarantie ist also unter anderem davon abhängig, ob die

---

[182] Vgl. *KIRCHGÄSSNER*, Homo Oeconomicus, 2000, S. 113 und *DOWNS*, Theorie der Demokratie, 1968, S. 27-29.

[183] BVerfG-Urteil vom 23.11.1988, BVerfGE 79, 127, 161, S. 146.

[184] Vgl. *STERN*, Artikel 28, 1998, S. 35-46 u. S. 64-66.

Gemeinde selbst über eine solche Privatisierung entscheidet (autonome Privatisierung) oder diese aufgrund staatlicher Gesetze durchgeführt werden soll (heteronome Privatisierung).[185]

Die objektive Rechtsinstitutionsgarantie des Art. 28 Abs. 2 GG garantiert den Gemeinden grundsätzlich auch die Freiheit zu entscheiden, ob und in welcher Rechts- und Organisationsform freiwillige kommunale Selbstverwaltungsaufgaben erledigt werden sollen.[186] Nur für den Fall, daß die Selbstverwaltungsgarantie des Art. 28 Abs. 2 GG nicht bloß ein Recht der Gemeinden, sondern auch eine Pflicht der Gemeinden gegenüber den Bürgern darstellen würde, könnten Schranken für *Privatisierungen, die auf einer Entscheidung der Gemeinde basieren,* vorliegen.[187] Im allgemeinen wird jedoch die Auffassung vertreten, daß Art. 28 Abs. 2 GG keine Aussage über das Verhältnis der Gemeinde zum Bürger, sondern nur zum Verhältnis von Staat und Gemeinde enthält.[188] Selbst wenn eine solche Pflicht der Gemeinden bejaht wird, bezieht sie sich lediglich auf den Kernbereich der kommunalen Selbstverwaltung.[189] Nur falls die Tätigkeit des zu privatisierenden öffentlichen Unternehmens diesem Kernbereich zurechenbar ist, könnte demnach eine Grenze für seine materielle Privatisierung bestehen und der Staat verpflichtet sein, autonome materielle Privatisierungen zu verhindern.[190] Eine formale Privatisierung ist aber auch dann nicht ausgeschlossen, wenn öffentliche Unternehmen Aufgaben erfüllen, die in den Pflichtbereich der Gemeinde fallen, solange die Erfüllung der Aufgaben weiterhin sichergestellt wird.[191]

Inwieweit eine *Privatisierung, die auf staatlichen Gesetzen beruht,* die Selbstverwaltungsgarantie gefährdet, ist abhängig vom Verständnis des „Wesensgehaltes" dieser. Die Idee vom absoluten Kernbereichsschutz hat das Bundesverfassungsgericht in der

---

185 Vgl. *ARNIM*, Rechtsfragen der Privatisierung, 1995, S. 48-53.

186 Vgl. dazu ausführlicher *LEE*, Privatisierung als Rechtsproblem, 1997, S. 98 f.; BGH-Urteil vom 5.4.1984, BGHZ 91, 84, 98.

187 Vgl. *ARNIM*, Rechtsfragen der Privatisierung, 1995, S. 48 f.

188 Vgl. für viele andere *NIERHAUS*, Kommunale Selbstverwaltung, 2003, S. 1046; *LÖWER*, Kommunale Selbstverwaltung, 2001, S. 343. Anderer Auffassung sind z. B. *GRABBE*, Privatisierung kommunaler Aufgaben, 1979, S. 88; *HELLERMANN*, Daseinsvorsorge, 2000, S. 138 f.; *STERN*, Artikel 28, 1998, S. 40.

189 Vgl. *ARNIM*, Rechtsfragen der Privatisierung, 1995, S. 49; *KÄMMERER*, Privatisierung, 2001, S. 184.

190 Vgl. *KÄMMERER*, Privatisierung, 2001, S. 184 u. S. 189.

191 Vgl. auch *STERZEL*, Privatisierung kommunaler Aufgaben, 1998, S. 160 f. u. S. 177-182; *CLAUSSEN*, Teilprivatisierung kommunaler Sparkassen, 1990, S. 142.

sogenannten Rastede-Entscheidung erweitert.[192] Es hat für den Fall der „Hochzonung“, das heißt der Verlagerung von Aufgaben, die bislang die Gemeinde erfüllt hat, auf übergeordnete kommunale oder staatliche Träger, Maßstäbe entwickelt, die sich auf Privatisierungen übertragen lassen.[193] So wird aus Art. 28 Abs. 2 GG auch außerhalb des Kernbereichs ein verfassungsrechtliches Aufgabenverteilungsprinzip zwischen Staat und Kommunen abgeleitet, welches den Gemeinden einen Vorrang in bezug auf örtliche Angelegenheiten einräumt. Ein Entzug von gemeindlichen Aufgaben, also auch eine materielle Privatisierung, ist nur möglich, wenn deren Gründe dieses verfassungsrechtliche Aufgabenverteilungsprinzip überwiegen, beispielsweise die ordnungsgemäße Aufgabenerfüllung anders nicht sicherzustellen wäre.[194] Auf die kommunale Organisationshoheit läßt sich das Aufgabenverteilungsprinzip nicht unmittelbar übertragen.[195] Während der Kernbereich staatliche Regelungen verbietet, „die eine eigenständige organisatorische Gestaltungsfähigkeit der Kommunen im Ergebnis ersticken würden“[196], gilt im Randbereich kein Prinzip der „Allzuständigkeit“, nach welchem den Gemeinden grundsätzlich alle Fragen der Organisationshoheit überlassen werden. Das heißt, staatliche Organisationsvorhaben können im Randbereich der kommunalen Selbstverwaltung auch „mit dem Ziel der Verwaltungsvereinfachung sowie der Wirtschaftlichkeit und Sparsamkeit der Verwaltung“[197] begründet werden.

Das Vorliegen von Schranken aufgrund der kommunalen Selbstverwaltungsgarantie des Art. 28 Abs. 2 GG für die Privatisierung von öffentlich-rechtlichen Sparkassen ist demnach unter anderem davon abhängig, ob das Betreiben von Sparkassen in den Kernbereich der kommunalen Selbstverwaltung fällt. Schwierig ist dabei die Abgrenzung dieses Kernbereiches. Eine statische Betrachtung des Kernbereichs der kommunalen Selbstverwaltung, welche die gesellschaftlichen und wirtschaftlichen Verände-

---

[192] Vgl. BVerfG-Urteil vom 23.11.1988, BVerfGE 79, 127, 161, S. 147-152. Anderer Auffassung sind *ARNIM*, Rechtsfragen der Privatisierung, 1995, S. 53; *LEE*, Privatisierung als Rechtsproblem, 1997, S. 95 f.; *EHLERS*, Garantie der kommunalen Selbstverwaltung, 2000, die aus Art. 28 Abs. 2 GG eine Verpflichtung zur Verhältnismäßigkeitsprüfung, also einer Abwägung zwischen dem Recht der kommunalen Selbstverwaltung und den Zielen, die der Gesetzgeber mit einer Privatisierung verfolgt, ableiten.

[193] Vgl. *HELLERMANN*, Daseinsvorsorge, 2000, S. 178-180. Gegen eine solche Übertragung vgl. *KÄMMERER*, Privatisierung, 2001, S. 185.

[194] Vgl. BVerfG-Urteil vom 23.11.1988, BVerfGE 79, 127, 161, S. 147-155. Vgl. dazu auch *STERN/BURMEISTER*, Kommunale Sparkassen, 1972, S. 93 f., der im Art. 28 Abs. 2 GG ein grundsätzliches Verbot einer heteronomen Privatisierung von Sparkassen sieht.

[195] Vgl. *HELLERMANN*, Daseinsvorsorge, 2000, S. 180 f.

[196] BVerfG-Urteil vom 26.10.1994, BVerfGE 91, 228, 245, S. 239

[197] BVerfG-Urteil vom 26.10.1994, BVerfGE 91, 228, 245, S. 240.

rungen außer acht läßt, ist auf jeden Fall unangebracht.[198] Hinsichtlich der Frage, ob der Betrieb einer Sparkasse in den Kernbereich der kommunalen Selbstverwaltung fällt, existieren in der Literatur unterschiedliche Ansichten.[199] Teilweise wird die Sparkassenhoheit, das heißt das Recht, über die Gründung einer Sparkasse sowie den Umfang der Betätigung selbstverantwortlich zu entscheiden, zu den sogenannten Gemeindehoheiten gezählt, die den Wesenskern der kommunalen Selbstverwaltung bilden sollen.[200] Ein Hinweis darauf, daß eine kommunale Tätigkeit nicht in den Kernbereich fällt, ist hingegen das Bestehen eines Konkurrenzverhältnisses zwischen der Gemeinde und privaten Unternehmen.[201] Wettbewerbswirtschaftliches Handeln der Gemeinden kann dennoch dann in den Bereich der Selbstverwaltungsgarantie fallen, wenn es eine sozialstaatliche Tätigkeit im Rahmen der Daseinsvorsorge[202] darstellt. Nach Ansicht des Bundesverfassungsgerichts ist der Sparkassenbetrieb in den Bereich der kommunalen Daseinsvorsorge einzuordnen.[203] Ist das kommunale wirtschaftliche Handeln jedoch überwiegend oder ausschließlich erwerbswirtschaftlich ausgerichtet, zählt es nicht zum Kernbereich des Art. 28 Abs. 2 GG.[204] Fraglich ist also, ob der Unternehmenszweck der öffentlich-rechtlichen Sparkassen überwiegend in der Daseinsvorsorge, also der Erfüllung des öffentlichen Auftrages, oder in der Erfüllung erwerbswirt-

---

198 Vgl. *STERN*, Artikel 28, 1998, S. 38 f.

199 Vgl. gegen eine Einordnung des Sparkassenwesens in den Kernbereich der kommunalen Selbstverwaltung *KLEIN*, Teilnahme des Staates, 1968, S. 213; *BADURA*, Wirtschaftliche Betätigung der öffentlichen Hand, 1981, S. 16 f.; *WEIDES*, Eigenständigkeit des Sparkassenrechts, 1984, S. 41 f.; *OBERMANN*, Kommunale Bindung, 2000, S. 69 f. Vgl. für die Einordnung des Sparkassenwesens in den Kernbereich *STERN/BURMEISTER*, Kommunale Sparkassen, 1972, S. 69-73; *MUTIUS*, Kommunale Sparkassen, 1984, S. 473.

200 Vgl. *HOPPE*, Haftungszuschlag für die kommunalen Sparkassen, 1982, S. 51; *NIERHAUS/STERN*, Regionalprinzip und Sparkassenhoheit, 1992, S. 219 f.; *NIERHAUS*, Kommunale Selbstverwaltung, 2003, S. 1051 f. Demgegenüber kritisch *CLAUSSEN*, Teilprivatisierung kommunaler Sparkassen, 1990, S. 136 f.

201 Vgl. *KÄMMERER*, Privatisierung, 2001, S. 185.

202 Der Begriff stammt von Forsthoff und umfaßt alle Tätigkeiten der Verwaltung, um die Allgemeinheit in den Genuß nützlicher Leistungen zu bringen. Vgl. dazu *FORSTHOFF*, Verwaltungsrecht, 1973, S. 370. Vgl. zur Kritik am Begriff der Daseinsvorsorge *EMMERICH*, Wirtschaftsrecht der öffentlichen Unternehmen, 1969, S. 95-100. Vgl. auch *CLAUSSEN*, Teilprivatisierung kommunaler Sparkassen, 1990, S. 108 u. S. 123-125, der auf den Begriff der Daseinsvorsorge verzichtet und statt dessen sozialwirtschaftliche kommunale Betätigungen zum unantastbaren Wesensgehalt der Selbstverwaltungsgarantie zählt.

203 Vgl. BVerfG-Urteil vom 14.4.1987, BVerfGE 75, 192, 201, S. 199 f. m. w. N.; BVerfG-Urteil vom 23.9.1994, WM 1994, 1971, 1972, S. 1971. Vgl. *NIERHAUS*, Wettbewerbsfunktion, 1985, S. 15 f.

204 Vgl. *HAAS*, Juristische Person des öffentlichen Rechts, 1959, S. 33-36; *KLEIN*, Teilnahme des Staates, 1968, S. 213; *EMMERICH*, Wirtschaftsrecht der öffentlichen Unternehmen, 1969, S. 100; *STERN/BURMEISTER*, Kommunale Sparkassen, 1972, S. 69.

schaftlicher Ziele liegt.[205] Ein vorrangig erwerbswirtschaftliches Gewinnstreben des Staates ist im Kernbereich selbst dann ausgeschlossen, wenn dadurch öffentliche Haushalte unterstützt werden sollen.[206] Zunehmend wird in der Rechtsprechung und in der Literatur jedoch der erwerbswirtschaftliche Charakter der Sparkassen betont.[207]

2. Sozialstaatsprinzip

Die Zulässigkeit einer Privatisierung von Sparkassen wird teilweise auch aufgrund des aus Art. 20 GG und Art. 28 Abs. 1 Satz 1 GG abgeleiteten Sozialstaatsprinzips bezweifelt. Durch das Sozialstaatsprinzip als verfassungsrechtlich abgesichert angesehene soziale Leistungen wären nach einer Privatisierung nicht mehr gewährleistet.[208] Gemeint sind damit insbesondere Leistungen der Daseinsvorsorge.[209] Überwiegend werden die Grundrechte jedoch als Abwehrrechte betrachtet, aus denen sich keine individuellen Ansprüche auf soziale Maßnahmen des Staates ableiten lassen, und nicht als soziale Teilhaberechte.[210] Weiterhin läßt sich das Sozialstaatsprinzip nicht dahingehend auslegen, daß einmal vom Staat übernommene Aufgaben festgeschrieben sind. Vielmehr soll das Sozialstaatsprinzip die Flexibilität des Staates hinsichtlich gerade notwendiger Aufgaben gewährleisten.[211] Aber auch für die Erreichung sozialstaatlicher Ziele ist es dem Staat nicht verboten, Unternehmen in privater Rechtsform einzusetzen, wenn er eine Gewährleistungsverantwortung übernimmt.[212] Insofern läßt sich aus dem Sozialstaatsprinzip auch keine grundsätzliche Schranke für eine Privatisierung

---

205 Vgl. *STERN/BURMEISTER*, Kommunale Sparkassen, 1972, S. 72; *LAUDENBACH*, Kommunale Sparkassen, 1994, S. 129 f.; *HABECK*, Sparkassen als Universalbanken, 2001, S. 116-120. Vgl. zur heutigen Bedeutung des öffentlichen Auftrages Abschnitt 3.5.1.3.

206 Vgl. *HEDRICH*, Privatisierung der Sparkassen, 1993, S. 254 f.

207 Vgl. BVerfG-Urteil vom 15.6.1983, BVerfGE 64, 229, 242, S. 239-241; *FLOITGRAF*, Steuerprivilegien, 1964, S. 119 f.; *KLEIN*, Teilnahme des Staates, 1968, S. 212 f.; *BADURA*, Wirtschaftliche Betätigung der öffentlichen Hand, 1981, S. 16 f.; *WEIDES*, Eigenständigkeit des Sparkassenrechts, 1984, S. 43 f.; *SCHMIDT*, Tätigkeit der Sparkassen II; 1989, S. 100; *PAUTSCH*, Privatisierung des öffentlichen Bankensektors, 2003, S. 207 f.

208 Vgl. *STERN/BURMEISTER*, Kommunale Sparkassen, 1972, S. 110; *GRABBE*, Privatisierung kommunaler Aufgaben, 1979, S. 184 f.

209 Vgl. *LEE*, Privatisierung als Rechtsproblem, 1997, S. 69.

210 Vgl. dazu ausführlich *STERN*, Staatsrecht, 1984, S. 933-938.

211 Vgl. *DÄUBLER*, Privatisierung als Rechtsproblem, 1980, S. 120-122; *ARNIM*, Rechtsfragen der Privatisierung, 1995, S. 28 f.; *KÄMMERER*, Privatisierung, 2001, S. 178 f. Anderer Meinung sind *STERN/BURMEISTER*, Kommunale Sparkassen, 1972, S. 95-106 u. S. 110; *GRABBE*, Privatisierung kommunaler Aufgaben, 1979, S. 66.

212 Vgl. *LEE*, Privatisierung als Rechtsproblem, 1997, S. 69.

von Sparkassen ableiten.[213] Privatisierungen könnten sogar dazu beitragen, einen leistungsfähigen Sozialstaat zu gewährleisten, indem beispielsweise durch die Ansiedlung und den Ausbau privater Unternehmen Arbeitsplätze geschaffen werden. Das Sozialstaatsprinzip läßt sich also demnach sogar begünstigend für eine Privatisierung auslegen.[214]

3. Demokratieprinzip

Das in Art. 20 Abs. 2 GG festgehaltene Demokratieprinzip besagt, daß alle Verwaltungsstellen demokratisch legitimiert sein müssen. Abweichungen davon sind nur aufgrund gewichtiger sachlicher Gründe zulässig. Bei einer materiellen Privatisierung ist die an Private übergebene Aufgabe jedoch keine Staatsaufgabe mehr, so daß diese nicht mehr in den Geltungsbereich des Demokratieprinzips fällt. Im Falle einer formalen Privatisierung wäre hingegen eine umfassende Einflußnahme sicherzustellen, um das Demokratieprinzip so wenig wie möglich zu beeinträchtigen.[215] Einen angemessenen Einfluß der Kommunen nach einer formalen Privatisierung fordern auch die Vorschriften der Gemeindeordnungen.[216] Allerdings gilt das Demokratieprinzip gemäß Art. 20 Abs. 3 GG nur für Verwaltungshandeln, wobei sich die Verwaltungsnatur einer Gesellschaft nicht allein daraus ableiten läßt, daß die öffentliche Hand Anteile an dieser hält.[217] Öffentlich-rechtliche Sparkassen sind zwar als Anstalten des öffentlichen Rechts und aufgrund ihres öffentlichen Auftrages dem Demokratieprinzip unterworfen,[218] aber auch für Unternehmen, die Verwaltungstätigkeiten ausüben und für welche deshalb das Demokratieprinzip zutrifft, gelten, je nachdem wie weit das Handeln der Gesellschaft in den Verwaltungssektor eingreift, unterschiedliche Maßstäbe hinsicht-

---

[213] Vgl. *PURBACH*, Privatisierung der Sparkassen, 1994, S. 176-178; *CLAUSSEN*, Teilprivatisierung kommunaler Sparkassen, 1990, S. 139-141; *HAGEMEISTER*, Privatisierung öffentlicher Aufgaben, 1992, S. 157-159; *OEBBECKE*, Eigenkapitalausstattung, 1980, S. 53-55.

[214] Vgl. *LEE*, Privatisierung als Rechtsproblem, 1997, S. 70.

[215] Vgl. *ARNIM*, Rechtsfragen der Privatisierung, 1995, S. 34-36; *CLAUSSEN*, Teilprivatisierung kommunaler Sparkassen, 1990, S. 148-151; *LEE*, Privatisierung als Rechtsproblem, 1997, S. 78; *KÄMMERER*, Privatisierung, 2001, S. 191 f.

[216] Vgl. § 103 Abs. 1 Nr. 3 GO BW; Art. 92 Abs. 1 Nr. 2 GO BY; § 102 Satz 1 Nr. 2 GO BB; § 122 Abs. 1 Nr. 3 GO HE; § 69 Abs. 1 Nr. 3 KV MV; § 109 Abs. 1 Nr. 6 GO NI; § 108 Abs. 1 Nr. 6 GO NRW; § 87 Abs. 1 Nr. 3 GO RP; § 110 Abs. 1 Nr. 3 KSVG SL; § 96 Abs. 1 Nr. 2 GO SN; § 117 Abs. 1 Nr. 3 GO ST; § 102 Abs. 1 Nr. 3 GO SH; § 73 Abs. 1 Nr. 3 KO TH.

[217] Vgl. *KÄMMERER*, Privatisierung, 2001, S. 191-193.

[218] Vgl. *SACHS*, Demokratiegebot und Sparkassen, 1988, S. 69.

lich der Legitimation und der Kontrolle.[219] Ein grundsätzliches Hindernis für formale Privatisierungen stellt das Demokratieprinzip nicht dar.

4. Rechtsstaatsprinzip

Nach dem Rechtsstaatsprinzip gemäß Art. 20 GG und Art. 28 Abs. 1 GG ist jedes staatliche Handeln an entsprechende gesetzliche Vorgaben gebunden, das heißt, ausreichende gesetzliche Grundlagen sind unerläßlich. Demnach sind sowohl zur Begründung und zum Betreiben als auch zur Privatisierung öffentlicher Unternehmen hinreichende Rechtsgrundlagen erforderlich. Dies stellt aber lediglich ein formell-rechtliches Erfordernis und keine materiell-rechtliche Schranke dar.[220] Überwiegend wird sogar in Frage gestellt, daß formale Privatisierungen unter Gesetzesvorbehalt stehen. Nach gängiger Meinung steht die Übertragung einer Aufgabe an eine juristische Person des Privatrechts nicht – wie die Einschaltung von juristischen Personen des öffentlichen Rechts und von Beliehenen – unter Gesetzesvorbehalt, da die Verwaltung grundsätzlich zwischen öffentlich-rechtlicher und privater Handlungsform frei wählen kann.[221] Der Gesetzesvorbehalt kann sogar als Privatisierungsgebot für die wirtschaftlich tätigen öffentlichen Unternehmen interpretiert werden, die keine gesetzliche Grundlage haben.[222] Bestandteil des Rechtsstaatsprinzips bildet auch der Verhältnismäßigkeitsgrundsatz, dem alle staatlichen Maßnahmen, also auch Privatisierungsmaßnahmen, entsprechen müssen. Es ist unter Berücksichtigung einer eventuellen Einschränkung der Grundrechte der Bürger zu prüfen, ob die Maßnahme geeignet, erforderlich und nicht übermäßig ist. Geboten wäre eine Privatisierung beispielsweise dann, wenn das öffentliche Unternehmen für die Erfüllung bestimmter Aufgaben nicht geeignet ist oder durch die Privatisierung Betroffene in ihren Grundrechten weniger beeinträchtigt würden.[223]

5. Art. 33 IV GG

Art. 33 Abs. 4 GG besagt, daß hoheitsrechtliche Befugnisse grundsätzlich von Angehörigen des öffentlichen Dienstes und damit in öffentlich-rechtlicher Organisations-

---

219 Vgl. *KÄMMERER*, Privatisierung, 2001, S. 194.

220 Vgl. *PURBACH*, Privatisierung der Sparkassen, 1994, S. 178-179; *HAGEMEISTER*, Privatisierung öffentlicher Aufgaben, 1992, S. 108-154.

221 Vgl. *EHLERS*, Verwaltung in Privatrechtsform, 1984, S. 152 f.; *ARNIM*, Rechtsfragen der Privatisierung, 1995, S. 38-41; *LEE*, Privatisierung als Rechtsproblem, 1997, S. 72.

222 Vgl. *LEE*, Privatisierung als Rechtsproblem, 1997, S. 73.

223 Vgl. dazu ausführlich *LEE*, Privatisierung als Rechtsproblem, 1997, S. 74 f.

form wahrzunehmen sind.[224] Diese Vorschrift greift aber nur dann, wenn der Staat eine Aufgabe wahrnimmt und sagt nichts über den Umfang der Aufgaben, die der Staat erfüllen sollte. Insofern hat Art. 33 Abs. 4 GG keine Bedeutung für materielle Privatisierungen.[225] Es ist also lediglich zu prüfen, ob beim Betreiben von Sparkassen hoheitliche Befugnisse ausgeübt werden. Die Ausübung hoheitlicher Befugnisse wird in der Literatur nicht mehr nur auf die Eingriffsverwaltung beschränkt, sondern auch auf Teile der Leistungsverwaltung, zum Beispiel der Sozial-, Förderungs- und Subventionsverwaltung, ausgeweitet.[226] Das Betreiben von Sparkassen ist zwar eindeutig der Leistungsverwaltung zuzuordnen, gehört aber hier nicht zur Sozial-, Förderungs- und Subventionsverwaltung, sondern zum Bereich der Daseinsvorsorge, für welche die Art. 33 Abs. 4 und 5 GG nicht im Sinne einer Schranke der formalen Privatisierung greifen.[227]

6. Vergesellschaftung

Aus Art. 15 GG, der die Möglichkeit einer Verstaatlichung von Grund und Boden, Naturschätzen und Produktionsmitteln vorsieht, wird teilweise eine Pflicht zur Beibehaltung des Standes der Sozialisierung bei Inkrafttreten des Grundgesetzes abgeleitet[228] oder zumindest eine Erschwerung der Privatisierung von öffentlichen Unternehmen entnommen.[229] Voraussetzung für eine Anwendung der Vorschrift in diesem Zusammenhang ist, daß Sparkassen zu den „Produktionsmitteln" zählen.[230] Nach Ansicht des Bundesverfassungsgerichts und der herrschenden Meinung läßt sich Art. 15 GG aber nicht als Bestandsschutz von Aufgabenfeldern des Staates interpretieren[231] und es ist daraus insofern auch kein Privatisierungsverbot abzuleiten. Dies würde insbesonde-

---

224 Vgl. *LEE*, Privatisierung als Rechtsproblem, 1997, S. 88.

225 Vgl. *ARNIM*, Rechtsfragen der Privatisierung, 1995, S. 42.

226 Vgl. *ARNIM*, Rechtsfragen der Privatisierung, 1995, S. 45-47; *EHLERS*, Verwaltung in Privatrechtsform, 1984, S. 122 f.

227 Vgl. *PURBACH*, Privatisierung der Sparkassen, 1994, S. 180.

228 Vgl. *RIDDER*, Soziale Ordnung, 1975, S. 102.

229 Vgl. *GRABBE*, Privatisierung kommunaler Aufgaben, 1979, S. 67-69.

230 Vgl. *MÜLHAUPT*, Kreditbank, 1956, S. 8 f. m. w. N. Vgl. auch Abschnitt 4.2.3. Eine andere Meinung beschränkt „Produktionsmittel" auf Mittel, die der Erzeugung von Gütern im engeren Sinne dienen. Danach sind beispielsweise Handel, Banken und das Verkehrswesen von einer Sozialisierung ausgeschlossen. Vgl. *WENDT*, Sozialisierung, 2003, S. 669.

231 Vgl. BVerfG-Urteil vom 17.5.1961, BVerfGE 12, 354, 369, S. 363 f.; *ARNIM*, Rechtsfragen der Privatisierung, 1995, S. 26 f.; *LEE*, Privatisierung als Rechtsproblem, 1997, S. 95; *DÄUBLER*, Privatisierung als Rechtsproblem, 1980, S. 65-70; *KÄMMERER*, Privatisierung, 2001, S. 177-179.

re auch der wirtschaftspolitisch neutralen Festlegung des Grundgesetzes entgegenstehen.[232]

7. Subsidiaritätsprinzip

Das Subsidiaritätsprinzip besagt, daß die öffentliche Hand erst dann tätig werden darf, wenn Private bestimmte Aufgaben nicht ebenso gut erfüllen können. Das bedeutet, der Staat darf alle diejenigen Aufgaben übernehmen, die er als wichtig erachtet, die aber durch Private allein nicht bewältigt werden können.[233] Fraglich ist indes, ob das Subsidiaritätsprinzip, welches in diesem Zusammenhang allein das Verhältnis von Staat und Gesellschaft betrifft, auch verfassungsrechtlich verankert ist.[234] Argumente gegen eine verfassungsrechtliche Grundlage des Subsidiaritätsprinzips sind insbesondere die Offenheit der Wirtschaftsverfassung und die Entstehungsgeschichte des Grundgesetzes.[235] Diesen Argumenten kann nicht gefolgt werden. Das Subsidiaritätsprinzip verlangt lediglich eine Abwägung der Aufgabenansiedlung, nicht jedoch eine konkrete Wirtschaftsordnung. Auch die ursprüngliche Entscheidung des Verfassungsgebers gegen die Aufnahme des Subsidiaritätsprinzips kann nicht das alleinige Kriterium für die Interpretation des Grundgesetzes sein, vielmehr müssen auch entwicklungsgeschichtliche Perspektiven beachtet werden.[236] Nach dem heutigen Stand der Grundrechtsdogmatik ist die Geltung des Subsidiaritätsprinzips zumindest im grundrechtlich geschützten Bereich anzuerkennen,[237] womit sich die Frage stellt, ob die wirtschaftliche Tätigkeit des Staates als Grundrechtseingriff zu interpretieren ist. Überwiegend wird dies in der neueren Literatur bejaht.[238] Wird die verfassungsrechtliche Verankerung des Sub-

---

[232] Vgl. *PURBACH*, Privatisierung der Sparkassen, 1994, S. 181; *ARNIM*, Rechtsfragen der Privatisierung, 1995, S. 27 f.; BVerfG-Urteil vom 20.7.1954, BVerfGE 4, 7, 27, S. 17 f.

[233] Vgl. dazu *ARNIM*, Staatslehre, 1984, S. 474 f.

[234] Vgl. dazu ausführlich *LEE*, Privatisierung als Rechtsproblem, 1997, S. 84 m. w. N.; *ARNIM*, Rechtsfragen der Privatisierung, 1995, S. 76 f. m. w. N.; *HEDRICH*, Privatisierung der Sparkassen, 1993, S. 175-178; *ISENSEE*, Subsidiaritätsprinzip und Verfassungsrecht, 2001.

[235] Vgl. BVerfG-Urteil vom 29.7.1959, BVerfGE 10, 59, 89, S. 83; BVerwG-Urteil vom 22.2.1972, BVerwGE, 39, 329, 338, S. 338; *CLAUSSEN*, Teilprivatisierung kommunaler Sparkassen, 1990, S. 112 f. m. w. N.

[236] Vgl. *LEE*, Privatisierung als Rechtsproblem, 1997, S. 84 f.

[237] Vgl. dazu ausführlich *ARNIM*, Staatslehre, 1984, S. 475 f.; *ARNIM*, Rechtsfragen der Privatisierung, 1995, S. 77 f. In diesem Bereich erkennen auch Autoren das Subsidiaritätsprinzip an, die seine allgemeine verfassungsrechtliche Geltung ablehnen. Vgl. für eine grundsätzliche verfassungsrechtliche Anerkennung des Subsidiaritätsprinzips *ARNIM*, Rechtsfragen der Privatisierung, 1995, S. 78; *LEE*, Privatisierung als Rechtsproblem, 1997, S. 86 f.

[238] Vgl. *ARNIM*, Rechtsfragen der Privatisierung, 1995, S. 59-70 u. S. 77 f.; *LEE*, Privatisierung als Rechtsproblem, 1997, S. 86.

sidiaritätsprinzips bejaht, wäre eine Privatisierung der Sparkassen dann geboten, wenn private Institute die Aufgaben der Sparkassen ebenso gut oder sogar besser erfüllen können. Während das Subsidiaritätsprinzip für die unternehmerische Betätigung der öffentlichen Hand im allgemeinen in den Gemeindeordnungen verankert wurde, gelten für das Betreiben von Sparkassen die Sondervorschriften der Sparkassengesetze, die eine Beachtung des Subsidiaritätsprinzips nicht fordern.[239] Eine solche Sonderstellung öffentlicher Kreditinstitute ist lediglich durch deren öffentliche Aufgaben zu rechtfertigen, die aber zunehmend angezweifelt werden.[240]

8. Grundrechte

Auch die Grundrechte könnten eine privatisierungseinschränkende oder privatisierungslegitimierende Wirkung entfalten. Ein Grundrechtseingriff infolge einer Privatisierung könnte nur dann vorliegen, wenn die Grundrechte auch als soziale Teilhaberechte interpretiert werden und durch die Privatisierung ein sozialstaatlicher Minimalstandard unterschritten wird. Verbleibt die Gewährleistungspflicht beispielsweise nach einer formalen Privatisierung bei der öffentlichen Hand, kann demnach kein Grundrechtseingriff vorliegen. Auch vor einer Übertragung bestimmter Aufgaben an Private schützen die Grundrechte nicht, solange diese auf einer gesetzlichen Grundlage beruht.[241] Die privatisierungslegitimierende Wirkung der Grundrechte steht im Zusammenhang mit der Frage, ob die wirtschaftliche Betätigung der öffentlichen Hand einen Eingriff in die Grundrechte darstellt.[242] Die Teilnahme der öffentlichen Hand kann den Wettbewerb des Marktes beispielsweise aufgrund steuerlicher Vorteile und fehlender Konkursgefahr verzerren.[243] Als Grundrechtseingriff wird dies jedoch nur in bestimmten Fällen, wie der öffentlichen Subventionsgewährung an Konkurrenten, der Einrichtung staatlicher Monopolunternehmen und dem Verdrängungswettbewerb von der Rechtssprechung anerkannt.[244] Diese Auffassung wird in der Literatur kritisiert, und es wird die Annahme eines Regel-Ausnahme-Verhältnisses zwischen privatem

239 Vgl. *THIEME*, Subsidiaritätsprinzip, 1962, S. 180; *KARL-BRÄUER-INSTITUT*, Privatisierung, 1994, S. 121 f. Vgl. auch Abschnitt 3.4.2.

240 Vgl. *KARL-BRÄUER-INSTITUT*, Privatisierung, 1994, S. 123. Vgl. zum öffentlichen Auftrag Abschnitt 3.5.1.3.

241 Vgl. *LEE*, Privatisierung als Rechtsproblem, 1997, S. 91.

242 Vgl. *LEE*, Privatisierung als Rechtsproblem, 1997, S. 92.

243 Vgl. *ARNIM*, Rechtsfragen der Privatisierung, 1995, S. 66; BVerfG-Urteil vom 8.7.1982, BVerfGE 61, 82, 118, S. 106.

244 Vgl. BVerwG-Urteil vom 22.2.1972, BVerwGE 39, 329, 338, S. 337; BVerwG-Urteil vom 19.12.1963, BVerwGE 17, 306, 315, S. 314; *LEE*, Privatisierung als Rechtsproblem, 1997, S. 93; *CLAUSSEN*, Teilprivatisierung kommunaler Sparkassen, 1990, S. 115; *ARNIM*, Rechtsfragen der Privatisierung, 1995, S. 62-64.

und öffentlichem Sektor gefordert. Die wirtschaftliche Betätigung der öffentlichen Hand muß durch einen öffentlichen Zweck zu rechtfertigen sein und im Einzelfall beurteilt werden. Eine Privatisierung wäre grundsätzlich dann geboten, wenn die Rechtfertigungsanforderungen der Grundrechte nicht vorliegen.[245]

9. Wirtschaftlichkeitsprinzip

Das in Art. 114 Abs. 2 GG verankerte Wirtschaftlichkeitsprinzip wird als verfassungsrechtliches Prinzip anerkannt.[246] Nach dem Wirtschaftlichkeitsprinzip soll das bestmögliche Verhältnis zwischen Zweckerfolg und Mitteleinsatz realisiert werden,[247] wobei nicht nur monetäre Größen, sondern auch allgemeine gesellschaftliche Werte zu berücksichtigen sind. Der Grundsatz der Wirtschaftlichkeit bezieht sich dabei auch auf Unternehmen, die Überschüsse erwirtschaften und nicht nur auf solche, die der öffentlichen Hand Kosten verursachen. Neben den Erträgen, welche die Unternehmen für die öffentliche Hand erwirtschaften, müssen auch die Opportunitätskosten beachtet werden. Beispielsweise könnten durch den Erlös, der bei einer Privatisierung erzielt werden würde, Kreditaufnahmen der öffentlichen Hand verringert oder Kredite zurückgezahlt werden.[248] Die Überprüfung der Einhaltung des Wirtschaftlichkeitsprinzips ist insofern auch in bezug auf Sparkassen notwendig, die im allgemeinen Gewinne erwirtschaften.[249]

Das Wirtschaftlichkeitsprinzip wird im § 7 Abs. 1 BHO konkretisiert. Diese Regelung verpflichtet zu überprüfen, „inwieweit staatliche Aufgaben oder öffentlichen Zwecken dienende wirtschaftliche Tätigkeiten durch Ausgliederung und Entstaatlichung oder Privatisierung erfüllt werden können“. Der Gesetzgeber bezieht in diese Prüfung auch Private mit ein, denen gemäß § 7 Abs. 2 BHO in geeigneten Fällen die Möglichkeit eingeräumt werden muß, auszuführen, „inwieweit sie staatliche Aufgaben oder öffentlichen Zwecken dienende wirtschaftliche Tätigkeiten nicht ebenso gut oder besser erbringen können“. Die Prüfungspflicht des § 7 BHO gilt jedoch nur für den Bund. Ebenso bezieht sich § 65 BHO, der die Voraussetzungen für eine Beteiligung an privatrechtlichen Unternehmen enthält, nur auf Beteiligungen des Bundes und entfaltet

245 Vgl. *LEE*, Privatisierung als Rechtsproblem, 1997, S. 94; *ARNIM*, Rechtsfragen der Privatisierung, 1995, S. 66 f.

246 Vgl. *ARNIM*, Rechtsfragen der Privatisierung, 1995, S. 97-100. Vgl. dazu auch *LEE*, Privatisierung als Rechtsproblem, 1997, S. 102-105, der auch konkrete im Zusammenhang mit Privatisierungen stehende Faktoren darstellt.

247 Vgl. dazu *WÖHE*, Allgemeine Betriebswirtschaftslehre, 2004, S. 1 f.

248 Vgl. *ARNIM*, Rechtsfragen der Privatisierung, 1995, S. 105 f.

249 Vgl. *KARL-BRÄUER-INSTITUT*, Privatisierung, 1994, S. 119 f., das die öffentliche Trägerschaft der Sparkassen als mit dem Wirtschaftlichkeitsprinzip nicht vereinbar ansieht.

somit keine Wirkung auf Privatisierungsvorhaben von Ländern und Gemeinden.[250] Dennoch ist das Wirtschaftlichkeitsprinzip durch die Forderung, daß die Haushaltswirtschaft sparsam und wirtschaftlich zu führen ist, auch in den Gemeindeordnungen verankert.[251]

Zusammenfassend ist somit festzustellen, daß sich verfassungsrechtliche Schranken in bezug auf eine Privatisierung von Sparkassen lediglich aus der kommunalen Selbstverwaltungsgarantie des Art. 28 Abs. 2 GG ergeben können. So wäre eine heteronome materielle Privatisierung nur dann zulässig, wenn die öffentlichen Aufgaben der Sparkassen nur private Kreditinstitute erfüllen könnten. Davon ist jedoch nicht auszugehen. Vorausgesetzt, das Betreiben einer Sparkasse zählt nicht zum Kernbereich der kommunalen Selbstverwaltungsgarantie, ist eine heteronome formale Privatisierung hingegen zulässig. Grundsätzlich keine Grenzen aus Art. 28 Abs. 2 GG ergeben sich ebenfalls für autonome formale und materielle Privatisierungen. Das Subsidiaritätsprinzip, die Grundrechte und das Wirtschaftlichkeitsprinzip können sogar privatisierungslegitimierende Wirkung entfalten. Aus dem Subsidiaritätsprinzip läßt sich für den Fall, daß private Institute die von den Sparkassen wahrgenommenen Aufgaben ebenso gut erfüllen können, ein Privatisierungsgebot ableiten. Falls die Betätigung der öffentlichen Hand im Zusammenhang mit den Sparkassen nicht durch einen öffentlichen Zweck zu rechtfertigen ist, könnte sie zusätzlich auch einen Eingriff in die Grundrechte darstellen. Auch in diesem Fall wäre eine Privatisierung geboten. Das gleiche gilt auch für den Fall, daß im Zusammenhang mit dem Betreiben von öffentlich-rechtlichen Sparkassen das Wirtschaftlichkeitsprinzip nicht eingehalten wird.

3.4.2 Einfachgesetzliche Vorschriften

Die *Gemeindeordnungen* oder Kommunalverfassungen der einzelnen Bundesländer enthalten ebenfalls für Privatisierungsfragen relevante Vorschriften. So regeln sie bei-

---

[250] Vgl. *LEE*, Privatisierung als Rechtsproblem, 1997, S. 116-119.

[251] Vgl. § 77 Abs. 2 GO BW; Art. 61 Abs. 2 GO BY; § 74 Abs. 2 GO BB; § 92 Abs. 2 GO HE; § 43 Abs. 1 KV MV; § 82 Abs. 2 GO NI; § 75 Abs. 2 GO NRW; § 93 Abs. 2 GO RP; § 82 Abs. 2 KSVG SL; § 72 Abs. 2 GO SN; § 90 Abs. 2 GO ST; § 75 Abs. 2 GO SH; § 53 Abs. 2 KO TH. Der Grundsatz der Sparsamkeit besagt, daß die öffentliche Hand bei der Übernahme von Aufgaben prinzipiell Zurückhaltung üben soll, daß heißt auch Projekte, die wirtschaftlich sind, dürfen nur dann durchgeführt werden, wenn sie unbedingt erforderlich sind. Insofern ist der Sparsamkeitsgrundsatz keine bloße Umschreibung der Minimumvariante des Wirtschaftlichkeitsprinzips. Vgl. dazu *GORNAS/BEYER*, Betriebswirtschaft, 1991, S. 46 f.; *MATSCHKE/HERING*, Kommunale Finanzierung, 1998. S. 17. Vgl. dazu anderer Meinung *ARNIM*, Rechtsfragen der Privatisierung, 1995, S. 100 f; *LEE*, Privatisierung als Rechtsproblem, 1997, S. 103.

spielsweise die Voraussetzungen für die Zulässigkeit wirtschaftlicher Unternehmen.[252] Im allgemeinen werden unter wirtschaftlichen kommunalen Unternehmen solche Einrichtungen und Anlagen verstanden, die auch von einem privaten Unternehmen mit Gewinnerzielungsabsicht betrieben werden können.[253] Sparkassen zählen insofern zu den kommunalen Wirtschaftsunternehmen. Allerdings unterliegen die öffentlich-rechtlichen Sparkassen nicht dem Kommunalrecht. Die Gemeindeordnungen verweisen hinsichtlich der kommunalen Sparkassen auf besondere Vorschriften, die Sparkassengesetze.[254] Mit Ausnahme der öffentlichen Sparkassen ist den Kommunen das Betreiben von Bankgeschäften verboten.[255] Insofern könnte besonders für eine materielle Teilprivatisierung eine Änderung der Gemeindeordnungen und Kommunalverfassungen der Bundesländer notwendig sein. Ausgehend von der Annahme, daß diese Vorschrift den materiellen Gegensatz zwischen Banken und Sparkassen zugrunde legt, erfordert eine formale Privatisierung ohne gleichzeitige Änderung der Geschäftspolitik der Sparkasse dagegen keine Änderung der Gemeindeordnungen und Kommunalverfassungen.[256]

In den *Sparkassengesetzen* finden sich keine einer Privatisierung entgegenstehenden Vorschriften. Eine Umwandlung der öffentlich-rechtlichen Sparkassen gemäß § 301 Abs. 2 UmwG in Verbindung mit § 191 Abs. 1 Nr. 6 UmwG in eine private Rechtsform ist jedoch nur dann möglich, wenn der Gesetzgeber einen solchen Formwechsel vorsieht oder zuläßt. Grundsätzlich könnte dann nach § 301 Abs. 1 UmwG eine Anstalt des öffentlichen Rechts aber nur in die Rechtsform einer Kapitalgesellschaft umgewandelt werden, es sei denn, gesetzlich ist etwas anderes bestimmt. Derzeit ist ein Verkauf öffentlich-rechtlicher Sparkassen an private Investoren rechtlich also nicht

---

[252] Vgl. § 102 GO BW; Art. 87 GO BY; § 100 GO BB; § 121 GO HE; § 68 KV MV; § 108 GO NI; § 107 GO NRW; § 85 GO RP; § 108 KSVG SL; § 97 GO SN; § 116 GO ST; § 101 GO SH; § 71 KO TH.

[253] Vgl. *POPITZ*, Finanzausgleich, 1932, S. 49; *ARNIM*, Rechtsfragen der Privatisierung, 1995, S. 127 m. w. N. Vgl. kritisch zu dieser Definition *KÄMMERER*, Privatisierung, 2001, S. 240-242.

[254] Vgl. *WEIDES*, Eigenständigkeit des Sparkassenrechts, 1984, S. 44-46; *ARNIM*, Rechtsfragen der Privatisierung, 1995, S. 129; *PAUTSCH*, Privatisierung des öffentlichen Bankensektors, 2003, S. 117 f. Vgl. zu einer anderen Ansicht *LAUDENBACH*, Kommunale Sparkassen, 1994, S. 211-213 m. w. N.

[255] Vgl. § 102 Abs. 4 GO BW; Art. 87 Abs. 4 GO BY; § 101 Abs. 5 GO BB; § 121 Abs. 4 GO HE; § 68 Abs. 3 KV MV; § 108 Abs. 5 GO NI; § 107 Abs. 7 GO NRW; § 85 Abs. 4 GO RP; § 108 Abs. 3 KSVG SL; § 97 Abs. 4 GO SN; § 116 Abs. 5 GO ST; § 101 Abs. 6 GO SH; § 71 Abs. 3 KO TH.

[256] Vgl. *CLAUSSEN*, Teilprivatisierung kommunaler Sparkassen, 1990, S. 189.

möglich, da die Sparkassengesetze eine Privatisierung nicht regeln.[257] Allerdings ermöglicht beispielsweise das Sparkassengesetz in Rheinland-Pfalz die Übertragung von Anteilen am Stammkapital an andere Sparkassen und Errichtungsträger.[258] Ansonsten sind in den Sparkassengesetzen lediglich die Vereinigung und die Auflösung öffentlich-rechtlicher Sparkassen vorgesehen.[259]

Aufgrund der rechtlichen Unzulässigkeit eines Verkaufs von öffentlich-rechtlichen Sparkassen wurde als Privatisierungsvariante verstärkt die Vermögensübertragung durch Liquidation (asset deals) diskutiert, das heißt der Verkauf aller einzelnen Vermögenswerte im Rahmen der Auflösung einer Sparkasse.[260] Einer solchen Auflösung muß das zuständige Ministerium als Aufsichtsbehörde zustimmen. Das Ministerium hat jedoch die Genehmigung zu erteilen, wenn der Träger der Sparkassen die Auflösung ordnungsgemäß entschieden hat. Das bedeutet, daß das zuständige Ministerium lediglich das Recht hat, zu prüfen, ob der Beschluß der Vertretungskörperschaft des Gewährträgers über die Auflösung ordnungsgemäß zustande gekommen ist. Die Stadt Stralsund wollte im Jahr 2004 über den Weg der Veräußerung der Vermögenswerte und die anschließende Auflösung ihre Sparkasse privatisieren.[261] Um dieses Vorgehen zu verhindern, hat das Land Mecklenburg-Vorpommern sein Sparkassengesetz geändert.[262] Die Auflösung einer Sparkasse kommt hier nur noch in Betracht, wenn keine Vereinigung möglich ist,[263] und der Verkauf von Vermögenswerten ist vor Erteilung der Genehmigung zur Auflösung der Sparkasse untersagt.[264] Eine Vereinigung von Sparkassen kann aber von der Sparkassenaufsichtsbehörde, dem Finanzministerium, empfohlen und nach Ablauf einer Frist auch herbeigeführt werden, so daß der Vertretung der Gewährträger in diesem Punkt kaum Entscheidungsspielraum verbleibt.

Um eine Privatisierung von öffentlich-rechtlichen Sparkassen zukünftig zu ermöglichen, wäre demnach eine entsprechende Änderung der Sparkassengesetze durch die

---

[257] Vgl. *PÜTTNER*, Rahmenbedingungen der Privatisierung, 1988, S. 260 u. S. 262; *KÄMMERER*, Privatisierung, 2001, S. 274; *WITTE/RAFIQPOOR*, Privatisierung öffentlich-rechtlicher Kreditinstitute, 2003, S. 1890; *SEMLER/STENGEL*, Umwandlungsgesetz, 2003, S. 2336 f u. S. 2340 f.

[258] Vgl. § 3 Abs. 4 SpkG RP. Errichtungsträger sind nach § 1 Abs. 1 SpkG RP kommunale Gebietskörperschaften oder Zweckverbände.

[259] Vgl. *KOCH*, Verkauf kommunaler Sparkassen, 2004, S. 578 f.

[260] Vgl. *SCHEIKE*, Rechtliche Voraussetzungen, 2004, S. 75 f.

[261] Vgl. *WANNER*, Sparkassen-Streit, FTD, 5.12.2003, S. 19.

[262] Vgl. Drittes Gesetz zur Änderung des Sparkassengesetzes des Landes Mecklenburg-Vorpommern vom 4.3.2004, in: GVOBl. S. 98.

[263] Vgl. § 29 Abs. 1 SpkG MV.

[264] Vgl. § 29 Abs. 2 SpkG MV.

Bundesländer notwendig.[265] Aufgrund der Selbstverwaltungsgarantie des Art. 28 Abs. 2 GG kann lediglich eine formale Privatisierung gesetzlich vorgeschrieben werden. Einen gesetzlichen Zwang zu einer materiellen Privatisierung darf es nicht geben.[266] Die Sparkassengesetze könnten aber die Option zur Privatisierung enthalten und somit autonome materielle Privatisierungen der Kommunen ermöglichen.[267] Ein solches Gesetz könnte auch den Inhalt der Satzungen beispielsweise von Sparkassen-Aktiengesellschaften und somit die künftige Geschäftspolitik beeinflussen.[268]

Nach dem *Kreditwesengesetz* dürfen nur bestimmte Institute die Bezeichnung „Sparkasse" führen. Dazu gehören „1. öffentlich-rechtliche Sparkassen, die eine Erlaubnis nach § 32 besitzen; 2. andere Unternehmen, die bei Inkrafttreten dieses Gesetzes eine solche Bezeichnung nach den bisherigen Vorschriften befugt geführt haben; 3. Unternehmen, die durch Umwandlung der in Nummer 2 bezeichneten Unternehmen neu gegründet werden, solange sie auf Grund ihrer Satzung besondere Merkmale, insbesondere eine am Gemeinwohl orientierte Aufgabenstellung und eine Beschränkung der wesentlichen Geschäftstätigkeit auf den Wirtschaftsraum, in dem das Unternehmen seinen Sitz hat, in dem Umfang wie vor der Umwandlung aufweisen."[269]. Könnte man § 40 Abs. 1 Nr. 3 KWG in Verbindung mit § 40 Abs. 1 Nr. 2 KWG auch auf eine Umwandlung von öffentlich-rechtlichen Sparkassen anwenden, so wäre eine Beibehaltung der Bezeichnung „Sparkasse" nach einer formalen Privatisierung möglich.[270] Die Anwendbarkeit dieser Vorschrift auf eine Umwandlung einer öffentlich-rechtlichen Sparkasse in eine private Rechtsform wird allerdings allgemein angezweifelt.[271] Bereits eine formale Privatisierung würde demnach den Verlust der Bezeichnung „Sparkasse" nach sich ziehen. Damit verbunden wäre voraussichtlich ein wirtschaftlicher Schaden für das betreffende Institut.[272] Insofern stellt § 40 Abs. 1 Nr. 2 und 3 KWG eine gewisse Barriere für die Privatisierung von Sparkassen dar.[273] Die europäische Kommission untersucht zur Zeit, ob der Schutz der Bezeichnung „Sparkasse" durch

---

265 Vgl. *KARL-BRÄUER-INSTITUT*, Privatisierung, 1994, S. 151-153; *WITTE/RAFIQPOOR*, Privatisierung öffentlich-rechtlicher Kreditinstitute, 2003, S. 1890.

266 Anderer Meinung sind *ARNIM*, Rechtsfragen der Privatisierung, 1995, S. 50; *HEDRICH*, Privatisierung der Sparkassen, 1993, S. 341-345.

267 Vgl. *WIESEL*, Sparkassen, 2002, S. 296 f.

268 Vgl. *KURZE*, Eigenkapitalausstattung kommunaler Sparkassen, 1977, S. 221 f.

269 § 40 Abs. 1 KWG.

270 Vgl. *CLAUSSEN*, Teilprivatisierung kommunaler Sparkassen, 1990, S. 207.

271 Vgl. *FISCHER*, § 40 KWG, S. 1120.

272 Vgl. *KOCH*, Verkauf kommunaler Sparkassen, 2004, S. 579; *BUNDESVERBAND DEUTSCHER BANKEN*, Banken, 2004, S. 79.

273 Vgl. *BEUTHIEN*, Öffentliche Kreditwirtschaft, 2004, S. 1470.

den § 40 KWG gegen die Niederlassungsfreiheit und die Kapitalverkehrsfreiheit in der Europäischen Union verstößt.[274]

Nach der Untersuchung der gesetzlichen Vorschriften in Deutschland hinsichtlich der Zulässigkeit von Privatisierungen öffentlich-rechtlicher Sparkassen stellt sich nun die Frage, ob die gesetzlichen Regelungen in Deutschland im Einklang mit dem EU-Recht stehen. Die Wirtschaftsverfassung der EU ist gemäß Art. 295 EGV wie das Grundgesetz neutral, in dem Sinne, daß sie sich nicht ausdrücklich für eine Wirtschaftsrechtsordnung entscheidet. Dennoch soll die Wirtschaftspolitik nach Art. 4 Abs. 1 EGV „dem Grundsatz einer offenen Marktwirtschaft mit freiem Wettbewerb" verpflichtet sein. Der EG-Vertrag läßt den öffentlichen Sektor zwar zu, unterwirft ihn aber grundsätzlich ebenso dem Wettbewerb wie den privaten Sektor.[275] Die EU-Kommission kann demnach keine Privatisierung der Sparkassen verlangen. Dies bedeutet jedoch keinen Bestandsschutz für diejenigen Gestaltungselemente, die nicht mit den Prinzipien des EG-Vertrages vereinbar sind.[276]

3.5 Privatisierung von Sparkassen aus ökonomischer Sicht

3.5.1 Gesamtwirtschaftliche Aspekte

3.5.1.1 Marktversagen im Bankensektor

Aus ordnungspolitischer Sicht ist in marktwirtschaftlichen Systemen ein staatlicher Eingriff in das Marktgeschehen nur dann zu rechtfertigen, wenn es ohne den Eingriff zum sogenannten *Marktversagen* kommt. Ursachen für ein Marktversagen können natürliche Monopole, asymmetrische Informationen, externe Effekte sowie öffentliche Güter sein.[277] Voraussetzung für die Existenz von öffentlichen Unternehmen, als einer besonders intensiven Form des staatlichen Eingriffs, ist also das Vorliegen einer der

---

[274] Vgl. *BUNDESVERBAND DEUTSCHER BANKEN*, Banken, 2004, S. 79. Keinen Verstoß gegen die Niederlassungsfreiheit sieht *FISCHER*, § 40 KWG, S. 1121 f.

[275] Vgl. *LEE*, Privatisierung als Rechtsproblem, 1997, S. 64-66. Vgl. dazu auch Art. 86 Abs. 2 EGV.

[276] Vgl. *KLEIN*, Privatisierung der Sparkassen, 2003, S. 95. Vgl. zur Vereinbarkeit des Regionalprinzips mit dem EG-Vertrag *HEDRICH*, Privatisierung der Sparkasse, 1993, S. 280 f.; *PURBACH*, Privatisierung der Sparkassen, 1994, S. 79-109. Vgl. zur Vereinbarkeit des Enumerationsprinzips mit dem EG-Vertrag *PURBACH*, Privatisierung der Sparkassen, 1994, S. 121-128.

[277] Vgl. zum Marktversagen *BUCHHOLZ*, Marktversagen, 2000; *MUSGRAVE*, Die öffentlichen Finanzen, 1994, S. 6-9 u. S. 68-72.

aufgeführten Bedingungen für eine staatliche Regulierung, wobei die Intensität der Regulierung zusätzlich eine besondere Rechtfertigung erfordert.[278] Einer solchen Rechtfertigung bedürfen, abgesehen von neu entstehenden öffentlichen Unternehmen, auch bestehende Unternehmen der öffentlichen Hand.[279] Inwieweit staatliche Maßnahmen tatsächlich Allokationsverbesserungen im Vergleich zum Ergebnis des Marktprozesses herbeiführen können, ist jedoch auch von den Unvollkommenheiten politischer Prozesse, dem sogenannten Staatsversagen, abhängig.[280]

Natürliche Monopole sind dadurch gekennzeichnet, daß aufgrund von Größenvorteilen die gesamte Nachfrage nach einem Gut am kostengünstigsten durch einen einzelnen Anbieter befriedigt werden kann. Gelegentlich wird eine Tendenz zu einem solchen Monopol durch steigende Skalenerträge auch auf dem Bankenmarkt vermutet, jedoch konnte diese Vermutung weder theoretisch noch empirisch nachgewiesen werden. Vielmehr zeigen theoretische und empirische Untersuchungen zu Kostenfunktionen im Bankensektor, daß im Kreditwesen keine derartigen starken Größenvorteile existieren.[281]

Gleichwohl bestehen *Informationsasymmetrien* zwischen Kreditinstituten und ihren Kunden, die ein Marktversagen bewirken können, welches im Extremfall sogar einen sogenannten Banken-Run zur Folge haben kann. Vor allem die Überwachung der Banken durch die Einleger gestaltet sich aufgrund fehlender Kenntnisse und Informationen schwierig und wäre im Verhältnis zu den in der Regel relativ niedrigen Anlagebeträgen mit hohen Kosten verbunden. Aus diesem Gunde verzichten Bankkunden im allgemeinen auf eine Überwachung ihres Kreditinstitutes und überlassen diesem ihre Einlagen auf Vertrauensbasis, was zu einer speziellen Vertrauensempfindlichkeit der Bankgeschäfte führt und damit auch die Stabilität des Bankensystems gefährden kann.[282]

Auch *externe Effekte* können im Bankensektor ein Marktversagen begründen. Beispielsweise profitieren von Beiträgen zur Vertrauenssicherung einzelner Kreditinstitute, wie der Beteiligung an Einlagensicherungsfonds, auch andere Banken, wodurch der

---

[278] Vgl. *HAMM*, Kollektiveigentum, 1961, S. 174 f.; *FINZEL/THUY*, Privatisierung der Sparkassen, 1996, S. 243. Vgl. zum Subsidiaritätsprinzip auch Abschnitt 3.4.1.

[279] Vgl. *KLEIN*, Privatisierung der Sparkassen, 2003, S. 90.

[280] Vgl. *BUCHHOLZ*, Marktversagen, 2000, S. 626.

[281] Vgl. zum Begriff des natürlichen Monopols *LINDE*, Natürliches Monopol, 2000, S. 671. Vgl. zu natürlichen Monopolen im Bankensektor ausführlicher *BURGHOF/RUDOLPH*, Bankenaufsicht, 1996, S. 30 f. m. w. N.; *NEUBERGER*, Mikroökonomik der Bank, 1998, S. 153 f. u. S. 179 f.

[282] Vgl. *NEUBERGER*, Mikroökonomik der Bank, 1998, S. 177 f.; *BURGHOF/RUDOLPH*, Bankenaufsicht, 1996, S. 32 f.

Anreiz für die einzelne Bank sinkt, solche Investitionen zu tätigen. Insbesondere wenn Einlagensicherungsfonds mit risikounabhängigen Prämien[283] finanziert werden, können einzelne Kreditinstitute ihre Risiken auf alle an der Einlagensicherung beteiligten Banken abwälzen. Externe Effekte sind ferner auch im Zusammenhang mit einem Vertrauensverlust der Einleger vorstellbar. Ziehen diese überstürzt ihre Einlagen bei einer solventen Bank ab und verursachen so deren Insolvenz, haften weder die Einleger noch die für den Vertrauensverlust verantwortlichen Kreditinstitute für den dadurch entstandenen Schaden.[284]

Wesentliche Kennzeichen *öffentlicher Güter* sind die Nichtausschließbarkeit vom und die Nichtrivalität im Konsum,[285] die in bezug auf die Dienstleistungen von Kreditinstituten beide grundsätzlich nicht zutreffen. Hingegen ließe sich ein „funktionsfähiger Finanzsektor“ aufgrund seiner gesamtwirtschaftlichen Bedeutung durchaus als öffentliches Gut interpretieren,[286] und auch einzelne Aspekte des öffentlichen Auftrages von Sparkassen wie die Struktursicherungsfunktion lassen sich als öffentliche Güter auffassen.

Fraglich ist nun, inwieweit die Existenz öffentlich-rechtlicher Sparkassen dazu beiträgt, die beschriebenen Marktmängel zu beheben oder zumindest zu verringern, und ob nicht andere staatliche Maßnahmen aufgrund einer geringeren Eingriffsintensität geeigneter sind. Möglicherweise haben Sparkassen bislang aufgrund der neben den Einlagensicherungsfonds existierenden öffentlichen Haftungssysteme, Gewährträgerhaftung und Anstaltslast, und dem damit verbundenen Vertrauen der Anleger das Bankensystem in Deutschland stabilisiert.[287] Spätestens mit dem Wegfall der Gewährträgerhaftung und der Anpassung der Anstaltslast an die übliche Haftung privater Eigentümer[288] entfällt jedoch dieses zusätzliche stabilisierende Element der öffentlich-rechtlichen Sparkassen. Da die oben beschriebenen Fehlfunktionen des Marktes im wesentlichen auch zur Begründung der Bankenregulierung dienen, liegt weiterhin die Vermutung nahe, daß die Bankenaufsicht die beschriebenen Mängel bereits stark reduziert und insofern die Erklärung der Existenz öffentlich-rechtlicher Sparkassen durch ein Marktversagen zusätzlich erschwert.

---

283 Vgl. zur Einlagensicherung der Kreditinstitute auch Abschnitt 3.5.2.3.

284 Vgl. *NEUBERGER*, Mikroökonomik der Bank, 1998, S. 178 f.; *BURGHOF/RUDOLPH*, Bankenaufsicht, 1996, S. 31.

285 Vgl. *POSTLEP*, Öffentliche Güter, 2000, S. 707 f.

286 Vgl. *SPIERINGS*, Regulation of Financial Intermediaries, 1990, S. 98 f.; *HEDRICH*, Privatisierung der Sparkasse, 1993, S. 107.

287 Vgl. *KESSLER/RIEKEBERG*, Privatisierung kommunaler Sparkassen, 1999, S. 285.

288 Vgl. Abschnitt 2.4.

Abgesehen von den normativen Theorien der Regulierung, die staatliche Eingriffe durch Marktversagen begründen, versuchen positive Theorien Gesetzmäßigkeiten zu entwickeln, wann tatsächlich staatliche Regulierungen stattfinden.[289] Die positive Theorie zeigt, daß regulierende Eingriffe, welche nicht auf ein Marktversagen zurückzuführen sind, insbesondere die Folge der Eigeninteressen von Politikern sein können.[290] Sie soll jedoch hier nicht weiter betrachtet werden.

Zwei Argumente, die im wesentlichen heute noch die Existenz von öffentlich-rechtlichen Sparkassen begründen sollen, sind Konkurrenzierung, das heißt Intensivierung des Wettbewerbs zugunsten der Marktgegenseite, und die Verfolgung von gesamtwirtschaftlichen oder politischen Zielsetzungen, womit insbesondere die Erfüllung des öffentlichen Auftrages durch die Sparkassen gemeint ist.[291] Erfüllen kommunale Sparkassen die genannten Funktionen nicht, steht einer Privatisierung aus ordnungspolitischer Sicht grundsätzlich nichts im Wege. Beide Argumente sind jedoch nicht unabhängig voneinander zu sehen, denn Fehlfunktionen des kreditwirtschaftlichen Wettbewerbs können beispielsweise auch eine Verschlechterung der kreditwirtschaftlichen Versorgung der Bevölkerung zur Folge haben.

3.5.1.2 Kreditwirtschaftlicher Wettbewerb

In der Literatur existiert keine einheitliche, allgemein akzeptierte Wettbewerbsdefinition.[292] Vielmehr wird der Begriff „*Wettbewerb*" mit ganz unterschiedlichen Gegebenheiten belegt, die Prozeß-, Verhaltens- und Strukturelemente aufweisen. So zeigt Wettbewerb einerseits bestimmte Wirkungen und führt zu bestimmten Ergebnissen, zum Beispiel zur Anpassung des Angebotes an Veränderungen der Nachfrage, andererseits dokumentiert er sich in Prozeßabläufen sowie im Marktverhalten der Teilnehmer und kommt unter bestimmten Wettbewerbsvoraussetzungen, wie Marktzutrittsmöglichkeiten und Schutz vor Wettbewerbsbeschränkungen, zustande.[293]

---

[289] Vgl. *Weizsäcker*, Staatliche Regulierung, 1982, S. 326.

[290] Vgl. *Weizsäcker*, Staatliche Regulierung, 1982, S. 334; *Hedrich*, Privatisierung der Sparkasse, 1993, S. 111 f.

[291] Vgl. *Stern/Burmeister*, Kommunale Sparkassen, 1972, S. 43 u. S. 117; *Gröschel*, Wettbewerbspolitische Aspekte, 1992, S. 519; *Cox*, Kommunale Sparkassen, 1994, S. 245; *Purbach*, Privatisierung der Sparkassen, 1994, S. 27 f.; *Finzel/Thuy*, Privatisierung der Sparkassen, 1996, S. 243 f.

[292] Vgl. für viele andere *Aust*, Wettbewerb in der Bankwirtschaft, 1963, S. 32; *Griesel*, Bankenwettbewerb, 1978, S. 582 f. m. w. N.; *Büschgen*, Bankbetriebslehre, 1998, S. 172.

[293] Vgl. *Herdzina*, Wettbewerbspolitik, 1999, S. 10 f.

Ausgehend von den zentralen gesellschaftlichen Grundwerten Freiheit, Wohlstand und Gerechtigkeit lassen sich verschiedene Wettbewerbsfunktionen ableiten. Dazu werden gemeinhin die Freiheitsfunktion, die Innovationsfunktion, die Anpassungsfunktion sowie die Verteilungsfunktion gezählt.[294] Prinzipiell kann der Begriff Freiheit sowohl negativ, als möglicher Handlungsspielraum eines Marktteilnehmers im Sinne einer Abwesenheit von Zwang gegenüber anderen Marktteilnehmern oder dem Staat, als auch positiv, als Möglichkeit nach eigenem Willen ökonomisch zu handeln, definiert werden. Die *Freiheitsfunktion* des Wettbewerbs umfaßt die Sicherstellung von Freiheit im obigen Sinne, wobei die Freiheit als relative Freiheit zu interpretieren ist. Das heißt, daß nur die unangemessene Einschränkung des Handlungsspielraumes als Freiheitsbeschränkung angesehen wird. Eine absolute Handlungsfreiheit einzelner Wirtschaftssubjekte hätte die unerwünschte Reduktion des Freiheitsbereiches anderer Marktteilnehmer zur Folge. Die *Innovationsfunktion* bezieht sich auf die Durchsetzung des technischen Fortschritts, wobei der Wettbewerb diese Leistungen ohne staatliche Zwangsmittel erzeugen soll. Gemäß der *Anpassungsfunktion*[295] hat der Wettbewerb die Anpassung von Angebotsstruktur und Faktoreinsatz an Nachfrageänderungen zu gewährleisten, und entsprechend der *Verteilungsfunktion* soll die Einkommensverteilung nach der Marktleistung gesteuert und damit Ausbeutung aufgrund von Marktmacht verhindert werden. Wirkt der Wettbewerb in dem hier beschriebenen Sinne, wird er im allgemeinen als funktionsfähig bezeichnet.[296]

Die *Gültigkeit der Wettbewerbsprinzipien hinsichtlich der Kreditwirtschaft* wird in der Literatur mit dem Verweis auf die Besonderheiten von Kreditinstituten[297] in Frage gestellt. Sowohl die währungs- und kreditpolitische Bedeutung als auch die funktionellen Besonderheiten des Kreditwesens stehen dabei im Vordergrund.[298] In Anbetracht der gesamtwirtschaftlichen Bedeutsamkeit besteht ein starkes staatliches Interesse an der Stabilität der Kreditwirtschaft. Vertrauensverluste der Anleger aufgrund einzelner Bankzusammenbrüche können Ausfälle anderer Elemente des Bankensystems und

---

[294] Vgl. hierzu und zum folgenden ausführlich *HERDZINA*, Wettbewerbspolitik, 1999, S. 12-33; *TOLKSDORF*, Wettbewerb, 1994, S. 17-32.

[295] Die Anpassungsfunktion wird in Anlehnung an *KANTZENBACH*, Funktionsfähigkeit des Wettbewerbs, 1967, S. 15-19 häufig weiter in Produktionssteuerung, Anpassungsflexibilität und Angebotszusammensetzung unterteilt. Vgl. *MÖSCHEL*, Wirtschaftsrecht der Banken, 1972, S. 338.

[296] Vgl. *HERDZINA*, Wettbewerbspolitik, 1999, S. 35 f.; *KANTZENBACH*, Funktionsfähigkeit des Wettbewerbs, 1967. Geprägt wurde das Konzept des funktionsfähigen Wettbewerbs durch *CLARK*, Begriff eines funktionsfähigen Wettbewerbs, 1975.

[297] Vgl. zu den kreditwirtschaftlichen Besonderheiten auch Abschnitt 4.2.3.

[298] Vgl. dazu ausführlicher *SCHREIHAGE*, Wettbewerb, 1960, S. 15; *GÄFGEN*, Kreditwirtschaftlicher Wettbewerb, 1960, S. 167; *STARKE*, Wettbewerbslage, 1968, S. 439 f.; *GRIESEL*, Bankenwettbewerb, 1978, S. 595.

damit große gesamtwirtschaftliche Schäden zur Folge haben.[299] Aus diesem Grunde wird ein unbeschränkter kreditwirtschaftlicher Wettbewerb abgelehnt, der im Extremfall die Insolvenz einzelner Institute zur Folge haben könnte.[300] Der Staat kann jedoch nicht jeden Bankenzusammenbruch verhindern, wenn das Bankwesen nicht sozialisiert und die Institute für ihre Geschäftstätigkeit uneingeschränkt selbst verantwortlich bleiben sollen. Allerdings sollten wirtschaftliche Schwierigkeiten von Banken wegen der dargestellten Gefahren möglichst „geräuschlos" bereinigt werden.[301]

Auch im Bankensektor ist Konkurrenz die Voraussetzung sowohl für die Erfüllung der freiheitssichernden als auch der ökonomischen Wettbewerbsfunktionen.[302] Durch vorhandenen Konkurrenzdruck kann der Wettbewerb seine gesellschaftspolitische Freiheitsfunktion erfüllen, indem er verhindert, daß Kreditinstitute infolge ihres Einflusses durch Beteiligungen, Zusammenschlüsse etc. auf Dauer Vorteile erzielen und Konkurrenten behindern können. Bankenzusammenschlüsse haben vorrangig das Ziel, Marktmacht zu erzeugen, um die Funktionsfähigkeit des Wettbewerbs auszuschalten und Konkurrenten zu verdrängen. Je größer der Konkurrenzdruck auf dem Markt ist, um so geringer sind jedoch die Verdrängungschancen. Gleichzeitig kann eine begrenzte dauerhafte Marktmacht auch einen gewissen Schutz und Unabhängigkeit von den Zwängen des Wettbewerbs bewirken.[303] Ein funktionierender Wettbewerb zwischen den Kreditinstituten sorgt dafür, daß die Wirtschaftssubjekte optimal mit Krediten versorgt werden, also Kredite dahin gelangen, wo sie volkswirtschaftlich den größten Gewinn bringen, die Finanzierungspalette der Institute sich ständig erweitert sowie an die Kundenbedürfnisse angepaßt wird. Zusätzlich gewährleistet ein funktionsfähiger Wettbewerb leistungsgerechte Preise und Einkommen. Bezogen auf das Passivgeschäft lenkt der Wettbewerb die Einlagen ebenso in die volkswirtschaftlich optimale Verwendung, sorgt für eine marktgerechte Verzinsung, für eine flexible Ausrichtung der Anlagemöglichkeiten an den Bedürfnissen der Kunden und dafür, daß Innovationen einzelner rasch aufgeholt werden können. Die im Zusammenhang mit den Wettbewerbsfunktionen stehenden ökonomischen Wirkungen des Wettbewerbs werden auch im Bereich der übrigen Dienstleistungen von Kreditinstituten erlangt. So sorgt

---

299 Dieser Effekt wird auch als Dominoeffekt bezeichnet. Vgl. zu diesem und dazu synonym verwandten Begriffen ausführlicher *KÖRNERT*, Dominoeffekte, 1998, S. 73 m. w. N.; *SÜCHTING/PAUL*, Bankmanagement, 1998, S. 455 f.; *KÖRNERT*, Theorien über Dominoeffekte, 2000; *HARTMANN-WENDELS/PFINGSTEN/WEBER*, Bankbetriebslehre, 2004, S. 363 f.

300 Vgl. *GRIESEL*, Bankenwettbewerb, 1978, S. 595.

301 Vgl. *SCHREIHAGE*, Wettbewerb, 1960, S. 15.

302 Vgl. dazu und zum folgenden *MÖSCHEL*, Wirtschaftsrecht der Banken, 1972, S. 363-372; *AUST*, Wettbewerb in der Bankwirtschaft, 1963, S. 282-284, der den Wettbewerb im Kreditwesen nicht als Sonderfall ansieht.

303 Vgl. *MÖSCHEL*, Wirtschaftsrecht der Banken, 1972, S. 364.

der Konkurrenzdruck beispielsweise auch dafür, daß die Gironetze leistungsfähiger werden und die Preise für Zahlungsverkehrsleistungen nicht überhöht sind.

Obwohl die allgemeinen Wettbewerbsprinzipien demnach grundsätzlich auch im Kreditwesen gelten, wird den kreditwirtschaftlichen Besonderheiten durch *spezielle Sonderregelungen* im Gesetz gegen Wettbewerbsbeschränkungen (GWB) Rechnung getragen. Vor der sechsten GWB-Novelle war der alte § 102 GWB im fünften Teil des GWB „Anwendungsbereich des Gesetzes" mit der Begründung enthalten, daß der besondere Vertrauensschutz sowie die Bedeutung für die staatliche Währungs-, Kredit- und Konjunkturpolitik „eine volle Anwendung des marktwirtschaftlichen Ausleseprinzipes"[304] ausschließen. Der aktuelle § 29 GWB wurde in den fünften Abschnitt des ersten Teils „Sonderregeln für bestimmte Wirtschaftsbereiche" eingefügt, so daß Kreditinstitute und Versicherungsunternehmen gesetzessystematisch nicht mehr vom Anwendungsbereich des GWB ausgenommen sind und ihre Freistellungsvorschriften an allgemeine Freistellungen angepaßt wurden.[305] Insofern hat auch die Diskussion über die sachliche Rechtfertigung einer Sonderstellung von Banken im Kartellrecht an Bedeutung verloren.[306] Neben den speziellen Freistellungsregelungen im Wettbewerbsrecht wird die Stabilität des Bankensystems durch besondere gesetzliche Bestimmungen und die Bankenaufsicht gesichert. Zusätzlich werden die Geschäftsmöglichkeiten der Kreditinstitute auch durch geldpolitische Maßnahmen der Notenbank eingeschränkt. Grundsätzlich betreffen diese Regelungen und Maßnahmen aber alle Kreditinstitute und verfälschen somit nicht den Wettbewerb der Kreditinstitute untereinander.

Von einer Untersuchung der Wettbewerbsintensität auf dem deutschen Bankenmarkt soll im folgenden abgesehen werden, da eine solche Bewertung aufgrund fehlender geeigneter Indikatoren für Konzentration[307] sowie der Schwierigkeiten in bezug auf eine Abgrenzung der einzelnen Marktsegmente problematisch erscheint.[308] Vielmehr

---

[304] *MÖSCHEL*, § 29, 2001, S. 1148.

[305] Vgl. zu den Kreditinstitute betreffenden Freistellungen *MÖSCHEL*, § 29, 2001, S. 1156-1159. Vgl. zur historischen Entwicklung der Sonderregeln des jetzigen § 29 GWB *MÖSCHEL*, § 29, 2001, S. 1147-1153.

[306] Vgl. *MÖSCHEL*, § 29, 2001, S. 1151 m. w. N.

[307] Gemessen wird der Konzentrationsgrad beispielsweise indem die Quotienten aus der Bilanzsumme einer einzelnen Geschäftsbank und der Bilanzsumme des gesamten nationalen Bankensektors über die fünf oder zehn größten Geschäftsbanken summiert werden oder anhand des Herfindahl-Hirschmann-Indexes, d. h. als Summe der quadrierten Marktanteile jeder Bank. Vgl. *DEUTSCHES INSTITUT FÜR WIRTSCHAFTSFORSCHUNG*, Entwicklungsperspektiven des Bankensektors, 2004, S. 31 f. Vgl. zur Kritik an diesen Indikatoren auch *SACHVERSTÄNDIGENRAT ZUR BEGUTACHTUNG DER GESAMTWIRTSCHAFTLICHEN ENTWICKLUNG*, Jahresgutachten, 2004, S. 372.

[308] Vgl. *BÜSCHGEN*, Bankbetriebslehre, 1998, S. 173 f.

steht die Frage im Vordergrund, ob der Wettbewerb zwischen den Kreditinstituten tatsächlich durch Sparkassen intensiver ist, als er es ohne deren Existenz wäre, also die Existenz dieser öffentlichen Unternehmen die Marktergebnisse verbessert, oder ob öffentlich-rechtliche Sparkassen eventuell sogar Wettbewerbseinschränkungen herbeiführen.

Im Mittelpunkt der Diskussion über den Bankenwettbewerb stehen weniger Konditionen, Beratungsqualität und Kundenfreundlichkeit oder die Konkurrenz der einzelnen Institute vor Ort als vielmehr die drei Sektoren der deutschen Kreditwirtschaft: die Kreditbanken, die Genossenschaftsbanken und die Sparkassen.[309] Es wird im allgemeinen von einem *Gruppenwettbewerb*[310] gesprochen, der auf der Konkurrenz der einzelnen Bankengruppen mit ihren unterschiedlichen Zielsetzungen basiert. Während das vorrangige Ziel der Kreditbanken Gewinnmaximierung ist, fördern Genossenschaftsbanken die Interessen ihrer Mitglieder und dienen Sparkassen der Gemeinnützigkeit. Aufgrund dieser verschiedenen Schwerpunkte soll „ein gleichgerichtetes Verhalten verhindert und somit der Wettbewerb aufrechterhalten"[311] werden. Gewinnerzielung ist jedoch auch in Genossenschaftsbanken und Sparkassen insbesondere aufgrund der Eigenmittelanforderungen unabdingbarer Bestandteil des Zielsystems.[312] Ebenso wie die Ziele gleicht sich auch die Geschäftspolitik der drei Sektoren immer mehr an.[313] So gilt in den Sparkassengesetzen einzelner Bundesländern beispielsweise das Enumerationsprinzip in bezug auf die Sparkassengeschäfte nicht mehr.[314] Be-

---

309 Vgl. *KARL-BRÄUER-INSTITUT*, Privatisierung, 1994, S. 87; *KLEIN*, Privatisierung der Sparkassen, 2003, S. 111.

310 Vgl. *SEIFERT*, Regulierung, 1984, S. 143; *GRÖSCHEL*, Wettbewerbspolitische Aspekte, 1992, S. 519 u. S. 522; *FISCHER*, Sparkassenstruktur, 1992, S. 567; *GESELLSCHAFT FÜR ÖFFENTLICHE WIRTSCHAFT*, Privatisierungsdiskussion, 1998, S. 18. Vgl. kritisch zum Begriff des „Gruppenwettbewerbs" *COX*, Kommunale Sparkassen, 1994, S. 252.

311 *KARL-BRÄUER-INSTITUT*, Privatisierung, 1994, S. 70.

312 Vgl. zum Zielsystem der Sparkassen Abschnitt 2.3.

313 Vgl. *BÜSCHGEN*, Bankbetriebslehre, 1998, S. 175 u. S. 177 f.; *SEIFERT*, Regulierung, 1984, S. 165. Vgl. dazu auch BVerfG-Urteil vom 15.6.1983, BVerfGE 64, 229, 242, S. 240 f.; *BUNDESTAGS-DRUCKSACHE V/3500*, Untersuchung der Wettbewerbsverschiebungen, 1968, S. 40.

314 Die Sparkassen dürfen in Baden-Württemberg, in Bremen, in Niedersachsen in Nordrhein-Westfalen, in Rheinland-Pfalz und im Saarland, soweit das jeweilige Sparkassengesetz, die dazu erlassenen Rechtsverordnungen oder die Satzungen keine Einschränkungen vorsehen, alle bankführlichen Geschäfte betreiben. Vgl. § 6 Abs. 2 SpkG BW; § 3 Abs. 3 SpkG HB; § 4 Abs. 3 SpkG NI; § 4 Abs. 1 SpkG NRW; § 2 Abs. 5 SpkG RP; § 3 Abs. 1 SpkG SL. In Brandenburg, Mecklenburg-Vorpommern, Sachsen, Sachsen-Anhalt und Thüringen dürfen die Sparkassen dagegen ausschließlich die in der entsprechenden Rechtsverordnung vorgesehenen Geschäfte betreiben. Vgl. § 2 Abs. 2 SpkG BB; § 2 Abs. 2 SpkG MV; § 2 Abs. 2 SpkG SN; § 2 Abs. 2 SpkG ST; § 2 Abs. 2 SpkG TH. Keine Aussagen zum Umfang der Sparkassengeschäfte oder zu Geschäftsbeschränkungen enthalten die Sparkassengesetze von Bayern, Hessen und Schleswig-Holstein.

stimmte Geschäftsbeschränkungen enthalten die Sparkassenverordnungen jedoch auch weiterhin, beispielsweise hinsichtlich des Erwerbs von Beteiligungen, des Wertpapier- und Devisengeschäfts sowie in bezug auf Höchstkreditgrenzen. Die Angleichung der Ziele und der Geschäftspolitik der einzelnen Sektoren sind auch die Ursache dafür, daß sich die Konditionen der Universalbanken nicht wesentlich unterscheiden. Insofern wird der Wettbewerb auch nicht dadurch korrigiert, daß Sparkassen angeblich günstigere Konditionen bieten.[315]

Abgesehen von der unscharfen Einordnung in die drei Sektoren durch die Kriterien Zielsetzung und Geschäftspolitik stellt auch die Konkurrenz der privaten Kreditbanken untereinander die Einteilung der Kreditinstitutsgruppen aus Wettbewerbssicht in Frage. Im Unterschied zum Sparkassensektor, in welchem es aufgrund des Regionalprinzips,[316] und dem Genossenschaftssektor, in dem es aufgrund der regionalen Gebundenheit[317] kaum Konkurrenz gibt, sind die Kreditbanken keine geschlossene Gruppe und konkurrieren auch untereinander.[318] Die offensichtliche grundsätzliche Wettbewerbsminderung durch das Regionalprinzip wurde bislang damit begründet, daß ein Wettbewerb zwischen Trägern, die denselben öffentlichen Auftrag haben, dem Gemeinwohl schadet und zu einer Inanspruchnahme aus der Gewährträgerhaftung oder Anstaltslast führen kann.[319] Aber auch die Sparkassen und Genossenschaftsbanken können sich in Ausnahmefällen trotz des für Sparkassen geltenden Regionalprinzips und der getrennten Geschäftsgebiete der Genossenschaftsbanken als Wettbewerber gegenüber stehen.[320] Das Regionalprinzip beschränkt die Tätigkeit der Sparkassen nicht vollständig auf ihr Geschäftsgebiet. So ist in einzelnen Sparkassengesetzen ausnahmsweise auch die Errichtung von Zweigstellen außerhalb des jeweiligen Geschäftsgebietes sowie unter bestimmten Voraussetzungen die Vergabe von Krediten an Kreditnehmer mit Sitz außerhalb des Geschäftsgebietes möglich.[321] Auch Genossenschaftsbanken sind, trotz der Konzentration der Geschäftsbeziehungen auf den durch

---

[315] Vgl. *Karl-Bräuer-Institut*, Privatisierung, 1994, S. 73-76.

[316] Vgl. dazu Abschnitt 2.2.

[317] Vgl. *Reicherter*, Fusionsentscheidung, 2000, S. 11 f.; *Hahn*, Banktypologie, 1981, S. 462; *Gröschel*, Wettbewerbspolitische Aspekte, 1992, S. 522.

[318] Vgl. *Karl-Bräuer-Institut*, Privatisierung, 1994, S. 88.

[319] Vgl. *Schlierbach*, Sparkassenrecht, 2003, S. 134.

[320] Vgl. dazu ausführlich *Stern/Nierhaus*, Regionalprinzip, 1991, S. 72-136. Vgl. dazu auch *Nierhaus/Stern*, Regionalprinzip und Sparkassenhoheit, 1992, S. 17-21; *Klein*, Privatisierung der Sparkassen, 2003, S. 112.

[321] Vgl. § 2 Abs. 1 Nr. 3 i. V. m. § 2 Abs. 2 SpkG BW; § 5 Abs. 1 SpkG BB; § 1 Abs. 3 SpkG HE; § 5 Abs. 1 SpkG MV; § 4 Abs. 2 SpkG NI; § 1 Abs. 2 SpkG NRW; § 1 Abs. 3 SpkG RP; § 1 Abs. 3 SpkG SL; § 5 Abs. 2 SpkG SN; § 5 Abs. 1 SpkG ST.

den Sitz und die Zweigstellen bestimmten Geschäftsbereich, vernünftige Geschäftsbeziehungen über diesen Bereich hinaus erlaubt, zum Beispiel mit Einheimischen, die in einen anderen Ort ziehen oder Bewohner angrenzender Gebiete.[322] Zusätzlich können auch Konkurrenzbeziehungen zwischen Universalkreditinstituten und Spezialbanken bestehen, die bei einer reinen Betrachtung des Gruppenwettbewerbs nicht berücksichtigt werden.[323] Insofern sind wettbewerbspolitische Folgerungen aus dem Konzept des Gruppenwettbewerbs kritisch zu betrachten.[324] Dennoch ist bei Sparkassen und Genossenschaftsbanken eine gruppeneinheitliche Marktpolitik, zum Beispiel in Form von zentralen Werbemaßnahmen, zu beobachten, welche die gruppenangehörigen Institute als einen Wettbewerber am Markt erscheinen lassen.[325]

Bisher standen insbesondere *Wettbewerbsverzerrungen* des Bankenmarktes aufgrund der staatlichen Haftungsgarantien Gewährträgerhaftung und Anstaltslast vor allem durch die Landesbanken, aber auch durch öffentlich-rechtliche Sparkassen im Blickpunkt. Diese haben jedoch mit der Abschaffung der Gewährträgerhaftung und der Modifizierung der Anstaltslast an Bedeutung verloren.[326] Ebenso wurden seit dem Jahr 1967 nach und nach die Steuerprivilegien der öffentlichen Kreditinstitute abgebaut, so daß die Sparkassen heute steuerlich grundsätzlich nicht anders behandelt werden als andere Kreditinstitute.[327] Eine Unterstützung des Gruppenwettbewerbs durch den Staat wird von Privatisierungsbefürwortern weiterhin auch deshalb in Frage gestellt, weil er durch die fehlende Übernahmemöglichkeit der Sparkassen zu einer Sperrung des Marktzugangs vor allem für ausländische Konkurrenten und zur Behinderung von Außenseitern führen soll.[328] Dem läßt sich entgegenhalten, daß eine private Rechtsform

---

[322] Vgl. *Bundesverband der Deutschen Volksbanken und Raiffeisenbanken*, Sicherungseinrichtung, 2004, S. 34.

[323] Vgl. *Karl-Bräuer-Institut*, Privatisierung, 1994, S. 89.

[324] Vgl. zum gleichen Ergebnis kommend *Karl-Bräuer-Institut*, Privatisierung, 1994, S. 90; *Möschel*, Privatisierung der Sparkassen, 1993, S. 98; *Klein*, Privatisierung der Sparkassen, 2003, S. 112; *Seifert*, Regulierung, 1984, S. 149-157. Anderer Meinung sind *Cox*, Kommunale Sparkassen, 1994, S. 262; *Gesellschaft für öffentliche Wirtschaft*, Privatisierungsdiskussion, 1998, S. 29.

[325] Vgl. *Büschgen*, Bankbetriebslehre, 1998, S. 174 f.

[326] Vgl. dazu auch Abschnitt 2.4. Durch Anstaltslast und Gewährträgerhaftung begründende Wettbewerbsverzerrungen wurden vor allem in günstigeren Refinanzierungskosten und im Schutz auch nicht im Zusammenhang mit dem öffentlichen Auftrag stehenden Geschäftsbereichen der Sparkassen gesehen. Vgl. dazu *Monopolkommission*, Funktionsfähiges Finanzsystem, 1998, S. 91; *Klein*, Privatisierung der Sparkassen, 2003, S. 124-127.

[327] Vgl. *Babo*, Steuerprivilegien, 1991, S. 14-19; *Schlierbach*, Sparkassenrecht, 2003, S. 275. Vgl. dazu auch Abschnitt 3.5.2.4.

[328] Vgl. *Möschel*, Privatisierung der Sparkassen, 1993, S. 98; *Karl-Bräuer-Institut*, Privatisierung, 1994, S. 90 m. w. N.

lediglich eine notwendige, aber keine hinreichende Bedingung für Übernahmen ist. Die Zurückhaltung ausländischer Banken, sich in Deutschland zu engagieren, hat ihre Ursachen eher in den verhältnismäßig niedrigen Renditen, die wiederum auf einen starken Wettbewerb und hohe Steuerbelastungen zurückzuführen sind.[329] Sparkassen beeinträchtigen demnach trotz der durch das Regionalprinzip eingeschränkten Niederlassungsfreiheit der öffentlich-rechtlichen Sparkassen den Markteintritt potentieller, insbesondere auch ausländischer, Konkurrenten nicht.[330] Allerdings besteht aufgrund des Regionalprinzips eine auf das Geschäftsgebiet des Trägers beschränkte Kreditvergabe, die in Verbindung mit dem öffentlichen Auftrag zur Folge haben kann, daß das Geld nicht zu jenen Projekten geleitet wird, die volkswirtschaftlich die höchste Grenzrendite aufweisen, sondern in solche investiert wird, die regional die höchste Rendite versprechen oder einfach politisch erwünscht sind. Dies kann jedoch lediglich auf die Effizienz der Sparkassen selbst negativ wirken. Unerwünschte Wettbewerbsverzerrungen durch die Existenz der öffentlichen Sparkassen lassen sich demnach nicht allgemeingültig nachweisen, und deshalb können mit Wettbewerbsbeeinträchtigungen des Bankenmarktes auch keine Privatisierungsforderungen begründet werden.

Fraglich ist ferner auch, ob die Existenz der vielen kleinen Sparkassen zu einer ausreichend großen Anzahl an Anbietern führt und insofern schädliche Konzentration und Marktmacht verhindert, also *wettbewerbssichernd* wirken.[331] Im Umkehrschluß würde dies bedeuten, daß eine Privatisierung der Sparkassen zu einer stärkeren Konzentration und gleichzeitig zu weniger Wettbewerb führen würde. Um übermäßige Konzentration zu verhindern, sind nach § 39 GWB Zusammenschlüsse vor dem Vollzug dem Bundeskartellamt anzuzeigen. Das Bundeskartellamt hat einen Zusammenschluß zu untersagen, wenn „zu erwarten ist, daß er eine marktbeherrschende Stellung begründet oder verstärkt"[332], es sei denn, „daß durch den Zusammenschluß auch Verbesserungen der Wettbewerbsbedingungen eintreten und daß diese Verbesserungen die Nachteile der Marktbeherrschung überwiegen"[333]. Als Zusammenschluß im Sinne des GWB gilt da-

---

[329] Vgl. *Steiner*, Bankenmarkt, 1994, S. 109-112; *Schindler/Neuberger*, Öffentlicher Auftrag, 2000, S. 17 f.; *Klein*, Privatisierung der Sparkassen, 2003, S. 120 f.

[330] Vgl. Gesellschaft für öffentliche Wirtschaft, Privatisierungsdiskussion, 1998, S. 19 f.; Steiner, Bankenmarkt, 1994, S. 112 f.; Cox, Kommunale Sparkassen, 1994, S. 255. Das deutsche Regionalprinzip verstößt nicht gegen die Niederlassungsfreiheit des Art. 43 EGV und Art. 18 Abs. 1 der Zweiten Richtlinie 89/646/EWG des Rates vom 15.12.1989 zur Koordinierung der Rechts- und Verwaltungsvorschriften über die Aufnahme und Ausübung der Tätigkeit der Kreditinstitute und zur Änderung der Richtlinie 77/780/EWG, in: Amtsblatt der Europäischen Gemeinschaften Nr. 386 vom 30.12.1989, S. 1. Vgl. dazu Nierhaus/Stern, Regionalprinzip und Sparkassenhoheit, 1992, S. 250.

[331] Vgl. *Karl-Bräuer-Institut*, Privatisierung, 1994, S. 76.

[332] § 36 Abs. 1 GWB.

[333] § 36 Abs. 1 GWB.

bei nicht nur der Erwerb eines ganzen Unternehmens, sondern zum Beispiel bereits der „Erwerb von Anteilen an einem anderen Unternehmen, wenn die Anteile allein oder zusammen mit sonstigen, dem Unternehmen bereits gehörenden Anteilen ... 25 vom Hundert des Kapitals oder der Stimmrechte des anderen Unternehmens erreichen“[334].

Ein möglicher Aufkauf der Sparkassen durch private Großbanken könnte infolge von Zusammenschlüssen zu einem Anstieg der Konzentration im Bankenmarkt führen. Zweigstellen, vor allem in strukturschwachen Regionen, könnten geschlossen und die Finanzierung des Mittelstandes vor Ort als Bestandteil des öffentlichen Auftrages gefährdet werden. Daß der Zusammenschluß von privatisierten Sparkassen untereinander sowie mit privaten Kreditbanken oder der Erwerb von Sparkassenanteilen zu einer marktbeherrschenden Stellung und damit zu einer Untersagung durch das Bundeskartellamt führt, erwarten aber selbst die Privatisierungsgegner nicht.[335] Insbesondere ist eine wettbewerbsverzerrende Wirkung durch eine rein formale Privatisierung einer Sparkasse nicht zu erwarten, da die Anteile nicht in den Besitz privater Kreditinstitute gelangen und damit eine stärkere Konzentration infolge von Zusammenschlüssen zwischen Sparkassen und privaten Kreditinstituten zunächst ausgeschlossen ist. Die Vereinbarung einer Mehrheitsbeteiligung der Kommune nach einer materiellen Privatisierung könnte die Übernahme der Sparkasse durch private Kreditinstitute und damit eventuelle verbundene Zusammenschlüsse sowie einen Anstieg der Konzentration im Bankensektor ebenso vermeiden.

Eine übermäßige Konzentration im Zusammenhang mit der Privatisierung von Sparkassen wäre insbesondere auch dann nicht zu erwarten, wenn der Anteilserwerb breit gestreut wird. Eine große Anzahl von privaten Erwerbern sowie eine Vielzahl von privaten Banken, die Anteile an privatisierten Sparkassen kaufen, könnten zu einer breiten Streuung der Anteile beitragen.[336] Außerdem ziehen Konzentrationsprozesse nicht zwangsläufig Wettbewerbsverminderungen nach sich, da infolge von Fusionen im allgemeinen auch leistungs- und wettbewerbsfähigere Unternehmen entstehen.[337] Ein Aufkauf der Sparkassen durch Großbanken als Folge einer schrankenlosen Privatisie-

---

334 § 37 Abs. 1 Nr. 3 GWB.

335 Vgl. *Karl-Bräuer-Institut*, Privatisierung, 1994, S. 78; *Fischer*, Sparkassenstruktur, 1992, S. 570. Vgl. dazu anderer Meinung *Steiner*, Bankenmarkt, 1994, S. 108.

336 Vgl. *Karl-Bräuer-Institut*, Privatisierung, 1994, S. 79-82. Anderer Meinung sind beispielsweise *Fischer*, Sparkassenstruktur, 1992, S. 571; *Gesellschaft für öffentliche Wirtschaft*, Monopolkommission, 1993, S. 78.

337 Vgl. *Möschel*, Privatisierung von Sparkassen, 1993, S. 98; *Büschgen*, Bankbetriebslehre, 1998 S. 179 f.; *Karl-Bräuer-Institut*, Privatisierung, 1994, S. 82 f.; *Klein*, Privatisierung der Sparkassen, 2003, S. 113; *Griesel*, Bankenwettbewerb, 1978, S. 590 f. m. w. N. Vgl. zum Begriff der Konzentration *Kottmann*, Bewertung der Konzentration, 1974, S. 20-32.

rung könnte hingegen einen unerwünschten Konzentrationsanstieg und Wettbewerbseinschränkungen verursachen, welche die kreditwirtschaftliche Versorgung verschlechtern.[338] Fraglich ist in diesem Zusammenhang jedoch, ob anstelle der deutschen Großbanken nicht überwiegend andere Finanzdienstleistungsunternehmen oder ausländische Kreditinstitute öffentliche Sparkassen erwerben würden,[339] wobei sich die Anzahl der Zweigstellen vor allem in ländlichen, strukturschwachen Regionen voraussichtlich in allen genannten Fällen verringert.[340] In der Folge ist zumindest in ländlichen Gebieten eine monopolartige Stellung von Genossenschaftsbanken denkbar.[341] Abgesehen von eventuellen Konzentrationstendenzen entstände durch die Privatisierung zunächst eine Vielzahl privater Institute, so daß die damit verbundene Aufhebung des Sparkassenverbundes auch eine stärkere Konkurrenz dieser Institute untereinander erwarten läßt, die zur Zeit durch das Regionalprinzip eingeschränkt wird.[342] Gleichzeitig sind jedoch die Sparkassen im Verbund leistungs- und konkurrenzfähiger und insofern wären durch die Privatisierung wiederum Wettbewerbsverschlechterungen denkbar.

Obwohl die Sparkassen einen wirksamen Wettbewerb durchaus fördern können,[343] läßt sich ihre Existenz nicht mit einer wettbewerbssichernden Funktion begründen.[344] Die Sicherung eines funktionsfähigen Wettbewerbs ist vielmehr Aufgabe des Wettbewerbsrechts.[345] Der Bestand der Sparkassen ließe sich folglich nur noch durch die Erfüllung des im Gesetz festgelegten öffentlichen Auftrages erklären.

---

338 Vgl. *Karl-Bräuer-Institut*, Privatisierung, 1994, S. 79; *Steiner*, Bankenmarkt, 1994, S. 116-118; *Gesellschaft für öffentliche Wirtschaft*, Privatisierungsdiskussion, 1998, S. 29; *Cox*, Kommunale Sparkassen, 1994, S. 249 u. S. 260; *Klein*, Privatisierung der Sparkassen, 2003, S. 115; *Gröschel*, Wettbewerbspolitische Aspekte, 1992, S. 526.

339 Vgl. *Steiner*, Bankenmarkt, 1994, S. 112-116.

340 Vgl. *Gröschel*, Wettbewerbspolitische Aspekte, 1992, S. 523-525; *Steiner*, Bankenmarkt, 1994, S. 123 f.; *Gesellschaft für öffentliche Wirtschaft*, Privatisierungsdiskussion, 1998, S. 29.

341 Vgl. *Gröschel*, Wettbewerbspolitische Aspekte, 1992, S. 525.

342 Vgl. *Gröschel*, Wettbewerbspolitische Aspekte, 1992, S. 523; *Steiner*, Bankenmarkt, 1994, S. 37; *Karl-Bräuer-Institut*, Privatisierung, 1994, S. 89 f.

343 Vgl. *Steiner*, Bankenmarkt, 1994, S. 136.

344 Vgl. *Klein*, Privatisierung der Sparkassen, 2003, S. 116.

345 Vgl. *Hedrich*, Privatisierung der Sparkassen, 1993, S. 239.

3.5.1.3 Öffentlicher Auftrag

In den einzelnen Sparkassengesetzen der Bundesländer ist die Erfüllung eines öffentlichen Auftrages durch die öffentlich-rechtlichen Sparkassen vorgeschrieben.[346] Wie viele juristische und politische Begriffe läßt auch der Begriff des *„öffentlichen Auftrags“* Ermessensspielraum, und seine Interpretation muß die aktuelle gesellschaftliche Situation berücksichtigen.[347] Die konkrete Ausgestaltung dieser politischen Zielvorgabe bleibt zwar weitgehend den jeweiligen Trägern und ihren Sparkassen in der geschäftspolitischen Umsetzung selbst überlassen, im allgemeinen werden aber unter dem öffentlichen Auftrag der Sparkassen folgende Funktionen zusammengefaßt:[348]

- die Gewährleistungsfunktion
- die Förderfunktion
- die Hausbankfunktion
- die Struktursicherungsfunktion
- die Wettbewerbssicherungsfunktion.

Fraglich ist nun, ob die mit den einzelnen Funktionen verbunden Inhalte des öffentlichen Auftrages heute noch existent sind, das heißt, ob sich die Sparkassen tatsächlich durch gemeinnützige Leistungen von privaten Kreditinstituten unterscheiden und sich so die Existenz der öffentlich-rechtlichen Sparkassen begründen läßt. Die Auffassungen zu dieser Frage sind sehr unterschiedlich und wohl zumindest in Teilen auch stark politisch bis ideologisch geprägt. Während beispielsweise die Monopolkommission, der Bundesverband deutscher Banken und der Bund der Steuerzahler die Auffassung vertreten, daß der öffentliche Auftrag überholt ist,[349] sind besonders Vertreter des

---

346 Vgl. § 6 Abs. 1 SpkG BW; Art. 2 Abs. 1 SpkG BY; § 2 Abs. 1 SpkG BB; § 3 Abs. 1 u. Abs. 2 SpkG HB; § 2 SpkG HE; § 2 Abs. 1 SpkG MV; § 4 Abs. 1 SpkG NI; § 3 Abs. 1 u. Abs. 2 SpkG NRW; § 2 Abs. 1 u. Abs. 2 SpkG RP; § 2 Abs. 1 u. Abs. 2 SpkG SL; § 2 Abs. 1 SpkG SN; § 2 Abs. 1 SpkG ST; § 2 SpkG SH; § 2 Abs. 1 SpkG TH.

347 Vgl. *Rehm*, Öffentlich-rechtliche Sparkassen, 1993, S. 134 f.

348 Vgl. *Dehe*, Öffentlicher Auftrag, 1982, S. 213-216; *Hedrich*, Privatisierung der Sparkassen, 1993, S. 39; *Purbach*, Privatisierung der Sparkassen, 1994, S. 201; *Brümmerhoff/Lehmann*, Öffentlich-rechtliche Sparkassen, 2000, S. 133 f.; *Klein*, Privatisierung der Sparkassen, 2003, S. 44 f. Vgl. dazu auch *Schindler/Neuberger*, Öffentlicher Auftrag, 2000, S. 15-30, die zusätzlich eine Pionierfunktion anführen.

349 Vgl. *Monopolkommission*, Funktionsfähiges Finanzsystem, 1998, S. 91; *Monopolkommission*, Wettbewerbspolitik, 2000, S. 80; *Möschel*, Privatisierung der Sparkassen, 1993, S. 95-98; *Karl-Bräuer-Institut*, Privatisierung, 1994, S. 154; *Nürk*, Privatisierung von Sparkassen, 1995, S. 20-24; *Weber*, Öffentlicher Auftrag, 2004, S. 9 f.; *Blankenburg*, Sparkassenprivatisierung, 2004, S. 391 f.

Sparkassensektors der Meinung, daß die Sparkassen auch heute noch einen öffentlichen Auftrag erfüllen.[350]

Die sogenannte *Wettbewerbssicherungsfunktion* wird erst in den letzten Jahren als Teilfunktion des öffentlichen Auftrags gesehen.[351] Im vorherigen Abschnitt wurde bereits dargelegt, daß sich durch eine Wettbewerbssicherungsfunktion die Existenz der öffentlichen Sparkassen nicht begründen läßt.

Die *Gewährleistungsfunktion* der Sparkassen soll eine flächendeckende Versorgung aller Bevölkerungsschichten mit Bankdienstleistungen sicherstellen.[352] Sie unterstellt, daß private Kreditinstitute allein eine Grundversorgung der Bevölkerung mit Finanzdienstleistungen, wie beispielsweise dem Girokonto, Anlageprodukten oder Krediten, nicht gewährleisten. Auch wenn die hohe Bankstellendichte in Deutschland keine Aussagen über die flächenmäßige Verteilung und den Umfang der in den einzelnen Zweigstellen angebotenen Bankdienstleistungen zuläßt, zeigt sie doch, insbesondere auch im Zusammenhang mit einer steigenden Mobilität der Bevölkerung, daß vor allem in bezug auf das Passivgeschäft ausreichend Angebote vorhanden sind.[353] Es ist zu bezweifeln, daß durch eine Privatisierung von Sparkassen, also ohne die Existenz öffentlich-rechtlicher Sparkassen, diese kreditwirtschaftliche Versorgung nicht mehr aufrechterhalten wird,[354] denn im allgemeinen bieten alle deutschen Universalbanken die gesamte Palette der Bankdienstleistungen an.[355] Das Sparkassenrecht schreibt den Sparkassen zwar in einigen Bundesländern einen Kontrahierungszwang vor, was bedeutet, daß sie verpflichtet sind, an sie herangetragene Geschäfte abzuschließen. Insbesondere bezieht sich dies auf die Verpflichtung ein Girokonto einzurichten sowie Spareinlagen entgegenzunehmen. Allerdings wird dabei auch den Sparkassen eine

---

[350] Vgl. *BUNDESTAGSDRUCKSACHE V/3500*, Untersuchung der Wettbewerbsverschiebungen, 1968, S. 44; *NIERHAUS*, Wettbewerbsfunktion, 1985, S. 12; *SCHMIDHUBER*, Öffentlicher Auftrag, 1993, S. 348; *REHM*, Öffentlich-rechtliche Sparkassen, 1993, S. 134-136; *GESELLSCHAFT FÜR ÖFFENTLICHE WIRTSCHAFT*, Privatisierungsdiskussion, 1998, S. 28.

[351] Vgl. *SCHINDLER/NEUBERGER*, Öffentlicher Auftrag, 2000, S. 15-18. Diese Zuordnung der Wettbewerbspolitische Instrumentalfunktion zum öffentlichen Auftrag wird in der Literatur auch in Frage gestellt. Vgl. dazu *COX*, Kommunale Sparkassen, 1994, S. 264.

[352] Vgl. *DEHE*, Öffentlicher Auftrag, 1982, S. 214.

[353] Vgl. *MÖSCHEL*, Privatisierung der Sparkassen, 1993, S. 96 f.

[354] Vgl. *KARL-BRÄUER-INSTITUT*, Privatisierung, 1994, S. 65-68.

[355] Vgl. BVerfG-Urteil vom 15.6.1983, BVerfGE 64, 229, 242, S. 239 f.; BVerfG-Urteil vom 14.4.1987, BVerfGE 75, 192, 201, S. 199. Vgl. in bezug auf das Passivgeschäft *KARL-BRÄUER-INSTITUT*, Privatisierung, 1994, S. 25-29.

Zumutbarkeitsgrenze eingeräumt.[356] Der Zentrale Kreditausschuß als Interessenvertretung der kreditwirtschaftlichen Spitzenverbände (Bundesverband der Deutschen Volksbanken und Raiffeisenbanken e. V., Bundesverband deutscher Banken e. V., Bundesverband Öffentlicher Banken Deutschlands e. V., Deutscher Sparkassen- und Giroverband e. V. und Verband deutscher Hypothekenbanken e. V.) empfiehlt, daß alle Kreditinstitute, die Girokonten führen, den Bürgern in ihrem Geschäftsgebiet auf Wunsch ein Girokonto auf Guthabenbasis bereitstellen. Diese freiwillige Selbstverpflichtung der Kreditwirtschaft wird nach Auffassung der Bundesregierung zunehmend umgesetzt,[357] so daß auch in diesem Punkt eine Gewährleistungsfunktion durch die Sparkassen nicht mehr notwendig ist.

Fraglich ist aber, ob die Versorgung der Bevölkerung und insbesondere des Mittelstandes mit Krediten genauso gut allein durch private Banken gesichert werden kann. Einen Hinweis auf die Kreditvergabe der unterschiedlichen Bankengruppen an kleinere und mittlere Unternehmen könnte der Bestand der Kredite an das Handwerk geben.[358] Ende des Jahres 2004 betrug der Kreditbestand an das Handwerk insgesamt bezogen auf alle Bankengruppen bei 61,72 Mrd. €. Auf die Sparkassen entfielen davon 38,84 Mrd. €, auf die privaten Kreditbanken hingegen nur 5,74 Mrd. €.[359] Der Marktanteil der Sparkassen liegt also mit 62,9 % wesentlich über dem der Kreditbanken mit 9,3 %. Diese Zahlen sagen zwar nichts über die Entwicklung des tatsächlichen Kreditneugeschäft im Jahr 2004 aus, da es sich lediglich um Bestandsgrößen handelt, und sie lassen auch keine Rückschlüsse auf die Kreditvergabe an den gesamten Mittelstand zu. Dennoch zeigen sie, daß sich die Sparkassen in der Vergangenheit insgesamt wesentlich stärker im Kreditgeschäft mit dem Handwerk engagiert haben als die privaten Kreditbanken. Ob sich die Sparkassen auch nach einer Privatisierung weiterhin auf solche Kundengruppen konzentrieren, ist abhängig von der Privatisierungsform und der damit verbundenen zukünftigen Unternehmensstrategie.[360] Grundsätzlich haben

---

356 Vgl. *SCHLIERBACH*, Sparkassenrecht, 2003, S. 120-124. Vgl. § 1 i. V. m. § 4 SpkVO BB; § 5 SpkVO MV; § 5 SpkVO NRW; § 5 SpkVO SN; § 5 SpkVO ST; § 12 SpkVO TH.

357 Vgl. *DEUTSCHER BUNDESTAG*, Girokonto für jedermann, http://www.bundestag.de/bic/hib/2004/2004_044/09.html, 4.3.2005.

358 Die Deutsche Bundesbank weist in ihren Statistiken lediglich die Kreditbestände nach Wirtschaftszweigen und nicht nach Größenklassen der Unternehmen aus, wobei sich aus diesen Statistiken auch nicht das Kreditneugeschäft entnehmen läßt. Daten hinsichtlich des Kreditneugeschäfts enthält die EWU-Zinsstatistik, die diese aber nicht nach Bankengruppen untergliedert.

359 Vgl. *DEUTSCHE BUNDESBANK*, Zeitreihen-Datenbank – Kredite an das Handwerk, http://www.bundesbank.de/statistik/statistik_zeitreihen.php, 22.3.2005.

360 Vgl. dazu Abschnitt 3.5.2.1.

aber auch die privaten Kreditinstitute am Mittelstandskreditgeschäft Interesse,[361] so daß die Finanzierung des Mittelstandes voraussichtlich auch ohne öffentliche Sparkassen sichergestellt wäre.

Insbesondere hinsichtlich des Aktivgeschäfts argumentieren Privatisierungsgegner zusätzlich mit einer Reservefunktion, das heißt, öffentliche Kreditinstitute sind für den Fall vorzuhalten, daß die Kreditversorgung des Mittelstandes oder auch schwächerer Bevölkerungsschichten, welche derzeit allgemein als gegeben angesehen wird, nicht mehr gewährleistet wäre.[362] Eine solche Reservefunktion wird jedoch als unverhältnismäßig erachtet, da bereits ein funktionierender Wettbewerb die Versorgung sicherstellen kann.[363] Die Gewährleistungsfunktion kann demnach die Existenz der öffentlich-rechtlichen Sparkassen nicht begründen.

Die *Förderfunktion* beinhaltet die Förderung des Sparsinns und der Vermögensbildung durch öffentlich-rechtliche Sparkassen, wobei hier der Aspekt einer Erziehungs- und Aufklärungsaufgabe im Vordergrund steht.[364] Diese Funktion geht also über die kreditwirtschaftliche Versorgung der Bevölkerung hinaus. Fragwürdig erscheint einerseits, ob diese Funktion sozialpolitisch noch notwendig ist, sowie anderseits, ob sie durch öffentlich-rechtliche Kreditinstitute erfüllt werden muß.[365] An der Sparfähigkeit und Sparwilligkeit der Bevölkerung besteht in der heutigen Zeit kein Zweifel.[366] Und zuständig für Aufklärungsangebote an Kinder und Jugendliche in bezug auf die Bildung privater Ersparnisse können genauso gut oder aufgrund ihrer Nähe sogar besser die Schulen sein.[367] Dennoch bieten alle Kreditinstitute derartige Aufklärungsangebote

---

[361] Vgl. *KARL-BRÄUER-INSTITUT*, Privatisierung, 1994, S. 38-44. Wie Erfahrungen in anderen Ländern zeigen, muß es ohne öffentlich-rechtliche Banken zu keiner Unterversorgung mit Krediten an kleine und mittlere Unternehmen kommen. Vgl. dazu *SACHVERSTÄNDIGENRAT ZUR BEGUTACHTUNG DER GESAMTWIRTSCHAFTLICHEN ENTWICKLUNG*, Jahresgutachten, 2004, S. 366-370.

[362] Vgl. *NIERHAUS*, Wettbewerbsfunktion, 1985, S. 14; *STEINER*, Bankenmarkt, 1994, S. 82 f.

[363] Vgl. *MÖSCHEL*, Privatisierung der Sparkassen, 1993, S. 97; *KARL-BRÄUER-INSTITUT*, Privatisierung, 1994, S. 68 f.

[364] Vgl. *MÖSCHEL*, Privatisierung der Sparkassen, 1993, S. 96.

[365] Vgl. *MÖSCHEL*, Privatisierung der Sparkassen, 1993, S. 96; *PURBACH*, Privatisierung der Sparkassen, 1994, S. 207.

[366] Vgl. *KLEIN*, Privatisierung der Sparkassen, 2003, S. 105 f.; *KARL-BRÄUER-INSTITUT*, Privatisierung, 1994, S. 22-25. Die Sparquote der privaten Haushalte betrug 2003 10,8 %. Vgl. *STATISTISCHES BUNDESAMT DEUTSCHLAND*, Jahrbuch, 2004, S. 732. Anderer Ansicht sind *SCHINDLER/NEUBERGER*, Öffentlicher Auftrag, 2000, S. 26.

[367] Vgl. *MÖSCHEL*, Privatisierung der Sparkassen, 1993, S. 96.

an, da dies im Einklang mit ihren natürlichen Geschäftsinteressen steht.[368] Ein die öffentliche Rechtsform der Sparkassen begründender öffentlicher Auftrag läßt sich daraus demnach nicht ableiten.[369]

Als *Hausbankfunktion* wird die Aufgabe der Sparkassen bezeichnet, die kreditwirtschaftliche Versorgung der öffentlichen Hand sicherzustellen. Dazu zählen insbesondere der allgemeine Bankverkehr, die Möglichkeit zur Anlage von Geldern, die Durchführung von Förderprogrammen und die Bereitstellung von Kommunalkrediten zur Erfüllung gemeinwohlorientierter kommunaler Aufgaben.[370] Nicht darunter zu verstehen ist hingegen, daß Sparkassen ihren Gewährträgern Sonderkonditionen gewähren.[371] Die Konditionen für die öffentliche Hand sind zwar aufgrund der hohen Bonität im allgemeinen besser als für Privatkunden, jedoch unterscheiden sie sich nicht gravierend zwischen öffentlichen und privaten Kreditinstituten.[372] Sonderkonditionen der Sparkassen für Geschäfte mit der öffentlichen Hand könnten zu geringeren oder völlig ausbleibenden Gewinnausschüttungen an die Träger führen und damit zu Lasten des Steuerzahlers gehen. Ein Ausgleich dieser, die Selbstfinanzierung der Sparkassen und damit ihre Wettbewerbsfähigkeit schwächenden Gewinneinbußen durch Geschäfte mit anderen Kunden würde eine ordnungspolitisch nicht wünschenswerte Quersubventionierung der öffentlichen Hand durch diese Kunden bedeuten.[373] Zusätzlich sind nicht marktmäßig verzinste oder nicht banküblich besicherte Kredite nach § 10 Abs. 2a Satz 2 Nr. 4 KWG grundsätzlich vom Kernkapital abzuziehen, das heißt, das haftende Eigenkapital verringert sich durch solche Kredite und damit auch der aufsichtsrechtlich zulässige Umfang von Geschäften, die mit Adressenausfall- oder Marktpreisrisiken verbunden sind. Ebenso wie an der Abwicklung von Förderprogrammen, die zum Aufbau einer lohnenden Geschäftsverbindung dienen können, sind private Banken auch an Kreditgeschäften mit der öffentlichen Hand interessiert, da es keine Bonitätsprobleme gibt und diese Kredite den aufsichtsrechtlich maximalen Kreditspielraum

---

[368] Vgl. *PURBACH*, Privatisierung der Sparkassen, 1994, S. 207; *KLEIN*, Privatisierung der Sparkassen, 2003, S. 105.

[369] Vgl. *KARL-BRÄUER-INSTITUT*, Privatisierung, 1994, S. 32-34.

[370] Vgl. *DEHE*, Öffentlicher Auftrag, 1982, S. 215; *KARL-BRÄUER-INSTITUT*, Privatisierung, 1994, S. 49.

[371] Vgl. *MÖSCHEL*, Privatisierung der Sparkassen, 1993, S. 97. Die Monopolkommission geht hingegen dennoch von einer privilegierten Geschäftsbeziehung zwischen der öffentlichen Hand und ihren Banken aus. Vgl. *MONOPOLKOMMISSION*, Wettbewerbspolitik, 2000, S. 79.

[372] Vgl. *KARL-BRÄUER-INSTITUT*, Privatisierung, 1994, S. 51; *SCHINDLER/NEUBERGER*, Öffentlicher Auftrag, 2000, S. 28.

[373] Vgl. *MÖSCHEL*, Privatisierung der Sparkassen, 1993, S. 97; *KARL-BRÄUER-INSTITUT*, Privatisierung, 1994, S. 52.

nicht belasten.[374] Auch entsprechende Angebote privater Kreditinstitute müssen Kämmerer prüfen, da sie nach dem Wirtschaftlichkeitsprinzip verpflichtet sind, zur Finanzierung ihrer kommunalen Vorhaben das Angebot mit den günstigsten Konditionen zu wählen.[375]

Ende des Jahres 1995 wurden von den 228.886 Mio. € insgesamt an die Gemeinden und Gemeindeverbände ausgereichten Krediten 30.038 Mio. €, das heißt 13,12 % von Kreditbanken und 43.409 Mio. €, also 18,97 %, von Sparkassen vergeben.[376] Dagegen reichten Ende des Jahres 2004 von insgesamt 158.253 Mio. € die Kreditbanken 24.603 Mio. € (15,55 %) und die Sparkassen 25.556 Mio. € (16,15 %) aus.[377] Während der Anteil der von privaten Kreditbanken ausgereichten Kredite an Gemeinden und Gemeindeverbände zunahm, sank der Anteil der Sparkassen in diesem Zeitraum. Eine ähnliche Entwicklung ist in bezug auf die Einlagen von Gemeinden und Gemeindeverbänden festzustellen. Hier stieg der prozentuale Anteil der Einlagen bei Kreditbanken an allen Einlagen von Gemeinden und Gemeindeverbänden in Höhe von 16,35 % von Ende 1995 auf 27,03 % Ende Februar 2004. Im gleichen Zeitraum sank der Anteil der Sparkassen von 62,65 % auf 51,99 %.[378] Diese Zahlen belegen, daß auch private Kreditinstitute verstärkt Hausbankfunktionen übernehmen. Zwar erfüllen öffentliche Sparkassen auch weiterhin Aufgaben, die im Zusammenhang mit der sogenannten

---

374 Vgl. *KARL-BRÄUER-INSTITUT*, Privatisierung, 1994, S. 51-53. Gemäß § 13 Grundsatz I sind Kredite an die öffentliche Hand mit einem Bonitätsgewicht von 0 % zu gewichten, und nach § 20 Abs. 1 KWG belasten diese Kredite auch die Restriktionen hinsichtlich der Großkredite der §§ 13 bis 13b KWG nicht.

375 Vgl. *KARL-BRÄUER-INSTITUT*, Privatisierung, 1994, S. 55.

376 Vgl. *DEUTSCHE BUNDESBANK*, Bankenstatistik Februar 1996, S. 50-52. Von den Landesbanken wurden Ende 1995 Kredite in Höhe von 96.423 Mio. € an die Gemeinden und Gemeindeverbände vergeben, also 42,13 % der insgesamt von allen Bankengruppen an die Gemeinden und Gemeindeverbände ausreichten Kredite. Die Kreditgenossenschaften vergaben Kredite in Höhe von 3.283 Mio. € an die Gemeinden und Gemeindeverbände, also 1,43 %, und die Genossenschaftlichen Zentralbanken reichten Kredite in Höhe von 105 Mio. € aus, also 0,05 %.

377 Vgl. *DEUTSCHE BUNDESBANK*, Bankenstatistik April 2005, S. 50-52. Von den Landesbanken wurden Ende 2004 Kredite in Höhe von 46.105 Mio. € an die Gemeinden und Gemeindeverbände vergeben, also 29,13 % der insgesamt von allen Bankengruppen an die Gemeinden und Gemeindeverbände ausreichten Kredite. Die Kreditgenossenschaften vergaben Kredite in Höhe von 1.903 Mio. € an die Gemeinden und Gemeindeverbände, also 1,2 %, und die Genossenschaftlichen Zentralbanken reichten Kredite in Höhe von 459 Mio. € aus, also 0,29 %.

378 Vgl. *DEUTSCHE BUNDESBANK*, Bankenstatistik Februar 1996, S. 78-81; *DEUTSCHE BUNDESBANK*, Bankenstatistik April 2005, S. 78-81. Der Anteil der Landesbanken stieg im Zeitraum von 1995 bis 2004 von 1,17 % auf 3,8 %, der Anteil der Kreditgenossenschaften sank von 17,96 % auf 14,1 % und der Anteil der Genossenschaftlichen Zentralbanken stieg von 0,19 % auf 0,36 %.

Hausbankfunktion stehen, jedoch kann die kreditwirtschaftliche Versorgung der öffentlichen Hand genauso durch private Kreditinstitute gewährleistet werden.[379]

Unter der *Struktursicherungsfunktion* wird die Existenz öffentlich-rechtlicher Sparkassen in allen, auch strukturschwachen Regionen verstanden, wodurch eine ausgewogene räumliche Wirtschaftstruktur gewährleistet werden soll.[380] Sie ist eng mit der Gewährleistungsfunktion verbunden, zielt jedoch weniger auf die Verpflichtung des Staates gegenüber dem Einzelnen ab, sondern vielmehr auf eine räumliche Angleichung der wirtschaftlichen Verhältnisse.[381] Im Mittelpunkt steht dabei die Finanzierung der mittelständischen Wirtschaft vor Ort. Fraglich ist, ob eine solche ausgleichende Funktion auch zukünftig noch notwendig ist, und falls ja, ob diese Aufgabe durch öffentlich-rechtliche Sparkassen erfüllt werden muß.

Die Struktursicherungsfunktion unterstellt, daß sich private Kreditinstitute in bestimmten Regionen wegen mangelnder Aussicht auf ausreichende Gewinne nicht engagieren, während Sparkassen ein Ausweichen auf lukrativere Geschäftsgebiete aufgrund des Regionalprinzips nicht möglich ist. Ebenso wie Sparkassen betreiben aber auch Kreditgenossenschaften ein flächendeckendes Filialnetz, und Deutschland weist zudem im internationalen Vergleich eine sehr hohe Bankstellendichte auf.[382] Allerdings ersetzen auch hier Bankautomaten, Electronic Banking und Internetbanking zunehmend personalintensive Zweigstellen. Aufgrund dieser Innovationen und einer steigenden Mobilität der Bevölkerung[383] ist weiterhin anzunehmen, daß ein solches engmaschiges Zweigstellennetz zukünftig nicht mehr erforderlich ist.[384] So ziehen sich teilweise auch öffentlich-rechtliche Sparkassen aus der Fläche zurück, das heißt, sie schließen ebenso wie private Institute unrentable Zweigstellen.[385] Diese Tendenz könnte sich durch eine eventuelle Aufhebung des Regionalprinzips aufgrund gemeinschaftsrechtlicher Bestimmungen und weiterer Fusionen von Sparkassen noch verstärken.[386] Unabhängig

---

379 Vgl. *MÖSCHEL*, Privatisierung der Sparkassen, 1993, S. 97; *KARL-BRÄUER-INSTITUT*, Privatisierung, 1994, S. 57 f.; *PURBACH*, Privatisierung der Sparkassen, 1994, S. 214.

380 Vgl. *DEHE*, Öffentlicher Auftrag, 1982, S. 214; *GÜDE*, Geschäftspolitik, 1995, S. 27 f.

381 Vgl. *KLEIN*, Privatisierung der Sparkassen, 2003, S. 101.

382 Vgl. *KARL-BRÄUER-INSTITUT*, Privatisierung, 1994, S. 25 u. S. 60; *KLEIN*, Privatisierung der Sparkassen, 2003, S. 98 f.; *WALTER/LAHUSEN*, Bankgewerbe in Deutschland, 2004, S. 16.

383 Vgl. *BRÜMMERHOFF/LEHMANN*, Öffentlich-rechtliche Sparkassen, 2000, S. 137; *KARL-BRÄUER-INSTITUT*, Privatisierung, 1994, S. 61-63.

384 Vgl. *KARL-BRÄUER-INSTITUT*, Privatisierung, 1994, S. 63.

385 Vgl. *FINZEL/THUY*, Privatisierung der Sparkassen, 1996, S. 255; *KARL-BRÄUER-INSTITUT*, Privatisierung, 1994, S. 66 f.

386 Vgl. *PURBACH*, Privatisierung der Sparkassen, 1994, S. 208.

von eventuellen Privatisierungsbestrebungen zeigt diese Entwicklung, daß die kommunale Verankerung öffentlich-rechtlicher Sparkassen aus wirtschaftlichen Überlegungen abnimmt.[387] Im Zusammenhang mit einer Privatisierung von Sparkassen wäre mit zusätzlichen Zweigstellenschließungen zu rechnen, wobei jedoch ein Rückzug von privatisierten Sparkassen aus strukturschwachen Regionen nicht zwingend ist,[388] denn nicht die Rechtsform des Kreditinstitutes ist für die regionale Ausrichtung und eine Konzentration auf die Finanzierung des Mittelstandes entscheidend, sondern die Unternehmensstrategie. Allerdings kann gleichzeitig eine Ansiedlung privater Institute in strukturschwachen Regionen nach dem Rückzug einer öffentlichen Sparkasse aus diesem Gebiet, beispielsweise infolge einer Privatisierung, bezweifelt werden.[389] Insofern wird vielfach angenommen, daß eine Privatisierung von Sparkassen eine kommunale Strukturpolitik und die Finanzierung des Mittelstandes vor Ort gefährdet.[390] Wirtschafts- und strukturpolitische Aufgaben übernehmen jedoch auch staatliche Banken, wie die Kreditanstalt für Wiederaufbau, deren Förderprogramme alle Banken und nicht nur öffentliche Kreditinstitute dezentral vertreiben.[391] Denkbar wäre auch das Vorhalten eines öffentlichen Spezialinstitutes, welches ausschließlich das Fördergeschäft direkt mit den Kunden, aber keine allgemeinen Bankgeschäfte betreibt.[392] Eine solche Zentralisierung würde jedoch auch zusätzliche Informationskosten verursachen, da das Spezialinstitut nicht mehr auf das Marktwissen der Kreditinstitute vor Ort zurückgreifen kann.[393] Weiterhin beinhaltet die Struktursicherungsfunktion der Sparkassen die Aufgabe, kulturelle und soziale Belange der Region zu fördern, durch ihre Existenz auch in strukturschwachen Gebieten für qualifizierte Arbeits- und Ausbildungsplätze zu sorgen sowie zum lokalen Steueraufkommen beizutragen.[394] Hinsichtlich der Struktursicherungsfunktion bleibt festzuhalten, daß sie vor allem bezogen auf sehr strukturschwache Regionen auch gegenwärtig noch von Sparkassen wahrgenommen wird. Allerdings bestehen auch hier Alternativen, diese Aufgaben ohne die Existenz von Sparkassen zu erfüllen, beispielsweise mit Hilfe von öffentlichen Spezialinstituten.

---

[387] Vgl. *PURBACH*, Privatisierung der Sparkassen, 1994, S. 209 f.

[388] Vgl. *KARL-BRÄUER-INSTITUT*, Privatisierung, 1994, S. 61.

[389] Vgl. *BRÜMMERHOFF/LEHMANN*, Öffentlich-rechtliche Sparkassen, 2000, S. 137 f.

[390] Vgl. *KESSLER/RIEKEBERG*, Privatisierung kommunaler Sparkassen, 1999, S. 286 f.

[391] Vgl. *FINZEL/THUY*, Privatisierung der Sparkassen, 1996, S. 255 f.; *BRÜMMERHOFF/LEHMANN*, Öffentlich-rechtliche Sparkassen, 2000, S. 141; *KLEIN*, Privatisierung der Sparkassen, 2003, S. 102 f.

[392] Vgl. *MÖSCHEL*, Privatisierung der Sparkassen, 1993, S. 97; *MONOPOLKOMMISSION*, Wettbewerbspolitik, 2000, S. 80.

[393] Vgl. *KLEIN*, Privatisierung der Sparkassen, 2003, S. 103.

[394] Vgl. *STEINER*, Bankenmarkt, 1994, S. 132; *KLEIN*, Privatisierung der Sparkassen, 2003, S. 103 f.

Mit der noch teilweisen Wahrnehmung des öffentlichen Auftrages durch die Struktursicherungsfunktion läßt sich die Existenz der öffentlich-rechtlichen Sparkassen weiterhin erklären. Die somit gegebene Existenzberechtigung der Sparkassen schließt aber eine Privatisierung zumindest einzelner Sparkassen beispielsweise in Ballungsgebieten nicht aus. Zusätzlich bestehen durchaus auch Möglichkeiten, die Struktursicherungsfunktion des öffentlichen Auftrages ohne den Bestand der Sparkassen sicherzustellen. Damit steht folglich unter bestimmten, vor allem auch rechtlichen Voraussetzungen, einer Entscheidung für die Privatisierung einzelner Sparkassen oder des gesamten Sparkassenverbundes aus ordnungspolitischer Sicht grundsätzlich nichts entgegen.

3.5.2 Betriebswirtschaftliche Aspekte der Sparkassen

3.5.2.1 Geschäftspolitik

Sparkassen unterliegen neben der nach dem Kreditwesengesetz für alle Kreditinstitutsgruppen geltenden *Aufsicht* durch die Bundesanstalt für Finanzdienstleistungsaufsicht auch einer durch die landesrechtlichen Sparkassengesetze geforderten Staatsaufsicht. Sparkassenaufsichtsbehörden sind die jeweiligen Finanzministerien, die Innenministerien oder die Ministerien für Wirtschaft.[395] In einzelnen Bundesländern unterscheiden die Landesgesetze zwischen einer Aufsichtsbehörde und einer obersten Aufsichtsbehörde. Während in diesen Ländern das örtlich zuständige Regierungspräsidium die Rechtsaufsichtsbehörde der Sparkassen darstellt, sind die obersten Rechtsaufsichtsbehörden entweder das Innenministerium, das Ministerium für Wirtschaft oder das Finanzministerium.[396] Aufgabe der Sparkassenaufsichtsbehörden ist es grundsätzlich, die Rechtmäßigkeit der Geschäftsführung der Sparkassen sicherzustellen.[397] Zusätzlich unterliegen bestimmte Geschäfte einem Genehmigungsvorbehalt der Sparkassenaufsichtsbehörde.[398]

---

[395] Vgl. Art. 13 Abs. 1 SpkG BY; § 30 SpkG BB; § 24 SpkG HB; § 30 SpkG MV; § 25 SpkG NI; § 30 SpkG NRW; § 28 Abs. 1 SpkG RP; § 29 Abs. 1 SpkG SL; § 30 SpkG SN; § 40 Abs. 1 SpkG SH; § 24 Abs. 1 SpkG TH.

[396] Vgl. § 49 Abs. 1 SpkG BW; § 20 Abs. 1 SpkG HE; § 30 SpkG ST.

[397] Vgl. § 48 Abs. 2 SpkG BW; Art. 13 Abs. 2 SpkG BY; § 31 Abs. 1 SpkG BB; § 25 Abs. 1 SpkG HB; § 20 Abs. 3 SpkG HE; § 31 Abs. 1 SpkG MV; § 25 Abs. 1 SpkG NI; § 31 Abs. 1 SpkG NRW; § 27 SpkG RP; § 30 Abs. 1 SpkG SL; § 31 Abs. 1 SpkG SN; § 31 Abs. 1 SpkG ST; § 40 Abs. 2 SpkG SH; § 24 Abs. 2 SpkG TH.

[398] Vgl. *SCHLIERBACH*, Sparkassenrecht, 2003, S. 283-289.

Die *Geschäftspolitik* der Sparkassen gleicht sich immer mehr der in den anderen kreditwirtschaftlichen Sektoren an,[399] so gilt in bestimmten Bundesländern beispielsweise das Enumerationsprinzip in bezug auf die Sparkassengeschäfte nicht mehr.[400] Dennoch unterscheidet sich die Geschäftspolitik öffentlich-rechtlicher Sparkassen von der privater Kreditinstitute durch bestimmte Einschränkungen. Die Sparkassengesetze oder Sparkassenverordnungen enthalten auch in den Bundesländern, die das Enumerationsprinzip fallen gelassen haben, weiterhin bestimmte Geschäftsbeschränkungen, beispielsweise hinsichtlich des Erwerbs von Beteiligungen, des Wertpapier- und Devisengeschäfts sowie in bezug auf Höchstkreditgrenzen. Hinzu kommt, daß die Geschäftstätigkeit immer auch den öffentlichen Auftrag der Sparkassen berücksichtigen muß. Ferner unterliegen Sparkassen einer weiteren Beschränkung aufgrund des Regionalprinzips, welches den Geschäftsbereich einer Sparkasse, abgesehen von bestimmten Ausnahmen, auf das Gebiet des jeweiligen Trägers eingrenzt.[401] Zusätzlich spielt immer auch ein gewisser politischer Einfluß der jeweiligen Träger auf die Geschäftspolitik der Sparkasse eine Rolle.[402]

Insofern könnte die Privatisierung einer Sparkasse, in Abhängigkeit von der Form der Privatisierung, zu größeren Gestaltungsspielräumen in der Geschäftspolitik führen. Dies bedeutet nicht zwingend, daß sich die Geschäftspolitik infolge einer Privatisierung ändern muß. Denkbar wäre auch, daß die privatisierte Sparkasse im Grundsatz ihre Unternehmensstrategie beibehält.

Im Zusammenhang mit einer rein *formalen Privatisierung*, also lediglich einer Umwandlung in eine private Rechtsform, ist von einer Beibehaltung der grundsätzlichen Unternehmensstrategie sogar auszugehen. Diese Privatisierungsform könnte die Vorteile, die das Betreiben eines Unternehmens in einer privaten Rechtsform hat, mit weitreichenden Einflußmöglichkeiten der Trägerkommune verbinden. Die kommunale Bindung der Sparkasse an ihren Träger wäre weiterhin gegeben, denn die Gemeinde kann aufgrund des Besitzes sämtlicher Anteile, die regionale Ausrichtung sowie die Konzentration auf kommunalpolitisch wichtige Geschäftsfelder der privatisierten Sparkasse beeinflussen. Eine solche Bindung ließe sich beispielsweise in der Satzung der Sparkassen-Aktiengesellschaft festlegen.[403] Damit könnte die bisherige Geschäftspolitik der öffentlich-rechtlichen Sparkasse grundsätzlich beibehalten werden. Den-

399 Vgl. *BÜSCHGEN*, Bankbetriebslehre, 1998, S. 175 u. S. 177 f.; *SEIFERT*, Regulierung, 1984, S. 165. Vgl. dazu auch BVerfG-Urteil vom 15.6.1983, BVerfGE 64, 229, 242, S. 240 f.

400 Vgl. dazu auch Abschnitt 3.5.1.2.

401 Vgl. dazu ausführlich *SCHLIERBACH*, Sparkassenrecht, 2003, S. 132-143.

402 Vgl. dazu auch Abschnitt 3.3.

403 Vgl. § 2, § 23 Abs. 3 Nr. 2 u. § 179 AktG.

noch ist die Einflußnahme der Kommune nur unter Beachtung des Gesellschaftsrechts möglich. Dies bedeutet zum Beispiel in bezug auf Aktiengesellschaften, daß dem Vorstand ein ausreichender Spielraum zur Gestaltung der Geschäftspolitik verbleiben muß.[404]

Bei einer *materiellen Privatisierung* sind jedoch auch die Erwartungen privater Investoren zu beachten, die der Gemeinwohlorientierung der Sparkassen entgegenstehen können. Private Kreditinstitute müssen ihren Anteilseignern im allgemeinen möglichst hohe Gewinne ausschütten, da diese den Instituten sonst kein Eigenkapital zur Verfügung stellen würden. So erwarten Aktionäre als Ausdruck ihres Gewinnmaximierungszieles angemessene Dividenden und Kurssteigerungen. Dies bedeutet, daß sich die Unternehmen auf rentable Geschäftsfelder konzentrieren und unter Umständen Engagements in bestimmten Regionen, Sparten oder Kundengruppen aufgeben müssen. Der Vorstand der Sparkasse wäre demnach bereits bei einer Minderheitsbeteiligung privater Investoren an der Sparkasse gezwungen, sich stärker am Gewinnziel und weniger am öffentlichen Auftrag zu orientieren, das heißt, er müßte sich auf profitable Geschäfte konzentrieren. Dies könnte beispielsweise die Schließung unrentabler Zweigstellen zur Folge haben. Verfolgt die Sparkasse hingegen weiterhin vorrangig im Zusammenhang mit dem öffentlichen Auftrag stehende Ziele, so werden potentielle Anteilseigner die daraus voraussichtlich resultierenden geringeren Ausschüttungen nur dann in Kauf nehmen, wenn ihnen dafür ein adäquater Abschlag in bezug auf den Preis der Anteile gewährt wird.

Soll die Sparkasse nach einer materiellen Privatisierung weiterhin einen öffentlichen Auftrag erfüllen, ließe sich dieser, wie bereits im Zusammenhang mit einer formalen Privatisierung beschrieben, in die Satzung aufnehmen. Während im Anschluß an eine rein formale Privatisierung die erforderliche Mehrheit für eine solche in der Satzung festgehaltene Geschäftszweckbeschreibung[405] unproblematisch ist, da die Kommune alle Anteile der Sparkasse besitzt, kann dies nach einer *Teilprivatisierung* aufgrund der unterschiedlichen Interessen von privaten Investoren und der Gemeinde zu Differenzen führen. Insofern sind Teilprivatisierungen weiterhin in Privatisierungen, in deren Folge die Kommune im Besitz einer Mehrheitsbeteiligung bleibt, und solche, die eine Minderheitsbeteiligung an der Sparkasse zur Folge haben, einzuteilen. Neben der Verankerung in der Satzung könnte ein Beherrschungsvertrag nach § 291 Abs. 1 AktG eine weitere Möglichkeit der Kommune sein, auf die Geschäftspolitik Einfluß zu nehmen. Dazu wäre ein Beschluß der Hauptversammlung mit mindestens einer drei Vier-

---

[404] Vgl. § 76 Abs. 1 AktG. Vgl. dazu ausführlich *PURBACH*, Privatisierung der Sparkassen, 1994, S. 237-239.

[405] Vgl. § 179 AktG.

tel Mehrheit erforderlich.[406] Allerdings ist die Frage, ob eine juristische Person des öffentlichen Rechts überhaupt als Unternehmer im Sinne des Aktiengesetzes angesehen werden und insofern als beherrschendes Unternehmen auftreten kann, in der Literatur umstritten.[407] Außerdem hätten die Minderheitsaktionäre die Möglichkeit, eine angemessene Abfindung für die Rückgabe ihre Aktien zu verlangen.[408] Einfluß auf die Geschäftspolitik könnte die Kommune auch durch die Schaffung stimmrechtsloser Vorzugsaktien oder vinkulierter Namensaktien nehmen.[409] Zusätzlich wären spezielle Kontroll-, Weisungs- und Vetorechte der kommunalen Aufsichtsratsmitglieder denkbar.[410] Dennoch bewirkt eine Teilprivatisierung in jedem Fall eine Verminderung der kommunalen Einflußnahme auf die Geschäftspolitik der Sparkasse.

Nach einer materiellen Vollprivatisierung hätte die Kommune keine Möglichkeit mehr, auf die Geschäftspolitik der Sparkassen direkt einzuwirken. Durch eine entsprechende Vorschrift könnte der Gesetzgeber allerdings verlangen, daß die Erfüllung öffentlicher Aufgaben in der Satzung festgeschrieben wird. Aber selbst eine freiwillige Konzentration durch die künftigen Eigentümer der Sparkasse auf bestimmte Regionen oder Geschäftsfelder wie die Mittelstandsfinanzierung wäre denkbar.

Der in der Folge von Privatisierungen gegebene größere Spielraum hinsichtlich der Geschäftspolitik könnte jedoch abgesehen von einer geringeren Konzentration auf den regionalen Markt auch andere Gefahren beinhalten. Durch einen Wegfall des Regionalprinzips wäre beispielsweise ein einsetzender Verdrängungswettbewerb der Sparkassen untereinander denkbar.[411] Zusätzlich würden autonome Privatisierungen der Sparkassen, insbesondere hinsichtlich vollständiger materieller Privatisierungen, unter Umständen die Auflösung des Sparkassenverbundes zur Folge haben. Einzelne Sparkassen könnten von privaten Kreditinstituten aufgekauft werden und den Verbund verlassen. Damit wäre der Verlust von Synergieeffekten verbunden.[412] Gleichzeitig könnten aber durch den größeren Spielraum in bezug auf die Geschäftspolitik unerwünschte Fehlallokationen beispielsweise hinsichtlich der Kreditvergabe abnehmen.[413]

---

406 Vgl. § 293 Abs. 1 AktG.

407 Vgl. *PURBACH*, Privatisierung der Sparkassen, 1994, S. 240 f. m. w. N.

408 Vgl. *HEDRICH*, Privatisierung der Sparkassen, 1993, S. 316 f.

409 Vgl. § 139, § 140 u. § 141 AktG; § 67 u. § 68 AktG.

410 Vgl. *HEDRICH*, Privatisierung der Sparkassen, 1993, S. 316.

411 Vgl. *BEUTHIEN*, Öffentliche Kreditwirtschaft, 2004, S. 1469 f.

412 Vgl. *CLAUSSEN*, Teilprivatisierung kommunaler Sparkassen, 1990, S. 205 f.; *STEINER*, Bankenmarkt, 1994, S. 155; *BLANKENBURG*, Sparkassenprivatisierung, 2004, S. 389.

413 Vgl. dazu Abschnitt 3.5.1.2.

Die Kunden einer Sparkasse werden Veränderungen aufgrund einer Privatisierung nur dann spüren, wenn sich die Geschäftspolitik der Sparkasse tatsächlich verändert, also sich beispielsweise weniger am öffentlichen Auftrag orientiert. Auf die Konditionen wird eine Privatisierung voraussichtlich kaum Einfluß haben, denn diese unterscheiden sich bereits derzeit in den drei kreditwirtschaftlichen Sektoren nur unwesentlich.[414]

3.5.2.2 Eigenkapitalausstattung

Das *Eigenkapital* einer Unternehmung erfüllt unterschiedliche Funktionen.[415] In bezug auf Kreditinstitute existieren aufgrund ihrer gesamtwirtschaftlichen Bedeutung und ihrer Besonderheiten spezielle staatliche Regulierungsvorschriften, die sich insbesondere auch auf das Eigenkapital beziehen. Institute müssen nach dem KWG „im Interesse der Erfüllung ihrer Verpflichtungen gegenüber ihren Gläubigern, insbesondere zur Sicherheit der ihnen anvertrauten Vermögenswerte, angemessene Eigenmittel haben."[416] Definiert werden diese *Eigenmittel*, die nicht mit dem bilanziellen Eigenkapital übereinstimmen, in § 10 Abs. 2 bis 7 KWG. Sie setzen sich aus dem haftenden Eigenkapital und den Drittrangmitteln zusammen, wobei das haftende Eigenkapital der Summe aus Kern- und Ergänzungskapital abzüglich der Positionen des § 10 Abs. 6 Satz 1 KWG entspricht. Das Ergänzungskapital darf bei der Bestimmung des haftenden Eigenkapitals maximal bis zur Höhe des Kernkapitals berücksichtigt werden, wobei das Ergänzungskapital selbst nur bis zu 50 % des Kernkapitals aus längerfristigen nachrangigen Verbindlichkeiten und dem Haftsummenzuschlag, also Ergänzungskapital 2. Klasse, bestehen darf. Wann die Eigenmittel eines Instituts von der Bundesanstalt für Finanzdienstleistungsaufsicht als angemessen beurteilt werden, konkretisiert der Grundsatz I über die Eigenmittel der Institute mit Hilfe der in Abbildung 6 dargestellten Restriktionen.[417]

---

[414] Vgl. Abschnitt 3.5.1.3.

[415] Vgl. zu den Funktionen des Eigenkapitals allgemein *MATSCHKE*, Finanzierung, 1991, S. 61-63. Vgl. zu den Eigenkapitalfunktionen der Sparkassen *KURZE*, Eigenkapitalausstattung kommunaler Sparkassen, 1977, S. 76 f.; *HOLDIJK*, Eigenkapitalprobleme, 1979, S. 73-81; *OEBBECKE*, Eigenkapitalausstattung, 1980, S. 4-16.

[416] § 10 Abs. 1 Satz 1 KWG.

[417] Vgl. § 2 Grundsatz I über die Eigenmittel der Institute.

täglich bei Geschäftsschluß:

$$\frac{\text{haftendes Eigenkapital}}{\text{gewichtete Risikoaktiva}} \geq 8\,\%$$

$$\left(\genfrac{}{}{0pt}{}{\text{haftendes}}{\text{Eigenkapital}} - \genfrac{}{}{0pt}{}{8\,\%\text{ der gewichteten}}{\text{Risikoaktiva}}\right) + \genfrac{}{}{0pt}{}{\text{Drittrang-}}{\text{mittel}} \geq \genfrac{}{}{0pt}{}{\text{Summe der Anrechnungsbeträge}}{\text{für Marktrisikopositionen}}$$

zum Ultimo des Kalendermonats:

$$\frac{\text{anrechenbare Eigenmittel}}{\genfrac{}{}{0pt}{}{\text{gewichtete}}{\text{Risikoaktiva}} + 12{,}5 \cdot \genfrac{}{}{0pt}{}{\text{Anrechnungsbeträge für Marktrisiko-}}{\text{positionen und Optionsgeschäfte}}} \geq 8\,\%$$

Abbildung 6: Restriktionen zur Beurteilung der angemessenen Eigenmittelausstattung

Diese nationalen Vorschriften sind unter anderem auch durch die Eigenmittel-Empfehlung des Baseler Ausschusses für Bankenaufsicht[418] vom Juli 1988[419] und die im Anschluß daran im Jahr 1989 von der EU-Kommission erlassenen zwei EG-Richtlinien beeinflußt worden. Die EG-Eigenmittel-Richtlinie vom April 1989[420] änderte die Definition der Eigenmittel, und die EG-Solvabiliäts-Richtlinie vom Dezember 1989[421] legte die Mindesteigenkapitalquote auf 8 % fest. Auch die in den Marktrisikopapieren des Baseler Ausschusses enthaltenen Vorschläge hatte die EU-Kommission im März 1993 parallel durch die Kapitaladäquanzrichtlinie[422] umgesetzt. In bundesdeutsches Recht wurden die EG-Richtlinien dann im Rahmen der vierten und

---

418 Der im Jahr 1975 von den Präsidenten der Zentralbanken der G10-Staaten gegründete Baseler Ausschuß für Bankenaufsicht setzt sich aus Vertretern der Zentralbanken sowie der Bankenaufsichtsbehörden von Belgien, Deutschland, Frankreich, Großbritannien, Italien, Japan, Kanada, den Niederlanden, Schweden, der Schweiz, den USA sowie Luxemburg zusammen.

419 Vgl. *Baseler Ausschuss für Bankenaufsicht*, Internationale Konvergenz der Eigenkapitalanforderungen, 1988.

420 Vgl. Richtlinie 89/299/EWG des Rates vom 17.4.1989 über die Eigenmittel von Kreditinstituten, in: Amtsblatt der Europäischen Gemeinschaften Nr. L 124 vom 5.5.1989, S. 16.

421 Vgl. Richtlinie 89/647/EWG des Rates vom 18.12.1989 über einen Solvabilitätskoeffizienten für Kreditinstitute, in: Amtsblatt der Europäischen Gemeinschaften Nr. L 386 vom 30.12.1989, S. 14.

422 Vgl. Richtlinie 93/6/EWG des Rates vom 15. März 1993 über die angemessene Eigenkapitalausstattung von Wertpapierfirmen und Kreditinstituten, in: Amtsblatt der Europäischen Gemeinschaften Nr. L 141 vom 11.6.1993, S. 27.

sechsten KWG-Novelle[423] transformiert.

Im Juni 2004 verabschiedete der Baseler Ausschuß für Bankenaufsicht eine *neue Eigenkapitalempfehlung.*[424] Ziel dieser Neuregelung ist eine umfassendere und flexiblere Eigenkapitalunterlegung der Risiken. Wesentliche Veränderungen stehen im Zusammenhang mit den Mindestkapitalanforderungen und betreffen die Berechnung der gewichteten Risikoaktiva sowie die zusätzliche Unterlegung des operationellen Risikos mit Eigenkapital. So darf das Verhältnis von haftendem Eigenkapital zu gewichteten Risikoaktiva zwar weiterhin nicht geringer als 8 % sein, die Summe aller gewichteten Risikoaktiva wird jedoch ermittelt, indem die Eigenkapitalanforderungen für Marktrisiken und für operationelle Risiken mit 12,5 multipliziert und zur Summe der gewichteten Risikoaktiva aus dem Kreditgeschäft addiert werden:[425]

$$\frac{\text{haftendes Eigenkapital}}{\begin{array}{c}\text{Summe der gewichteten Risiko -}\\ \text{aktiva aus dem Kreditgeschäft}\end{array} + 12{,}5 \cdot \begin{array}{c}\text{Eigenkapitalanforderungen für Markt -}\\ \text{risiken und operationelle Risiken}\end{array}} \geq 8\,\%$$

Zur Berechnung der Mindesteigenkapitalanforderungen haben die Institute zukünftig grundsätzlich die Wahl zwischen verschiedenen Methoden, die insgesamt dazu führen sollen, daß die Berechnung der Eigenkapitalanforderungen differenzierter und risikogerechter als bislang erfolgt.

Die neue Baseler Eigenkapitalvereinbarung ist grundsätzlich nur für große, international tätige Banken unmittelbar gültig. Die EU-Kommission hat aber parallel zu den Arbeiten des Baseler Ausschusses intensiv an einem Entwurf für Richtlinienänderungen gearbeitet, die eine Transformation der Baseler Vorschläge in europäisches Recht ermöglichen. Aufgrund der nationalen Umsetzung dieser Änderungen wird die Baseler Eigenkapitalvereinbarung auch kleine und mittelgroße Kreditinstitute erfassen.

Art und Umfang der von den Kreditinstituten eingegangen Risiken bestimmen also den Umfang der gesetzlich geforderten Eigenmittel. Insbesondere die Höhe des haftenden Eigenkapitals ist für Kreditinstitute demnach von entscheidender Bedeutung, da es den Umfang ihrer Geschäftstätigkeit determiniert.[426] Nach § 10 Abs. 2a Nr. 4, 7

---

423 Vgl. Gesetz zur Änderung des Gesetzes über das Kreditwesen und anderer Vorschriften über Kreditinstitute vom 21.12.1992, in: BGBl. I S. 2211; Gesetz zur Umsetzung von EG-Richtlinien zur Harmonisierung bank- und wertpapieraufsichtsrechtlicher Vorschriften vom 22.10.1997, in: BGBl. I S. 2518.

424 Vgl. *Baseler Ausschuss für Bankenaufsicht*, Eigenkapitalanforderungen, 2004.

425 Vgl. *Baseler Ausschuss für Bankenaufsicht*, Eigenkapitalanforderungen, 2004, S. 14 f.

426 Vgl. § 10 bis § 12 KWG.

und 8 KWG gelten bei öffentlich-rechtlichen Sparkassen neben den Rücklagen, die den größten Bestandteil ihres haftenden Eigenkapitals ausmachen, die Vermögenseinlagen stiller Gesellschafter sowie die Sonderposten für allgemeine Bankrisiken nach § 340g HGB als *Kernkapital*. Zum *Ergänzungskapital* öffentlich-rechtlicher Sparkassen werden Vorsorgereserven nach § 340f HGB, Rücklagen nach § 6b EStG, Genußrechtskapital, längerfristige nachrangige Verbindlichkeiten sowie Neubewertungsreserven gerechnet.[427] Die *Drittrangmittel* setzen sich auch bei Sparkassen aus dem Nettogewinn aus allen Handelsbuchpositionen und den kurzfristig nachrangigen Verbindlichkeiten zusammen.[428]

Für Sparkassen gelten hinsichtlich des Eigenkapitals neben den aufsichtsrechtlichen Regelungen des Kreditwesengesetzes zusätzlich die restriktiveren Vorschriften der Sparkassengesetze, insbesondere was die Möglichkeiten der *Erhöhung des haftenden Eigenkapitals* betrifft. Grundsätzlich bestehen für Kreditinstitute ebenso wie für andere Unternehmen zwei Möglichkeiten, ihr haftendes Eigenkapital zu erhöhen. Einerseits durch die Aufnahme von Gesellschaftern oder die Erhöhung ihrer Kapitalanteile und anderseits durch Selbstfinanzierung. Die erste Möglichkeit ist für Sparkassen nur begrenzt umsetzbar. Abgesehen von den rechtlichen Beschränkungen der Aufnahme von privaten Gesellschaftern sind die öffentlichen Eigentümer aufgrund ihrer derzeitigen finanziellen Situation nicht in der Lage, den Instituten sogenanntes Dotationskapital zuzuführen, und zwar weder aus vorhandenen Haushaltsmitteln noch durch zusätzliche Kreditaufnahmen.[429] Somit können Sparkassen ihr Eigenkapital im wesentlichen nur durch Rücklagenbildung vermehren.[430] Die Sparkassengesetze begrenzen den Umfang der möglichen Abführung des Jahresüberschusses an die Gewährträger in Abhängigkeit vom Verhältnis der Höhe der Sicherheitsrücklagen oder des haftenden Eigenkapitals zur Höhe der Bilanzsumme, der Verbindlichkeiten oder der gewichteten Risikoaktiva der jeweiligen Sparkasse.[431] Der verbleibende Jahresüberschuß ist dann der Sicherheitsrücklage zuzuführen, wodurch eine ausreichende Höhe der Rücklage gewährleistet werden soll. Derartige Regelungen in bezug auf ausreichende Rücklagenzuführungen bestehen jedoch nach dem Aktiengesetz auch für private Kreditinstitute.[432] Ab-

427 Vgl. § 10 Abs. 2b KWG.

428 Vgl. § 10 Abs. 2c KWG.

429 Vgl. dazu auch Abschnitt 3.5.3.2.

430 Vgl. CLAUSSEN, Teilprivatisierung kommunaler Sparkassen, 1990, S. 86-89; FINZEL/THUY, Privatisierung der Sparkassen, 1996, S. 247; WITTE/RAFIQPOOR, Privatisierung öffentlich-rechtlicher Kreditinstitute, 2003, S. 1888.

431 Vgl. § 31 SpkG BW; § 29 SpkO BY; § 27 SpkG BB; § 23 SpkG HB; § 16 SpkG HE; § 27 SpkG MV; § 24 SpkG NI; § 28 SpkG NRW; § 20 SpkG RP; § 25 SpkG SL; § 27 SpkG SN; § 27 SpkG ST; § 28 SpkG SH; § 21 SpkG TH.

432 Vgl. § 58 u. § 150 AktG.

gesehen von Erhöhungen der Rücklagen durch Zuführung des Jahresüberschusses oder eines Teils des Jahresüberschusses steht den Sparkassen somit in der Regel lediglich die Aufnahme stiller Gesellschafter gemäß § 10 Abs. 4 KWG, die Gewährung von Genußrechten gemäß § 10 Abs. 5 KWG sowie das Eingehen nachrangiger Verbindlichkeiten nach § 10 Abs. 5a KWG zur Erhöhung ihres haftenden Eigenkapitals zur Verfügung.

Die Aufnahme von *stillen Vermögenseinlagen*, die gemäß § 10 Abs. 2a Nr. 8 KWG zum Kernkapital zählen, ist in den einzelnen Bundesländern an unterschiedliche Bedingungen geknüpft. Während private Mitwirkungsrechte stiller Gesellschafter in Bayern, Brandenburg, Mecklenburg-Vorpommern, Sachsen, Sachsen-Anhalt und Thüringen nicht möglich sind,[433] können in Hessen und Rheinland-Pfalz die stillen Gesellschafter auch über Mitwirkungsrechte in den Sparkassen verfügen.[434] Der Umfang der Einlagen privater stiller Gesellschafter darf aber auch in diesen Ländern 49 % des haftenden Eigenkapitals nicht übersteigen. Weiterhin können stille Einlagen in Brandenburg, Nordrhein-Westfalen und Schleswig-Holstein ausschließlich von bestimmten juristischen Personen des öffentlichen Rechts oder Gesellschaften des privaten Rechts aufgenommen werden.[435] Eine Aufnahme von Vermögenseinlagen stiller Gesellschafter erfordert in Baden-Württemberg oder dem Saarland dann die Zustimmung der Vertretungskörperschaft des Gewährträgers, wenn sie nicht bei einem Gewährträger oder einer unter das entsprechende Sparkassengesetz fallenden juristischen Person des öffentlichen Rechts, der Landesbank Baden-Württemberg oder einer Gesellschaft des privaten Rechts, an welcher eine der vorstehenden Institutionen mittelbar oder unmittelbar beteiligt ist, erfolgt.[436] In Nordrhein-Westfalen wird eine Zustimmung der Aufsichtsbehörde im Einvernehmen mit dem Innenministerium verlangt, falls der stille Gesellschafter kein Gewährträger ist.[437] Grundsätzlich einer Zustimmung des Trägers bedarf die Aufnahme stiller Einlagen in Niedersachsen.[438] Im Gegensatz zu den stillen Einlagen, die als Kernkapital unbegrenzt als haftendes Eigenkapital anerkannt werden, ist die Anerkennung von Genußrechtskapital und nachrangigen Verbindlichkeiten als Ergänzungskapital nicht unbeschränkt möglich.

---

[433] Vgl. § 8 Abs. 1 u. Abs. 3 SpkO BY; § 3 Abs. 3 SpkG BB; § 3 Abs. 4 SpkG MV; § 3 Abs. 4 SpkG SN; § 3 Abs. 3 SpkG ST; § 4 SpkG TH.

[434] Vgl. § 22 SpkG HE; § 21 u. § 21a SpkG RP.

[435] Vgl. § 3 Abs. 3 Satz 2 SpkG BB; § 29 Abs. 1 SpkG NRW; § 10 Abs. 2 Nr. 13 SpkG SH.

[436] Vgl. § 32 SpkG BW; § 26 SpkG SL.

[437] Vgl. § 29 Abs. 1 SpkG NRW.

[438] Vgl. § 16 Abs. 4 Nr. 3 SpkG NI.

Die Aufnahme von nach § 10 Abs. 2b Nr. 4 zum Ergänzungskapital gehörenden *Genußrechtskapital*[439] ist durch die Sparkassengesetze in allen Bundesländern zugelassen.[440] Den Genußrechtsgläubigern dürfen jedoch in Bayern und Schleswig-Holstein keine Mitwirkungs- und Kontrollrechtsbefugnisse und keine Ansprüche am Liquidationsvermögen eingeräumt werden.[441] Ebenfalls keine Mitwirkungsrechte dürfen mit Genußrechtskapital in Brandenburg, Mecklenburg-Vorpommern, Sachsen, Sachsen-Anhalt und Thüringen verbunden sein.[442] Die Zulassung der Wertpapiere über Genußrechte kann in Bayern nur zum Börsenhandel mit nicht amtlicher Notierung beantragt werden.[443] In Hessen ist die Ausgabe von Genußrechtskapital an Sparkassen, an Kreditinstitute der Sparkassenorganisation, an den Sparkassen- und Giroverband Hessen-Thüringen und an Gesellschaften des privaten Rechts ausgeschlossen. Außerdem darf der Gesamtbetrag der Genußrechte, die nach dem KWG geltende Obergrenze, bis zu welcher es dem haftenden Eigenkapital zugerechnet werden kann, nicht übersteigen.[444] Die Aufnahme von Genußrechtskapital ist aufgrund seiner Eigenkapitalmerkmale, wie der Teilnahme am Verlust, für die Sparkassen teurer als die Aufnahme von nachrangigen Verbindlichkeiten. Weiterhin lassen sich nachrangige Verbindlichkeiten beispielsweise in Form von Inhaberschuldverschreibungen besser handeln, so daß Sparkassen zur Erhöhung ihres haftenden Eigenkapitals weniger Genußrechtskapital als vielmehr nachrangige Verbindlichkeiten nutzen.[445]

Nach § 10 Abs. 2b Nr. 5 KWG zum Ergänzungskapital zählende längerfristige *nachrangige Verbindlichkeiten*[446] können durch die Sparkassen in allen Bundesländern ausgegeben werden.[447] In Brandenburg, Mecklenburg-Vorpommern, Sachsen, Sachsen-Anhalt und Thüringen dürfen aber mit der Aufnahme von nachrangigen Verbind-

---

439 Gesetzlich ist der Begriff der Genußrechte nicht geregelt. Der Bundesgerichtshof charakterisierte Genußrechte als reine Gläubigerrechte schuldrechtlicher Art, die Forderungsrechte, jedoch keine Mitgliedschaftsrechte begründen. Vgl. BGH-Urteil vom 5.10.1992, BGHZ 119, 305, 334, S. 309 f.

440 Vgl. § 6 Abs. 2 SpkG BW; § 21 Abs. 1 SpkG HE; § 16 Abs. 4 Nr. 3 SpkG NI; § 29 Abs. 2 SpkG NRW; § 2 Abs. 5 SpkG RP; § 3 Abs. 1 SpkG SL.

441 Vgl. § 8 Abs. 1 u. Abs. 2 SpkO BY; § 10 Abs. 2 Nr. 14 SpkG SH.

442 Vgl. § 3 Abs. 3 SpkG BB; § 3 Abs. 4 SpkG MV; § 3 Abs. 3 SpkG SN; § 3 Abs. 3 SpkG ST; § 4 SpkG TH.

443 Vgl. § 8 Abs. 2 SpkO BY

444 Vgl. § 21 Abs. 1 SpkG HE.

445 Vgl. *PADBERG*, Genussrechtskapital, 2000, S. 990 f.

446 Kurzfristige nachrangige Verbindlichkeiten gehören gemäß § 10 Abs. 2c Nr. 2 KWG zu den Drittrangmitteln.

447 Vgl. § 6 Abs. 2 SpkG BW; § 7 SpkO BY; § 16 Abs. 4 Nr. 3 SpkG NI; § 8 Abs. 1 SpkVO NRW; § 2 Abs. 5 SpkG RP; § 3 Abs. 1 SpkG SL; § 10 Abs. 2 Nr. 15 SpkG SH.

lichkeiten ebenso wie bei der Aufnahme von Genußrechtskapital und stillen Vermögenseinlagen keine Mitwirkungsrechte verbunden sein.[448]

In Rheinland-Pfalz besteht für die Sparkassen auch die Möglichkeit der *Bildung von Stammkapital* durch Einlagen oder durch die Umwandlung von Rücklagen. Auf dieses Stammkapital können nach einer Rücklagenzuführung von mindestens einem Drittel des Jahresüberschusses in angemessenem Umfang Ausschüttungen erfolgen.[449] Sogar die Übertragung von Anteilen am Stammkapital an Sparkassen sowie an kommunale Gebietskörperschaften oder Zweckverbände ist in Rheinland-Pfalz unter bestimmten Voraussetzungen zugelassen.[450] Eine weitere Besonderheit stellt die Sachsen-Finanzgruppe dar, die durch das Gesetz über das öffentlich-rechtliche Kreditwesen im Freistaat Sachsen vom 13. Dezember 2002 entstanden ist.[451] Als Körperschaft des öffentlichen Rechts verfügt die Sachsen-Finanzgruppe ebenfalls über eigenes Stammkapital.[452] Anteilseigner können sowohl der Freistaat Sachsen als auch die Landkreise, kreisfreien Städte und von ihnen gebildete Zweckverbände sein. Bis zu 49 % des Stammkapitals können auch von anderen Personen des öffentlichen und privaten Rechts gehalten werden.[453] Ein Zugriff auf das Vermögen der Sparkassen durch die Träger ist demnach derzeit in Sachsen und Rheinland-Pfalz auch unabhängig von einer Auflösung bereits möglich.[454]

Trotz der genannten Alternativen zur Steigerung ihrer aufsichtsrechtlichen Eigenmittel[455] stehen den Sparkassen nicht in gleichen Maße wie den privaten Kreditinstituten Möglichkeiten zur Erhöhung vor allem ihres Kernkapitals zur Verfügung. Für die Beschaffung von haftendem Eigenkapital ohne eine Änderung der Rechtsform, also unabhängig von einer *formalen Privatisierung*, stehen den Sparkassen derzeit neben Rücklagenzuführungen oder Einlagen der öffentlichen Hand auch stille Beteiligungen sowie die Ausgabe von Genußrechtskapital und nachrangigen Verbindlichkeiten zur

---

[448] Vgl. § 3 Abs. 3 SpkG BB; § 3 Abs. 4 SpkG MV; § 3 Abs. 3 SpkG SN; § 3 Abs. 3 SpkG ST; § 4 SpkG TH.

[449] Vgl. § 3 Abs. 3 SpkG RP i. V. m. § 20 Abs. 1 SpkG RP.

[450] Vgl. § 3 Abs. 4 SpkG RP.

[451] Vgl. Gesetz über das öffentlich-rechtliche Kreditwesen im Freistaat Sachsen vom 13.12.2002, in: GVBl. S. 333.

[452] Vgl. § 49 SpkG SN i. V. m. § 53 SpkG SN.

[453] Vgl. § 53 Abs. 1 SpkG SN.

[454] Vgl. *LEPPER*, Ausschüttung von Sparkassengewinnen, 2003, S. 143 f. Vgl. auch Abschnitt 3.5.3.1.

[455] Vgl. dazu auch *AXEL*, Eigenkapitalausstattung, 1994, S. 280-282; *SCHMIDHUBER*, Eigenkapital der Sparkassen, 1995, S. 436 f.

Verfügung.[456] Die Beteiligung von stillen Gesellschaftern kann auch als *Teilprivatisierung* angesehen werden, da sie in einzelnen Bundesländern mit Mitwirkungsrechten verbunden sein kann. Eine Lockerung der kommunalen Bindung, in deren Folge der öffentliche Auftrag und das Regionalprinzip in Frage gestellt werden könnten, ist durch die Aufnahme von stillen Beteiligungen jedoch nicht zu befürchten. Vielmehr könnte die Beteiligung der Bürger an ihrer Sparkasse eine stärkere Bürgernähe bewirken.[457] Dennoch wären die Sparkassen bereits durch die Aufnahme stiller Gesellschafter gezwungen, ihre Geschäftspolitik auch an den Interessen dieser privaten Investoren auszurichten, da diese eine angemessene Rendite fordern werden.

Eigenkapitalerhöhungen wären nach einer *materiellen Teilprivatisierung* zusätzlich auch durch Zuführungen von außen beispielsweise durch die Aufnahme neuer Gesellschafter möglich. Grenzen könnte hier jedoch die Vereinbarung einer Mehrheitsbeteiligung der Trägerkommune an der privatisierten Sparkasse setzen. Nach einer *Vollprivatisierung* beständen hinsichtlich der Alternativen zur Eigenkapitalerhöhung der Sparkasse keine Unterschiede mehr zu privaten Kreditinstituten. In Abhängigkeit von der Privatisierungsform hätten die privatisierten Sparkassen demzufolge zusätzliche Möglichkeiten zur externen Beschaffung von haftendem Eigenkapital.

3.5.2.3 Einlagensicherung

Bislang existierte in Deutschland ein System freiwilliger Sicherungsfonds der privaten und öffentlich-rechtlichen Institute.[458] Aufgrund der EG-Richtlinien über Einlagensicherungssysteme[459] und über Systeme für die Entschädigung der Anleger[460] etablierte der Gesetzgeber mit dem Einlagensicherungs- und Anlegerentschädigungsgesetz (EAEG) vom 16. Juli 1998 in Deutschland auch eine gesetzliche Einlagensicherung. Nach diesem Gesetz sind alle privaten und öffentlich-rechtlichen Einlagenkreditinstitute sowie alle Wertpapierhandelsunternehmen verpflichtet, ihre Einlagen und Verbindlichkeiten aus Wertpapiergeschäften durch die Zugehörigkeit zu einer Entschädi-

---

[456] Vgl. dazu auch Abschnitt 3.5.2.2.

[457] Vgl. CLAUSSEN, Teilprivatisierung kommunaler Sparkassen, 1990, S. 179.

[458] Vgl. DEUTSCHE BUNDESBANK, Einlagensicherung, 1992; GRUNDMANN, Einlagensicherungssysteme, 1992. Vgl. zur freiwilligen indirekten Institutssicherung der Sparkassenorganisation Abschnitt 2.4

[459] Vgl. Richtlinie 94/19/EG des Europäischen Parlaments und des Rates vom 30.5.1994 über Einlagensicherungssysteme, in: Amtsblatt der Europäischen Gemeinschaften Nr. L 135 vom 31.5.1994, S. 5.

[460] Vgl. Richtlinie 97/9/EG des Europäischen Parlaments und des Rates vom 3.3.1997 über Systeme für die Entschädigung der Anleger, in: Amtsblatt der Europäischen Gemeinschaften Nr. L 84 vom 26.3.1997, S. 22.

gungseinrichtung zu sichern.[461] Auch Institute, welche freiwilligen Sicherungssystemen der Bankenverbände angehören, müssen einer gesetzlichen Entschädigungseinrichtung zugeordnet sein.[462] Ausgenommen von dieser Verpflichtung sind lediglich Institute, „die den Sicherungseinrichtungen der regionalen Sparkassen- und Giroverbände oder der Sicherungseinrichtung des Bundesverbandes der Deutschen Volksbanken und Raiffeisenbanken angeschlossen sind".[463] Als gesetzliche Entschädigungseinrichtungen fungieren für private Einlagenkreditinstitute die „Entschädigungseinrichtung deutscher Banken GmbH" des Bundesverbandes deutscher Banken sowie für öffentlich-rechtliche Einlagenkreditinstitute die „Entschädigungseinrichtung des Bundesverbandes Öffentlicher Banken GmbH". In bezug auf Wertpapierhandelsunternehmen wurde eine „Entschädigungseinrichtung der Wertpapierhandelsunternehmen" bei der Kreditanstalt für Wiederaufbau eingerichtet, die jedoch hier nicht weiter betrachtet wird.[464] Der Entschädigungsanspruch aus den gesetzlichen Entschädigungseinrichtungen ist begrenzt auf jeweils 90 % der Einlagen und Verbindlichkeiten aus Wertpapiergeschäften, wobei der maximale Betrag 20.000 € je Gläubiger beträgt.[465] Finanziert werden die Entschädigungszahlungen durch Beiträge der Institute.[466] Dazu hat das Bundesministerium der Finanzen gemäß § 8 Abs. 3 EAEG Verordnungen erlassen, welche die Höhe von Jahresbeiträgen, Sonderzahlungen und Einmalzahlungen regeln.[467] So müssen Institute, welche der „Entschädigungseinrichtung deutscher Banken GmbH" oder der „Entschädigungseinrichtung des Bundesverbandes Öffentlicher Banken GmbH" zugeordnet sind, derzeit einen Jahresbeitrag in Höhe von 0,08 ‰ der Bilanzposition „Verbindlichkeiten gegenüber Kunden" des letzten aufgestellten Jahresabschlusses an die Entschädigungseinrichtung entrichten, wobei einzelne Posten dieser Bilanzposition unberücksichtigt bleiben können.[468] Mindestens sind jedoch 1.000 €

---

[461] Vgl. § 2 EAEG i. V. m. § 1 Abs. 1 EAEG.

[462] Vgl. *Deutsche Bundesbank*, Einlagensicherung und Anlegerentschädigung, 2000, S. 32.

[463] § 12 Abs. 1 EAEG.

[464] Vgl. *Deutsche Bundesbank*, Einlagensicherung und Anlegerentschädigung, 2000, S. 34 f.

[465] Vgl. § 4 EAEG.

[466] Vgl. § 8 EAEG.

[467] Vgl. dazu und zum folgenden Verordnung über die Beiträge zur Entschädigungseinrichtung des Bundesverbandes Öffentlicher Banken Deutschlands GmbH vom 10.7.1999, BGBl. I S. 1538; Verordnung über die Beiträge zur Entschädigungseinrichtung deutscher Banken GmbH vom 10.7.1999, BGBl. I S. 1540; Erste Verordnung zur Änderung der Verordnung über die Beiträge zur Entschädigungseinrichtung des Bundesverbandes Öffentlicher Banken Deutschlands GmbH vom 5.6.2003, BGBl. I S. 846; Erste Verordnung zur Änderung der Verordnung über die Beiträge zur Entschädigungseinrichtung deutscher Banken GmbH vom 5.6.2003, BGBl. I S. 847.

[468] Unberücksichtigt können beispielsweise Hypotheken-Namenspfandbriefe, öffentliche Namenspfandbriefe oder Verbindlichkeiten gegenüber dem Bund, einem Land, oder einer kommunalen Gebietskörperschaft bleiben.

einzuzahlen. Anstelle dessen besteht auch die Möglichkeit, 1 % des potentiellen Umfangs der Entschädigungsansprüche nach § 4 EAEG[469] zum Zeitpunkt des letzten aufgestellten Jahresabschlusses, mindestens jedoch 1.000 €, zu entrichten. In diesem Fall ist aber der Nachweis eines Wirtschaftsprüfers über den potentiellen Umfang der Entschädigungsansprüche notwendig. Zusätzlich sind von der Entschädigungseinrichtung Sonderbeiträge in dem Fall zu erheben, daß die Mittel der Entschädigungseinrichtung ein bestimmtes Mindestvolumen unterschreiten. Das Mindestvolumen der gesetzlichen Entschädigungseinrichtungen muß ab dem 1. Januar 2001 mindestens das Doppelte der Summe der jeweils zuletzt geleisteten Jahresbeiträge betragen. Institute, die erst nach einem bestimmten Stichtag der Entschädigungseinrichtung zugeordnet sind, müssen neben dem Jahresbeitrag eine einmalige Zahlung leisten, die abhängig von der Höhe der Bilanzposition „Verbindlichkeiten gegenüber Kunden" ist. Eine Einmalzahlung in Höhe von 0,5 ‰ der Bilanzposition „Verbindlichkeiten gegenüber Kunden" des letzten vor dem 1. Juli aufgestellten Jahresabschlusses müssen Institute, die nach dem 1. August 1998 der „Entschädigungseinrichtung deutscher Banken GmbH" zugeordnet sind, zusätzlich zum Jahresbeitrag zahlen. Einzelne Posten dieser Bilanzposition können dabei unberücksichtigt bleiben.[470] Alternativ besteht die Möglichkeit, die einmalige Zahlung in Höhe von 6 % des potentiellen Umfangs der Entschädigungsansprüche nach § 4 EAEG zum Zeitpunkt des letzten vor dem 1. Juli aufgestellten Jahresabschlusses zu entrichten. Mindestens sind jedoch 15.000 € zu leisten.[471] Institute, die nach dem 1. Januar 1999 der „Entschädigungseinrichtung des Bundesverbandes Öffentlicher Banken GmbH" zugeordnet sind, müssen zusätzlich zum Jahresbeitrag eine einmalige Zahlung in Höhe von 0,3 ‰ der Bilanzposition „Verbindlichkeiten gegenüber Kunden" des letzten vor dem 1. Juli aufgestellten Jahresabschlusses, mindestens jedoch in Höhe von 5.000 €, leisten.

Dieser gesetzliche Schutz kann durch die Mitgliedschaft der Kreditinstitute in freiwilligen privaten Einlagensicherungseinrichtungen ergänzt werden. Zu diesen zählen der Einlagensicherungsfonds des Bundesverbandes deutscher Banken e. V. sowie der Ein-

---

[469] Nach § 4 EAEG ist der Entschädigungsanspruch auf 90 % der Einlagen und Verbindlichkeiten aus Wertpapiergeschäften und den Gegenwert von 20.000 € je Gläubiger beschränkt.

[470] Unberücksichtigt können beispielsweise Hypotheken-Namenspfandbriefe, öffentliche Namenspfandbriefe oder Verbindlichkeiten gegenüber dem Bund, einem Land, oder einer kommunalen Gebietskörperschaft bleiben.

[471] Institute, die noch keine Jahresabschlüsse für drei volle Geschäftsjahre aufgestellt haben, sind verpflichtet, die einmalige Zahlung auf der Grundlage des Jahresabschlusses des dritten vollen Geschäftsjahres, mindestens jedoch 15.000 €, zu leisten. Diese Institute müssen eine Vorauszahlung in Höhe von 15.000 € entrichten.

lagensicherungsfonds des Bundesverbandes Öffentlicher Banken Deutschlands e. V.[472] Am Einlagensicherungsfonds des Bundesverbandes deutscher Banken müssen alle Kreditinstitute mitwirken, die Mitglied im Verband sind. Dem Einlagensicherungsfonds des Bundesverbandes Öffentlicher Banken können alle Mitglieder des Verbandes beitreten, die keiner Sicherungseinrichtung des Deutschen Sparkassen- und Giroverbandes angeschlossen sind. Während das Gesamtvolumen des Einlagensicherungsfonds des Bundesverbandes deutscher Banken nicht fixiert ist, muß es beim Einlagensicherungsfonds des Bundesverbandes Öffentlicher Banken mindestens 0,1 % der Summe der zu sichernden Einlagen von Nichtkreditinstituten betragen. Über die Feststellung eines Sicherungsfalls und die dann zu ergreifenden Maßnahmen entscheidet der Beirat des Einlagensicherungsfonds des Bundesverbandes Öffentlicher Banken mit einer drei Viertel Mehrheit. Der Einlagensicherungsfonds des Bundesverbandes deutscher Banken sichert Einlagen bis zu einer Sicherungsgrenze von 30 % des haftenden Eigenkapitals je Gläubiger. Zur Finanzierung müssen die Mitglieder des Fonds jährlich eine Umlage in Höhe von 0,3 ‰ der Bilanzposition „Verbindlichkeiten gegenüber Kunden" des letzten Jahresabschlusses erbringen. Kreditinstitute, die nach einem Klassifizierungsverfahren in die Klassen B oder C eingruppiert werden, müssen höhere Umlagen entrichten, wobei der Zuschlag das 2,5fache nicht überschreiten darf. Für Mitglieder des Einlagensicherungsfonds des Bundesverbandes Öffentlicher Banken beträgt der jährliche Beitrag 0,05 ‰ der Einlagen von Nichtkreditinstituten. Ebenso wie bei den gesetzlichen Entschädigungseinrichtungen sind auch bei den freiwilligen Einlagensicherungsfonds neu aufgenommene Mitglieder verpflichtet, eine zusätzliche Einmalzahlung zu leisten. Beim Einlagensicherungsfonds des Bundesverbandes Öffentlicher Banken entscheidet der Beirat über dessen Höhe, und beim Einlagensicherungsfonds des Bundesverbandes deutscher Banken beträgt die einmalige Zahlung 0,9 ‰ der Bilanzposition „Verbindlichkeiten gegenüber Kunden" des letzten Jahresabschlusses, aber mindestens 12.500 €.

Im Unterschied zur indirekten Institutssicherung der Sparkassenorganisation werden die Einleger der angeschlossenen Kreditinstitute durch die Einlagensicherungseinrichtungen der privaten und öffentlich-rechtlichen Einlagenkreditinstitute direkt geschützt. Die Sicherheit der Anleger ist jedoch in beiden Sicherungssystemen gegeben.

Ein Austritt einer Sparkasse aus dem entsprechenden regionalen Sparkassenstützungsfonds ist in der Mustersatzung für die Sparkassenstützungsfonds der Regionalverbände

---

[472] Vgl. dazu und zum folgenden *BUNDESVERBAND DEUTSCHER BANKEN*, Statut des Einlagensicherungsfonds, 2002; *BUNDESVERBAND ÖFFENTLICHER BANKEN*, Satzung für den Einlagensicherungsfonds, 2003.

nicht geregelt.[473] Im Gegensatz dazu enthalten die Satzung für die Sicherungsreserve der Landesbanken und Girozentralen sowie die Satzung für den Sicherungsfonds der Landesbausparkassen Vorschriften zum Ausscheiden von Mitgliedsinstituten.[474] Unter der Voraussetzung, daß nach einer rein *formalen Privatisierung* die Sparkasse auch künftig Mitglied eines regionalen Sparkassen- und Giroverbandes bleibt, was aufgrund der voraussichtlich weiterhin gegebenen kommunalen Bindung und der Erfüllung des öffentlichen Auftrages denkbar wäre, ergäben sich für die betroffene Sparkasse auch hinsichtlich der Einlagensicherung keine Veränderungen. Sie könnte auch nach der Privatisierung noch einem regionalen Sparkassenstützungsfonds und damit der Institutssicherung des Sparkassensektors angeschlossen sein.

Da die regionalen Sparkassenstützungsfonds die Aufgabe haben, die Mitgliedssparkassen des jeweiligen Verbandes zu schützen, und voraussichtlich zumindest mit einer *materiellen Privatisierung* und der damit verbundenen Veräußerung von Anteilen der Sparkasse an private Investoren auch ihre Mitgliedschaft im entsprechenden regionalen Sparkassen- und Giroverband enden würde, wäre die zukünftige Absicherung der Sparkasse durch den regionalen Sparkassenstützungsfonds nicht mehr gegeben. Damit würde der Tatbestand des § 12 Abs. 1 EAEG entfallen und die privatisierte Sparkasse wäre gemäß § 2 EAEG verpflichtet, ihre Einlagen und Verbindlichkeiten aus Wertpapiergeschäften durch die Zugehörigkeit zu einer gesetzlichen Entschädigungseinrichtung abzusichern.

Welcher gesetzlichen Entschädigungseinrichtung sich die privatisierte Sparkasse anzuschließen hat, hängt vom Umfang der Privatisierung und der künftigen Verbandmitgliedschaft ab. Werden im Anschluß an eine formale Privatisierung die Anteile des Kreditinstitutes ganz oder teilweise von der öffentlichen Hand direkt oder indirekt gehalten, so ist die Mitgliedschaft im Bundesverband Öffentlicher Banken e. V. möglich. Neben der Zugehörigkeit zur gesetzlichen Entschädigungseinrichtung des Bundesverbandes Öffentlicher Banken e. V. könnte die privatisierte Sparkasse auch Mitglied des freiwilligen Einlagensicherungsfonds des Verbandes werden. Nach einer *materiellen Vollprivatisierung* hingegen hätte sich das private Institut der gesetzlichen Entschädigungseinrichtung deutscher Banken GmbH anzuschließen. Für Mitglieder des Bundesverbandes deutscher Banken e. V. besteht gleichzeitig ein Anschlußzwang an den freiwilligen Einlagensicherungsfonds des Bundesverbandes deutscher Banken e. V. Damit würden sich für die privatisierte Sparkasse die jährlichen Beitragszahlun-

---

[473] Vgl. *Deutscher Sparkassen- und Giroverband*, Mustersatzung für die Sparkassenstützungsfonds, 2002; *Deutscher Sparkassen- und Giroverband*, Mustersatzung für die Sparkassenstützungsfonds, 2003.

[474] Vgl. *Deutscher Sparkassen- und Giroverband*, Sicherungsreserve der Landesbanken, 2003; *Deutscher Sparkassen- und Giroverband*, Sicherungsfonds der Landesbausparkassen, 2003.

gen für die Einlagensicherung ändern. Zusätzlich hätte die privatisierte Sparkasse in beiden Fällen als neu eingetretenes Institut – sowohl in bezug auf die gesetzliche Entschädigungseinrichtung als auch hinsichtlich des freiwilligen Einlagensicherungsfonds – eine einmalige Zahlung zu erbringen. Die Höhe der Jahresbeiträge und der Einmalzahlungen sind ebenso wie weitere Unterschiede zwischen der Einlagensicherung der Sparkassen, Landesbanken und Landesbausparkassen, der öffentlichen Einlagenkreditinstitute und der privaten Kreditinstitute zusammenfassend den nachfolgenden Tabellen 3 und 4 zu entnehmen.

	Sparkassen, Landesbanken, Landesbausparkassen	**öffentliche Einlagenkreditinstitute**		**private Einlagenkreditinstitute**	
Sicherungssystem	Institutssicherung	Gesetzliche Einlagensicherung	Freiwillige Einlagensicherung	Gesetzliche Einlagensicherung	Freiwillige Einlagensicherung
Sicherungseinrichtungen	Sparkassenstützungsfonds der Regionalverbände; Sicherungsreserve der Landesbanken/Girozentralen; Sicherungsfonds der Landesbausparkassen	Entschädigungseinrichtung des Bundesverbandes Öffentlicher Banken GmbH	Einlagensicherungsfonds des Bundesverbandes Öffentlicher Banken e. V.	Entschädigungseinrichtung deutscher Banken GmbH	Einlagensicherungsfonds des Bundesverbandes deutscher Banken e. V.
Qualifikation nach EAEG/ Anschlußzwang	kein Anschlußzwang an eine Entschädigungseinrichtung wegen Institutssicherung (§ 12 Abs. 1 EAEG)	Anschlußzwang – beliehene Entschädigungseinrichtung (§ 7 EAEG)	kein Anschlußzwang	Anschlußzwang – beliehene Entschädigungseinrichtung (§ 7 EAEG)	Anschlußzwang für Mitglieder des Bundesverbandes deutscher Banken e. V.
Haftungsverbund	Überregionaler Ausgleich der Sparkassenstützungsfonds; Haftungsverbund zwischen den Sparkassenstützungsfonds und der Sicherungsreserve der Landesbanken/Girozentralen sowie dem Sicherungsfonds der Landesbausparkassen	kein Haftungsverbund		kein Haftungsverbund	
Gesamtvolumen	1,5-fache des bisherigen Gesamtvolumens[475]	ab dem 1.1.2001 mind. das Doppelte der Summe der jeweils zuletzt geleisteten Jahresbeiträge	0,1 % der Summe der zu sichernden Einlagen von Nichtkreditinstituten der Mitglieder	ab dem 1.1.2001 mind. das Doppelte der Summe der jeweils zuletzt geleisteten Jahresbeiträge	nicht fixiert
Entschädigungsanspruch	Verbandsvorstand entscheidet mit 2/3 Mehrheit über Art und Umfang der Stützungsmaßnahmen	maximal 90 % der Einlagen und Verbindlichkeiten aus Wertpapiergeschäften und 20.000 € je Gläubiger	Beirat entscheidet mit 3/4 Mehrheit über Feststellung des Sicherungsfalls und zu ergreifende Maßnahmen	maximal 90 % der Einlagen und Verbindlichkeiten aus Wertpapiergeschäften und 20.000 € je Gläubiger	Einlagen bis zu einer Sicherungsgrenze von 30 % des haftenden Eigenkapitals je Gläubiger

Tabelle 3: Einlagensicherung I

[475] Das Gesamtvolumen der Sparkassenstützungsfonds sowie der Sicherungsreserve der Landesbanken/Girozentralen soll bis Ende 2005 3 ‰ der Forderungen an Kunden und das Gesamtvolumen des Sicherungsfonds der Landesbausparkassen 0,5 ‰ der Forderungen an Kunden betragen.

		Sparkassen, Landesbanken, Landesbausparkassen	**öffentliche Einlagenkreditinstitute**		**private Einlagenkreditinstitute**	
Finanzierung	**Jahresbeiträge**	*Bemessungsgrundlage* (BGL):[476] Summe der anrechnungspflichtigen Positionen nach Grundsatz I über die Eigenmittel *Beitragssatz* (BS)[477] = $0{,}0001 \cdot \left(5+\frac{1}{\text{RTQ}}\right) \cdot \text{Kalibrierungsfaktor}$ *Gesamtvolumen (GV)* = BGL · BS *Jahresbeitrag* = 0,15 · (1/3 · GV)[478]	• 0,08 ‰ der „Verbindlichkeiten gegenüber Kunden" des letzten Jahresabschlusses *oder* • 1 % des potentiellen Umfangs der Entschädigungsansprüche nach § 4 EAEG zum letzten Jahresabschluß mind. 1.000 €	0,05 ‰ der Einlagen von Nichtkreditinstituten	• 0,08 ‰ der „Verbindlichkeiten gegenüber Kunden" des letzten Jahresabschlusses *oder* • 1 % des potentiellen Umfangs der Entschädigungsansprüche nach § 4 EAEG zum letzten Jahresabschluß mind. 1.000 €	0,3 ‰ der „Verbindlichkeiten gegenüber Kunden" des letzten Jahresabschlusses (höhere Umlage bei einer Risikoklassifizierung in die Klassen B oder C)
Finanzierung	**Einmalzahlungen**	keine	nach dem 1.1.1999 zugeordnete Institute: 0,3 ‰ der „Verbindlichkeiten gegenüber Kunden" des letzten Jahresabschlusses; mind. 5.000 €	später beigetretene Institute: einmalige Leistung, deren Höhe der Beirat festlegt	nach dem 1.8.1998 zugeordnete Institute: •0,5 ‰ der „Verbindlichkeiten gegenüber Kunden" des letzten Jahresabschlusses *oder* •6 % des potentiellen Umfangs der Entschädigungsansprüche nach § 4 EAEG zum letzten Jahresabschluß mind. 15.000 €	neuaufgenommene Institute: 0,9 ‰ der „Verbindlichkeiten gegenüber Kunden" des letzten Jahresabschlusses; mind. 12.500 €

Tabelle 4: Einlagensicherung II

[476] Nach Umsetzung von Basel II in nationales Recht soll die Gesamtrisikoposition die Bemessungsgrundlage sein.

[477] Der Risikotragfähigkeitsquotient wird mit Hilfe der folgenden Formel berechnet:

$$\text{RTQ} = \frac{\text{haftendes Eigenkapital (hEK)} + \text{ungebundene, nicht als hEK anerkannte Vorsorgereserven}}{\text{Summe anrechnungspflichtiger Positionen}}$$

[478] Betragen die Barmittel mindestens 65 % des Einzahlungs-Solls (1/3 des Gesamtvolumens), so sinkt der Jahresbeitrag auf 7,5 % des Einzahlungs-Solls.

3.5.2.4 Besteuerung

Der § 301 Abs. 1 UmwG schreibt vor, daß eine Anstalt des öffentlichen Rechts durch einen Formwechsel lediglich die Rechtsform einer Kapitalgesellschaft erlangen kann, falls das Gesetz nichts anderes bestimmt. Gleichzeitig beschränken die Gemeindeordnungen die Haftung der Kommunen für Beteiligungen an Unternehmen[479] und legen einen angemessenen Einfluß auf diese fest.[480] Insofern können Gemeinden hinsichtlich ihrer kommunalen Unternehmen prinzipiell nur auf die private Rechtsform einer Kapitalgesellschaft zurückgreifen. Sollte die Kommune also eine Beteiligung an der privatisierten Sparkasse in Erwägung ziehen, kommt als Rechtsform ausschließlich eine Kapitalgesellschaft in Betracht. Für den Fall einer Vollprivatisierung, also der vollständigen Übertragung der Sparkasse an Private, soll hier vereinfachend ebenfalls ausschließlich die Rechtsform der Kapitalgesellschaft betrachtet werden. Die folgenden Ausführungen konzentrieren sich deshalb auf einen Vergleich der Besteuerung der öffentlich-rechtlichen Sparkassen mit der von Eigengesellschaften, das heißt Kapitalgesellschaften, die in unmittelbaren oder mittelbaren Eigentum von Gebietskörperschaften stehen,[481] und der von Kreditinstituten in der Rechtsform einer Aktiengesellschaft oder einer Gesellschaft mit beschränkter Haftung.[482]

Von Gewicht für die Besteuerung eines öffentlichen Unternehmens sind insbesondere die Art der Betätigung, das heißt die Frage danach, ob es sich um einen „Betrieb gewerblicher Art" und/oder einen „Gewerbebetrieb" handelt, die Rechtsform des Unternehmens sowie persönliche und sachliche Steuerbefreiungsgründe.[483]

Körperschaften des öffentlichen Rechts sind grundsätzlich nicht steuerpflichtig. Jedoch unterliegen juristische Personen des öffentlichen Rechts mit ihren Betrieben ge-

---

479 Vgl. § 103 Abs. 1 Nr. 4 GO BW; Art. 92 Abs. 1 Nr. 3 GO BY; § 102 Satz 1 Nr. 3 GO BB; § 122 Abs. 1 Nr. 2 GO HE; § 69 Abs. 1 Nr. 4 KV MV; § 109 Abs. 1 Nr. 2 GO NI; § 108 Abs. 1 Nr. 3 GO NRW; § 87 Abs. 1 Nr. 4 GO RP; § 110 Abs. 1 Nr. 2 KSVG SL; § 96 Abs. 1 Nr. 3 GO SN; § 117 Abs. 1 Nr. 4 GO ST; § 102 Abs. 1 Nr. 2 GO SH; § 73 Abs. 1 Nr. 4 KO TH.

480 Vgl. § 103 Abs. 1 Nr. 3 GO BW; Art. 92 Abs. 1 Nr. 2 GO BY; § 102 Satz 1 Nr. 2 GO BB; § 122 Abs. 1 Nr. 3 GO HE; § 69 Abs. 1 Nr. 3 KV MV; § 109 Abs. 1 Nr. 6 GO NI; § 108 Abs. 1 Nr. 6 GO NRW; § 87 Abs. 1 Nr. 3 GO RP; § 110 Abs. 1 Nr. 3 KSVG SL; § 96 Abs. 1 Nr. 2 GO SN; § 117 Abs. 1 Nr. 3 GO ST; § 102 Abs. 1 Nr. 3 GO SH; § 73 Abs. 1 Nr. 3 KO TH.

481 Vgl. *MATSCHKE/WEGMANN*, Eigengesellschaften, 1989, Sp. 295.

482 Von der Frage nach der rechtlichen Zulässigkeit einer Umwandlung öffentlich-rechtlicher Sparkassen in eine private Rechtsform sowie der Zulässigkeit des Betreibens eines Kreditinstitutes in der Form einer Eigengesellschaft durch eine Kommune wird hier abstrahiert. Vgl. dazu Abschnitt 3.4.

483 Vgl. *KUGEL*, Besteuerung, 1990, S. 6 f.; *MÜHLENKAMP*, Öffentliche Unternehmen, 1994, S. 129.

werblicher Art unbeschränkt der Besteuerung.[484] *Betriebe gewerblicher Art* von juristischen Personen des öffentlichen Rechts sind „alle Einrichtungen, die einer nachhaltigen wirtschaftlichen Tätigkeit zur Erzielung von Einnahmen außerhalb der Land- und Forstwirtschaft dienen und die sich innerhalb der Gesamtbetätigung der juristischen Person wirtschaftlich herausheben. Die Absicht, Gewinn zu erzielen, und die Beteiligung am allgemeinen wirtschaftlichen Verkehr sind nicht erforderlich"[485]. Ebenso wie beispielsweise öffentlich-rechtliche Versicherungsanstalten werden auch die öffentlich-rechtlichen Sparkassen den Betrieben gewerblicher Art zugeordnet.[486] Steuersubjekt ist aber grundsätzlich nicht der Betrieb gewerblicher Art selbst, sondern die juristische Person des öffentlichen Rechts, es sei denn, der Betrieb gewerblicher Art ist eine eigenständige juristische Person des öffentlichen Rechts,[487] wie zum Beispiel öffentlich-rechtliche Sparkassen.[488] In diesem Fall unterliegen die Betriebe gewerblicher Art als Steuersubjekte selbst der Körperschaft- und der Umsatzsteuer. Nicht jeder Betrieb gewerblicher Art erfüllt auch die Voraussetzungen eines *Gewerbebetriebes*, für deren Annahme zusätzlich eine Gewinnerzielungsabsicht und die Beteiligung am allgemeinen wirtschaftlichen Verkehr Voraussetzung ist.[489] In bezug auf öffentlich-rechtliche Sparkassen liegen aber zusätzlich die genannten Voraussetzungen eines Gewerbebetriebes vor, so daß sie auch gewerbesteuerpflichtig sind.[490]

Für Eigengesellschaften gelten die gleichen steuerlichen Regeln wie für andere Kapitalgesellschaften auch.[491] Sie sind nach § 1 Abs. 1 Nr. 1 KStG unbeschränkt körperschaftssteuerpflichtig, ihre Tätigkeit gilt gemäß § 2 Abs. 2 Satz 1 GewStG stets und in

---

[484] Vgl. § 1 Abs. 1 Nr. 6 KStG i. V. m. § 4 KStG sowie § 2 Abs. 3 UStG und § 3 Abs. 3 GrStG, die auf die Vorschriften im Körperschaftssteuergesetz verweisen.

[485] § 4 Abs. 1 KStG.

[486] Vgl. *SCHWEYER/TSCHESCHE*, Steuerliche Fragestellungen, 2005, S. 184; *STRECK*, Körperschaftsteuergesetz, 1997, S. 38-44 u. S. 61. Nicht zu den Betrieben gewerblicher Art und den Gewerbebetrieben gehören Hoheitsbetriebe. Sparkassen üben jedoch keine hoheitlichen Tätigkeiten aus. Vgl. dazu *TIPKE/LANG*, Steuerrecht, 2002, S. 449; *WÜSTENHÖFER*, Gewerbesteuer, 2001, S. 25; BFH-Urteil vom 30.11.1989, BStBl. II 1990, 246, 249, S. 247. Da Sparkassen nicht selbstlos, ausschließlich und unmittelbar gemeinnützige Zwecke verfolgen, sind die Voraussetzungen für eine Körperschaftsteuerbefreiung nach § 5 Abs. 1 Nr. 9 KStG sowie eine Gewerbesteuerbefreiung gemäß § 3 Abs. 1 Nr. 6 GewStG ebenfalls nicht gegeben.

[487] Vgl. § 4 Abs. 2 KStG; *FELDER*, Betriebe gewerblicher Art, 2003, S. 10; Vgl. BFH-Urteil vom 13.3.1974, BStBl. II 1974, 391, 395.

[488] Vgl. *ALBERT*, Steuerfragen gemeinnütziger Organisationen, 2001, S. 63 f.; *GASTL*, Betriebe gewerblicher Art, 2002, S. 39.

[489] Vgl. § 15 Abs. 2 EStG; *FELDER*, Betriebe gewerblicher Art, 2003, S. 11.

[490] Vgl. *SCHWEYER/TSCHESCHE*, Steuerliche Fragestellungen, 2005, S. 184; § 2 Abs. 1 GewStG.

[491] Vgl. *FELDER*, Betriebe gewerblicher Art, 2003, S. 11.

vollem Umfang als Gewerbebetrieb und ihre Umsätze unterliegen nach § 1 Abs. 1 UStG der Umsatzsteuer, falls die Unternehmereigenschaft des § 2 Abs. 1 UStG vorliegt.[492] Sowohl nach einer materiellen als auch nach einer formalen Privatisierung einer öffentlich-rechtlichen Sparkasse ist diese wie alle anderen Kapitalgesellschaften auch zu besteuern. Lediglich hinsichtlich der Besteuerung der Beteiligung an Eigengesellschaften und an anderen Kapitalgesellschaften können Unterschiede bestehen. Im wesentlichen ist somit die Besteuerung von Sparkassen als Anstalten des öffentlichen Rechts, das bedeutet als Betriebe gewerblicher Art und Gewerbebetriebe, von der Besteuerung von Sparkassen in der Rechtsform einer Kapitalgesellschaft zu unterscheiden.

Sparkassen sind Gewerbebetriebe im Sinne des § 15 Abs. 2 EStG und unterliegen damit auch der *Gewerbesteuer*.[493] Die Voraussetzungen für eine Gewerbesteuerbefreiung gemäß § 3 Abs. 1 Nr. 6 GewStG sind nicht gegeben, da Sparkassen nicht ausschließlich und unmittelbar gemeinnützige Zwecke verfolgen. Kapitalgesellschaften gelten nach § 2 Abs. 2 GewStG stets als Gewerbebetriebe und sind somit auch gewerbesteuerpflichtig. Die von einem Unternehmen zu zahlende Gewerbesteuer berechnet sich als Produkt aus dem Steuermeßbetrag und dem von der Gemeinde festgesetzten Hebesatz, wobei der Steuermeßbetrag durch Multiplikation des Gewerbeertrages des Unternehmens mit einer rechtsformabhängigen Steuermeßzahl ermittelt wird.[494] Der § 11 Abs. 2 GewStG unterscheidet hinsichtlich der Steuermeßzahl ausschließlich zwischen Gewerbebetrieben, die von natürlichen Personen oder von Personenvereinigungen betrieben werden, und anderen Gewerbebetrieben. Ausgehend von der Annahme, daß die privatisierte Sparkasse eine Kapitalgesellschaft ist, unterscheidet sich damit die Steuermeßzahl nicht von der öffentlich-rechtlicher Sparkassen. Allerdings können öffentlich-rechtliche Sparkassen einen Freibetrag nach § 11 Abs. 1 Nr. 2 GewStG in Höhe von 3.900 € geltend machen, Kapitalgesellschaften hingegen nicht.

Betriebe gewerblicher Art von juristischen Personen des öffentlichen Rechts sind nach § 1 Abs. 1 Nr. 6 KStG unbeschränkt *körperschaftsteuerpflichtig*, ebenso wie Kapitalgesellschaften gemäß § 1 Abs. 1 Nr. 1 KStG. Der Körperschaftsteuersatz beträgt nach § 23 Abs. 1 KStG einheitlich 25 %.[495] Im Unterschied zu Kapitalgesellschaften kann

---

492 Vgl. HÜTTEMANN, Besteuerung öffentlicher Unternehmen, 2001, S. 77.

493 Vgl. § 2 Abs. 1 GewStG.

494 Vgl. § 11 i. V. m. § 16 GewStG.

495 Für den Veranlagungszeitraum 2003 betrug der Körperschaftsteuersatz 26,5 %. Vgl. Artikel 4 des Gesetzes zur Änderung steuerrechtlicher Vorschriften und zur Errichtung eines Fonds „Aufbauhilfe“ (Flutopfersolidaritätsgesetz) vom 19.9.2002, in: BGBl. I S. 3651.

indessen gemäß § 24 KStG für jeden Betrieb gewerblicher Art ein Freibetrag in Höhe von 3.835 € geltend gemacht werden.[496]

An der Unternehmereigenschaft gemäß § 2 Abs. 1 UStG von privatisierten Sparkassen in der Rechtsform einer Kapitalgesellschaft besteht kein Zweifel, so daß ihre Lieferungen und sonstige Leistungen nach § 1 Abs. 1 UStG der *Umsatzsteuer* unterliegen würden.[497] Nach § 2 Abs. 3 UStG sind juristische Personen des öffentlichen Rechts im Rahmen ihrer Betriebe gewerblicher Art gewerblich oder beruflich tätig und damit auch Unternehmen im Sinne des § 2 Abs. 1 UStG. Ihre Lieferungen und sonstigen Leistungen unterliegen somit ebenfalls der Umsatzsteuer. Eine Umsatzsteuerermäßigung nach § 12 Abs. 2 Nr. 8a UStG kommt für öffentlich-rechtliche Sparkassen nicht in Betracht, da sie nicht ausschließlich und unmittelbar gemeinnützige, mildtätige oder kirchliche Zwecke verfolgen.

Hinsichtlich der *Grundsteuer* und der *Grunderwerbssteuer* existieren ebenfalls keine Differenzen zwischen Sparkassen als Betriebe gewerblicher Art und Sparkassen in der Rechtsform einer Kapitalgesellschaft.[498]

Abgesehen von den vernachlässigbar kleinen Freibeträgen nach § 24 KStG, den Betriebe gewerblicher Art geltend machen können, sowie nach § 11 Abs. 1 Nr. 2 GewStG für Unternehmen von juristischen Personen des öffentlichen Rechts würden demnach in der Besteuerung von Sparkassen in der Rechtsform einer Anstalt des öffentlichen Rechts oder einer Kapitalgesellschaft keine Unterschiede bestehen. Dennoch zahlen, wie Tabelle 5 verdeutlicht, die öffentlich-rechtlichen Sparkassen insgesamt im allgemeinen sowohl absolut gesehen als auch im Verhältnis zum Geschäftsvolumen mehr Steuern als die privaten Kreditinstitute.[499]

---

[496] Vgl. *DÖTSCH*, Freibetrag, 2004, S. 5 f. u. S. 8.

[497] Vgl. *STADIE*, Unternehmer, 2002, S. 26.

[498] Vgl. *HÜTTEMANN*, Besteuerung der öffentlichen Hand, 2002, S. 21.

[499] Der starke Anstieg der Steuerzahlungen im Jahr 1998 ist auf einen wesentlich höheren Saldo der anderen und außerordentlichen Erträge und Aufwendungen insbesondere der privaten Kreditinstitute zurückzuführen. Die hohen Erträge aus dem Finanzanlagengeschäft stammen vor allem aus größeren Beteiligungsverkäufen und aus konzerninternen Übertragungen von Beteiligungen. So ist auch zu erklären, warum im Jahr 1998 die Steuerzahlungen der privaten Kreditinstitute größer waren als die der Sparkassen. Vgl. *DEUTSCHE BUNDESBANK*, Ertragslage der deutschen Kreditinstitute, 1999.

	Alle Bankengruppen		Kreditbanken		Sparkassen		Kreditgenossen-schaften	
	Steuern vom Einkommen und Ertrag in Mio. €	Anteil der Steuern an der Bilanzsumme	Steuern vom Einkommen und Ertrag in Mio. €	Anteil der Steuern an der Bilanzsumme	Steuern vom Einkommen und Ertrag in Mio. €	Anteil der Steuern an der Bilanzsumme	Steuern vom Einkommen und Ertrag in Mio. €	Anteil der Steuern an der Bilanzsumme
1996	10.403	0,24%	2.231	0,19%	4.189	0,53%	2.203	0,48%
1997	10.143	0,21%	1.741	0,12%	4.095	0,49%	1.933	0,40%
1998	15.926	0,29%	7.568	0,47%	3.896	0,44%	1.748	0,35%
1999	8.988	0,15%	1.894	0,11%	3.227	0,36%	1.399	0,27%
2000	6.747	0,10%	695	0,03%	2.770	0,30%	1.096	0,21%
2001	3.672	0,05%	446	0,02%	1.633	0,17%	772	0,14%
2002	3.850	0,05%	869	0,04%	1.471	0,15%	801	0,15%
2003	5.533	0,08%	300	0,01%	3.047	0,31%	1.478	0,27%

Tabelle 5: Steuern vom Einkommen und Ertrag verschiedener Bankengruppen[500]

Die Ursache dafür liegt in den größeren Steuergestaltungsmöglichkeiten der privaten Kreditinstitute. Im Gegensatz zu den öffentlich-rechtlichen Sparkassen, für die das Regionalprinzip gilt, können private Institute zum Beispiel Gewinne in Länder mit niedrigeren Steuersätzen verlagern.[501] Sparkassen hingegen zahlen gewöhnlich 100 % ihrer Steuerbelastung in Deutschland. Durch eine Vollprivatisierung und gleichzeitige Veränderung der Geschäftspolitik der Sparkasse könnten der öffentlichen Hand somit laufende Steuereinnahmen entgehen, die materiell einer Gewinnabführung an die derzeitigen Eigentümer gleichkommen.[502]

Im Zusammenhang mit der *Besteuerung der Beteiligungen an Unternehmen* ist die Abgrenzung der Vermögensverwaltung vom Betrieb gewerblicher Art relevant, wobei im allgemeinen eine bloße Vermögensverwaltung nicht zum Betrieb gewerblicher Art zählt.[503] Während im Falle einer Beteiligung der öffentlichen Hand an einer Personengesellschaft (mitunternehmerische Beteiligung) nach allgemeiner Auffassung ein Betrieb gewerblicher Art vorliegt,[504] ist die Zuordnung von Beteiligungen an Kapitalge-

---

500 Vgl. *DEUTSCHE BUNDESBANK*, Ertragslage der deutschen Kreditinstitute, 2004, S. 37-39; *DEUTSCHE BUNDESBANK*, Ertragslage der deutschen Kreditinstitute, 2000, S. 75-77.

501 Vgl. *KLEIN*, Privatisierung der Sparkassen, 2003, S. 177.

502 Vgl. *KARL-BRÄUER-INSTITUT*, Privatisierung, 1994, S. 113; *KLEIN*, Privatisierung der Sparkassen, 2003, S. 176 f.

503 Vgl. *HÜTTEMANN*, Besteuerung der öffentlichen Hand, 2002, S. 59; *FELDER*, Betriebe gewerblicher Art, 2003, S. 15.

504 Vgl. *HÜTTEMANN*, Besteuerung öffentlicher Unternehmen, 2001, S. 83 m. w. N.

sellschaften zur steuerfreien Vermögensverwaltung oder zum Betrieb gewerblicher Art strittig. Teilweise wird die Meinung vertreten, daß von Körperschaften des öffentlichen Rechts gehaltene Beteiligungen an Kapitalgesellschaften stets Vermögensverwaltung seien.[505] Eine andere Auffassung stellt auf den Einfluß auf die tatsächliche Geschäftsführung ab, wobei ein Eingreifen über die gesetzlichen Gesellschafterrechte und -pflichten hinaus eine Beteiligung von Körperschaften an Kapitalgesellschaften als Betrieb gewerblicher Art qualifiziert.[506] Eine Mehrheitsbeteiligung reicht dafür nicht aus,[507] so daß hier die Beteiligung der Kommune an einer privatisierten Sparkasse in der Rechtsform einer Kapitalgesellschaft als Vermögensverwaltung eingeordnet wird. Im folgenden wird deshalb die Besteuerung von Ausschüttungen einer öffentlich-rechtlichen Sparkasse an die Trägerkommune mit der Besteuerung von Beteiligungen der öffentlichen Hand an Kapitalgesellschaften in Form der Vermögensverwaltung gegenübergestellt.

Während bis Ende des Jahres 2001 die in Betrieben gewerblicher Art entstandenen Gewinne nicht der Kapitalertragssteuer unterlagen, gilt ab dem Jahr 2002 aufgrund der Vergleichbarkeit mit Gewinnausschüttungen auch für der Trägerkörperschaft zur Verfügung gestellte Gewinne ein Kapitalertragssteuersatz von 10 %.[508] Dies ergibt sich für Sparkassen, die den Betrieben gewerblicher Art mit eigener Rechtspersönlichkeit zuzuordnen sind, aus § 20 Abs. 1 Nr. 10a EStG in Verbindung mit § 43 Abs. 1 Nr. 7b EStG und § 43a Abs. 1 Nr. 5 EStG. Die „Leistungen" im Sinne des § 20 Abs. 1 Nr. 10a EStG sind als Quasi-Gewinnausschüttungen anzusehen, womit insbesondere die Zahlungen von Sparkassen an ihre Träger gemeint sind.[509] Die Einkünfte aus § 20 Abs. 1 Nr. 10a EStG unterliegen nicht dem Halbeinkünfteverfahren, sondern sind in voller Höhe zu versteuern. Allerdings sind die Träger der Sparkassen mit ihren Einkünften durch Ausschüttungen der Sparkasse gemäß § 2 Nr. 2 KStG nur beschränkt steuerpflichtig.[510] In bezug auf Betriebe gewerblicher Art mit eigener Rechtspersönlichkeit unterscheidet § 43a Abs. 1 Nr. 5 EStG zwischen der Zahlung der Kapitalertragssteuer durch den Schuldner der Kapitalerträge und der Zahlung durch den Gläu-

---

505 Vgl. *HÜTTEMANN*, Besteuerung öffentlicher Unternehmen, 2001, S. 83; *HÜTTEMANN*, Besteuerung der öffentlichen Hand, 2002, S. 65-70; *FISCHER*, Wirtschaftlicher Geschäftsbetrieb, 1998, S. 50 f.

506 Vgl. *AUGSTEN*, Steuerliche Behandlung, 2002, S. 311-315; *ALBERT*, Steuerfragen gemeinnütziger Organisationen, 2001, S. 64 f.

507 Vgl. *BEINERT*, Steuerrecht, 2004, S. 289 m. w. N.

508 Vgl. *AUGSTEN*, Steuerliche Behandlung, 2002, S. 296. Die Kapitalertragssteuer für Betriebe gewerblicher Art unterliegt auch dem Solidaritätszuschlag von 5,5 %. Vgl. § 2 Nr. 3, § 3 Abs. 1 Nr. 5 u. § 4 Solidaritätszuschlagsgesetz.

509 Vgl. *SCHAUMBURG/RÖDDER*, Unternehmenssteuerreform, 2000, S. 303 f.

510 Vgl. *REICH/HELIOS*, Steuersenkungsgesetz, 2001, S. 1444.

biger. Übernimmt der Schuldner der Kapitalerträge also die Sparkasse selbst die Zahlung, so beträgt der Steuersatz 11 1/9 %. Trägt die Steuer der Gläubiger, so sind es nur 10 %. Schuldner der Kapitalertragssteuer ist gemäß § 44 Abs. 1 Satz 1 EStG der Gläubiger der Kapitalerträge, im Falle einer öffentlich-rechtlichen Sparkasse demnach die Trägerkörperschaft. Durch die Kapitalertragssteuer wird nach § 32 Abs. 1 Nr. 2 KStG die Steuerpflicht des Leistungsempfängers abgegolten.

Im Falle der Beteiligung einer Körperschaft des öffentlichen Rechts in der Vermögensverwaltung sind die Ausschüttungen gemäß § 8b Abs. 1 KStG ebenfalls ertragssteuerfrei. Die Kapitalertragssteuer kann nicht angerechnet werden.[511] Bis Ende des Jahres 2003 war die Hälfte der Kapitalertragssteuer noch erstattungsfähig,[512] durch das Steueränderungsgesetz von 2003 wurde diese Vorschrift jedoch aufgehoben.[513] Nach § 20 Abs. 1 Nr. 1 EStG zählen Gewinnanteile aus Anteilen an Gesellschaften mit beschränkter Haftung sowie verdeckte Gewinnausschüttungen zu den Einkünften aus Kapitalvermögen. Der Kapitalertragssteuersatz beträgt für derartige Ausschüttungen 20 %, wenn der Gläubiger der Kapitalerträge die Kapitalertragssteuer trägt.[514]

Die Umwandlung einer Anstalt des öffentlichen Rechts in eine Kapitalgesellschaft ist gemäß § 191 Abs. 1 Nr. 6 in Verbindung mit § 301 UmwG zulässig und steuerrechtlich erfolgsneutral.[515] Gewinne aus der Veräußerung von Anteilen der öffentlichen Hand an einer Kapitalgesellschaft in der Vermögensverwaltung sind gemäß § 8b Abs. 2 KStG steuerfrei. Handelt es sich hingegen um die Veräußerung einbringungsgeborener Anteile im Sinne des § 21 Abs. 1 UmwStG,[516] gelten gemäß § 21 Abs. 3 Nr. 1 UmwStG diese als Gewinne aus einem Betrieb gewerblicher Art und unterliegen damit auch der Körperschaftsteuerpflicht. Eine ertragssteuerfreie Veräußerung von einbringungsgeborenen Anteilen ist gemäß § 8b Abs. 4 KStG dann möglich, wenn

---

511 Vgl. *AUGSTEN*, Steuerliche Behandlung, 2002, S. 305.

512 Vgl. § 44c EStG a. F.

513 Vgl. Zweites Gesetz zur Änderung steuerlicher Vorschriften (Steueränderungsgesetz 2003 – StÄndG 2003) vom 15.12.2003, in: BGBl. I S. 2645.

514 Vgl. § 43 Abs. 1 Satz 1 Nr. 1 EStG i. V. m. § 43a Abs. 1 Nr. 1 EStG.

515 Vgl. *HILGENSTOCK*, Besteuerung öffentlicher Unternehmen, 2002, S. 121 f. m. w. N.

516 Als einbringungsgeborene Anteile werden Anteile an einer Kapitalgesellschaft bezeichnet, die der Veräußerer oder, bei unentgeltlichem Erwerb der Anteile, der Rechtsvorgänger durch eine Sacheinlage unter dem Teilwert erworben hat.

zwischen Erwerb und Veräußerung der Anteile ein Zeitraum von mehr als sieben Jahren liegt.[517]

Zusammenfassend läßt sich also festhalten, daß die Umwandlung einer öffentlich-rechtlichen Sparkasse in eine Kapitalgesellschaft, also eine formale Privatisierung, lediglich zur Folge hat, daß die relativ geringen Freibeträge nach § 11 Abs. 1 Nr. 2 GewStG und § 24 KStG nicht mehr geltend gemacht werden können. Bleibt die Kommune weiterhin zumindest teilweise Anteilseigner an der privatisierten Sparkasse, so hat sie die an sie ausgeschütteten Gewinne der Sparkasse nicht mehr mit 10 %, sondern mit 20 % Kapitalertragssteuer zu versteuern.

3.5.3 Kommunale Aspekte

3.5.3.1 Eigentümerähnliches Verhältnis zwischen Kommune und Sparkasse

Umstritten ist die Frage, wer die Eigentümer von öffentlich-rechtlichen Sparkassen sind.[518] Für eine Privatisierung von Sparkassen ist die Eigentümerfrage unter zwei Aspekten von Interesse. Einerseits ergibt sich das Problem, wer über eine Privatisierung entscheiden kann,[519] und anderseits, wer im Falle einer Privatisierung den Privatisierungserlös erhält. Aus juristischer Sicht gehören Anstalten des öffentlichen Rechts sich selbst. Als rechtsfähige juristische Personen können Sparkassen nicht das Eigentum von jemandem sein, sondern sie sind selbst eigentumsfähig, das heißt, sie haben die Fähigkeit, eigenes Anstaltsvermögen zu besitzen.[520] Aus ökonomischer Sicht läßt sich Eigentum charakterisieren als ein Bündel von vier Verfügungsrechten: das Recht auf Nutzung, das Recht auf Aneignung des Ertrages, das Recht auf Veränderung sowie das Recht auf Veräußerung des Gutes und der an ihm bestehenden Rechte.[521] Eine Spezifizierung des Eigentums ist nicht immer eindeutig möglich, da die einzelnen Rechte häufig auch „verdünnt“ vorliegen. So ist sowohl die Aufteilung der Verfügungsrechte

---

[517] Vgl. *AUGSTEN*, Steuerliche Behandlung, 2002, S. 316 f.; *HÜTTEMANN*, Besteuerung der öffentlichen Hand, 2002, S. 20.

[518] Vgl. zum folgenden *MATSCHKE/WITT*, Vereinigung von Sparkassen, 2004, S. 257 f.

[519] Dies bezieht sich auf autonome Privatisierungen; über heteronome Privatisierungen entscheidet der Gesetzgeber.

[520] Vgl. *LÖWER*, Privatisierung von Sparkassen, 1993, S. 112.

[521] Vgl. *ALCHIAN/DEMSETZ*, Economic Organization, 1972, S. 783; *STAEHLE*, Management, 1999, S. 423.

auf mehrere Individuen als auch die Einschränkung der Verfügungsrechte durch gesetzliche Regelungen denkbar.

In bezug auf Sparkassen wird teilweise die Meinung vertreten, daß sie den Bürgern der Gebietskörperschaft des Trägers gehören und die Kommunen lediglich ihre Träger sind.[522] Begründet wird dies damit, daß die öffentliche Hand den Sparkassen nie Kapital zugeführt hat. Vielmehr haben die Sparkassen ihr Eigenkapital aus Gewinnen selbst erwirtschaftet.[523] In Verbindung mit dem historischen Gründungszweck dient dieses Argument auch als Begründung für die in den Sparkassengesetzen enthaltene Vorschrift, daß Überschüsse infolge der Auflösung einer Sparkasse unmittelbar gemeinnützigen Zwecken im Gebiet des Trägers zuzuführen sind und nicht in den öffentlichen Haushalt eingestellt werden dürfen.[524]

Diese Vorschrift ist jedoch nicht unantastbar, vielmehr wird eine Überprüfung hinsichtlich der Berechtigung gefordert und klargestellt, daß eine solche Regelung bei Bedarf vom Gesetzgeber auch geändert werden kann.[525] Ein Grund für eine Änderung könnte einerseits die nicht mehr gegebene Erfüllung öffentlicher kreditwirtschaftlicher Aufgaben durch die Sparkassen sein. Aber auch unter der Annahme eines immer noch existenten öffentlichen Auftrages wäre andererseits die Überführung eines Auflösungserlöses in den öffentlichen Haushalt mit einer gemeinnützigen Zweckbindung vereinbar.[526] Selbst das Argument, daß die Kommunen den Sparkassen kein Eigenkapital zugeführt haben, ist keine ausreichende Begründung dafür, daß Auflösungserlöse nicht in den kommunalen Haushalt eingestellt werden dürfen. Die Träger haben zugunsten der Erfüllung des öffentlichen Auftrages auf regelmäßige Gewinnausschüttungen[527] vollständig oder teilweise verzichtet und aus diesem Grunde auch Ansprüche auf das durch Rücklagenzuführungen thesaurierte Kapital.[528] Weiterhin besitzen die

---

[522] Vgl. *BRANDT*, Sparkassen, 1993, S. 54; *HEDRICH*, Privatisierung der Sparkassen, 1993, S. 57; *KLEIN*, Privatisierung der Sparkassen, 2003, S. 40.

[523] Vgl. *REHM*, Sparkassenprivatisierung 1993, S. 173.

[524] Vgl. *EICHHORN*, Privatisierung von Sparkassen, 1992, S. 1134; *SCHMIDHUBER*, Öffentlicher Auftrag, 1993, S. 349; *KARL-BRÄUER-INSTITUT*, Privatisierung, 1994, S. 115.

[525] Vgl. *MÖSCHEL*, Privatisierung der Sparkassen, 1993, S. 94.

[526] Vgl. *KARL-BRÄUER-INSTITUT*, Privatisierung, 1994, S. 116 f.

[527] Auch die Ausschüttungen der Sparkasse müssen die Träger für gemeinnützige Zwecke verwenden. Vgl. dazu ausführlich *LEPPER*, Ausschüttung von Sparkassengewinnen, 2003, S. 99-102.

[528] Vgl. *KARL-BRÄUER-INSTITUT*, Privatisierung, 1994, S. 117.

Kommunen aufgrund der Anstaltslast[529] und verschiedener Einflußrechte eine eigentümerähnliche Stellung. Eigentümerähnliche Einflußmöglichkeiten haben die Träger beispielsweise hinsichtlich der Errichtung, der Fusionen und der Auflösungen von Sparkassen sowie der Besetzung von Sparkassenorganen.[530]

Grundsätzlich kann demnach von einem eigentümerähnlichen Verhältnis zwischen der Trägerkommune und der Sparkasse ausgegangen werden.[531] Insbesondere hätten die Kommunen unter der Voraussetzung, daß die Sparkassengesetze diese Möglichkeit zukünftig eröffnen, das Recht, über eine Privatisierung ihrer Sparkassen zu entscheiden, und sie würden auch den Privatisierungserlös erhalten.[532] Aber auch die Annahme, daß die Sparkasse den Bürgern der entsprechenden Kommune gehört, ist unproblematisch, da die Vertretungsorgane einer Gemeinde die Interessenvertretung der Bürger dieser Kommune sind und sich somit grundsätzlich weder das Entscheidungsgremium noch die Verwendung des Privatisierungserlöses verändern.[533]

Wie sich die Einflußmöglichkeiten der Kommune auf die Sparkasse verändern, ist von der gewählten Privatisierungsform abhängig.[534] Während sich die Kommune im Falle einer rein formalen Privatisierung oder einer materiellen Privatisierung mit einer zukünftigen Beteiligung von mehr als 50 % weitgehende Einflußmöglichkeiten vorbehalten kann, werden ihre Rechte bei einer Beteiligung von unter 50 % den üblichen Rechten der Inhaber von Minderheitsbeteiligungen entsprechen. Problematisch könnte aber insbesondere die Aufrechterhaltung des öffentlichen Auftrages der Sparkassen bereits bei einer Minderbeteiligung von privaten Investoren sein, da für diese im allgemeinen Gewinnziele im Vordergrund stehen werden. Durch die beispielsweise in der Satzung einer privatisierten Sparkasse festgelegte Erfüllung eines öffentlichen Auftrages und die damit eventuell verbundenen geringen Gewinne der privaten Investoren ließen sich jedoch durch einen entsprechenden Abschlag auf den Anteilspreis ausgleichen.

---

[529] Auch wenn bis zum 18.7.2005 die Gewährträgerhaftung abgeschafft wird, verbleibt die Anstaltslast der Kommune, die lediglich so modifiziert wird, daß sie einer marktwirtschaftlichen Eigentümerbeziehung entspricht. Vgl. Abschnitt 2.4.

[530] Vgl. *HEDRICH*, Privatisierung der Sparkassen, 1993, S. 57; *KARL-BRÄUER-INSTITUT*, Privatisierung, 1994, S. 6-8; *KLEIN*, Privatisierung der Sparkassen, 2003, S. 40.

[531] Vgl. dazu auch *SCHEIKE*, Rechtliche Voraussetzungen, 2004, S. 76 f.

[532] Vgl. *VONDERHEID*, Privatisierung von Sparkassen, 1991, S. 278; *GESELLSCHAFT FÜR ÖFFENTLICHE WIRTSCHAFT*, Privatisierungsdiskussion, 1998, S. 29; *SCHEIKE*, Rechtliche Voraussetzungen, 2004, S. 77 f.

[533] Vgl. zur Prinzipal-Agenten-Theorie, die sich auf mögliche Konflikte zwischen den Bürgern ihren kommunalen Vertretungsorganen übertragen ließe *BAMBERG/SPREMANN*, Agency Theorie, 1989.

[534] Vgl. dazu auch Abschnitt 3.5.2.1.

Die Auswirkungen der Abschaffung von Gewährträgerhaftung und Anstaltslast auf die Haftung der Kommunen für ihre Sparkassen sowie die derzeitigen Einlagensicherungssysteme der öffentlich-rechtlichen Sparkassen wurden im Abschnitt 2.4 beschrieben. Hier stellt sich die Frage, welche Konsequenzen eine Privatisierung hinsichtlich der Haftung der Kommune für die jeweilige Sparkasse hätte. Da sich die Haftung der Kommune für ihre Sparkasse nach der Entscheidung der EU-Kommission zukünftig nicht von der einer marktwirtschaftlichen Eigentümerbeziehung unterscheiden soll, ist davon auszugehen, daß auch die Veränderungen hinsichtlich der Haftung, denen im Falle einer privatrechtlichen Unternehmensveräußerung oder einer Veräußerung von Unternehmensanteilen entsprechen werden und abhängig davon sind, ob die bisherige Firma fortgeführt wird oder nicht. Das HGB enthält dazu in den §§ 25 bis 28 konkrete Vorschriften.

3.5.3.2 Kommunale finanzwirtschaftliche Aspekte

Derzeit befinden sich die Kommunen in Deutschland trotz umfangreicher Konsolidierungsbemühungen in einer schwierigen finanziellen Lage.[535] Der *Finanzierungssaldo* als Differenz aus den gesamten Einnahmen und Ausgaben der kommunalen Haushalte der alten und neuen Bundesländer betrug im Jahr 2002 bereits -4,7 Mrd. €. Im Jahr 2003 ist das Finanzierungsdefizit sogar auf 8,5 Mrd. € gestiegen und für 2004 wird wiederum mit einem Defizit in Höhe von 8,3 Mrd. € gerechnet.[536] Die Ursache dafür liegt hauptsächlich in der rückläufigen Einnahmenentwicklung insbesondere aufgrund der Einbrüche des Gewerbesteueraufkommens sowie der laufenden Zuweisungen von Bund und Ländern. Gleichzeitig sind die kommunalen Ausgaben gestiegen. Aufgrund dieser Schere zwischen der Entwicklung der kommunalen Einnahmen und Ausgaben nehmen die Verschuldung und damit auch die zu leistenden Zins- und Tilgungszahlungen der Kommunen jährlich zu. Viele der kommunalen Ausgaben resultieren aus der Erfüllung von Pflichtaufgaben, daß heißt gesetzlich vorgeschriebenen Aufgaben. Die Möglichkeiten die Ausgaben zu reduzieren, die mit diesen Aufgaben im Zusammenhang stehen, sind sehr begrenzt. Eine Haushaltskonsolidierung über Steuererhöhungen erscheint insbesondere aufgrund der politischen Durchsetzbarkeit solcher Vorhaben problematisch, so daß von den Kommunen zunehmend auch andere Einnahmequellen in Erwägung gezogen werden, so auch der Verkauf von öffentlichen Unternehmen, die keine Pflichtaufgaben erfüllen.[537]

---

[535] Vgl. dazu und zum folgenden *Karrenberg/Münstermann*, Gemeindefinanzbericht, 2004, S. 16-31.

[536] Vgl. *Statistisches Bundesamt Deutschland*, Öffentliche Finanzen, http://www.destatis.de/basis/d/fist/fist021.php, 14.04.2005.

[537] Vgl. *Klein*, Privatisierung der Sparkassen und Landesbanken, 2003, S. 183.

Unabhängig von einer Privatisierung bestehen nach Auffassung einiger Autoren für die Kommunen, abgesehen von den laufenden Ausschüttungen der Sparkassen, auch Rückzahlungspotentiale in nicht benötigtem Eigenkapital.[538] Als Maß für das Rückzahlungspotential sollen der aufsichtsrechtliche Solvabilitätskoeffizient und speziell die Kernkapitalquote, als Verhältnis zwischen Kernkapital und gewichteten Risikoaktiva, dienen. Ein hoher Solvabilitätskoeffizient bedeutet, daß unsichere Vermögenswerte ausreichend durch Eigenkapital unterlegt sind. Gleichzeitig sinkt bei einem hohen Eigenkapitalanteil durch den Leverage-Effekt[539] jedoch auch die Eigenkapitalrendite. Anteilseigner werden deshalb ein Interesse daran haben, daß der Solvabilitätskoeffizient nicht größer ist als der vom Kapitalmarkt für eine nachhaltig erfolgreiche Geschäftspolitik geforderte. Als Vergleichsmaßstab für eine angemessene Kernkapitalquote von Sparkassen werden die Kernkapitalquoten privater Kreditinstitute herangezogen, die bei etwa 5,5 % liegen. Da Großbanken stärker expandieren und risikoreichere Geschäfte tätigen und mit dieser Quote ein hohes Rating erhalten, müßte sie auch in bezug auf Sparkassen ausreichend sein. Allerdings können Sparkassen abgesehen von Einlagen stiller Gesellschafter kein Kernkapital von außen beschaffen, sondern sind im wesentlichen auf die Bildung von Rücklagen durch die Thesaurierung von Gewinnen angewiesen. Insofern erscheint eine Absenkung des über Jahre hinweg aufgebauten Kernkapitals vor allem auch aufgrund der gestiegenen Eigenkapitalanforderungen fraglich, da dieses den Geschäftsumfang und damit Expansionsbestrebungen der Sparkassen begrenzt. Gleichzeitig stellt sich, ähnlich wie im Zusammenhang mit einem Privatisierungserlös, die Frage nach der Zulässigkeit einer Vermögensübertragung an die Träger der Sparkasse, die im folgenden bejaht wird.[540]

Im Zusammenhang mit einer formalen Privatisierung würde die Kommune keinen Privatisierungserlös erzielen. Denkbar wären aber höhere laufende Ausschüttungen der privatisierten Sparkasse an die Kommune, falls durch die Umwandlung in eine private Rechtsform die Effizienz der Sparkasse steigen würde. Bei einer materiellen Privatisierung könnte die Trägerkommune einen Privatisierungserlös durch den Verkauf von Anteilen an der öffentlich-rechtlichen Sparkasse erhalten. Im Umfang der veräußerten Anteile würde die Kommune gleichzeitig aber auch auf die laufenden Einnahmen aus den zukünftigen Gewinnen der Sparkassen verzichten.

Ob die Privatisierung ihrer Sparkasse für die jeweils betrachtete Kommune aus finanzieller Sicht von Vorteil ist, hängt demnach unter anderem ab, 1. von der Privatisie-

---

538 Vgl. dazu und zum folgenden *WERNER/PADBERG*, Rückzahlungspotentiale, 1998.

539 Vgl. *MATSCHKE/HERING/KLINGELHÖFER*, Finanzanalyse, 2002, S. 57-59; *PERRIDON/STEINER*, Finanzwirtschaft, 2004, S. 498-504.

540 Vgl. dazu die Ausführungen des Abschnitts 3.5.3.1. Vgl. dazu auch *LEPPER*, Ausschüttung von Sparkassengewinnen, 2003, S. 143-146.

rungsform, 2. vom Umfang der erwarteten Ausschüttungen, welche die Sparkasse unter Beibehaltung des Status quo zukünftig an die Kommune zahlen würde, 3. von den zukünftigen Ausschüttungen der privatisierten Sparkasse sowie 4. von der erwarteten Höhe des einmaligen Erlöses, den die Kommune durch eine Privatisierung tatsächlich realisieren könnte. Im Entscheidungsprozeß ist weiterhin auch die allgemeine finanzielle Situation der Kommune zu berücksichtigen. Tendenziell werden Privatisierungsbestrebungen eher in hoch verschuldeten Kommunen stattfinden, um so die zukünftig anfallende Zinslast zu verringern. Zu beachten ist dabei beispielsweise auch, daß mit einer Privatisierung der Sparkasse und der dann bestehenden Möglichkeit der Ausnutzung des internationalen Steuergefälles auch die kommunalen Steuereinnahmen sinken können.[541]

Der Umfang der erwarteten laufenden Beteiligung des Trägers an den Gewinnen ihrer Sparkasse ist abhängig von den Ertragsaussichten der jeweiligen Sparkasse. Bestimmen lassen sich die möglichen Entnahmen aus einer Sparkasse beispielsweise mit Hilfe von linearen Optimierungsmodellen zur Investitionsbewertung unter Unsicherheit,[542] wobei allgemeine bewertungsrelevante Besonderheiten von Kreditinstituten sowie sparkassenspezifische Eigenheiten der Bewertung zu berücksichtigen sind.[543] Die Höhe des Privatisierungserlöses, den die Kommune tatsächlich realisieren könnte, ist in der Regel das Ergebnis eines Verhandlungsprozesses und im Vorfeld schwer abschätzbar. Bei welchem potentiellen Privatisierungserlös die Privatisierung aus kommunaler finanzwirtschaftlicher Sicht allerdings sinnvoll wäre, läßt sich mit Hilfe des im vierten Kapitel dieser Arbeit vorgestellten Bewertungsmodells beurteilen, welches eventuelle Ausschüttungen der Sparkasse sowie das kommunale Zielsystem und das kommunale Entscheidungsfeld berücksichtigt.

---

541 Vgl. dazu Abschnitt 3.5.2.4.

542 Vgl. dazu die Basisansätze von *Hering*, Finanzwirtschaftliche Unternehmensbewertung, 1999, S. 27-56 u. S. 181-191; *Hering*, Zustands-Grenzpreismodell, 2000, S. 363-366; *Klingelhöfer*, Investitionsbewertung, 2003, S. 286-288.

543 Vgl. zu Modellen der Gesamtplanung in Banken *Deppe*, Bankbetriebliches Wachstum, 1969; *Lohmann*, Leistungsprogrammplanung von Kreditinstituten, 1970; *Meyer zu Selhausen*, Optimalplanung einer Kreditbank, 1970; *Lippmann*, Planung des finanziellen Bereichs von Banken, 1970; *Kolbeck*, Bankbetriebliche Planung, 1971; *Potthoff*, Gesamtplanung einer Universalbank, 1977. Vgl. zu den bewertungsrelevanten Besonderheiten von Kreditinstituten und zu den sparkassenspezifischen Besonderheiten Abschnitt 4.2.3.

4 Bewertung öffentlich-rechtlicher Sparkassen im Rahmen einer Privatisierung

4.1 Grundlagen der Unternehmensbewertung

Das Konzept der *funktionalen Unternehmensbewertung* vereint die kontroversen Standpunkte der Vertreter der objektiven und der subjektiven Unternehmensbewertung.[544] Im Mittelpunkt der Bewertung steht die Aufgabenstellung des Bewertenden, das heißt, die Bewertung einer Unternehmung hat immer zweckabhängig zu erfolgen, so daß es *den* Unternehmenswert schlechthin nicht gibt.[545] Neben die elementaren Bewertungsgrundsätze[546], den Grundsatz der Gesamtbewertung, den Grundsatz der Zukunftsbezogenheit und den Grundsatz der Subjektivität, tritt somit in der funktionalen Bewertungstheorie der Grundsatz der Zweckabhängigkeit.[547] Die funktionale Unternehmensbewertung unterscheidet Haupt- und Nebenfunktionen, denen die Ermittlung eines Unternehmenswerts dienen kann.[548] Diese vom Bewertenden ausgeübten Funktionen und damit auch die Bewertungsergebnisse sind abhängig vom Anlaß der Bewertung.[549] Hauptfunktionen der Unternehmensbewertung sind die Beratungs- oder

---

[544] Im Mittelpunkt der objektiven Bewertungslehre steht die unparteiische Ermittlung eines objektiven Wertes der Unternehmung, der von den unterschiedlichen Interessen der Konfliktparteien unabhängig sein sollte. Vgl. *MORAL*, Wert industrieller Unternehmungen, 1923; *MELLEROWICZ*, Wert der Unternehmung, 1952, S. 60. Entsprechend der subjektiven Unternehmensbewertungslehre ist der Wert der Unternehmung für ein ganz bestimmtes Bewertungssubjekt unter Beachtung dessen Ziele und Planungen zu ermitteln. Vgl. hierzu *BUSSE VON COLBE*, Zukunftserfolg, 1957; *MÜNSTERMANN*, Wert und Bewertung, 1966. Vgl. zu einem Überblick über die Unternehmensbewertungslehren *MATSCHKE*, Unternehmensbewertung, 1993, S. 1240 f.; *MATSCHKE/BRÖSEL*, Unternehmensbewertung, 2005, S. 14-24.

[545] Vgl. zur funktionalen Unternehmensbewertung die grundlegenden Arbeiten von *MATSCHKE*, Kompromiß, 1969; *MATSCHKE*, Schiedsspruchwert, 1971; *MATSCHKE*, Gesamtwert, 1972; *MATSCHKE*, Entscheidungswert, 1975; *MATSCHKE*, Argumentationswert, 1976; *MATSCHKE*, Arbitriumwert, 1979; *SIEBEN*, Entscheidungswert, 1976. Vgl. zu einem Überblick *SIEBEN/SCHILDBACH*, Bewertung ganzer Unternehmungen, 1979, S. 455-458; *SIEBEN*, Unternehmensbewertung, 1993, Sp. 4316-4320; *SERFLING/PAPE*, Unternehmensbewertung, 1995, S. 811 f.

[546] Vgl. *MÜNSTERMANN*, Wert und Bewertung, 1966, S. 18-28; *BALLWIESER/LEUTHIER*, Unternehmensbewertung I, 1986, S. 548 f.

[547] Vgl. zum Grundsatz der Zweckabhängigkeit *MOXTER*, Unternehmensbewertung, 1983, S. 5 f.; Vgl. zu den Grundsätzen der funktionalen Unternehmensbewertung auch *MATSCHKE*, Grundsätze, 2003.

[548] Vgl. zu einem Überblick über die Haupt- und Nebenfunktionen *MATSCHKE/BRÖSEL*, Unternehmensbewertung, 2005, S. 49-74.

[549] Vgl. *MOXTER*, Unternehmensbewertung, 1983, S. 5 f.

Entscheidungsfunktion, die Argumentationsfunktion und die Vermittlungsfunktion.[550] Während das Ziel der Bewertung in der Entscheidungsfunktion die Ermittlung eines Entscheidungswerts ist, welcher die Grenze der Konzessionsbereitschaft einer Partei darstellt, kommt dem Bewertenden in der Argumentationsfunktion die Aufgabe zu, eine Verhandlungspartei dabei zu unterstützen, ihr gewünschtes Verhandlungsresultat weitestgehend zu erreichen. Im Gegensatz zur Entscheidungs- und Argumentationsfunktion, in denen der Bewertende die Sichtweise einer konkreten Konfliktpartei übernimmt, ist der Bewertende in der Vermittlungsfunktion nicht parteiisch, sondern neutral und soll durch die Feststellung eines Arbitriumwertes einen Interessenausgleich zwischen den Konfliktparteien schaffen. Zu den Nebenfunktionen gehören im wesentlichen die Kommunikationsfunktion, die Steuerbemessungsfunktion und die Vertragsgestaltungsfunktion.[551]

Begrifflich voneinander zu trennen sind in diesem Zusammenhang *Wert* und *Preis*.[552] Während Preise „Markttatsachen" sind, kennzeichnen Werte eine bestimmte Stellung im Entscheidungskalkül.[553] Finanzielle Transaktionen versprechen nur dann einen Vorteil, wenn Preis und Wert voneinander verschieden sind, und finden gerade aus diesem Grunde statt.[554]

Nach Ansicht des Instituts der Wirtschaftsprüfer (IDW)[555] können Wirtschaftsprüfer in der Praxis sowohl Berater einer bestimmten Konfliktpartei sowie Schiedsgutachter

---

[550] Vgl. zur Beratungs- oder Entscheidungsfunktion *MATSCHKE*, Gesamtwert, 1972; *MATSCHKE*, Entscheidungswert, 1975; *SIEBEN*, Entscheidungswert, 1976. Vgl. zur Vermittlungsfunktion *MATSCHKE*, Schiedsspruchwert, 1971; *MATSCHKE*, Arbitriumwert, 1979. Vgl. zur Argumentationsfunktion *MATSCHKE*, Argumentationswert, 1976.

[551] Vgl. zu den Nebenfunktionen *SIEBEN*, Entscheidungswert, 1976, S. 492-496; *SIEBEN*, Unternehmensbewertung, 1993, Sp. 4316; *SIEBEN/LUTZ*, Abfindungsklauseln, 1985, S. 200-213. Vgl. zu weiteren Nebenfunktionen auch *MATSCHKE/BRÖSEL*, Unternehmensbewertung, 2005, S. 62-74.

[552] Vgl. zur begrifflichen Differenzierung von Preis und Wert bereits *RUF*, Grundlagen eines Wertbegriffes, 1955, S. 89 f. Nach *Ruf* sind Preise in Geldeinheiten ausgedrückte Marktgrößen und Werte auf Preisen abstellende wirtschaftliche Vergleichszahlen. In der Definition von „Wert" kommt die objektive Bewertung zum Ausdruck.

[553] Vgl. *ENGELS*, Betriebswirtschaftliche Bewertungslehre, 1962, S. 34-39. Vgl. dazu ausführlich *VINCENTI*, Subjektivität der Prognoseunsicherheit, 2004, S. 5-26.

[554] Vgl. *HERING*, Finanzwirtschaftliche Unternehmensbewertung, 1999, S. 6.

[555] Der Hauptfachausschuß des Instituts für Wirtschaftsprüfer hat die Stellungsnahme HFA 2/1983: Grundsätze zur Durchführung von Unternehmensbewertungen überarbeitet und im Juni 2000 ebenso wie die Stellungnahme HFA 6/1997: Besonderheiten der Bewertung kleiner und mittlerer Unternehmen durch den IDW S 1 ersetzt. Vgl. dazu *INSTITUT DER WIRTSCHAFTSPRÜFER*, IDW S 1, 2001; *INSTITUT DER WIRTSCHAFTSPRÜFER*, HFA 2/1983, 1983; *INSTITUT DER WIRTSCHAFTSPRÜFER*, HFA 6/1997, 1998. Vgl. zur Unternehmensbewertung im Familien- und Erbrecht *INSTITUT DER WIRTSCHAFTSPRÜFER*, HFA 2/1995, 1995.

oder Vermittler sein als auch die Rolle von neutralen Gutachtern übernehmen.[556] Die aus der funktionalen Unternehmensbewertungslehre bekannte Argumentationsfunktion[557] sowie die Nebenfunktionen sind im „IDW Standard: Grundsätze zur Durchführung von Unternehmensbewertungen (IDW S 1)" nicht zu finden. Im Gegensatz zur funktionalen Unternehmensbewertungslehre hat ein Wirtschaftsprüfer als neutraler Gutachter gemäß den Grundsätzen zur Durchführung von Unternehmensbewertungen des Instituts der Wirtschaftsprüfer einen *„objektivierten" Unternehmenswert* zu bestimmen, der sich abstrahierend „von den individuellen Wertvorstellungen betroffener Parteien"[558] „bei Fortführung des Unternehmens in unverändertem Konzept"[559] ergibt. In der Funktion eines neutralen Gutachters soll ein Wirtschaftsprüfer insbesondere in gesetzlich geregelten Bewertungssituationen tätig werden, in denen nach Ansicht des IDW ein Zwang zur Typisierung besteht, zum Beispiel im Zusammenhang mit der Abfindung von Minderheitsaktionären.[560] Weiterhin soll der „objektivierte Wert" in der Praxis die Basis für Berechnungen bilden, die Wirtschaftsprüfer in der Beratungsfunktion und Vermittlungsfunktion unter Berücksichtigung subjektiver Wertvorstellungen und individueller Planungen und Möglichkeiten anstellen.[561] Während in der funktionalen Bewertungstheorie der im Rahmen der Entscheidungsfunktion ermittelte subjektive Entscheidungswert die Grundlage für Argumentationswerte und Arbitriumswerte darstellt, sollte nach Ansicht des Instituts der Wirtschaftsprüfer die Bestimmung von subjektiven Entscheidungswerten und damit auch die Ermittlung eines Schiedsspruchwertes auf der Basis eines „objektivierten Wertes" erfolgen.

Die objektivierte Unternehmensbewertung ist jedoch einer fortwährenden Kritik ausgesetzt, die sich insbesondere auf den in der Funktion eines „neutralen" Gutachters ermittelten objektivierten Unternehmenswert bezieht.[562] Der wohl gravierendste Kritikpunkt ist, daß der objektivierte Wert regelmäßig der Preisuntergrenze des Verkäufers entspricht oder sogar unterhalb dieser liegt und somit der Verkäufer gegenüber

---

556 Vgl. *INSTITUT DER WIRTSCHAFTSPRÜFER*, IDW S 1, 2001, S. 5 f.; *SIEPE*, Unternehmensbewertung, 2002, S. 9-14.

557 Die Argumentationsfunktion wird als mit den Berufspflichten des Wirtschaftsprüfers unvereinbar angesehen. Vgl. *SCHILDBACH*, Wirtschaftsprüfer, 1981, S. 198 f. Vgl. dazu auch *HERING/BRÖSEL*, Argumentationswert, 2004, die in den DCF-Verfahren des IDW S 1 Argumentationswerte sehen.

558 *INSTITUT DER WIRTSCHAFTSPRÜFER*, IDW S 1, 2001, S. 5.

559 *INSTITUT DER WIRTSCHAFTSPRÜFER*, IDW S 1, 2001, S. 5.

560 Vgl. *SIEPE/DÖRSCHEL/SCHULTE*, IDW-Standard, 2000, S. 948.

561 Vgl. *INSTITUT DER WIRTSCHAFTSPRÜFER*, IDW S 1, 2001, S. 5 f.; *SIEPE*, Unternehmensbewertung, 2002, S. 10-14.

562 Vgl. *LUTZ*, Konsens und Dissens, 1981; *SCHILDBACH*, Wirtschaftsprüfer, 1981; *SCHILDBACH*, Verkäufer und Unternehmen, 1995; *FELDHOFF*, IDW-Standard, 2000, S. 1238-1239; *HAYN*, Funktionale Wertkonzeptionen, 2000; *HOMMEL/BRAUN/SCHMOTZ*, Unternehmensbewertung, 2001.

dem Käufer benachteiligt wird, da der gesamte Verhandlungsspielraum dem Käufer zugesprochen wird.[563] Dies widerspricht der Aufgabenstellung des Gutachters, einen neutralen Wert zu bestimmen. Ebenso ist die vom IDW angestrebte Ermittlung eines subjektiven Entscheidungswertes auf der Basis eines objektivierten Wertes im Rahmen der Beratungsfunktion zu kritisieren, da dem zusätzlichen Bewertungsaufwand im Vergleich zur direkten Entscheidungswertbestimmung kein zusätzlicher Informationsgewinn durch die Berücksichtigung des objektivierten Wertes gegenübersteht.[564] So läßt das IDW inzwischen auch eine direkte Ermittlung von subjektiven Entscheidungswerten – ohne die Berücksichtigung eines objektivierten Wertes – zu.[565]

Eine wesentliche Neuerung im IDW S 1[566] ist neben der Berücksichtigung persönlicher Ertragssteuern und einer einheitlichen Risikobehandlung mit Hilfe der Risikozuschlagsmethode die Zulässigkeit von *DCF-Verfahren* als Alternative zum *Ertragswertverfahren*.[567] Entsprechend den Vorgaben des IDW können DCF-Verfahren zukünftig sowohl zur Ermittlung objektivierter als auch subjektiver Entscheidungswerte angewendet werden. Sie werden jedoch stark kritisiert, da sie auf den in der Realität nicht gegebenen Prämissen von *Modigliani* und *Miller* beruhen, die Abhängigkeit von Kapitalstruktur und Unternehmensplanung nicht berücksichtigen sowie die Bestimmung des Kalkulationszinses wenig theoretisch fundiert ist.[568] Bei Anwendung des Ertragswertverfahrens des IDW zur Bestimmung eines subjektiven Entscheidungswertes richtet sich der Kalkulationszins nach den individuellen Verhältnissen des Entscheidungssubjektes.[569] Allerdings kommt auch die Ertragswertmethode nur dann zum richtigen Ergebnis, wenn sie mit dem korrekten Kalkulationszins arbeitet. Ein wesent-

---

[563] Vgl. *SCHILDBACH*, Verkäufer und Unternehmen, 1995, S. 620-622.

[564] Vgl. *HAYN*, Funktionale Wertkonzeptionen, 2000, S. 1352.

[565] Vgl. *SIEPE*, Unternehmensbewertung, 2002, S. 13; *DÖRNER*, Unternehmensbewertung, 1992, S. 9 f.

[566] Im Dezember 2004 veröffentlichte das IDW den Entwurf einer Neufassung des IDW Standards (IDW ES 1 n. F.), in dem einerseits vorgeschlagen wird, am Kapitalmarkt ermittelte Aktienrenditen als Ausgangsgröße zur Ermittlung des Kapitalisierungszinsfußes statt der Rendite eines festverzinslichen Wertpapiers heranzuziehen, und anderseits von der Annahme der Vollausschüttung abzugehen und Annahmen über das wahrscheinliche Ausschüttungsverhalten zu treffen. Vgl. *INSTITUT DER WIRTSCHAFTSPRÜFER*, IDW ES 1 n. F., 2004.

[567] Vgl. *SIEPE/DÖRSCHEL/SCHULTE*, IDW-Standard, 2000, S. 950-955; *INSTITUT DER WIRTSCHAFTSPRÜFER*, IDW S 1, 2001, S. 25; *SIEPE*, Unternehmensbewertung, 2002, S. 2-4. Vgl. zur Gegenüberstellung von Ertragswertverfahren und DCF-Verfahren *DRUKARCZYK*, DCF-Methoden und Ertragswertmethode, 1995; *KOHL/SCHULTE*, Ertragswertverfahren und DCF-Verfahren, 2000.

[568] Vgl. dazu ausführlich *HERING*, Finanzwirtschaftliche Unternehmensbewertung, 1999, S. 153-169.

[569] Vgl. *SIEPE*, Unternehmensbewertung, 2002, S. 108.

liches Problem der Bewertung von Unternehmen nach dem Ertragswertverfahren besteht demnach in der Festlegung des individuellen Kalkulationszinsfußes.

Auf einem unvollkommenen Kapitalmarkt sind die Kalkulationszinsfüße ex ante nicht bekannt, da kein einheitlicher Marktzins existiert, zu welchem Kapital in beliebiger Höhe angelegt und aufgenommen werden kann. Die Ertragswertmethode als Partialmodell benötigt demnach Informationen über die Höhe der Kalkulationszinsfüße, die erst nach der Lösung eines Totalmodells zur Planung des optimalen Investitionsprogramms zur Verfügung stehen, also dann wenn auch die Optimallösung bereits vorliegt. Dieses Problem wird auch als *Dilemma der Lenkpreistheorie* bezeichnet.[570]

4.2 Charakterisierung der Bewertungssituation

4.2.1 Begriff und Merkmale des Entscheidungswertes

Bevor im Abschnitt 4.3 auf die Ermittlung eines Entscheidungswertes bei der Privatisierung einer öffentlich-rechtlichen Sparkasse aus Sicht der Kommune als derzeitige Eigentümer eingegangen wird, ist zunächst die in Abbildung 7 dargestellte Bewertungssituation näher zu spezifizieren.

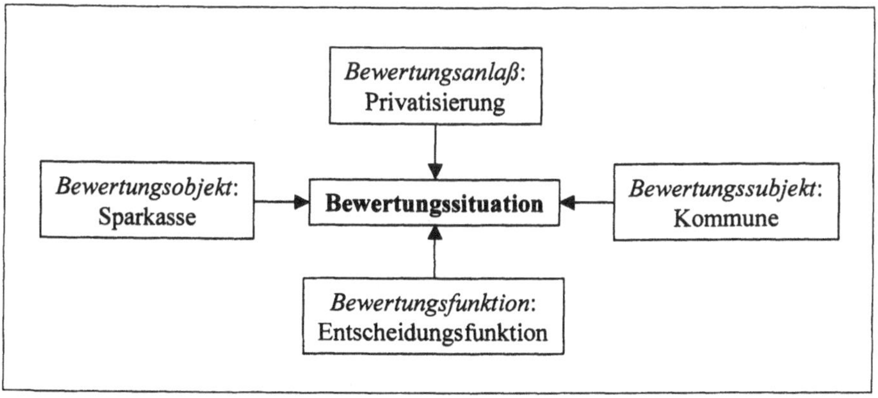

Abbildung 7: Bewertungssituation

---

[570] Vgl. HERING, Finanzwirtschaftliche Unternehmensbewertung, 1999, S. 28. Vgl. zur Entwicklung von Totalmodellen zur Entscheidungswertermittlung Abschnitt 4.2.1.

Die zentrale Größe der funktionalen Unternehmensbewertung ist der *Entscheidungswert*, welcher die Bedingungen in bezug auf die konfliktlösungsrelevanten Sachverhalte angibt, unter denen sich für das Entscheidungssubjekt bei Durchführung einer Handlungsalternative unter Berücksichtigung seines Zielsystems und seines Entscheidungsfeldes der ohne diese Handlung erreichbare Grad der Zielerfüllung gerade noch nicht mindert.[571] Erst basierend auf der Kenntnis der Entscheidungswerte einer oder beider Konfliktparteien ist die Bestimmung von Argumentationswerten oder eines Arbitriumwertes möglich. Die folgenden Ausführungen konzentrieren sich auf die Ermittlung eines eindimensionalen monetären Entscheidungswertes im Sinne eines mindestens zu fordernden Preises der Kommune als Träger der Sparkasse, bei welchem sie sich im Vergleich zur Situation ohne die Privatisierung nicht verschlechtert. Grundsätzlich kann es nur dann zu einer Einigung der beteiligten Konfliktparteien und somit zu einer Privatisierung der Sparkasse kommen, wenn der Entscheidungswert des potentiellen zukünftigen Eigentümers als maximal zahlbarer Preis den von der Kommune mindestens zu fordernden Preis übersteigt oder ihm zumindest entspricht. Die Einigung innerhalb eines eventuell vorhandenen Einigungsbereiches ist letztendlich Gegenstand von Verhandlungen zwischen den beteiligten Parteien und wird hier nicht weiter betrachtet.

Der Entscheidungswert ist durch vier Merkmale geprägt, das Merkmal des Grenzwertes, das Merkmal der Handlungsbezogenheit, das Merkmal der Subjekt- und Zielsystembezogenheit und das Merkmal der Entscheidungsfeldbezogenheit.[572] Ein Modell, welches den Entscheidungswert als Grenze der Konzessionsbereitschaft der Kommune im Rahmen der Privatisierung ihrer öffentlich-rechtlichen Sparkasse ermittelt, sollte neben den Merkmalen eines Entscheidungswertes auch die allgemeinen Grundsätze der Bewertung berücksichtigen.[573]

1. Grundsätze der Bewertung[574]

Zu den Grundsätzen der funktionalen Bewertungstheorie gehören der Grundsatz der Gesamtbewertung, der Grundsatz der Zukunftsbezogenheit, der Grundsatz der Subjektivität sowie der Grundsatz der Zweckabhängigkeit. Gemäß dem Grundsatz der Gesamtbewertung hat die Bewertung einer Unternehmung als Ganzes und nicht als Summe der Einzelwerte der Vermögensgegenstände oder als Summe der Werte einzelner Unternehmensteile zu erfolgen. Der Grundsatz der Zukunftsbezogenheit besagt,

---

[571] Vgl. *MATSCHKE*, Gesamtwert, 1972, S. 147.

[572] Vgl. *MATSCHKE*, Gesamtwert, 1972, S. 147; *MATSCHKE*, Entscheidungswert, 1975, S. 26.

[573] Vgl. zu den Modellanforderungen *BRÖSEL*, Medienrechtsbewertung, 2002, S. 85.

[574] Vgl. zu den Grundsätzen der Bewertung auch Abschnitt 4.1.

daß ausschließlich zukünftige Zielbeiträge den Wert einer Unternehmung bestimmen, und der Grundsatz der Subjektivität, daß die Bewertung an den Zielvorstellungen des Entscheidungssubjekts auszurichten ist. Nach dem Grundsatz der Zweckabhängigkeit ist der Unternehmenswert von der Aufgabenstellung in der jeweiligen Bewertungssituation abhängig.

2. Merkmal des Grenzwertes und der Handlungsbezogenheit

Der im Abschnitt 4.3 zu ermittelnde Wert soll die Grenze der Konzessionsbereitschaft der Kommune in bezug auf die betrachtete Konfliktsituation Privatisierung ihrer öffentlich-rechtlichen Sparkasse darstellen. Das heißt, erzielt die Kommune in den Verhandlungen mindestens diesen Entscheidungswert, so stellt sie sich gegenüber der Situation ohne die Privatisierung nicht schlechter. Läßt sich der ermittelte Grenzpreis hingegen in einer Verhandlung nicht durchsetzen, so ist die Durchführung der Privatisierung aus finanzwirtschaftlicher Sicht der Kommune nicht sinnvoll.

3. Merkmal der Subjekt- und Zielsystembezogenheit

Ein Modell zur Ermittlung eines Entscheidungswertes muß das Zielsystem eines bestimmten Subjektes, hier die Ziele des Trägers der Sparkasse, berücksichtigen. Dazu ist im Abschnitt 4.2.4.1.2 eine geeignete, operationalisierbare Zielgröße zu entwickeln.

4. Merkmal der Entscheidungsfeldbezogenheit

Der Entscheidungswert ist unter Berücksichtigung des Entscheidungsfeldes des Bewertungssubjektes zu bestimmen. Das bedeutet, daß die spezifischen Handlungsmöglichkeiten und haushaltsrechtlichen Restriktionen der Kommune, die im Abschnitt 4.2.4.2.2 betrachtet werden, zu beachten sind.

Neben den Merkmalen des Entscheidungswertes und den allgemeinen Grundsätzen der Bewertung sollte das Modell auch Unsicherheit berücksichtigen können und lösbar sein. Einem zusätzlichen Aufwand für Informationsbeschaffung und -verarbeitung sollte immer ein entsprechender Nutzen gegenüberstehen.

Modelle von *Jaensch*[575] und *Matschke*[576] ermitteln den Entscheidungswert in einem zweistufigen Verfahren. Der Basisansatz bestimmt den ohne eine Eigentumsänderung

---

575 Vgl. JAENSCH, Wert und Preis, 1966, S. 138 f.; JAENSCH, Unternehmensbewertung, 1966, S. 664 f.

576 Vgl. MATSCHKE, Kompromiß, 1969, S. 59; MATSCHKE, Gesamtwert, 1972, S. 153-156; MATSCHKE, Entscheidungswert, 1975, S. 253-257 u. S. 387-390.

maximal möglichen Zielfunktionswert des Bewertungssubjekts, der auch im Bewertungsprogramm nicht unterschritten werden darf. Neben der Berücksichtigung dieser zusätzlichen Nebenbedingung wird das Entscheidungsfeld des Bewertungssubjektes durch den Zugang des Bewertungsobjekts (Kauf) oder den Abgang des Bewertungsobjekts (Verkauf) im Bewertungsansatz angepaßt. Ergebnis dieses Bewertungsansatzes ist der Entscheidungswert. Bei einer Reduktion der konfliktlösungsrelevanten Sachverhalte auf die Höhe des Preises einer Unternehmung entspricht der Entscheidungswert dem Grenzpreis, bei welchem ein Kauf oder Verkauf des Unternehmens weder nachteilig noch vorteilhaft ist. *Laux*[577] hat das zweistufige Vorgehen aufgegriffen und ein auf den Ansätzen von *Weingartner* und *Hax*[578] basierendes Modell zur Ermittlung des Grenzpreises der Unternehmung unter Unsicherheit entwickelt, indem er die Zeitpunkte des Modells von *Weingartner* und *Hax* als Zustände interpretierte. Dieses Modell legt jedoch einen Zustandsbaum mit Wahrscheinlichkeiten zugrunde und unterstellt, daß der potentielle Käufer nach dem *Bernouilli*-Prinzip handelt.[579] Oft sind die Eintrittswahrscheinlichkeiten der Zustände aber nicht bekannt, und auch die Voraussetzungen des *Bernouilli*-Prinzips sind in der Realität nicht immer gegeben. *Hering*[580] wählt in seinem Zustandsgrenzpreismodell als Zielsetzung schließlich die Maximierung des Vermögens oder des Einkommens. Durch die mögliche Interpretation der Zeitpunkte als Zustände, läßt sich dieses Modell sowohl für den Sicherheitsfall als auch für den mehrperiodigen Unsicherheitsfall anwenden.[581] Im Abschnitt 4.3 wird unter Anwendung des Zustandsgrenzpreismodells der Entscheidungswert der Kommune bei einer Privatisierung ihrer öffentlich-rechtlichen Sparkasse im Sinne eines Grenzpreises ermittelt. Dabei wird lediglich der Sicherheitsfall beschrieben, wobei auch Unsicherheit durch eine Interpretation der Zeitpunkte als Zustände berücksichtigt werden kann.

---

577 Vgl. *LAUX*, Unternehmensbewertung, 1971, S. 531-535. Vgl. dazu auch *LAUX*, Flexible Planung, 1969; *LAUX/FRANKE*, Bewertung von Unternehmungen, 1969.

578 Vgl. *WEINGARTNER*, Capital Budgeting Problems, 1963; *HAX*, Investitions- und Finanzplanung, 1964.

579 Vgl. *LAUX*, Unternehmensbewertung, 1971, S. 528-531.

580 Vgl. *HERING*, Finanzwirtschaftliche Unternehmensbewertung, 1999, S. 129-139 u. S. 181-191; *HERING*, Zustands-Grenzpreismodell, 2000, S. 363-366.

581 Vgl. *HERING*, Finanzwirtschaftliche Unternehmensbewertung, 1999, S. 181; *HERING*, Zustands-Grenzpreismodell, 2000, S. 364, der aber die Zustandsstruktur und deren Zustandekommen nicht näher expliziert. Vgl. dazu *KLINGELHÖFER*, Investitionsbewertung, 2003, S. 284-295.

4.2.2 Privatisierung als Bewertungsanlaß

Der klassische Anlaß einer Unternehmensbewertung, der Fall des Kaufs oder des Verkaufs von Unternehmen oder Unternehmensanteilen, ist bislang für öffentlich-rechtliche Sparkassen unbedeutend gewesen. Dennoch existieren bereits Bewertungssituationen, in denen eine Wertermittlung notwendig ist. Insbesondere im Zusammenhang mit Fusionen zweier oder mehrerer Institute sind die an einer Fusion beteiligten Institute zu bewerten, um angemessene Anteilsverhältnisse der Träger zur Haftungs- und Gewinnverteilung an der neu entstehenden oder aufnehmenden Sparkasse zu gewährleisten.[582] Bisher werden diese Anteilsverhältnisse auf objektivierter Grundlage oder entsprechend dem „inneren Wert“ der Sparkassen ermittelt, der unter Berücksichtigung unterschiedlicher sparkassenspezifischer oder externer Faktoren bestimmt wird, wie beispielsweise dem Geschäftsanteil in bezug auf Kundeneinlagen oder Kreditvolumen, der Bilanzsumme oder den Anteilen an den Einwohnerzahlen.[583] Dieses Vorgehen steht jedoch besonders aufgrund einer mangelnden Orientierung an einer Bewertungsfunktion sowie eines fehlenden Subjektbezuges im Widerspruch zur entscheidungsorientierten funktionalen Unternehmensbewertungstheorie. Weiterhin ist eine Bewertung im Zusammenhang mit Zweigstellenübertragungen unter Sparkassen sinnvoll, die bislang in der Regel ohne Geschäftswertausgleich erfolgen.[584] Daneben stellt auch die in dieser Arbeit untersuchte Privatisierung einer öffentlich-rechtlichen Sparkasse einen Bewertungsanlaß dar, der sich als Verkaufsfall deuten läßt. Insbesondere im Zusammenhang mit der Entscheidung über die materielle Privatisierung ist für die Trägerkommune ihr Entscheidungswert von Interesse, der die Bedingungen in bezug auf die konfliktlösungsrelevanten Sachverhalte angibt, unter denen sich der Grad der Zielerreichung des Trägers infolge der Privatisierung gerade noch nicht mindert.

Anlässe zur Bewertung von Unternehmen werden sehr unterschiedlich systematisiert.[585] Grundsätzlich lassen sie sich unterscheiden in Bewertungsanlässe, die mit einer Änderung der Eigentumsverhältnisse der Unternehmung verbunden sind, und sol-

---

[582] Vgl. *Zensen*, Bewertung von Universalbanken, 2002, S. 33. Vgl. *Matschke/Witt*, Vereinigung von Sparkassen, 2004.

[583] Vgl. *Ellgering*, Zweckverbandssparkassen, 1973, S. 36-39; *Ellgering*, Zweckverbandssparkassen in Deutschland, 1999, S. 69 f.; *Zensen*, Bewertung von Universalbanken, 2002, S. 33.

[584] Vgl. *Nierhaus*, Wettbewerbsfunktion, 1985, S. 15. In einigen Sparkassengesetzen wird inzwischen ein angemessener Ausgleich zwischen den von einer Zweigstellenübertragung betroffenen Trägern gefordert. Vgl. dazu § 4 Abs. 6 SpkG BW; § 28 Abs. 8 SpkG MV; § 30 SpkG NI; § 34 Abs. 3 i. V. m. § 33 Abs. 3 SpkG NRW; § 23 Abs. 2 SpkG RP.

[585] Vgl. zur Systematisierung von Bewertungsanlässen *Künnemann*, Objektivierte Unternehmensbewertung, 1985, S. 52-64; *Lausterer*, Unternehmensbewertung, 1997, S. 31-33.

che ohne eine Änderung der Eigentumsverhältnisse. Unternehmensbewertungsanlässe im Zusammenhang mit einer Änderung der Eigentumsverhältnisse, wie eine materielle Privatisierung, lassen sich weiterhin in Konfliktsituationen vom Typ Kauf/Verkauf und solche des Typs Fusion/Spaltung differenzieren.[586] Der vorliegende Fall der Privatisierung ist eine Konfliktsituation vom Typ Kauf/Verkauf, da eine Konfliktpartei ihr Eigentum aufgibt und dafür eine Gegenleistung erhält. Nach den Machtverhältnissen zwischen den beteiligten Parteien können zusätzlich dominierte und nicht dominierte Konfliktsituationen unterschieden werden.[587] Während eine heteronome Privatisierung aus der Sicht der Trägerkommune eine dominierte Konfliktsituation darstellt, liegt im Fall einer autonomen Privatisierung eine nicht dominierte Konfliktsituation vor, da keine der an der Privatisierung beteiligten Parteien, also weder die Kommune noch potentielle Anteilseigner, eine Veränderung der Eigentumsverhältnisse allein durchsetzen können. Weiterhin soll zur Vereinfachung die Annahme einer disjungierten Konfliktsituation getroffen werden, das heißt, es wird unterstellt, daß sich keine Konfliktpartei in weiteren vergleichbaren Konfliktsituationen befindet.[588] Eine letzte Differenzierung ist hinsichtlich der Zahl der berücksichtigten konfliktlösungsrelevanten Sachverhalte möglich. Hängt die Einigung der beteiligten Parteien von nur einem Faktor ab, zum Beispiel der Höhe des Preises, ist die Konfliktsituation eindimensional. Um eine mehrdimensionale Konfliktsituation handelt es sich dann, wenn mehrere konfliktlösungsrelevante Sachverhalte zu berücksichtigen sind.[589] Im Hinblick auf die Privatisierung einer öffentlich-rechtlichen Sparkasse können konfliktlösungsrelevante Sachverhalte beispielsweise der Umfang des zu privatisierenden Kapitals, die Höhe der Anteilspreise, der Zeitpunkt der Privatisierung, die Rechtsform der „privatisierten" Sparkasse oder der Inhalt des zukünftig zu erfüllenden öffentlichen Auftrages sein. Vereinfachend wird im folgenden von einer autonomen materiellen Vollprivatisierung ausgegangen, die lediglich von dem Preis abhängt, den ein oder mehrere potentielle Erwerber der Kommune zahlen müßten, damit diese ihre öffentlich-rechtliche Sparkasse aufgibt. Die im Abschnitt 4.3 folgende Ermittlung des Grenzpreises der Kommune im Falle einer vollständigen materiellen Privatisierung ließe sich jedoch auch auf den Fall einer materiellen Teilprivatisierung übertragen. Zusammenfassend läßt sich demnach die zu untersuchende Konfliktsituation als eine nicht dominierte, disjungierte, eindimensionale Konfliktsituation des Typs Kauf/Verkauf charakterisieren.

---

[586] Vgl. *MATSCHKE*, Entscheidungswert, 1975, S. 31 f.

[587] Vgl. *MATSCHKE*, Arbitriumwert, 1979, S. 31-34.

[588] Vgl. *MATSCHKE*, Entscheidungswert, 1975, S. 34-38.

[589] Vgl. *MATSCHKE*, Entscheidungswert, 1975, S. 38-55.

4.2.3 Sparkassen als Bewertungsobjekte

Die bewertungsrelevanten Besonderheiten von Kreditinstituten lassen sich in geschäftspolitische Besonderheiten, spezielle gesetzliche Reglementierungen und exogene Einflußfaktoren unterscheiden.[590] Kreditinstitute sind nicht nur Handelsunternehmen, sondern aufgrund ihrer Kreditschöpfungsmöglichkeiten auch Produktionsunternehmen.[591] Da das Produktionsergebnis überwiegend in immateriellen, also abstrakten und nicht stofflichen Leistungen besteht, werden Bankbetriebe den Dienstleistungsunternehmen zugeordnet.[592] Die typischen Leistungen der Kreditinstitute sind finanzieller Natur. Dazu gehören im Kern die Finanzierungs-, Geldanlage- und Zahlungsverkehrsleistungen. Abgesehen davon, daß Bankleistungen abstrakt, das heißt wenig anschaulich und aus diesem Grunde erklärungsbedürftig, und nicht stofflich sind, können sie weiterhin durch fehlende Speicherbarkeit und Schutzfähigkeit, Verflochtenheit sowie einen Dualismus der Wert- und Stückleistungskomponente charakterisiert werden.[593] Speichern lassen sich Bankleistungen wie alle Dienstleistungen deshalb nicht, weil sie erst mit der Befriedigung der Nachfrage entstehen. Insofern ist eine Vorratsproduktion nicht möglich und Nachfrageschwankungen können nur schwer ausgeglichen werden. Die fehlende Schutzfähigkeit von Bankleistungen resultiert daraus, daß Dienstleistungen nach dem Patentrecht nicht geschützt sind und sich Bankleistungen von Konkurrenten leicht und schnell imitieren lassen. Viele bankbetriebliche Leistungen bedingen außerdem einander, wie Zahlungsverkehrsleistungen und Finanzierungsleistungen, oder werden als Teile eines Leistungspakets gleichzeitig vertrieben. Sie sind also stark miteinander verflochten. Außerdem setzen sich die meisten Bankleistungen aus einer Wertleistungskomponente, dazu gehören die Annahme, Schaffung und Weitergabe von Geldwerten, und einer Betriebs- oder Stückleistung als Ergebnis der Kombination von personellen, informationellen und sachlichen Faktoren zusammen. Während die Finanzierung, die Risikoübernahme und das Liquiditätsmanagement in anderen Unternehmen notwendige Mittel sind, um betriebliche Leistungen zu erstellen, gehören sie dagegen in Kreditinstituten zum Kerngeschäft. Beispielsweise dient das Fremdkapital auf der Passivseite der Bankbilanz nicht ausschließlich der Finanzierung von Aktivgeschäften, sondern ist Bestandteil der Geschäftstätigkeit der Bank. Aus diesem Grunde

---

[590] Vgl. *HÖHMANN*, Shareholder-Value von Banken, 1998, S. 11. Vgl. zum folgenden *MATSCHKE/WITT*, Vereinigung von Sparkassen, 2004, S. 254-256.

[591] Vgl. *MÜLHAUPT*, Kreditbank, 1956, S. 8 f. m. w. N.

[592] Vgl. *MALERI*, Probleme der Dienstleistungsproduktion, 1970, S. 19; *MALERI*, Dienstleistungsproduktion, 1973, S. 21; *EILENBERGER*, Bankbetriebswirtschaftslehre, 1997, S. 188.

[593] Vgl. hierzu und zum folgenden *STEIN*, Bankleistung, 2000, S. 555-557.

wurde das *Gutenberg*sche Faktorsystem[594] in bezug auf Kreditinstitute um den Regiefaktor Finanzierungsmittel und den Sicherungsfaktor Kapital erweitert.[595] *Deppe* unterteilte die Produktion der finanziellen Bankleistungen dann weiter in den geschäftspolitischen, den technisch-organisatorischen und den liquiditätsmäßig-finanziellen Bereich,[596] wobei der liquiditätsmäßig-finanzielle Bereich durch relativ exakt bestimmbare Zahlungsströme geprägt ist.[597]

Neben den vorgestellten geschäftspolitischen Besonderheiten existieren im Bankbereich auch spezielle gesetzliche Reglementierungen. An der Funktionsfähigkeit des Bankensektors besteht ein besonderes gesamtwirtschaftliches Interesse, welches sich vor allem aus der Geld- und Kreditversorgung der Volkswirtschaft durch die Banken begründet. Die Stabilität des Bankensystems ist jedoch durch sogenannte Dominoeffekte gefährdet. Vertrauensverluste der Anleger gegenüber einer einzelnen Bank, aufgrund eingetretener oder auch nur drohender Ausfälle ihrer Einlagen, können zur Insolvenz dieser Bank und zum Zusammenbruch des gesamten Bankensystems führen.[598] Im Vergleich zu anderen Branchen existieren deshalb besondere staatliche Regulierungsvorschriften, welche die bankbetrieblichen Risiken offenlegen und begrenzen sollen. Dazu gehören neben den aufsichtsrechtlichen Restriktionen auch spezielle Rechnungslegungsvorschriften.[599]

Weitere Besonderheiten finden sich im kreditwirtschaftlichen Umfeld der Kreditinstitute. Sie unterliegen in besonderem Maße wirtschaftspolitischen Einflüssen, das heißt dem unmittelbaren Einfluß von Finanz-, Geld- und Währungspolitik auf ihre Geschäftspolitik, sowie Marktabhängigkeiten, was bedeutet, daß auch ihr Erfolg stark von den Entwicklungen auf den Geld-, Kapital- und Devisenmärkten abhängig ist.

---

594 Vgl. *GUTENBERG*, Produktion, 1983, S. 2-8.

595 Vgl. *BUDDEBERG*, Binnenhandel, 1959, S. 41-43; *LIPFERT*, Zahlungsverkehr, 1970, S. 27 f.

596 Vgl. *DEPPE*, Bankbetrieb, 1964, S. 370-373; *DEPPE*, Konzeption, 1978, S. 19 f.; *BECKER*, Bewertung von Bankakquisitionen, 1999, S. 26 f.; *KÖRNERT*, Managementansatz Deppes, 2004, S. 218-226.

597 Vgl. *KÜMMEL*, Bewertung von Kreditinstituten, 1995, S. 27 f.

598 Vgl. beispielsweise *KÖRNERT*, Dominoeffekte, 1998, S. 73; *KÖRNERT*, Theorien über Dominoeffekte, 2000; *SÜCHTING/PAUL*, Bankmanagement, 1998, S. 455 f.; *HARTMANN-WENDELS/PFINGSTEN/WEBER*, Bankbetriebslehre, 2004, S. 363 f.

599 Vgl. zu bankaufsichtsrechtlichen Regelungen *HARTMANN-WENDELS/PFINGSTEN/WEBER*, Bankbetriebslehre, 2004, S. 377-682; *BASELER AUSSCHUSS FÜR BANKENAUFSICHT*, Eigenkapitalanforderungen, 2004. Vgl. zu den Rechnungslegungsvorschriften für Kreditinstitute *KRUMNOW ET AL.*, Rechnungslegung, 2004.

Genauso wie für alle anderen Universalbanken sind für die Bewertung von öffentlich-rechtlichen Sparkassen die oben dargestellten bankspezifischen Besonderheiten relevant.[600] Darüber hinaus sollten die in den Sparkassengesetzen enthaltenen Vorschriften, zum Beispiel die Organisationsform, den öffentlichen Auftrag und die Ausschüttungspolitik betreffend, bei der Bewertung beachtet werden.[601]

Die Rechtsform der Anstalt des öffentlichen Rechts erschwert die zusätzliche Aufnahme von Eigenkapital, welches bei Sparkassen überwiegend aus Rücklagen besteht, die vorwiegend durch die Thesaurierung von Gewinnen gebildet werden. Zusätzlich ist die Größe der Sparkassen bei der Bewertung zu berücksichtigen, die insbesondere nicht mit der von privaten Großbanken, als international agierende Konzernen, verglichen werden kann. Sparkassen beschränken ihre Geschäftstätigkeit aufgrund des Regionalprinzips im wesentlichen auf das Gebiet ihres Trägers, was bewirkt, daß der Einfluß internationaler Geld- und Kapitalmärkte auf die Sparkassen ein geringeres Ausmaß annimmt als bei Großbanken. Während Kreditbanken vorrangig Gewinnmaximierung anstreben, sollen Sparkassen gemäß dem in den Sparkassengesetzen festgehaltenen öffentlichen Auftrag der Gemeinnützigkeit dienen. Gewinnerzielung ist jedoch auch für Sparkassen vor allem aufgrund der Eigenmittelanforderungen unabdingbarer Bestandteil des Zielsystems. Ebenso wie die Ziele gleicht sich auch die Geschäftspolitik der drei kreditwirtschaftlichen Sektoren immer mehr an.[602] So gilt in den Sparkassengesetzen einzelner Bundesländern beispielsweise das Enumerationsprinzip in bezug auf die Sparkassengeschäfte nicht mehr.[603] Bestimmte Geschäftsbeschränkungen enthalten die Sparkassenverordnungen jedoch auch weiterhin, beispielsweise hinsichtlich des Erwerbs von Beteiligungen, des Wertpapier- und Devisengeschäfts sowie in bezug auf Höchstkreditgrenzen. Grundsätzlich beeinflussen die angeführten sparkassenspezifischen Besonderheiten ebenso wie auch die Bewertungsbesonderheiten von Kreditinstituten überwiegend die zu erwartenden Zahlungsüberschüsse, welche das zu bewer-

---

600 Vgl. dazu und zum folgenden *MATSCHKE/WITT*, Vereinigung von Sparkassen, 2004, S. 256 f.

601 Vgl. dazu ausführlicher Kapitel 2 und Kapitel 3.

602 Vgl. *BÜSCHGEN*, Bankbetriebslehre, 1998, S. 175 u. S. 177 f.; *SEIFERT*, Regulierung, 1984, S. 165. Vgl. dazu auch BVerfG-Urteil vom 15.6.1983, BVerfGE 64, 229, 242, S. 240 f.

603 Die Sparkassen dürfen in Baden-Württemberg, in Bremen, in Niedersachsen in Nordrhein-Westfalen, in Rheinland-Pfalz und im Saarland, soweit das jeweilige Sparkassengesetz, die dazu erlassenen Rechtsverordnungen oder die Satzungen keine Einschränkungen vorsehen, alle banküblichen Geschäfte betreiben. Vgl. § 6 Abs. 2 SpkG BW; § 3 Abs. 3 SpkG HB; § 4 Abs. 3 SpkG NI; § 4 Abs. 1 SpkG NRW; § 2 Abs. 5 SpkG RP; § 3 Abs. 1 SpkG SL. In Brandenburg, Mecklenburg-Vorpommern, Sachsen, Sachsen-Anhalt und Thüringen dürfen die Sparkassen dagegen ausschließlich die in der entsprechenden Rechtsverordnung vorgesehenen Geschäfte betreiben. Vgl. § 2 Abs. 2 SpkG BB; § 2 Abs. 2 SpkG MV; § 2 Abs. 2 SpkG SN; § 2 Abs. 2 SpkG ST; § 2 Abs. 2 SpkG TH. Keine Aussagen zum Umfang der Sparkassengeschäfte oder zu Geschäftsbeschränkungen enthalten die Sparkassengesetze von Bayern, Hessen und Schleswig-Holstein.

tende Kreditinstitut seinen Eigentümern generieren kann. Der zu erwartende zukünftige Zahlungsstrom einer Sparkasse kann beispielsweise mit Hilfe von linearen Optimierungsmodellen ermittelt werden.[604]

4.2.4 Kommunen als Bewertungssubjekte

4.2.4.1 Kommunale Ziele

4.2.4.1.1 Konfligierendes Zielsystem

Im Gegensatz zu privatwirtschaftlichen Unternehmungen sind Kommunen als öffentliche Verwaltungen nicht frei in der Wahl ihres Zielsystems[605], sondern müssen dieses aus „dem gesamtstaatlichen Grundauftrag“[606] ableiten und dabei gesetzliche Normen beachten.[607] Als wesentliches Ziel der Kommunen ist in den meisten Gemeindeordnungen der Bundesländer die Förderung des Wohls ihrer Einwohner verankert.[608] Die Tätigkeit von Gemeinden hat also dem *Gemeinwohl* zu dienen,[609] wobei bereits eine Definition des Gemeinwohlbegriffs schwierig ist, da er semantisch nie eindeutig festgelegt worden ist und politisch immer umstritten war und sein wird.[610] Nach *Münkler/Bluhm* orientiert sich Gemeinwohl an gemeinsamen Zielen, Kooperationseffekten und an einem „Handeln, das auf den Erhalt der jeweiligen Gemeinschaft und die Re-

---

[604] Vgl. zu Modellen der Gesamtplanung in Banken *Deppe*, Bankbetriebliches Wachstum, 1969; *Lohmann*, Leistungsprogrammplanung von Kreditinstituten, 1970; *Meyer zu Selhausen*, Optimalplanung einer Kreditbank, 1970; *Lippmann*, Planung des finanziellen Bereichs von Banken, 1970; *Kolbeck*, Bankbetriebliche Planung, 1971; *Potthoff*, Gesamtplanung einer Universalbank, 1977.

[605] Vgl. zum Zielbegriff und zum Begriff des Zielsystems allgemein Abschnitt 2.3.

[606] *Papirow*, Kommunale Finanzplanung, 1981, S. 10.

[607] Vgl. *Schneider*, Planung von Bereichszielen bei öffentlichen Verwaltungen, 1978, S. 563 u. S. 572.

[608] Vgl. § 1 Abs. 2 GO BW; § 1 Abs. 2 GO BB; § 1 Abs. 1 GO HE; § 1 Abs. 2 KV MV; § 1 Abs. 1 GO NI; § 1 Abs. 1 GO NRW; § 1 Abs. 1 GO RP; § 1 Abs. 2 GO SN; § 1 Abs. 1 GO ST; § 1 Abs. 1 GO SH; § 1 Abs. 2 KO TH. In den Gemeindeordnungen von Bayern und dem Saarland finden sich keine Hinweise auf kommunale Ziele. Die Gemeindeordnung des Landes Brandenburg enthält zusätzlich das Ziel, das gesellschaftliche Zusammenleben ihrer Einwohner zu fördern und die Gemeindeordnung Schleswig-Holstein verweist auch auf die Verantwortung für zukünftige Generationen. Vgl. § 1 Abs. 2 Satz 2 GO BB und § 1 Abs. 1 Satz 2 GO SH.

[609] Vgl. *Darsow et al.*, Schweriner Kommentierung, 1999, S. 4.

[610] Vgl. *Münkler/Bluhm*, Gemeinwohl, 2001, S. 9.

produktion ihrer Voraussetzungen gerichtet ist"[611]. Häufig soll das Ziel der Förderung des Gemeinwohls auch in kommunalen Entscheidungsmodellen durch die Maximierung einer sogenannten „*sozialen Wohlfahrtsfunktion*" erreicht werden, welche die individuellen Präferenzen der Einwohner zusammenfaßt.[612] Eine derartige Zielfunktion unterstellt zunächst, daß die Entscheidungsträger ihr Handeln ausschließlich am Gemeinwohl orientieren.[613] Subjektive Handlungsziele der Entscheidungsträger, wie zum Beispiel die Maximierung der Wählerstimmen bleiben dabei unberücksichtigt.[614] Soweit die Modelle der Unterstützung der Entscheidungsträger dienen, also der Entscheidungsvorbereitung, erscheint die Vorgehensweise des Ausschlusses subjektiver Ziele der Entscheidungsträger gerechtfertigt. Problematisch bleibt dennoch die Bildung einer widerspruchsfreien sozialen Wohlfahrtsfunktion, welche die individuellen Ziele aller Gemeindemitglieder so aggregiert, daß die mit Hilfe dieser Funktion aufgestellte Rangfolge der Alternativen, von allen Einwohnern der Gemeinde akzeptiert wird.[615]

Um für eine Kommune optimale Handlungsalternativen auswählen zu können, die das Oberziel der Kommune, die Gemeinwohlmaximierung, am besten erfüllen, ist dieses durch operationalisierbare Unterziele zu konkretisieren.[616] Die Mindestbestandteile eines Zielsystems von Kommunen umfassen ähnlich wie in privatwirtschaftlichen Unternehmen Leistungselemente, Erfolgsziele und Liquiditätsvorstellungen.[617] Während in privatwirtschaftlichen Unternehmungen die Erfolgsziele dominieren, stehen bei öffentlichen Verwaltungen indessen die Leistungsziele im Vordergrund. Differenzieren lassen sich kommunale *Leistungsziele* beispielsweise in gesellschaftliche Ziele, gesamtstaatliche Ziele, wirtschaftliche Ziele, betriebliche Ziele, politische Ziele und son-

---

611 *MÜNKLER/BLUHM*, Gemeinwohl, 2001, S. 13.

612 Vgl. dazu beispielsweise *SEILER*, Optimierungsprobleme, 1973, S. 5 f.; *FRIEDRICH*, Investitionskriterien, 1969, S. 47-52. Vgl. allgemein zur sozialen Wohlfahrtsfunktion *WEIMANN*, Wirtschaftspolitik, 2004, S. 74-92.

613 Vgl. *PAPIROW*, Kommunale Finanzplanung, 1981, S. 143 f. m. w. N.; *SEILER*, Kommunale Finanzplanung, 1987, S. 605 f.

614 Vgl. *DOSSER*, Linear Programming, 1960, S. 56; *WERNER*, Strategie und Taktik, 1979, S. 1-16, die die Haushaltsplanung am Wählerverhalten ausrichten.

615 Vgl. *GIERSCH*, Wirtschaftspolitik, 1961, S. 97-106; *FRIEDRICH*, Investitionskriterien, 1969, S. 52-56.

616 Vgl. zu operationalen Zielen Abschnitt 2.3 und *ADAM*, Planung und Entscheidung, 1996, S. 100-105.

617 Vgl. *SCHNEIDER*, Planung von Bereichszielen bei öffentlichen Verwaltungen, 1978, S. 568 u. S. 576 f.; *HEINEN*, Entscheidungen, 1976, S. 59-82; *KOSIOL*, Die Unternehmung, 1966, S. 212-216. Vgl. zum folgenden auch *MATSCHKE/WITT*, Vereinigung von Sparkassen, 2004, S. 258 f.

stige Ziele wie zum Beispiel kulturelle Ziele und ökologische Ziele.[618] Während die gesellschaftlichen Ziele innere Sicherheit, gesellschaftliche Stabilität und Wohlstand umfassen, werden als gesamtstaatliche Ziele Demokratiewahrung, Rechts- und Sozialstaatlichkeit bezeichnet. Dazu zählen insbesondere auch die ständige Versorgung der Bevölkerung beispielsweise mit Kindergärten, Schulen, Gesundheits- und Pflegediensten aber auch mit Parkanlagen und Grünflächen sowie der soziale Wohnungsbau. Unter den wirtschaftlichen Zielen einer Kommune werden neben der Bereitstellung und Unterhaltung öffentlicher Dienste und Tätigung öffentlicher Investitionen (wie z. B. Bauleitplanung, Entsorgung, Straßenbau) sowie der Sicherstellung deren Finanzierung, insbesondere die Erhöhung der wirtschaftlichen Leistung (Bruttoinlandsprodukt), die Erhöhung des Steuerpotentials, die Minderung von Sozialhilfeaufwendungen, der Abbau lokaler Unterbeschäftigung sowie das Erreichen einer ausgewogenen Wirtschaftsstruktur und eines ausreichenden Wirtschaftswachstums subsumiert. Im Gegensatz dazu beziehen sich die betrieblichen Ziele auf die unmittelbare Aufgabenerfüllung einer Kommune. Zu ihnen gehören beispielsweise die Sicherung des kommunalen Einflusses sowie Finanz-, Leistungs- und Qualitätsziele. Politische Ziele sind die Maximierung von Wählerstimmen und die Sicherstellung politischer Positionen in den Kommunen.

Erreicht werden sollen die dargestellten Ziele durch die von den Gemeinden zu erfüllenden Aufgaben, welche in den Gemeindeordnungen der Bundesländer verankert sind. Die Gemeindeordnungen unterscheiden die kommunalen Aufgaben in solche des eigenen Wirkungskreises oder Selbstverwaltungsangelegenheiten und Aufgaben des übertragenen Wirkungskreises.[619] Aufgaben des eigenen Wirkungskreises sind ursprüngliche Angelegenheiten einer jeden Gemeinde und können freiwillig sein oder vom Staat als Pflicht vorgeschrieben werden. Der Staat gibt keinerlei Weisungen hinsichtlich der Ausführung dieser Aufgaben. In bezug auf die Aufgaben des übertragenen Wirkungskreises überwacht der Staat mittels Weisungen die Ausführung der Aufgaben. Das heißt, während alle Aufgaben des übertragenen Wirkungskreises Pflichtaufgaben sind, kennzeichnet die Aufgaben des eigenen Wirkungskreises der Grundsatz der Freiwilligkeit. Jedoch kann der Gesetzgeber einzelne Selbstverwaltungsangelegenheiten auch zu pflichtigen Aufgaben machen. Zu unterscheiden sind demnach freiwillige Aufgaben, Pflichtaufgaben ohne Weisung, Pflichtaufgaben nach Weisung und

---

[618] Vgl. dazu und zum folgenden *EICHHORN/FRIEDRICH*, Verwaltungsökonomie, 1976, S. 104-130; *MILBRADT*, Ziele kommunaler Wirtschaftsförderung, 1990, S. 6-17; *HEIDER*, Planung in Kommunalverwaltungen, 1995, S. 133; *BAIER*, Operative Planung, 2002, S. 74.

[619] Vgl. § 2 GO BW; Art. 6 bis 9 GO BY; § 3 GO BB; § 2 bis 4 GO HE; § 2 u. § 3 KV MV; § 4 u. § 5 GO NI; § 2 u. § 3 GO NRW; § 2 GO RP; § 5 u. § 6 KSVG SL; § 2 GO SN; § 2, § 4 u. § 5 GO ST; § 2 u. § 3 GO SH; § 2 u. § 3 KO TH.

staatliche Auftragsangelegenheiten.[620] Freiwillige Aufgaben erfüllt eine Gemeinde nach eigenem Ermessen und nach ihren finanziellen Möglichkeiten. Die Regelung der Pflichtaufgaben ohne Weisung (z. B. Abfall- und Abwässerbeseitigung, Errichtung von Kinderspielplätzen, Anlage und Unterhaltung von Friedhöfen) ist der Kommune überlassen. Pflichtaufgaben nach Weisung (z. B. Melde-, Paß-, Personenstandsangelegenheiten) müssen von den Gemeinden nach staatlichen Vorgaben erledigt werden und staatliche Auftragsangelegenheiten (z. B. Volkszählungen, Durchführung der Bundestags- und Landtagswahlen) führt die Kommunalverwaltung für ihren Bereich als unterste staatliche Behörde aus.

Die Differenzierung der kommunalen Aufgaben ist im Hinblick auf den Handlungsspielraum der Gemeinde von Bedeutung.[621] Einen Entscheidungsspielraum können die Kommunen nicht nur hinsichtlich der freiwilligen Selbstverwaltungsangelegenheiten, sondern auch in bezug auf die Pflichtaufgaben haben, falls mehrere Alternativen zu deren Erfüllung existieren. Zusätzlich kann der Realisationszeitpunkt der Investitionen variabel sein und wäre somit auch erst Ergebnis der Planung.

Neben den Leistungszielen spielen auch in Kommunen *Erfolgsziele* eine Rolle, allerdings sind hier andere Maßstäbe anzulegen als in privatwirtschaftlichen Unternehmen,[622] denn Kommunen streben im Gegensatz zu diesen keine Gewinnmaximierung an. Ein Erfolgsziel könnte vielmehr die Erhöhung der kommunalen Finanzkraft sein, durch welche auch die zukünftige kommunale Aufgabenerfüllung gewährleistet wäre.[623] Freilich dominieren die Leistungsziele bei öffentlichen Verwaltungen grundsätzlich die Erfolgsziele.[624] Die *Liquiditätskomponente* ist für öffentliche Verwaltungen ebenfalls relevant.[625] Denn obwohl über das Vermögen von Kommunen kein Konkursverfahren eröffnet werden kann,[626] hätte eine Zahlungsunfähigkeit gravierende

---

[620] Vgl. dazu ausführlicher *VOGELGESANG*, Kommunale Selbstverwaltung, 2005, S. 49-58.

[621] Vgl. auch *PAPIROW*, Kommunale Finanzplanung, 1981, S. 6, der eine Differenzierung nicht für notwendig erachtet.

[622] Vgl. *SCHNEIDER*, Planung von Bereichszielen bei öffentlichen Verwaltungen, 1978, S. 576 m. w. N.; *LOESCH*, Gemeinwirtschaftliche Unternehmung, 1977, S. 157-182; *THIEMEYER*, Wirtschaftslehre, 1975, S. 22-25.

[623] Vgl. dazu auch *ROTHE*, Unternehmensansiedlungen, 2005, S. 14-16.

[624] Vgl. *THIEMEYER*, Wirtschaftslehre, 1975, S. 29.

[625] Vgl. *SCHNEIDER*, Planung von Bereichszielen bei öffentlichen Verwaltungen, 1978, S. 576 f.

[626] Vgl. *ENGELSING*, Zahlungsfähigkeit, 1999, S. 154-156. Vgl. die Gemeindeordnungen und Kommunalverfassungen der einzelnen Bundesländer Vgl. § 127 GO BW; Art. 77 Abs. 3 GO BY; § 129 Abs. 2 GO BB; § 146 Abs. 2 GO HE; § 62 Abs. 2 KV MV; § 136 Abs. 2 GO NI; § 125 Abs. 2 GO NRW; § 128 GO RP; § 138 Abs. 2 KSVG SL; § 122 GO SN; § 143 GO ST; § 131 Abs. 2 GO SH; § 69 Abs. 3 KO TH.

Auswirkungen auf die Gemeinde. Bei einem Ausgabenstop könnte die Kommune ihre Aufgaben nicht mehr voll erfüllen.

4.2.4.1.2 Formulierung der kommunalen Zielfunktion

Das „*Ausgleichsgesetz der Planung*" von *Gutenberg*[627] besagt, daß sich die Planung an dem betrieblichen Teilbereich zu orientieren hat, der den Engpaß darstellt. Unabhängig von der derzeitigen prekären wirtschaftlichen Lage der Kommunen werden finanzielle Mittel in Kommunen jederzeit einen Engpaß darstellen, da aufgrund des kommunalen Ziels „Steigerung des Gemeinwohls" die kommunalen Aufgaben immer umfangreicher sein werden als die zur Verfügung stehenden finanziellen Mittel. Insofern erscheint eine Konzentration der kommunalen Planung auf finanzielle Aspekte sinnvoll und notwendig. Das bedeutet jedoch nicht, daß kommunale Entscheidungen ausschließlich nach finanziellen Gesichtspunkten zu treffen sind; selbstverständlich müssen auch nicht monetäre Aspekte berücksichtigt werden. Im Zusammenhang mit der Entscheidungswertermittlung bei der Privatisierung einer öffentlich-rechtlichen Sparkasse sollen im folgenden dennoch die finanzwirtschaftlichen kommunalen Ziele sowie die finanziellen Auswirkungen einer Privatisierung auf die Trägerkommune im Vordergrund stehen.

Im folgenden wird als kommunales Ziel die Erhaltung und Steigerung der *kommunalen Finanzkraft* unterstellt. Dieses Ziel wird sich insbesondere langfristig betrachtet komplementär zu den Leistungszielen verhalten, da die kommunale Finanzkraft eine wesentliche Voraussetzung für die Erfüllung der Leistungsziele ist. Eine Haushaltsposition, die Aussagen über die langfristige kommunale Finanzkraft zuläßt und insofern Eingang in die kommunale Zielfunktion finden soll, ist die Höhe der *allgemeinen Rücklage*, über die gegebenenfalls der Vermögenshaushalt ausgeglichen werden kann und die insofern zur Finanzierung von Neuinvestitionen nutzbar ist.[628] Die Übertragung der Zielsetzungen Vermögensmaximierung oder Einkommensmaximierung als grundsätzliche Varianten der Entnahmezielsetzung privater Investoren auf eine Gemeinde ist problematisch.[629] Während davon ausgegangen wird, daß private Investoren

---

[627] Vgl. *GUTENBERG*, Produktion, 1983, S. 163-165. Vgl. zum folgenden auch *MATSCHKE/WITT*, Vereinigung von Sparkassen, 2004, S. 259.

[628] Vgl. ausführlicher zu dieser haushaltsrechtlichen Position Abschnitt 4.2.4.2.1.

[629] Vgl. zu den Zielsetzungen Vermögensmaximierung und Einkommensmaximierung allgemein *HERING*, Finanzwirtschaftliche Unternehmensbewertung, 1999, S. 12 f. Einkommensmaximierung kann als Zielsetzung unter Unsicherheit ökonomisch nicht zweckmäßig sein, da die Höhe der in einzelnen Zuständen maximal möglichen Entnahmen den Einkommensstrom limitieren kann, obwohl in anderen Zuständen zusätzliche Entnahmen möglich sind, die jedoch nicht positiv bewertet werden. Vgl. *KLINGELHÖFER*, Investitionsbewertung, 2003, S. 286, Fn. 25. Dieses Problem der

die erzielten Entnahmen für Konsumzwecke verwenden, kann die Kommune diese „entnommenen" finanziellen Mittel nicht außerhalb des Haushaltsplanes wieder investieren. Vielmehr dienen überschüssige Zahlungsmittel der Kommune gerade zur Finanzierung ihrer Investitionen.[630] Eine Maximierung der allgemeinen Rücklage als Entnahmestrom oder als Summe der gewichteten Entnahmen über den gesamten Planungshorizont[631] von T Perioden ist daher wenig sinnvoll. Als zweckmäßig erweist sich jedoch eine Maximierung der allgemeinen Rücklage aR_T zum Ende des Planungshorizontes, das heißt zum Zeitpunkt $t = T$, im Sinne einer *Vermögensendwertmaximierung.*[632] So können neben den Investitionen, zu denen die Kommune verpflichtet ist, nicht nur alternative und freiwillige Investitionsprojekte im Rahmen der finanziellen Möglichkeiten geplant, sondern auch langfristig der finanzielle Spielraum der Kommune gesichert werden. Die allgemeine Rücklage aR_T zum Ende der letzten Periode T gewährleistet Neuinvestitionen über den Planungshorizont hinaus. Somit ergibt sich die folgende kommunale Zielfunktion:

$$\max.Z; Z := aR_T$$

Viele der im Abschnitt 4.2.4.1.1 aufgeführten Leistungsziele haben finanzielle Auswirkungen auf den kommunalen Haushalt, da ihre Erfüllung kommunale Ausgaben verlangt. Daher werden diese Ziele implizit über die in den folgenden Abschnitten herauszuarbeitenden haushaltsrechtlichen Restriktionen mit berücksichtigt. Die jederzeitige Zahlungsfähigkeit der Kommune als Liquiditätsziel wird aufgrund der geforderten Übereinstimmung von Einnahmen und Ausgaben im kommunalen Haushalt gesichert. Vereinfachend werden im kommunalen Entscheidungsfeld ausschließlich die finanzwirtschaftlichen Auswirkungen von Investitions- und Finanzierungsalternativen auf den kommunalen Haushalt betrachtet. Alle anderen entscheidungsrelevanten

---

„Flaschenhalsoptimierung" kann unter der Zielsetzung Einkommensmaximierung auch bei Sicherheit auftreten. Vgl. dazu *HERING*, Investitionstheorie, 2003, S. 160 f.

[630] Vgl. *ROTHE*, Unternehmensansiedlungen, 2005, S. 185.

[631] Vgl. zur Festlegung des Planungshorizontes Abschnitt 4.3.1.1.

[632] Vgl. auch *PAPIROW*, Kommunale Finanzplanung, 1981, S. 146-156, der als Zielgröße die freie Investitionsrate am Ende des Planungshorizontes wählt. Eine vom Verwaltungshaushalt dem Vermögenshaushalt zugeführte, aber dort nicht benötigte freie Investitionsrate wird auch den allgemeinen Rücklagen zugeführt. Die Differenz aus der Höhe der allgemeinen Rücklage zum Zeitpunkt $t = T$ und dem Anfangsbestand der allgemeinen Rücklage zum Zeitpunkt $t = 0$ ergibt somit den finanziellen Überschuß, den Verwaltungs- und Vermögenshaushalt insgesamt im Planungszeitraum erwirtschaftet haben.

monetären und nicht monetären Aspekte müssen selbstverständlich vor einer tatsächlichen Entscheidung über deren Durchführung zusätzlich berücksichtigt werden.[633]

4.2.4.2 Entscheidungsfeld der Kommunen

4.2.4.2.1 Kommunales Haushaltsrecht

Im Mittelpunkt der finanzwirtschaftlichen Planung von Kommunen steht der *kameralistische*[634] *Haushaltsplan*. Allgemeine Haushaltsgrundsätze, an denen sich die Kommunen bei der Aufstellung und Ausführung des Haushaltsplanes zu orientieren haben, ergeben sich überwiegend aus den Gemeindeordnungen oder Kommunalverfassungen der Bundesländer sowie ihren Gemeindehaushaltsverordnungen. Im folgenden wird aus Vereinfachungsgründen ausschließlich das kommunale Haushaltsrecht des Landes Mecklenburg-Vorpommern betrachtet. Allgemeine Haushaltsgrundsätze enthält insbesondere § 43 KV MV. So hat die Gemeinde unter anderem eine stetige Aufgabenerfüllung zu sichern, die Grundsätze der Wirtschaftlichkeit und Sparsamkeit zu beachten, dem gesamtwirtschaftlichen Gleichgewicht Rechnung zu tragen und den Haushalt in jedem Haushaltsjahr auszugleichen.[635]

Aus den Forderungen an die Haushaltswirtschaft der Kommunen ergibt sich die Notwendigkeit einer umfassenden Finanz- und Investitionsplanung unter Berücksichtigung der Ziele der Gemeinde. Im kommunalen Bereich wird zwischen der Haushaltsplanung, der Finanzplanung und der Investitionsbedarfsplanung unterschieden.[636] Das *Investitionsprogramm* umfaßt die im Planungszeitraum vorgesehenen Investitionen[637] und Investitionsförderungsmaßnahmen[638] getrennt nach den fortzuführenden und neuen Maßnahmen mit den auf die betreffenden Jahre entfallenden Teilbeträgen.[639] Die Investitionen der Gemeinde sollen unter mehreren Alternativen „durch Vergleich der

---

[633] Vgl. zu einem mehrdimensionalen Ansatz ROTHE, Unternehmensansiedlungen, 2005, S. 182-234.

[634] Als Kameralistik wird die Einnahmen-Ausgaben-Rechnung der öffentlichen Verwaltung bezeichnet.

[635] Vgl. § 43 Abs. 1 u. Abs. 2 KV MV. Vgl. zu den Haushaltsgrundsätzen auch MATSCHKE/HERING, Kommunale Finanzierung, 1998, S. 14-18.

[636] Vgl. BERNHARDT ET AL., Kommunales Haushaltsrecht, 1996, S. 451 f.

[637] Investitionen sind nach § 44 Nr. 13 GemHVO MV Ausgaben für die Veränderung des Anlagevermögens, welches durch § 44 Nr. 2 GemHVO MV spezifiziert wird.

[638] Investitionsfördermaßnahmen sind nach § 44 Nr. 14 GemHVO MV Zuweisungen, Zuschüsse und Darlehen für Investitionen Dritter und für Investitionen der Sondervermögen mit Sonderrechnung.

[639] Vgl. § 23 Abs. 2 GemHVO MV.

Anschaffungs- oder Herstellungskosten und des Folgeaufwandes"[640] ausgewählt werden. Der auf diesem Investitionsprogramm beruhende jährliche *Finanzplan* enthält den Umfang und die Zusammensetzung der voraussichtlichen Einnahmen und Ausgaben des Verwaltungs- und des Vermögenshaushaltes und ist für einen Planungszeitraum von fünf Jahren zu erstellen, wobei das erste Planungsjahr dem laufenden Haushaltsjahr entspricht.[641] Im Unterschied zum Finanzplan ist der *Haushaltsplan*, der alle voraussichtlichen Einnahmen und Ausgaben des Haushaltsjahres getrennt nach Verwaltungs- und Vermögenshaushalt ausweist, für die Haushaltsführung verbindlich.[642]

Das vom Gesetzgeber geforderte stufenweise Vorgehen der Erstellung eines Finanzplans auf der Grundlage eines Investitionsprogramms vernachlässigt jedoch die Interdependenzen von Investitionen und Finanzierungen und führt so zu suboptimalen Ergebnissen. Grundlage für die Erstellung des Investitionsprogramms, des Finanzplans und des Haushaltsplans sollte vielmehr eine simultane Investitions- und Finanzierungsplanung unter Berücksichtigung der kommunalen Ziele und Aufgaben sein.[643] Dazu sind die folgenden haushaltsrechtlichen Restriktionen im Entscheidungsfeld der Gemeinden zu berücksichtigen.[644]

Der *Verwaltungshaushalt*[645], dessen Einnahmen und Ausgaben in der nachfolgenden Tabelle 6 dargestellt sind, soll gemäß § 21 Abs. 1 GemHVO MV im Regelfall durch eine Zuführung zum *Vermögenshaushalt* in Höhe der nicht zur Deckung der Ausgaben benötigten Einnahmen des Verwaltungshaushaltes ausgeglichen werden. Eine *Zuführung zum Vermögenshaushalt* dient dem Ausgleich des Verwaltungshaushaltes. Unabhängig davon, ob dadurch im Verwaltungshaushalt ein Defizit entsteht oder steigt, ist

---

640 § 9 Abs. 2 GemHVO MV.

641 Vgl. § 23 Abs. 1 GemHVO MV; § 45 Abs. 1 u. Abs. 2 KV MV. Beispielsweise umfaßt der Finanzplan des Jahres 2005 somit die Haushaltsjahre 2005-2009.

642 Vgl. § 1 GemHVO MV; § 46 KV MV.

643 Vgl. *ROTHE*, Unternehmensansiedlungen, 2005, S. 182-234. Vgl. zu einem sukzessiven Ansatz der kommunalen Finanzplanung mit Hilfe des Operations Research *SEILER*, Kommunale Finanzplanung, 1987. Vgl. zu einem simultanen Optimierungsmodell *PAPIROW*, Kommunale Finanzplanung, 1981, S. 123-172. Vgl. zu einem optimalen Liquiditätsplan *EICHHORN*, Liquiditätsplanung, 1974, S. 150-186.

644 Vgl. zu den haushaltsrechtlichen Bestimmungen auch *ROTHE*, Unternehmensansiedlungen, 2005, S. 196-205.

645 Während im Verwaltungshaushalt die laufenden Einnahmen und Ausgaben einschließlich der Fremdkapitalzinsen ausgewiesen werden, enthält der Vermögenshaushalt die Investitionsauszahlungen sowie die Kreditaufnahmen und -tilgungen. Vgl. *MATSCHKE/HERING*, Kommunale Finanzierung, 1998, S. 18.

eine *Pflichtzuführung* vorzunehmen.[646] Bestandteile dieser Pflichtzuführung sind gemäß § 21 Abs. 1 Satz 2 GemHVO MV die Kreditbeschaffungskosten (z. B. Disagio und Verwaltungskosten), die ordentliche Tilgung von Krediten, wobei hier auch die Rückzahlung der inneren Darlehen zu berücksichtigen ist,[647] sowie Rückstellungen nach § 11 Abs. 1 Satz 2 GemHVO MV zur Ansammlung in einer Sonderrücklage nach § 19 Abs. 4 Satz 2 Nr. 1 GemHVO MV. Über die Pflichtzuführung hinaus sind gegebenenfalls gemäß § 21 Abs. 1 Satz 3 GemHVO MV dem Vermögenshaushalt weitere Beträge zur Ansammlung weiterer Rücklagen nach § 19 Abs. 3 GemHVO MV zuzuführen. Insbesondere in dem Fall, daß die aus speziellen Entgelten gedeckten Abschreibungen die Pflichtzuführung übersteigen, soll über die Pflichtzuführung hinaus ein Betrag in Höhe dieses Überschusses an den Vermögenshaushalt abgeführt werden. Die Höhe dieser haushaltsrechtlich erwünschten Zuführung zum Vermögenshaushalt insgesamt wird auch als *Sollzuführung* bezeichnet.[648] Wird die haushaltsrechtlich geforderte Pflichtzuführung durch den Verwaltungshaushalt nicht erwirtschaftet, entsteht ein Fehlbetrag, welcher durch eine Zuführung vom Vermögenshaushalt an den Verwaltungshaushalt gedeckt werden kann. Dazu dürfen unter den Voraussetzungen des § 21 Abs. 3 Nr. 1 bis 3 GemHVO MV Mittel der allgemeinen Rücklage sowie Einnahmen aus der Veränderung des Anlagevermögens verwendet werden. Eine derartige Zuführung zum Ausgleich des Verwaltungshaushalts bedeutet, daß die Gemeinde über keine ausreichende Finanzkraft verfügt und sollte die Ausnahme sein.[649]

---

[646] Vgl. *BRÄSE*, Gemeindehaushalts- und Kassenrecht, 2003, S. 169.

[647] Vgl. *BRÄSE*, Gemeindehaushalts- und Kassenrecht, 2003, S. 168.

[648] Vgl. *BERNHARDT ET AL.*, Kommunales Haushaltsrecht, 1996, S. 378-381.

[649] Vgl. *BERNHARDT ET AL.*, Kommunales Haushaltsrecht, 1996, S. 382-385.

Einnahmen		Ausgaben	
0 Steuern, allgemeine Zuweisungen	00 Realsteuern	4 Personalausgaben	40 Aufwendungen für ehrenamtliche Tätigkeit
	01 Gemeindeanteil an der Einkommensteuer und an der Umsatzsteuer		41 Dienstbezüge und dergleichen
	02 Andere Steuern		42 Versorgungsbezüge und dergleichen
	03 Steuerähnliche Einnahmen		43 Beiträge zu Versorgungskassen
	04 Schlüsselzuweisungen		44 Beiträge zur gesetzlichen Sozialversicherung
	05 Bedarfszuweisungen		45 Beihilfen, Unterstützungen und dergleichen
	06 Sonstige allgemeine Zuweisungen		46 Personalnebenausgaben
	07 Allgemeine Umlagen		47 Deckungsreserve für Personalausgaben
	09 Ausgleichsleistungen	5/6 Sächlicher Verwaltungs- und Betriebsaufwand	50 Unterhaltung von Grundstücken und baulichen Anlagen
1 Einnahmen aus Verwaltung und Betrieb	10 Verwaltungsgebühren		51 Unterhaltung des sonstigen unbeweglichen Vermögens
	11 Benutzungsgebühren und ähnliche Entgelte		52 Geräte, Ausstattungs- und Ausrüstungsgegenstände und sonstige Gebrauchsgegenstände
	12 Zweckgebundene Abgaben		53 Mieten und Pachten
	13 Einnahmen aus Verkauf		54 Bewirtschaftung der Grundstücke, baulichen Anlagen usw.
	14 Mieten und Pachten		55 Haltung von Fahrzeugen
	15 Sonstige Verwaltungs- und Betriebseinnahmen		56 Besondere Aufwendungen für Bedienstete
	16 Erstattungen von Ausgaben des Verwaltungshaushaltes		57-63 Weitere Verwaltungs- und Betriebsausgaben
	17 Zuweisungen und Zuschüsse für laufende Zwecke		64 Steuern, Versicherungen, Schadensfälle
2 Sonstige Finanzeinnahmen	20 Zinseinnahmen aus Darlehen und inneren Darlehen		65 Geschäftsausgaben
	21 Gewinnanteile von wirtschaftlichen Unternehmen und aus Beteiligungen		66 Weitere allgemeine sächliche Ausgaben
	22 Konzessionsabgaben		67 Erstattungen von Ausgaben des Verwaltungshaushalts
	23 Schuldendiensthilfe		68 Kalkulatorische Kosten
	24, 25 Ersatz von sozialen Leistungen außerhalb von Einrichtungen und in Einrichtungen	7 Zuweisungen und Zuschüsse (nicht für Investitionen)	71 Zuweisungen und sonstige Zuschüsse für laufende Zwecke
	26 Weitere Finanzeinnahmen		72 Schuldendiensthilfen
	27 Kalkulatorische Einnahmen		73 Leistungen der Sozialhilfe an natürliche Personen außerhalb von Einrichtungen
	28 Zuführung vom Vermögenshaushalt		74 Leistungen der Sozialhilfe an natürliche Personen in Einrichtungen
			75 Leistungen an Kriegsopfer und ähnliche Berechtigte
			76 Leistungen der Jugendhilfe außerhalb von Einrichtungen
			77 Leistungen der Jugendhilfe in Einrichtungen
			78 Sonstige soziale Leistungen
			79 Leistungen nach dem Asylbewerberleistungsgesetz
		8 Sonstige Finanzausgaben	80 Zinsausgaben
			81 Steuerbeteiligungen
			82 Allgemeine Zuweisungen
			83 Allgemeine Umlagen
			84 Weitere Finanzausgaben
			85 Deckungsreserve
			86 Zuführung zum Vermögenshaushalt

Tabelle 6: Einnahmen und Ausgaben des Verwaltungshaushaltes

In der Tabelle 7 sind die Einnahmen und Ausgaben des Vermögenshaushalts gegenübergestellt. Der Ausgleich des Vermögenshaushalts erfolgt über die allgemeine Rücklage. So sind nach § 21 Abs. 2 GemHVO MV Einnahmen des Vermögenshauhalts, die nicht zur Deckung der im § 1 Abs. 1 Nr. 6, 7 und 9 GemHVO MV genannten Ausgaben, zur Ansammlung von Sonderrücklagen oder zur Deckung von Fehlbeträgen benötigt werden, der allgemeinen Rücklage zuzuführen. Umgekehrt können der allgemeinen Rücklage auch Mittel zum Ausgleich des Vermögenshaushalts entnommen werden.[650] Dennoch läßt sich der Vermögenshaushalt beispielsweise aufgrund zu geringer

[650] Vgl. § 19 Abs. 3 Satz 1 GemHVO MV.

Rücklagemittel oder aufgrund von Kreditbeschränkungen nicht immer ausgleichen.[651] Der in § 43 Abs. 2 KV MV geforderte Haushaltsausgleich stellt nur eine „Soll-Vorschrift" dar. Ein unausgeglichener Haushalt ist kein Rechtsverstoß, vielmehr ist in diesem Fall nach § 43 Abs. 3 KV MV ein Haushaltssicherungskonzept zu beschließen und mit der Rechtsaufsichtsbehörde zu beraten. Fehlbeträge müssen nach § 22 GemHVO MV unverzüglich, aber spätestens im zweiten, im Falle einer Haushaltssatzung für zwei Jahre spätestens im dritten dem Haushaltsjahr folgenden Jahr, gedeckt werden.

Einnahmen	Ausgaben
30 Zuführung vom Verwaltungshaushalt	90 Zuführung zum Verwaltungshaushalt
31 Entnahmen aus Rücklagen	91 Zuführung an Rücklagen
32 Rückflüsse von Darlehen	92 Gewährung von Darlehen
33 Einnahmen aus der Veräußerung von Beteiligungen und Rückflüsse von Kapitaleinlagen	93 Vermögenserwerb 94, 95, 96 Baumaßnahmen
34 Einnahmen aus der Veräußerung von Sachen des Anlagevermögens	97 Tilgung von Krediten; Rückzahlung von inneren Darlehen
35 Beiträge und ähnliche Entgelte	98 Zuweisungen und Zuschüsse für Investitionen
36 Zuweisungen und Zuschüsse für Investitionen und Investitionsfördermaßnahmen	99 Sonstiges
37 Einnahmen aus Krediten und inneren Darlehen	

Tabelle 7: Einnahmen und Ausgaben des Vermögenshaushaltes

Zu den *Rücklagen* zählen nach § 19 Abs. 1 GemHVO MV die allgemeine Rücklage und die Sonderrücklagen. Die *allgemeine Rücklage* hat drei Funktionen. Sie soll gemäß § 19 Abs. 2 GemHVO MV die rechtzeitige Leistung von Ausgaben sichern (Betriebsmittel der Kasse), in ihr sollen nach § 19 Abs. 3 GemHVO MV Mittel zur Deckung des Ausgabenbedarfs im Vermögenshaushalt künftiger Jahre angesammelt werden[652] und sie darf zum Ausgleich des Verwaltungshaushaltes gemäß § 21 Abs. 3 GemHVO MV verwendet werden. Um die rechtzeitige Leistung von Ausgaben zu gewährleisten, soll ein Betrag von mindestens 1,5 v. H. der durchschnittlichen Ausgaben des Verwaltungshaushalts der drei dem Haushaltsjahr vorangehenden Jahre vorhanden sein.[653] Auch dieser Mindestbestand der allgemeinen Rücklage kann wie die übrigen Mittel der allgemeinen Rücklagen und der Sonderrücklagen zinsbringend angelegt werden, solange keine Inanspruchnahme der allgemeinen Rücklage als Betriebsmittel

[651] Vgl. BERNHARDT ET AL., Kommunales Haushaltsrecht, 1996, S. 388.

[652] Insbesondere sind nach § 19 Abs. 3 Satz 2 GemHVO MV der allgemeinen Rücklage dann rechtzeitig Mittel zuzuführen, wenn fällige Kredittilgungen die voraussichtliche Zuführung zum Vermögenshaushalt übersteigen und nicht anders gedeckt werden können, eine Inanspruchnahme aus Bürgschaften u. ä. die kommunale Aufgabenerfüllung beeinträchtigen könnte oder für geplante Investitionsmaßnahmen ein unvertretbar hoher Kreditbedarf entstehen würde.

[653] Vgl. § 19 Abs. 2 Satz 2 GemHVO MV.

der Kasse stattfindet und eine rechtzeitige Verfügbarkeit gegeben ist.[654] Für die Sicherung der Kassenliquidität kann aber im Bedarfsfall die allgemeine Rücklage insgesamt, also auch der Mindestbestand eingesetzt werden.[655] *Sonderrücklagen* dürfen nach § 19 Abs. 4 Satz 1 GemHVO MV nicht zum Haushaltsausgleich, für die Unterhaltung und Erneuerung von Vermögensgegenständen sowie für solche Zwecke gebildet werden, für die allgemeine Rücklagen zu bilden sind. Angesammelt werden können Sonderrücklagen demnach nur für wenige Zwecke des Verwaltungshaushalts, wie zum Beispiel die Dauergrabpflege.[656] In Sonderrücklagen *sind* gemäß § 19 Abs. 4 Satz 2 Nr. 1 GemHVO MV bei kostenrechnenden Einrichtungen die Rückstellungen nach § 11 Abs. 1 Satz 2 GemHVO MV anzusammeln. Weiterhin *kann* der Differenzbetrag zwischen den Abschreibungen von den Wiederbeschaffungszeitwerten und den Abschreibungen von den um Beiträge sowie Zuweisungen und Zuschüsse gekürzten Anschaffungs- oder Herstellungswerten bei kostenrechnenden Einrichtungen nach § 19 Abs. 4 Satz 2 Nr. 2 GemHVO MV in einer Sonderrücklage angesammelt werden. Und es *soll* in den Sonderrücklagen gemäß § 19 Abs. 4 Satz 2 Nr. 3 GemHVO MV bei kostenrechnenden Einrichtungen ein Überschuß im Verwaltungshaushalt angesammelt werden, der nicht zur Deckung eines Zuschußbetrages aus den Vorjahren heranzuziehen ist.

Solange Sonderrücklagen für ihren Zweck nicht benötigt werden, können sie dem Vermögenshaushalt als *innere Darlehen* zur Verfügung gestellt werden.[657] Innere Darlehen sind angemessen zu verzinsen und regelmäßig aus Haushaltsmitteln zurückzuführen.[658] Die Verzinsung der Sonderrücklagen ist, auch wenn sie als innere Darlehen in Anspruch genommen werden, direkt aus dem Verwaltungshaushalt der jeweiligen Rücklage zuzuführen.[659] Das heißt, wird eine Verzinsung der inneren Darlehen unterstellt, muß diese durch den kommunalen Haushalt erwirtschaftet werden.[660] Die Zinsen durch die Anlage der allgemeinen Rücklage müssen der allgemeinen Rücklage nicht, können ihr aber wieder zugeführt werden.

---

654 Vgl. *BERNHARDT ET AL.*, Kommunales Haushaltsrecht, 1996, S. 360; § 20 Abs. 1 Satz 1 GemH-VO MV.

655 Vgl. *BERNHARDT ET AL.*, Kommunales Haushaltsrecht, 1996, S. 348.

656 Vgl. *BRÄSE*, Gemeindehaushalts- und Kassenrecht, 2003, S. 165; *BERNHARDT ET AL.*, Kommunales Haushaltsrecht, 1996, S. 353 f.

657 Vgl. § 20 Abs. 1 Satz 2 GemHVO MV; *BERNHARDT ET AL.*, Kommunales Haushaltsrecht, 1996, S. 296.

658 Vgl. *BRÄSE*, Gemeindehaushalts- und Kassenrecht, 2003, S. 168.

659 Vgl. *BRÄSE*, Gemeindehaushalts- und Kassenrecht, 2003, S. 166.

660 Vgl. *BERNHARDT ET AL.*, Kommunales Haushaltsrecht, 1996, S. 297 f.

Kredite sind nach § 44 Nr. 18 GemHVO MV unter der Verpflichtung zur Rückzahlung von Dritten oder von Sondervermögen mit Sonderrechnung aufgenommenes Kapital sowie innere Darlehen mit Ausnahme der Kassenkredite und dürfen nur im Vermögenshaushalt ausschließlich für Investitionen, Investitionsförderungsmaßnahmen und zur Umschuldung[661] aufgenommen werden, wenn andere Finanzierungen nicht möglich oder wirtschaftlich unzweckmäßig wären.[662] Nach § 49 Abs. 1 KV MV ist der Gesamtbetrag der Kredite durch die Rechtsaufsichtsbehörde zu genehmigen.[663] Für die Beurteilung der Rechtsaufsichtsbehörde ist die Frage nach der dauernden Leistungsfähigkeit der Gemeinde entscheidend,[664] die insbesondere danach bewertet wird, ob die Zuführung vom Verwaltungs- zum Vermögenshaushalt nicht nur bezogen auf das Haushaltsjahr, sondern im gesamten Finanzplanungszeitraum gewährleistet ist.[665]

Zusätzlich hat die Kommune die Möglichkeit zur rechtzeitigen Leistung ihrer Ausgaben *Kassenkredite* bis zu einem in der Haushaltssatzung festgelegten Höchstbetrag aufzunehmen, falls der Kasse keine anderen Mittel zur Verfügung stehen.[666] Auch die Aufnahme von Kassenkrediten bedarf einer Genehmigung der Rechtsaufsichtsbehörde, wenn der Höchstbetrag 10 v. H. der im Verwaltungshaushalt vorgesehenen Einnahmen übersteigt.[667] Die Aufnahme und die Tilgung der Kassenkredite erfolgt unabhängig vom Haushaltsplan über Verwahrgeldkonten. Lediglich die Kosten der Kassenkredite wie Zinsen, Bearbeitungsgebühren oder Disagio tauchen im Verwaltungshaushalt auf.[668]

4.2.4.2.2 Formale Darstellung der haushaltsrechtlichen Restriktionen

Die im vorhergehenden Abschnitt 4.2.4.2.1 erläuterten haushaltsrechtlichen Bestimmungen werden in diesem Abschnitt formal dargestellt, so daß sie bei der im Abschnitt 4.3 folgenden Entscheidungswertermittlung im Entscheidungsfeld der Kom-

---

661 Umschuldung ist nach § 44 Nr. 27 GemHVO MV „die Ablösung von Krediten durch andere Kredite".

662 Vgl. § 54 Abs. 1 KV MV; § 44 Abs. 3 KV MV.

663 Durch die Erweiterung des Kreditbegriffes im Rahmen der Neufassung der Kommunalverfassung für das Land Mecklenburg-Vorpommern vom 13.1.1998 auch auf innere Darlehen sind auch diese genehmigungspflichtig. Vgl. Bekanntmachung der Neufassung der Kommunalverfassung für das Land Mecklenburg-Vorpommern vom 13.1.1998, in: GVBl. S. 29.

664 Vgl. § 49 Abs. 4 Satz 3 KV MV.

665 Vgl. BERNHARDT ET AL., Kommunales Haushaltsrecht, 1996, S. 281.

666 Vgl. § 55 KV MV.

667 Vgl. § 49 Abs. 3 KV MV.

668 Vgl. BERNHARDT ET AL., Kommunales Haushaltsrecht, 1996, S. 311.

mune Berücksichtigung finden können.[669] Die Ausführungen konzentrieren sich dabei auf sechs sich aus dem Haushaltsrecht ergebende Restriktionen, die Eingang in das Modell zur Entscheidungswertermittlung finden sollen. Dazu zählen der Ausgleich des Verwaltungshaushaltes und der Ausgleich des Vermögenshaushaltes, die gleichzeitig die Liquidität sicherstellen, die Beschränkung der Höhe der inneren Darlehen, die Gewährleistung der Pflichtzuführung, die Sicherstellung des Mindestbestandes der allgemeinen Rücklage sowie die Beschränkung der Kreditaufnahme.[670] Diese Restriktionen soll die Gemeinde während des gesamten Planungshorizontes von $t = 0$ bis T einhalten.[671]

1. Ausgleich des Verwaltungshaushaltes

Vereinfachend wird angenommen, daß sich die Einnahmen des Verwaltungshaushalts in der Periode t aus den vordisponierten Einnahmen vE_t^{VW}, den im Zusammenhang mit noch in der Planung befindlichen Investitionen j stehenden variablen Einnahmen E_{jt}^{VW} und den Entnahmen aus den Sonderrücklagen SR_t^{Ent} zusammensetzen. Neben den vordisponierten Ausgaben des Verwaltungshaushalts vA_t^{VW} und den Ausgaben durch in der Planung befindliche Investitionen A_{jt}^{VW} zählen auch die Zinsausgaben Zs_{mt} für die Kredite m, die Zinsen für innere Darlehen der vorherigen Periode iD_{t-1}, die Zuführungen zu den Sonderrücklagen SR_t^{Zu} sowie die Zuführung vom Verwaltungshaushalt zum Vermögenshaushalt ZF_t zu den Ausgaben des Verwaltungshaushalts in der Periode t.

---

669 Vgl. zur formalen Darstellung der haushaltsrechtlichen Bestimmungen auch *ROTHE*, Unternehmensansiedlungen, 2005, S. 205-220.

670 Die beiden Restriktionen „Ausgleich des Verwaltungshaushaltes" und „Ausgleich des Vermögenshaushaltes" ließen sich durch die Aggregation der Einnahmen des Verwaltungshaushaltes und des Vermögenshaushaltes sowie der Ausgaben des Verwaltungshaushaltes und des Vermögenshaushaltes auch zur Restriktion „Ausgleich des Gesamtaushaltes" zusammenfassen. Dabei würde die Variable „Zuführung zum Vermögenshaushalt" wegfallen. In die Restriktion „Gewährleistung der Pflichtzuführung" wäre dann für die Variable „Zuführung zum Vermögenshaushalt" die nach dieser Variable umgestellte Gleichung zum Ausgleich des Verwaltungshaushaltes einzusetzen. Vgl. dazu *ROTHE*, Unternehmensansiedlungen, 2005, S. 205 f. In der weiteren Darstellung wird aus Gründen der Übersichtlichkeit und der besseren Nachvollziehbarkeit auf diese Zusammenfassung verzichtet. Bei der tatsächlichen Lösung des in Abschnitt 4.3.1 aufgestellten linearen Optimierungsproblems zur Bestimmung des Basisprogramms oder des Bewertungsprogramms hätte die Aggregation den Vorteil, daß durch die Einsparung einer scheinbaren Strukturvariablen ein Scheinfreiheitsgrad aus der Programmierung entfernt wird.

671 Vgl. zum Planungshorizont Abschnitt 4.3.1.1.

Vordisponierte Einnahmen und Ausgaben sowohl des Verwaltungs- als auch des Vermögenshaushaltes sind solche, deren Umfang im Vorfeld der Planung bereits feststeht, deren Höhe die Kommune also durch die Planung nicht mehr beeinflussen kann. Dies sind Einnahmen und Ausgaben des Verwaltungs- oder Vermögenshaushalts für bereits bestehende Aufgaben und Einrichtungen der Kommune sowie für Investitionsprojekte, welche die Kommune verpflichtend ohne Alternativen durchzuführen hat.[672] Dazu zählen beispielsweise auch Zinsen und Tilgungen für bestehende Kreditverträge. *Variable Einnahmen und Ausgaben* des Verwaltungs- und des Vermögenshaushaltes werden durch die noch zu planenden, das heißt, noch nicht feststehenden Investitionsprojekte verursacht. Einen Handlungsspielraum kann die Kommune dabei nicht nur im Zusammenhang mit freiwilligen Aufgaben des eigenen Wirkungskreises haben, sondern auch im Zusammenhang mit Pflichtaufgaben ohne Weisung, die zwar erfüllt werden müssen, für deren Erfüllung aber mehrere Alternativen zur Auswahl stehen können.

Innere Darlehen sollen mit dem entgangenen Zinssatz i_H verzinst werden, der bei einer alternativen Anlage der Sonderrücklage erzielt worden wäre, wobei weiterhin unterstellt wird, daß diese Verzinsung der Verwaltungshaushalt erwirtschaftet.[673]

Der *Bestand der Sonderrücklagen* SR_t enthält die einzelnen aus verschiedenen Gründen zu bildenden Sonderrücklagen, wie beispielsweise die Gebührenausgleichsrücklagen und die Rückstellungen für kalkulatorische Wagnisse, die zur Vereinfachung aggregiert wurden.[674]

Der Ausgleich des Verwaltungshaushaltes wird, wie durch die folgende Formel abgebildet, dann erreicht, wenn die oben angeführten Einnahmen des Verwaltungshaushal-

---

672 Vgl. SEILER, Kommunale Finanzplanung, 1987, S. 599 f.

673 Da im Verwaltungshaushalt zur Buchung der Zinsausgaben für innere Darlehen unter der Gruppierungsnummer 809 eine deckungsgleiche Buchung unter der Gruppierungsnummer 209 Zinseinnahmen aus inneren Darlehen erfolgt, kann die Verzinsung des inneren Darlehens praktisch auch erst im Vermögenshaushalt erwirtschaftet werden. Dies verdeutlicht die nachstehende Übersicht der betreffenden Einnahmen und Ausgaben des Verwaltungs- und des Vermögenshaushaltes.

Verwaltungshaushalt

209 Zinseinnahmen aus inneren Darlehen	809 Zinsausgaben an innere Darlehen
	86 Zuführung zum Vermögenshaushalt

Vermögenshaushalt

30 Zuführung vom Verwaltungshaushalt	91 Zuführung an Rücklagen

674 Bei Bedarf ist eine genauere Modellierung der Sonderrücklagen durch die Definition mehrerer Variablen für die einzelnen Sonderrücklagen problemlos möglich.

tes in jeder Periode t des Planungshorizontes den Ausgaben des Verwaltungshaushaltes entsprechen:

$$\overbrace{\overbrace{vE_t^{VW}}^{\text{vordisponierte Einnahmen}} + \overbrace{\sum_{j=1}^{J} E_{jt}^{VW} \cdot x_j}^{\text{Einnahmen durch Investitionsprojekte}} + \overbrace{SR_t^{Ent}}^{\text{Entnahmen aus Sonderrücklagen}}}^{\text{Einnahmen des Verwaltungshaushalts}} = \qquad \forall t \in \{0;1;...;T\}$$

$$\overbrace{\overbrace{vA_t^{VW}}^{\text{vordisponierte Ausgaben}} + \overbrace{\sum_{j=1}^{J} A_{jt}^{VW} \cdot x_j}^{\text{Ausgaben durch Investitionsprojekte}} + \overbrace{\sum_{m=1}^{M} Zs_{mt} \cdot y_m}^{\text{Zinsausgaben für Kredite}} + \overbrace{i_H \cdot iD_{t-1}}^{\text{Zinsausgaben für innere Darlehen}} + \overbrace{SR_t^{Zu}}^{\text{Zuführungen zu Sonderrücklagen}} + \overbrace{ZF_t}^{\text{Zuführung zum Vermögenshaushalt}}}^{\text{Ausgaben des Verwaltungshaushalts}}$$

Die Variable x_j gibt dabei die Anzahl der Durchführungen des Investitionsobjektes j an, und die Variable y_m, wie oft ein Kredit m aufgenommen wird.

2. Beschränkung der Höhe der inneren Darlehen

Sonderrücklagen lassen sich, wenn sie für ihre jeweiligen Zwecke nicht benötigt werden, als innere Darlehen verwenden. Vereinfachend wird angenommen, daß ein bestimmter Prozentsatz α des Bestandes der Sonderrücklagen SR_t in jeder Periode t nicht benötigt wird und somit als inneres Darlehen verwendet werden kann. Dies drückt die folgende Restriktion aus:

$$iD_t \leq SR_t \cdot \alpha \qquad \forall t \in \{0;1;...;T\}$$

Die Zinseinnahmen aus der Anlage der allgemeinen Rücklagen und den Sonderrücklagen sollen ebenso wie die Zinsen für die inneren Darlehen über die Zuführung zum Vermögenshaushalt den entsprechenden Rücklagen zugeführt werden. Dieser buchungstechnische Vorgang wird durch die nachfolgenden Restriktionen nicht explizit abgebildet; vielmehr erhöhen die Zinsen direkt den jeweiligen Rücklagenbestand. Im Unterschied zu den Zinseinnahmen aus der Anlage der allgemeinen Rücklage und der Anlage der Sonderrücklagen müssen die kalkulatorischen Zinsen für das innere Darlehen durch die Gemeinde erwirtschaftet werden und sind deshalb explizit in der Formel für den Verwaltungshaushaltsausgleich berücksichtigt worden.[675] Zu beachten ist also, daß die Zuführung vom Verwaltungs- an den Vermögenshaushalt ZF_t, abgesehen von

---

675 Vereinfachend wird im folgenden eine jährliche Verzinsung der Rücklagen und der inneren Darlehen unterstellt.

den kalkulatorischen Zinsen für innere Darlehen, keine Zinsen enthält, die den Rücklagen zuzuführen sind. Ähnliches gilt auch für die Entnahmen aus den Sonderrücklagen, die zwar im Vermögenshaushalt verbucht, aber in den Verwaltungshaushalt weitergeleitet und dort verwendet werden, sowie für die Zuführungen zu den Sonderrücklagen.[676] Es reicht demnach aus, die Entnahme aus den Sonderrücklagen im Verwaltungshaushalt als Einnahme oder die Zuführung an die Sonderrücklage im Verwaltungshaushalt als Ausgabe zu berücksichtigen sowie den Bestand der Sonderrücklagen entsprechend zu vermindern oder zu erhöhen. Zuführungen zu den und Entnahmen aus den Sonderrücklagen stellen ebenso wie die vordisponierten Einnahmen und Ausgaben Konstanten dar, die im Vorfeld der Planung feststehen.

Der *Bestand der Sonderrücklagen* der Periode t entspricht der Summe aus den verzinsten Sonderrücklagen der Vorperiode SR_{t-1} und den Zuführungen zu den Sonderrücklagen abzüglich der Entnahmen aus den Sonderrücklagen, wobei zusätzlich die Rückzahlung eines in der Vorperiode gewährten inneren Darlehens zuzüglich der kalkulatorischen Zinsen für das innere Darlehen und die Gewährung eines neuen inneren Darlehens zu berücksichtigen sind. Damit läßt sich der Bestand der Sonderrücklagen durch die folgende Formel ausdrücken:

$$SR_t = SR_{t-1} \cdot (1 + i_H) + SR_t^{Zu} - SR_t^{Ent} + (1 + i_H) \cdot iD_{t-1} - iD_t \qquad \forall t \in \{0;1;...;T\}$$

Diese rekursive Darstellung läßt sich in die folgende explizite Gleichung umwandeln, die den Vorteil hat, daß der Bestand der Sonderrücklagen in der Periode t ohne die Kenntnis des Bestandes der Sonderrücklagen in der Periode $t-1$ berechnet werden kann:

$$\begin{aligned} SR_t &= (1 + i_H)^{t+1} \cdot SR_{-1} + \sum_{n=0}^{t} (1 + i_H)^{t-n} \cdot \left(SR_n^{Zu} - SR_n^{Ent}\right) + (1 + i_H)^{t+1} \cdot iD_{-1} - iD_t \\ &= (1 + i_H)^{t+1} \cdot (SR_{-1} + iD_{-1}) + \sum_{n=0}^{t} (1 + i_H)^{t-n} \cdot \left(SR_n^{Zu} - SR_n^{Ent}\right) - iD_t \end{aligned} \qquad \forall t \in \{0;1;...;T\}$$

[676] Dieses Vorgehen veranschaulicht die folgende Übersicht der Einnahmen und Ausgaben des Verwaltungs- und des Vermögenshaushaltes am Beispiel einer Zuführung an die Sonderrücklage „Dauergrabpflege“. Vgl. *BRÄSE*, Gemeindehaushalts- und Kassenrecht, 2003, S. 165.

Verwaltungshaushalt

26 Weitere Finanzeinnahmen	86 Zuführung zum Vermögenshaushalt
11 Benutzungsgebühren u. ähnliche Entgelte	84 Weitere Finanzausgaben

Vermögenshaushalt

30 Zuführung vom Verwaltungshaushalt	91 Zuführung an Rücklagen

Da neben den Zuführungen zu den und den Entnahmen aus den Sonderrücklagen auch der Anfangsbestand der Sonderrücklage SR_{-1} in der Periode $t=-1$ sowie die Höhe eines in $t=-1$ aufgenommenen inneren Darlehen iD_{-1} bekannt sein sollen, enthält die explizite Bestandsformel für die Sonderrücklagen abgesehen von der Variablen iD_t ausschließlich Konstanten, die im Vorfeld der Planung feststehen. Durch das Einsetzen dieser Bestandsformel ergibt sich die folgende Restriktion für die Höhe eines inneren Darlehens:

$$iD_t \leq \frac{\alpha}{1+\alpha} \cdot \left[(1+i_H)^{t+1} \cdot (SR_{-1} + iD_{-1}) + \sum_{n=0}^{t} (1+i_H)^{t-n} \cdot \left(SR_n^{Zu} - SR_n^{Ent} \right) \right] \qquad \forall t \in \{0;1;...;T\}$$

3. Gewährleistung der Pflichtzuführung

Weiterhin soll die kommunale Planung mindestens die Pflichtzuführung vom Verwaltungs- an den Vermögenshaushalt gewährleisten. Da zur Vereinfachung die Rückstellungen gemäß § 11 Abs. 1 Satz 2 GemHVO MV im folgenden ebenso vernachlässigt werden sollen wie die Höhe der Sollzuführung, ist die geforderte Zuführung zum Vermögenshaushalt im folgenden dadurch gewährleistet, daß die Summe aus der Tilgung KT_{mt} der geplanten Kredite m, den Kreditbeschaffungskosten KBK_{mt} dieser Kredite, den durch bestehende Kreditverträge vordisponierten Tilgungsbeträgen[677] vKT_t sowie der Rückzahlung eines inneren Darlehens aus der vorherigen Periode[678] in jeder Periode des Planungshorizontes kleiner ist als die Zuführung vom Verwaltungs- zum Vermögenshaushalt.[679]

$$\overbrace{\sum_{m=1}^{M} KT_{mt} \cdot y_m}^{\text{ordentliche Kredittilgung}} + \overbrace{\sum_{m=1}^{M} KBK_{mt} \cdot y_m}^{\text{Kreditbeschaffungskosten}} + \overbrace{vKT_t}^{\text{vordisponierte Kredittilgung}} + \overbrace{iD_{t-1}}^{\text{Rückzahlung eines inneren Darlehens}} \leq \overbrace{ZF_t}^{\text{Zuführung zum Vermögenshaushalt}} \qquad \forall t \in \{0;1;...;T\}$$

---

[677] Diese sind grundsätzlich bereits in den vordisponierten Ausgaben des Vermögenshaushaltes enthalten.

[678] Es wird angenommen, daß innere Darlehen immer im folgenden Haushaltsjahr zurückzuzahlen sind.

[679] Aus Vereinfachungsgründen enthält die Zuführung zum Vermögenshaushalt ZF_t nicht die Zinsen aus der Anlage der allgemeinen Rücklage und der Sonderrücklage, die diesen direkt zugeführt wird. Im Zusammenhang mit der Gewährleistung der Pflichtzuführung müßte die Zuführung zum Vermögenshaushalt um diese Zinsen erhöht werden. Da die Zinsbeträge im allgemeinen relativ gering sein werden, wird hier auf ihre Berücksichtigung verzichtet.

4. Ausgleich des Vermögenshaushalts

Der Vermögenshaushalt ist in jeder Periode über Zuführungen zur oder Entnahmen aus der allgemeinen Rücklage auszugleichen. Zu den Einnahmen des Vermögenshaushalts zählen neben den vordisponierten Einnahmen vE_t^{VM} und den Einnahmen durch die zu planenden Investitionen E_{jt}^{VM} auch die Kreditnominalbeträge KNB_{mt}, die Zuführung vom Verwaltungshaushalt, die Gewährung eines inneren Darlehens sowie die Entnahme aus der allgemeinen Rücklage aR_t^{Ent}. Abgesehen von den vordisponierten Ausgaben vA_t^{VM}, den Investitionsausgaben[680] IA_{jt}^{VM} und den übrigen durch die Investitionen verursachten Ausgaben $üA_{jt}^{VM}$ gehören auch die Kredittilgungen, die Kreditbeschaffungskosten, die Rückzahlung eines inneren Darlehens sowie die Zuführungen zur allgemeinen Rücklage aR_t^{Zu} zu den Ausgaben des Vermögenshaushalts. Die folgende Restriktion gewährleistet, daß die Einnahmen des Vermögenshaushalts in jeder Periode t mit den Ausgaben übereinstimmen:

$$\overbrace{\overbrace{vE_t^{VM}}^{\text{vordisponierte Einnahmen}} + \overbrace{\sum_{j=1}^{J} E_{jt}^{VM} \cdot x_j}^{\text{Einnahmen durch Investitionsprojekte}} + \overbrace{\sum_{m=1}^{M} KNB_{mt} \cdot y_m}^{\text{Kreditaufnahme}} + \overbrace{ZF_t}^{\text{Zuführung zum Vermögenshaushalt}} + \overbrace{iD_t}^{\text{Gewährung eines inneren Darlehens}} + \overbrace{aR_t^{Ent}}^{\text{Entnahme aus der allgemeinen Rücklage}}}^{\text{Einnahmen des Vermögenshaushalts}} =$$

$$\overbrace{\overbrace{vA_t^{VM}}^{\text{vordisponierte Ausgaben}} + \overbrace{\sum_{j=1}^{J} IA_{jt}^{VM} \cdot x_j}^{\text{Investitionsausgaben}} + \overbrace{\sum_{j=1}^{J} üA_{jt}^{VM} \cdot x_j}^{\text{übrige Ausgaben durch Investitionsprojekte}} + \overbrace{\sum_{m=1}^{M} KT_{mt} \cdot y_m}^{\text{Kredittilgung}} + \overbrace{\sum_{m=1}^{M} KBK_{mt} \cdot y_m}^{\text{Kreditbeschaffungskosten}} + \overbrace{iD_{t-1}}^{\text{Rückzahlung eines inneren Darlehens}} + \overbrace{aR_t^{Zu}}^{\text{Zuführung zur allgemeinen Rücklage}}}^{\text{Ausgaben des Vermögenshaushalts}}$$

$$\forall t \in \{0;1;\ldots;T\}$$

Der Bestand der allgemeinen Rücklage aR_t entspricht der Summe aus der verzinsten allgemeinen Rücklage[681] der Vorperiode $t-1$ und der Zuführung zur allgemeinen

680 Die Investitionsausgaben sollen im weiteren den Investitionsnettoauszahlungen entsprechen, d. h. sie sind bereits um die mit den Investitionsauszahlungen des Investitionsprojektes im Vermögenshaushalt verbundenen Einzahlungen im Vermögenshaushalt vermindert. Vgl. zu einer Differenzierung *ROTHE*, Unternehmensansiedlungen, 2005, S. 211 f.

681 Die Zinsen aus der Anlage der allgemeinen Rücklage werden dieser also wieder zugeführt.

Rücklage in der Periode t abzüglich der Entnahme aus der allgemeinen Rücklage in der Periode t:

$$aR_t = aR_{t-1} \cdot (1 + i_H) + aR_t^{Zu} - aR_t^{Ent} \qquad \forall t \in \{0;1;...;T\}$$

Durch Umstellen nach aR_t^{Ent} und Einsetzen der Bestandsrestriktion in die obige Formel für den Ausgleich des Vermögenshaushalts ergibt sich die nachfolgende zusammengefaßte Vermögenshaushaltsausgleichsrestriktion:

$$\underbrace{vE_t^{VM}}_{\substack{\text{vor-}\\\text{disponierte}\\\text{Einnahmen}}} + \underbrace{\sum_{j=1}^{J} E_{jt}^{VM} \cdot x_j}_{\substack{\text{Einnahmen}\\\text{durch Investi-}\\\text{tionsprojekte}}} + \underbrace{\sum_{m=1}^{M} KNB_{mt} \cdot y_m}_{\text{Kreditaufnahme}} + \underbrace{ZF_t}_{\substack{\text{Zuführung vom}\\\text{Verwaltungs-}\\\text{haushalt}}} + \underbrace{iD_t}_{\substack{\text{Gewährung}\\\text{eines inneren}\\\text{Darlehens}}} = \underbrace{vA_t^{VM}}_{\substack{\text{vor-}\\\text{disponierte}\\\text{Ausgaben}}} + \underbrace{\sum_{j=1}^{J} IA_{jt}^{VM} \cdot x_j}_{\substack{\text{Investitions-}\\\text{ausgaben}}}$$

$$+ \underbrace{\sum_{j=1}^{J} \ddot{u}A_{jt}^{VM} \cdot x_j}_{\substack{\text{übrige Ausgaben}\\\text{durch}\\\text{Investitionsprojekte}}} + \underbrace{\sum_{m=1}^{M} KT_{mt} \cdot y_m}_{\text{Kredittilgung}} + \underbrace{\sum_{m=1}^{M} KBK_{mt} \cdot y_m}_{\substack{\text{Kreditbeschaffungs-}\\\text{kosten}}} + \underbrace{iD_{t-1}}_{\substack{\text{Rückzahlung}\\\text{eines inneren}\\\text{Darlehens}}} + \underbrace{aR_t - aR_{t-1} \cdot (1 + i_H)}_{\substack{\text{Zuführung an die oder Entnahme}\\\text{aus der allgemeinen Rücklage}}}$$

$$\forall t \in \{0;1;...;T\}$$

5. Sicherstellung des Mindestbestandes der allgemeinen Rücklage

Eine weitere haushaltsrechtliche Restriktion betrifft den Mindestbestand der allgemeinen Rücklage, der mindestens eine Höhe von 1,5 v. H. der durchschnittlichen Ausgaben des Verwaltungshaushalts Az^{VW} der drei dem Haushaltsjahr vorangegangenen Jahre ausweisen soll:

$$\underbrace{\sum_{z=t-3}^{t-1} 0{,}005 \cdot Az_z^{VW}}_{\substack{\text{1,5 \% der durchschnittlichen Ausgaben des Verwaltungshaushalts}\\\text{der drei dem Haushaltsjahr vorangegangenen Jahre}}} \leq \underbrace{aR_t}_{\substack{\text{Bestand der}\\\text{allgemeinen Rücklage}}} \qquad \forall t \in \{0;1;...;T\}$$

Unter der Voraussetzung, daß ein Verwaltungshaushaltsausgleich in jeder Periode des Planungshorizontes möglich ist, also die Einnahmen des Verwaltungshaushaltes gleich den Ausgaben des Verwaltungshaushaltes sind, können für die Ausgaben des Verwaltungshaushaltes auch die Einnahmen des Verwaltungshaushaltes eingesetzt werden, um die Formel zu verkürzen.[682] Somit stellt sich die Restriktion zur Einhaltung des Mindestbestandes der allgemeinen Rücklage wie folgt dar:

$$\sum_{z=t-3}^{t-1} 0{,}005 \cdot \left(\overbrace{vE_z^{VW}}^{\text{vordisponierte Einnahmen}} + \overbrace{\sum_{j=1}^{J} E_{jz}^{VW} \cdot x_j}^{\text{Einnahmen durch Investitionsprojekte}} + \overbrace{SR_z^{Ent}}^{\text{Entnahmen aus Sonderrücklagen}} \right) \leq \overbrace{aR_t}^{\text{Bestand der allgemeinen Rücklage}} \qquad \forall t \in \{0;1;...;T\}$$

6. Beschränkung der Kreditaufnahme

Auch die Kreditaufnahme der Kommunen unterliegt einer Beschränkung. Vereinfachend sei im folgenden angenommen, daß Kredite ausschließlich für Investitionen aufgenommen werden dürfen. Investitionsförderungsmaßnahmen und Umschuldungen sowie Zuweisungen und Zuschüsse bleiben außer Betracht. Die Summe aus dem ausgezahlten Gesamtkreditbetrag, als Kreditnominalbetrag abzüglich Kreditbeschaffungskosten, und dem inneren Darlehen darf somit die Summe der Investitionsausgaben in keiner Periode t übersteigen:

$$\overbrace{\sum_{m=1}^{M} KNB_{mt} \cdot y_m - \sum_{m=1}^{M} KBK_{mt} \cdot y_m}^{\text{ausgezahlter Gesamtkreditbetrag}} + \overbrace{iD_t}^{\text{inneres Darlehen}} \leq \overbrace{\sum_{j=1}^{J} IA_{jt}^{VM} \cdot x_j}^{\text{Investitionsausgaben}} + \overbrace{vIA_t}^{\text{vordisponierte Investitionsausgaben}} \qquad \forall t \in \{0;1;...;T\}$$

Neben den durch zu planende Investitionen verursachten Investitionsausgaben sind in der obenstehenden Restriktion auch die vordisponierten Investitionsausgaben vIA_t für Investitionen zu berücksichtigen, deren Durchführung im Vorfeld der Planung bereits feststeht. In der Gleichung, die den Ausgleich des Vermögenshaushaltes gewährleistet, sind diese vordisponierten Investitionsausgaben ebenso wie die vordisponierten Kredittilgungen in den vordisponierten Ausgaben des Vermögenshaushaltes enthalten.

Kassenkredite werden hier nicht explizit betrachtet, da sie grundsätzlich nur der Überbrückung von Liquiditätsengpässen innerhalb einer Planungsperiode dienen und insofern in der langfristigen Haushaltsplanung keine Rolle spielen. Kosten für bestehende Kassenkredite beeinflussen jedoch die Höhe der vordisponierten Ausgaben des Verwaltungshaushaltes; sie sind also in der Planung zu berücksichtigen. Abbildung 8 faßt die haushaltsrechtlichen Restriktionen zusammen.

[682] Vgl. *ROTHE*, Unternehmensansiedlungen, 2005, S. 262 f.

1. Ausgleich des Verwaltungshaushalts

$$\overbrace{\overbrace{vE_t^{VW}}^{\substack{\text{vordisponierte}\\ \text{Einnahmen}}} + \overbrace{\sum_{j=1}^{J} E_{jt}^{VW}\cdot x_j}^{\substack{\text{Einnahmen durch}\\ \text{Investitionsprojekte}}} + \overbrace{SR_t^{Ent}}^{\substack{\text{Entnahmen aus}\\ \text{Sonderrücklagen}}}}^{\text{Einnahmen des Verwaltungshaushalts}} = \qquad \forall t \in \{0;1;...;T\}$$

$$\overbrace{\overbrace{vA_t^{VW}}^{\substack{\text{vor-}\\ \text{disponierte}\\ \text{Ausgaben}}} + \overbrace{\sum_{j=1}^{J} A_{jt}^{VW}\cdot x_j}^{\substack{\text{Ausgaben}\\ \text{durch Investi-}\\ \text{tionsprojekte}}} + \overbrace{\sum_{m=1}^{M} Zs_{mt}\cdot y_m}^{\substack{\text{Zinsausgaben}\\ \text{für Kredite}}} + \overbrace{i_H\cdot iD_{t-1}}^{\substack{\text{Zinsausgaben}\\ \text{für innere}\\ \text{Darlehen}}} + \overbrace{SR_t^{Zu}}^{\substack{\text{Zuführungen}\\ \text{zu Sonder-}\\ \text{rücklagen}}} + \overbrace{ZF_t}^{\substack{\text{Zuführung zum}\\ \text{Vermögens-}\\ \text{haushalt}}}}^{\text{Ausgaben des Verwaltungshaushalts}}$$

2. Beschränkung der Höhe der inneren Darlehen

$$iD_t \le \frac{\alpha}{1+\alpha}\cdot\left[(1+i_H)^{t+1}\cdot(SR_{-1}+iD_{-1}) + \sum_{n=0}^{t}(1+i_H)^{t-n}\cdot\left(SR_n^{Zu} - SR_n^{Ent}\right)\right] \qquad \forall t \in \{0;1;...;T\}$$

3. Gewährleistung der Pflichtzuführung

$$\overbrace{\sum_{m=1}^{M} KT_{mt}\cdot y_m}^{\substack{\text{ordentliche}\\ \text{Kredittilgung}}} + \overbrace{\sum_{m=1}^{M} KBK_{mt}\cdot y_m}^{\substack{\text{Kreditbeschaffungs-}\\ \text{kosten}}} + \overbrace{vKT_t}^{\substack{\text{vordisponierte}\\ \text{Kredittilgung}}} + \overbrace{iD_{t-1}}^{\substack{\text{Rückzahlung}\\ \text{eines inneren}\\ \text{Darlehens}}} \le \overbrace{ZF_t}^{\substack{\text{Zuführung zum}\\ \text{Vermögenshaushalt}}} \qquad \forall t \in \{0;1;...;T\}$$

4. Ausgleich des Vermögenshaushalts

$$\overbrace{vE_t^{VM}}^{\substack{\text{vor-}\\ \text{disponierte}\\ \text{Einnahmen}}} + \overbrace{\sum_{j=1}^{J} E_{jt}^{VM}\cdot x_j}^{\substack{\text{Einnahmen}\\ \text{durch Investi-}\\ \text{tionsprojekte}}} + \overbrace{\sum_{m=1}^{M} KNB_{mt}\cdot y_m}^{\text{Kreditaufnahme}} + \overbrace{ZF_t}^{\substack{\text{Zuführung vom}\\ \text{Verwaltungs-}\\ \text{haushalt}}} + \overbrace{iD_t}^{\substack{\text{Gewährung}\\ \text{eines inneren}\\ \text{Darlehens}}} = \overbrace{vA_t^{VM}}^{\substack{\text{vor-}\\ \text{disponierte}\\ \text{Ausgaben}}} + \overbrace{\sum_{j=1}^{J} IA_{jt}^{VM}\cdot x_j}^{\substack{\text{Investitions-}\\ \text{ausgaben}}} \qquad \forall t \in \{0;1;...;T\}$$

$$+ \overbrace{\sum_{j=1}^{J} üA_{jt}^{VM}\cdot x_j}^{\substack{\text{übrige Ausgaben}\\ \text{durch}\\ \text{Investitionsprojekte}}} + \overbrace{\sum_{m=1}^{M} KT_{mt}\cdot y_m}^{\text{Kredittilgung}} + \overbrace{\sum_{m=1}^{M} KBK_{mt}\cdot y_m}^{\substack{\text{Kreditbeschaffungs-}\\ \text{kosten}}} + \overbrace{iD_{t-1}}^{\substack{\text{Rückzahlung}\\ \text{eines inneren}\\ \text{Darlehens}}} + \overbrace{aR_t - aR_{t-1}\cdot(1+i_H)}^{\substack{\text{Zuführung an die oder Entnahme}\\ \text{aus der allgemeinen Rücklage}}}$$

5. Sicherstellung des Mindestbestandes der allgemeinen Rücklage

$$\sum_{z=t-3}^{t-1} 0{,}005\cdot\left(\overbrace{vE_z^{VW}}^{\substack{\text{vordisponierte}\\ \text{Einnahmen}}} + \overbrace{\sum_{j=1}^{J} E_{jz}^{VW}\cdot x_j}^{\substack{\text{Einnahmen durch}\\ \text{Investitionsprojekte}}} + \overbrace{SR_z^{Ent}}^{\substack{\text{Entnahmen aus}\\ \text{Sonderrücklagen}}}\right) \le \overbrace{aR_t}^{\substack{\text{Bestand der}\\ \text{allgemeinen Rücklage}}} \qquad \forall t \in \{0;1;...;T\}$$

6. Beschränkung der Kreditaufnahme

$$\overbrace{\sum_{m=1}^{M} KNB_{mt}\cdot y_m - \sum_{m=1}^{M} KBK_{mt}\cdot y_m}^{\text{ausgezahlter Gesamtkreditbetrag}} + \overbrace{iD_t}^{\substack{\text{inneres}\\ \text{Darlehen}}} \le \overbrace{\sum_{j=1}^{J} IA_{jt}^{VM}\cdot x_j}^{\text{Investitionsausgaben}} + \overbrace{vIA_t}^{\substack{\text{vordisponierte}\\ \text{Investitionsausgaben}}} \qquad \forall t \in \{0;1;...;T\}$$

Abbildung 8: Haushaltsrechtliche Restriktionen

4.3 Entscheidungswert der Kommune für den Fall der Privatisierung

4.3.1 Ermittlung des Entscheidungswertes mit Hilfe eines Totalmodells

4.3.1.1 Basisansatz als Ausgangspunkt der Bewertung

Der *Basisansatz* als erste Stufe der Ermittlung des Entscheidungswertes einer Kommune bei der Privatisierung ihrer öffentlich-rechtlichen Sparkasse entspricht im wesentlichen einem *Modell zur kommunalen Investitionsplanung.*[683] Ergebnis dieses Ansatzes ist der maximal mögliche Umfang der allgemeinen Rücklage am Ende des Planungszeitraumes, unter der Annahme, daß die Sparkasse als Anstalt des öffentlichen Rechts in der Trägerschaft der Kommune fortgeführt wird.

Da in bezug auf Kommunen von einem unbegrenzten Handlungszeitraum auszugehen ist, muß für die Planung der künftigen Investitionen und der mit ihnen verbundenen Finanzierungen vorab ein geeigneter *Planungshorizont*[684] gewählt werden. Nach dem Ablauf des Planungshorizontes durchführbare Investitions- und Finanzierungsobjekte bleiben bei der Planung unberücksichtigt. Problematisch sind insbesondere im Vorfeld bekannte, noch im Planungshorizont beginnende Investitions- und Finanzierungsobjekte, die jedoch über das Ende des Planungshorizontes hinaus Zahlungen verursachen.[685] Ein zweckmäßig gewählter Planungshorizont sollte zumindest für die ersten Planungsperioden stabile Entscheidungen gewährleisten, so daß eine Verlängerung des Planungshorizontes keine Auswirkungen auf den Umfang der nach der Planung in den ersten Perioden zu realisierenden Investitions- und Finanzierungsobjekte hat.[686] In diesem Fall ließen sich durch eine rollierende, daß heißt eine zeitversetzt wiederholte

---

683 Vgl. zu einem Modell unter Berücksichtigung mehrfacher Zielsetzungen *ROTHE*, Unternehmensansiedlungen, 2005, S. 182-234.

684 Die zeitliche Begrenzung des Entscheidungsfeldes wird als Planungshorizont bezeichnet. Vgl. *SCHLÜCHTERMANN*, Planung, 1996, S. 20. Eine Periode t soll im folgenden einem Haushaltsjahr entsprechen. Alle innerhalb der Periode t vom Zeitpunkt t–1 bis t stattfindenden Zahlungen sollen vereinfachend am Ende der Periode, also imZeitpunkt t, anfallen.

685 Vgl. *HAX*, Investitions- und Finanzplanung, 1964, S. 437.

686 Vgl. *SCHLÜCHTERMANN*, Planung, 1996, S. 25-27 m. w. N.

Planung,[687] welche auch die hinzukommenden Informationen berücksichtigt, Fehlentscheidungen vermeiden.[688] Zu beachten ist dabei allerdings, daß der Aufwand der Informationsbeschaffung mit der Länge des Planungshorizontes steigt. Hier soll vereinfachend die am längsten laufende, bekannte Investitions- oder Finanzierungsalternative die Länge des Planungszeitraumes bestimmen.[689]

Um das optimale kommunale Investitionsprogramm bei Fortführung der Sparkasse als Anstalt des öffentlichen Rechts in der Trägerschaft der Kommune ermitteln zu können, sind Informationen über die Höhe der vordisponierten Einnahmen und Ausgaben des Verwaltungs- und Vermögenshaushalts und der mit den Investitions- und Finanzierungsobjekten sowie den zur Verfügung stehenden Krediten verbundenen Zahlungen notwendig. Die *Prognose* dieser Informationen für jede Periode des Planungshorizonts kann auf Einschätzungen und Berechnungen von Fachämtern sowie der Kämmerei basieren.[690] Die Höhe der kommunalen Einnahmen und Ausgaben wird insbesondere durch die Gemeindegröße, rechtliche und wirtschaftliche Rahmenbedingungen, die Wirtschaftsstruktur sowie Bevölkerungszahl und -struktur der Gemeinde stark beeinflußt.[691] So ist die Genauigkeit der Schätzung der vordisponierten Einnahmen und Ausgaben des Verwaltungs- und Vermögenshaushalts in Abhängigkeit von den Einflußfaktoren der einzelnen kommunalen Einnahmen und Ausgaben auch sehr unterschiedlich.[692] Neben der Schätzung der vordisponierten Einnahmen und Ausgaben des Verwaltungs- und Vermögenshaushalts sind für jedes zur Auswahl stehende Investitionsprojekt, die durch dieses bedingten voraussichtlichen Veränderungen der Einnahmen und Ausgaben des Verwaltungshaushalts sowie die im Zusammenhang mit diesem Investitionsobjekt stehenden Veränderungen der Einnahmen, Investitionsausgaben und übrigen Ausgaben des Vermögenshaushalts für jede Periode des Planungshorizonts zu prognostizieren.[693] Ferner müssen Informationen über die zur Verfügung

---

687 Vgl. *ROLLBERG*, Unternehmensplanung, 2001, S. 194 m. w. N.

688 Vgl. *ADAM*, Planung und Entscheidung, 1996, S. 18 f.

689 Im Falle eines kürzeren Planungshorizonts müßten die nach dem Ende des Planungshorizontes anfallenden Zahlungen mit Hilfe eines exogenen Kalkulationszinsfusses auf den Zeitpunkt T abgezinst werden. Zusätzlich wären auch die übrigen Restriktionen nach dem Zeitpunkt T durch die entsprechenden Lenkpreise auf den Zeitpunkt T zu beziehen. Diese Lenkpreise sind aber ebenso wie der Kalkulationszinsfuß ex ante nicht bekannt und auch schwer abschätzbar. Vgl. dazu auch *ROTHE*, Unternehmensansiedlungen, 2005, S. 244 Fn. 663.

690 Vgl. *BAIER*, Operative Planung, 2002, S. 50 f.

691 Vgl. *EICHHORN*, Liquiditätsplanung, 1974, S. 131-142; *BAIER*, Operative Planung, 2002, S. 60-68. Vgl. auch *LENORT*, Strukturforschung, 1960, S. 198-205.

692 Vgl. *BAIER*, Operative Planung, 2002, S. 68-73.

693 Eine Erhöhung der Einnahmen oder Ausgaben wird durch positive Werte der Variablen ausgedrückt, eine Verringerung durch negative Werte.

stehenden Kredite vorliegen. Im einzelnen sind für jede Kreditalternative der Kreditnominalbetrag, die Kreditbeschaffungskosten sowie Zinsen und Tilgung für jede Periode des Planungshorizontes zusammenzustellen. Weiterhin sind die vordisponierten Kredittilgungen und Investitionsausgaben sowie die vordisponierten Entnahmen aus den und die vordisponierten Zuführungen zu den Sonderrücklagen für alle Perioden des Planungshorizontes von Interesse.

Als *Daten* benötigt das Modell zusätzlich den Bestand der allgemeinen Rücklage im Zeitpunkt $t = -1$, den Bestand der Sonderrücklagen im Zeitpunkt $t = -1$, die Höhe eines im Zeitpunkt $t = -1$ aufgenommenen inneren Darlehens sowie die Höhe der Ausgaben des Verwaltungshaushalts insgesamt in den letzten drei Jahren vor dem Beginn des Planungszeitraumes.

Der Basisansatz zur Entscheidungswertermittlung der Kommune bei der Privatisierung ihrer öffentlich-rechtlichen Sparkasse läßt sich als *lineares Optimierungsproblem* formulieren. Er bestimmt die gemäß der im Abschnitt 4.2.4.1.2 aufgestellten Zielfunktion durchzuführenden Investitions- und Finanzierungsobjekte unter Berücksichtigung der im Abschnitt 4.2.4.2.2 vorgestellten haushaltsrechtlichen Nebenbedingungen. Zusätzlich sind weitere Restriktionen wie Kapazitätsbeschränkungen, Bedingungen zur Ganzzahligkeit sowie zur Nichtnegativität der Variablen zu beachten.

Das von der Kommune verfolgte Ziel ist die Maximierung der allgemeinen Rücklage am Ende des Planungshorizontes, welches durch die folgende Funktion ausgedrückt wird:

$$\max. Z; Z := aR_T$$

Um das lineare Optimierungsproblem in die Standardform zu überführen, sind zunächst die beiden Restriktionen, die den Ausgleich von Verwaltungshaushalt und Vermögenshaushalt gewährleisten sollen, in Ungleichungen umzuformen. Die Übereinstimmung der Einnahmen und Ausgaben des Verwaltungs- oder des Vermögenshaushaltes würden jeweils zwei Ungleichungen, eine „kleiner gleich"- und eine „größer gleich"-Bedingung sichern. Bei der gegebenen Zielfunktion erhöhen aber „überschüssige Einnahmen" im Vermögenshaushalt direkt und im Verwaltungshaushalt über die Zuführung zum Vermögenshaushalt ZF_t indirekt den Zielfunktionswert. Insofern reichen zur Sicherstellung des Haushaltsausgleichs beim vorliegenden Problem die Bedingungen aus, daß die Einnahmen des Verwaltungshaushaltes dessen Ausgaben entsprechen oder sie übersteigen und die Einnahmen des Vermögenshaushaltes mindestens so groß sind wie die Ausgaben des Vermögenshaushaltes. Nach dem gleichzeitigen Umstellen der Ungleichung, so daß alle modellexogenen Größen auf der rechten Seite stehen, ergibt sich die folgende Restriktion zum *Ausgleich des Verwaltungshaushaltes*:

$$-\sum_{j=1}^{J}\left(E_{jt}^{VW}-A_{jt}^{VW}\right)\cdot x_j+\sum_{m=1}^{M}Zs_{mt}^{Ba}\cdot y_m+i_H^{Ba}\cdot iD_{t-1}+ZF_t\leq vE_t^{VW,Ba}-vA_t^{VW,Ba}+SR_t^{Ent}-SR_t^{Zu}$$

$$\forall t\in\{0;1;...;T\}$$

Den *Ausgleich des Vermögenshaushaltes* gewährleistet entsprechend die folgende Nebenbedingung:

$$-\sum_{j=1}^{J}\left(E_{jt}^{VM}-IA_{jt}^{VM}-\ddot{u}A_{jt}^{VM}\right)\cdot x_j-\sum_{m=1}^{M}\left(KNB_{mt}^{Ba}-KT_{mt}^{Ba}-KBK_{mt}^{Ba}\right)\cdot y_m-ZF_t \qquad \forall t\in\{0;1;...;T\}$$
$$-iD_t+iD_{t-1}+aR_t-aR_{t-1}\cdot(1+i_H^{Ba})\leq vE_t^{VM,Ba}-vA_t^{VM,Ba}$$

Die *Pflichtzuführung* stellt die nachstehende Restriktion sicher:

$$\sum_{m=1}^{M}\left(KT_{mt}^{Ba}+KBK_{mt}^{Ba}\right)\cdot y_m+iD_{t-1}-ZF_t\leq -vKT_t \qquad \forall t\in\{0;1;...;T\}$$

Durch die nachfolgende Nebenbedingung wird die maximal mögliche *Höhe eines inneren Darlehens* eingehalten:

$$iD_t\leq\frac{\alpha}{1+\alpha}\cdot\left[\left(1+i_H^{Ba}\right)^{t+1}\cdot\left(SR_{-1}+iD_{-1}\right)+\sum_{n=0}^{t}\left(1+i_H^{Ba}\right)^{t-n}\cdot\left(SR_n^{Zu}-SR_n^{Ent}\right)\right] \qquad \forall t\in\{0;1;...;T\}$$

Den *Mindestbestand der allgemeinen Rücklage* stellt ab der Periode $t = 3$ die folgende Restriktion sicher:

$$\sum_{z=t-3}^{t-1}\sum_{j=1}^{J}0{,}005\cdot E_{jz}^{VW}\cdot x_j-aR_t\leq-\sum_{z=t-3}^{t-1}0{,}005\cdot\left(vE_z^{VW,Ba}+SR_z^{Ent}\right) \qquad \forall t\in\{3;4;...;T\}$$

Bis zur Periode $t = 2$ sind für die Höhe des Mindestbestandes der allgemeinen Rücklagen zum Teil Ausgaben des Verwaltungshaushaltes relevant, die vor dem Planungsbeginn liegen, und deren Höhe deshalb bekannt ist. Für den Zeitpunkt $t = 0$ sieht die Restriktion aus diesem Grunde wie folgt aus:

$$-aR_t\leq-\sum_{z=-3}^{-1}0{,}005\cdot Az_z^{VW} \qquad \text{für } t=0$$

Den Mindestbestand der allgemeinen Rücklage in der Periode $t=1$ sichert die untenstehende Bedingung:

$$\sum_{j=1}^{J} 0{,}005 \cdot E_{j0}^{VW} \cdot x_j - aR_t \leq -\sum_{z=-2}^{-1} 0{,}005 \cdot Az_z^{VW} - 0{,}005 \cdot \left(vE_0^{VW,Ba} + SR_0^{Ent}\right) \qquad \text{für } t=1$$

Und in der Periode $t=2$ wird der Mindestbestand der allgemeinen Rücklage durch die folgende Restriktion gewährleistet:

$$\sum_{z=0}^{1} \sum_{j=1}^{J} 0{,}005 \cdot E_{jz}^{VW} \cdot x_j - aR_t \leq -0{,}005 \cdot Az_{-1}^{VW} - \sum_{z=0}^{1} 0{,}005 \cdot \left(vE_z^{VW,Ba} + SR_z^{Ent}\right) \qquad \text{für } t=2$$

Die *Höhe der Kreditaufnahme* beschränkt die nachstehende Nebenbedingung:

$$\sum_{m=1}^{M} \left(KNB_{mt}^{Ba} - KBK_{mt}^{Ba}\right) \cdot y_m - \sum_{j=1}^{J} IA_{jt}^{VM} \cdot x_j + iD_t \leq vIA_t \qquad \forall t \in \{0;1;\ldots;T\}$$

Kapazitätsbeschränkungen hinsichtlich der zur Verfügung stehenden Kredite berücksichtigen die folgenden Restriktionen, wobei y_m^o die maximal mögliche Höhe der Inanspruchnahme des Kredites m darstellt:

$$y_m \leq y_m^o \qquad \forall m \in \{1;\ldots;M\}$$

Während in bezug auf die Kredite von beliebiger Teilbarkeit ausgegangen wird, sind die kommunalen Investitionsobjekte häufig nicht beliebig teilbar. Die Kapazitätsbeschränkungen der Indexmenge der beliebig teilbaren Investitionsobjekte $\mathfrak{J}^{teilb}$ stellt die nachfolgende Bedingung sicher, wobei x_j^o die Obergrenze für die Anzahl der Durchführungen des Investitionsobjektes j ist:

$$x_j \leq x_j^o \qquad \forall j \in \mathfrak{J}^{teilb}$$

In bezug auf die Indexmenge der nicht beliebig teilbaren Investitionsobjekte $\mathfrak{J}^{ganz}$ sind die folgenden *Ganzzahligkeitsbedingungen* erforderlich:

$$x_j \in \left\{0;\ldots;x_j^o\right\} \qquad \forall j \in \mathfrak{J}^{ganz}$$

Auch die Möglichkeit der *Auswahl* lediglich eines von mehreren unteilbaren Investitionsobjekten läßt sich durch die nachstehenden zusätzlichen Nebenbedingungen für eine Indexmenge sich gegenseitig ausschließender Investitionsobjekte $\mathfrak{I}^{wahl}$ sicherstellen:[694]

$$x_j \in \{0;1\}$$
$$\forall\, j \in \mathfrak{I}^{wahl}$$

$$\sum_{j \in \mathfrak{I}^{wahl}} x_j \leq 1$$

$\mathfrak{I}^{teilb}$, $\mathfrak{I}^{ganz}$ und $\mathfrak{I}^{wahl}$ sind vollständige und disjunkte Teilmengen der Menge aller Investitionsobjekte j.

Die *Nichtnegativität* aller Variablen des Optimierungsproblems gewährleisten die nachfolgenden Nebenbedingungen:

$$x_j \geq 0 \qquad \forall\, j \in \mathfrak{I}^{teilb}$$

$$y_m \geq 0 \qquad \forall\, m \in \{1;...;M\}$$

$$ZF_t \geq 0 \qquad \forall\, t \in \{0;1;...;T\}$$

$$iD_t \geq 0 \qquad \forall\, t \in \{0;1;...;T\}$$

$$aR_t \geq 0 \qquad \forall\, t \in \{0;1;...;T\}$$

Indem das Problem durch das Einführen von Schlupfvariablen in die *Normalform*, das heißt in Gleichungsform mit den Variablen auf der linken und den Konstanten auf der rechten Seite überführt wird, ergibt sich zusammengefaßt das nachstehende *gemischt-ganzzahlige Optimierungsproblem*, welches beispielsweise mit Hilfe des Branch-and-Bound-Verfahrens[695] gelöst werden kann:

$$\max.Z;\ Z := aR_T$$

---

[694] Vgl. zum Wahlproblem ausführlicher *HERING*, Investitionstheorie, 2003, S. 191. Während diese Nebenbedingungen auch dazu führen können, daß keines der Investitionsobjekte durchgeführt wird, könnte durch die verpflichtende Auswahl eines von mehreren Investitionsobjekten beispielsweise auch die Möglichkeit der Verzögerung von Handlungsalternativen sichergestellt werden.

[695] Vgl. dazu ausführlich *DOMSCHKE/DREXL*, Operations Research, 2005, S. 132-137; *HILLIER/LIEBERMANN*, Operations Research, 2002, S. 388-405.

unter den haushaltsrechtlichen Nebenbedingungen:

1. Ausgleich des Verwaltungshaushalts

$$-\sum_{j=1}^{J}\left(E_{jt}^{VW}-A_{jt}^{VW}\right)\cdot x_j+\sum_{m=1}^{M}Zs_{mt}^{Ba}\cdot y_m+i_H^{Ba}\cdot iD_{t-1}+ZF_t+vw_t \qquad \forall t\in\{0;1;...;T\}$$
$$=vE_t^{VW.Ba}-vA_t^{VW.Ba}+SR_t^{Ent}-SR_t^{Zu}$$

2. Ausgleich des Vermögenshaushalts

$$-\sum_{j=1}^{J}\left(E_{jt}^{VM}-IA_{jt}^{VM}-\ddot{u}A_{jt}^{VM}\right)\cdot x_j-\sum_{m=1}^{M}\left(KNB_{mt}^{Ba}-KT_{mt}^{Ba}-KBK_{mt}^{Ba}\right)\cdot y_m-ZF_t \qquad \forall t\in\{0;1;...;T\}$$
$$-iD_t+iD_{t-1}+aR_t-aR_{t-1}\cdot\left(1+i_H^{Ba}\right)+vm_t=vE_t^{VM.Ba}-vA_t^{VM.Ba}$$

3. Gewährleistung der Pflichtzuführung

$$\sum_{m=1}^{M}\left(KT_{mt}^{Ba}+KBK_{mt}^{Ba}\right)\cdot y_m+iD_{t-1}-ZF_t+pf_t=-vKT_t$$
$$\forall t\in\{0;1;...;T\}$$

4. Beschränkung der Höhe der inneren Darlehen

$$iD_t+d_t=\frac{\alpha}{1+\alpha}\cdot\left[\left(1+i_H^{Ba}\right)^{t+1}\cdot\left(SR_{-1}+iD_{-1}\right)+\sum_{n=0}^{t}\left(1+i_H^{Ba}\right)^{t-n}\cdot\left(SR_n^{Zu}-SR_n^{Ent}\right)\right] \qquad \forall t\in\{0;1;...;T\}$$

5. Sicherstellung des Mindestbestandes der allgemeinen Rücklage

$$-aR_t+r_t=-\sum_{z=-3}^{-1}0{,}005\cdot Az_z^{VW} \qquad \text{für } t=0$$

$$\sum_{j=1}^{J}0{,}005\cdot E_{j0}^{VW}\cdot x_j-aR_t+r_t=-\sum_{z=-2}^{-1}0{,}005\cdot Az_z^{VW}-0{,}005\cdot\left(vE_0^{VW.Ba}+SR_0^{Ent}\right) \qquad \text{für } t=1$$

$$\sum_{z=0}^{1}\sum_{j=1}^{J}0{,}005\cdot E_{jz}^{VW}\cdot x_j-aR_t+r_t=-0{,}005\cdot Az_{-1}^{VW}-\sum_{z=0}^{1}0{,}005\cdot\left(vE_z^{VW.Ba}+SR_z^{Ent}\right) \qquad \text{für } t=2$$

$$\sum_{z=t-3}^{t-1}\sum_{j=1}^{J}0{,}005\cdot E_{jz}^{VW}\cdot x_j-aR_t+r_t=-\sum_{z=t-3}^{t-1}0{,}005\cdot\left(vE_z^{VW.Ba}+SR_z^{Ent}\right) \qquad \forall t\in\{3;4;...;T\}$$

6. Beschränkung der Kreditaufnahme

$$\sum_{m=1}^{M}\left(KNB_{mt}^{Ba} - KBK_{mt}^{Ba}\right)\cdot y_m - \sum_{j=1}^{J} IA_{jt}^{VM}\cdot x_j + iD_t + k_t = vIA_t \qquad \forall t \in \{0;1;...;T\}$$

unter den Kapazitätsbeschränkungen, Ganzzahligkeitsbedingungen und Auswahlrestriktionen:

$$y_m + ky_m = y_m^o \qquad \forall m \in \{1;...;M\}$$

$$x_j + kx_j = x_j^o \qquad \forall j \in \mathfrak{J}^{teilb}$$

$$x_j \in \{0;...;x_j^o\} \qquad \forall j \in \mathfrak{J}^{ganz}$$

$$x_j \in \{0;1\} \qquad \forall j \in \mathfrak{J}^{wahl}$$

$$\sum_{j \in \mathfrak{J}^{wahl}} x_j + w = 1$$

unter den Nichtnegativitätsbedingungen:

$$x_j \geq 0 \qquad \forall j \in \mathfrak{J}^{teilb}$$

$$y_m \geq 0 \qquad \forall m \in \{1;...;M\}$$

$$ZF_t \geq 0 \qquad \forall t \in \{0;1;...;T\}$$

$$iD_t \geq 0 \qquad \forall t \in \{0;1;...;T\}$$

$$aR_t \geq 0 \qquad \forall t \in \{0;1;...;T\}$$

Für die Restriktionen zum Ausgleich des Verwaltungshaushaltes wurden die Schlupfvariablen vw_t, für die Restriktionen zum Ausgleich des Vermögenshaushaltes die Schlupfvariablen vm_t, für die Nebenbedingungen zur Sicherung der Pflichtzuführung die Schlupfvariablen pf_t, für die Restriktionen zur Beschränkung der Höhe der inneren Darlehen die Schlupfvariablen d_t, für die Restriktionen zur Sicherstellung des Mindestbestandes der allgemeinen Rücklage die Schlupfvariablen r_t und für die Nebenbedingungen zur Beschränkung der Kreditaufnahme die Schlupfvariablen k_t eingeführt. Ebenso wurden auch die Kapazitätsbeschränkungsrestriktionen durch die Einführung der Schlupfvariablen ky_m und kx_j sowie die Auswahlrestriktion durch die Schlupfvariable w erweitert. Auch für sämtliche Schlupfvariablen gilt die Nichtnegativitätsbedingung.

Die Lösung des obenstehenden Optimierungsproblems ist nur dann möglich, wenn in jeder Periode eine Zuführung vom Verwaltungshaushalt an den Vermögenshaushalt mindestens in Höhe der Pflichtzuführung möglich ist und der Haushalt insgesamt über die allgemeinen Rücklagen ausgeglichen werden kann, also kein Fehlbetrag entsteht. Sind diese Voraussetzung nicht gegeben, ließe sich das Modell dennoch anwenden, indem in die einzelnen Nebenbedingungen des Planungszeitraumes für den Verwaltungshaushalts- und den Vermögenshaushaltsausgleich zusätzliche Variablen eingefügt werden, die das Defizit zwischen Ausgaben und Einnahmen ausdrücken und in der Zielfunktion minimiert werden. Somit wäre eine Entscheidungswertermittlung auch im Falle eines defizitären Haushaltes möglich.

4.3.1.2 Auswirkungen der Privatisierung einer Sparkasse auf den kommunalen Haushalt ihres Trägers

Kommunen als Eigentümer erhalten im allgemeinen keine Ausschüttungen von ihren öffentlich-rechtlichen Sparkassen. Diese thesaurieren erwirtschaftete Gewinne, um ihre Rücklagen und damit ihr Eigenkapital zu erhöhen.[696] Dennoch hat die Kommune aufgrund der Tätigkeit der Sparkasse in ihrem Gebiet unabhängig von einem möglichen direkten Ausschüttungsstrom der Sparkasse einen Nutzen.[697] Das heißt der gesamte *Nutzen*, den der Träger durch die öffentlich-rechtliche Sparkasse hat, setzt sich aus den möglichen direkten *Ausschüttungen der Sparkasse* an den Träger und dem Nutzen des Trägers durch die Tätigkeit der Sparkasse in seinem Gebiet zusammen. Der kommunale Nutzen aufgrund der Geschäftstätigkeit der öffentlich-rechtlichen Sparkasse umfaßt neben den *Steuerzahlungen* der Sparkasse und ihrer Mitarbeiter im wesentlichen den Nutzen durch die *Wahrnehmung des öffentlichen Auftrages*,[698] welcher teilweise auch monetär meßbar ist.

---

[696] Vgl. *SCHLIERBACH*, Sparkassenrecht, 2003, S. 265-274.

[697] Vgl. dazu auch *MATSCHKE/WITT*, Vereinigung von Sparkassen, 2004, S. 259 f.

[698] Vgl. *STEINER*, Bankenmarkt, 1994, S. 40.

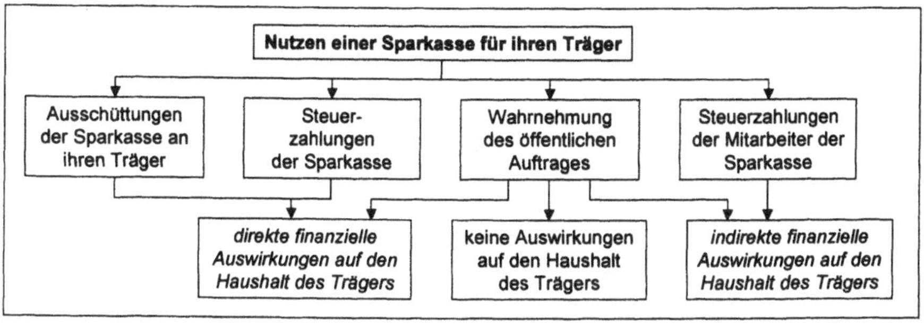

Abbildung 9: Kommunaler Nutzen einer öffentlich-rechtlichen Sparkasse

Wie Abbildung 9 verdeutlicht, kann dabei einerseits zwischen den durch den Sparkassenbetrieb direkt verursachten finanziellen Auswirkungen auf den kommunalen Haushalt und anderseits den aufgrund des Geschäftsbetriebes der Sparkasse indirekt verursachten Einflüssen auf die einzelnen Haushaltspositionen unterschieden werden. Zu den direkt durch die öffentliche Sparkasse verursachten finanziellen Auswirkungen auf den Kommunalhaushalt zählen abgesehen von potentiellen Ausschüttungen insbesondere die von der Sparkasse zu zahlende Gewerbesteuer und der Gemeindeanteil an der Umsatzsteuer sowie diese Steuereinnahmen nivellierende Schlüsselzuweisungen und Umlagen.[699]

Indirekt über die Beschäftigten der Sparkasse erhält die Kommune überwiegend Einnahmen in bezug auf den Gemeindeanteil an der Einkommensteuer und hinsichtlich des Gemeindeanteils an der Umsatzsteuer. Neben der Anlage von Geldern und der Bereitstellung von Kommunalkrediten zur Erfüllung gemeinwohlorientierter kommunaler Aufgaben, was direkten Einfluß auf den kommunalen Haushalt hat, sollen Sparkassen aufgrund des öffentlichen Auftrages[700] insbesondere die Wirtschaft der jeweiligen Region stärken. Die Kommunen profitieren also beispielsweise von den in ihrer Region angesiedelten Unternehmen durch Steuerzahlungen der Unternehmen selbst und der bei ihnen Beschäftigten, wenn auch deren Wohnsitz in der Kommune liegt. Auf eine abschließende Aufzählung der Auswirkungen auf den kommunalen Haushalt durch den Sparkassenbetrieb, vor allem aufgrund der Erfüllung des öffentlichen Auftrages, soll hier wegen des Interpretationsspielraumes in bezug auf den öffentlichen Auftrag und der damit einhergehenden Vielzahl von möglichen Einzelfällen verzichtet werden. Von anderen unter Umständen auch monetär meßbaren Auswirkungen auf die Ge-

---

699 Vgl. zu den Nettoeffekten von Mehreinnahmen aus der Gewerbesteuer und eines zusätzlichen Arbeitsplatzes *ROTHE*, Unternehmensansiedlungen, 2005, S. 152-178.

700 Vgl. zum öffentlichen Auftrag Abschnitt 3.5.1.3.

meinde, die aber keinen Einfluß auf den kommunalen Haushalt haben, wie beispielsweise Spenden für kulturelle Zwecke, wird im folgenden abstrahiert.

Nicht nur die Geschäftstätigkeit einer öffentlich-rechtlichen Sparkasse, sondern auch die Tätigkeit einer privatisierten Sparkasse hat Auswirkungen auf den kommunalen Haushalt, falls sie weiterhin im Gebiet des früheren Trägers aktiv ist. Die zukünftig zu erwartende Höhe der durch die Sparkasse beeinflußten kommunalen Haushaltspositionen kann jedoch vor und nach einer Privatisierung differieren. Im folgenden wird deshalb untersucht, inwiefern eine vollständige materielle Privatisierung der öffentlich-rechtlichen Sparkasse die Höhe der einzelnen Haushaltspositionen des Trägers beeinflussen kann. Dabei stehen zunächst solche Positionen des kommunalen Haushaltes im Mittelpunkt, die direkt durch unterschiedlich hohe an die Kommune zu leistende Zahlungen der Sparkasse als Anstalt des öffentlichen Rechts und nach einer Privatisierung als juristische Person des privaten Rechts beeinflußt werden.

1. Veränderungen direkter finanzieller Auswirkungen auf den kommunalen Haushalt infolge einer Privatisierung

Die Frage, ob ein Privatisierungserlös in den kommunalen Haushalt eingestellt werden darf oder nicht, wird in der Literatur zwar unterschiedlich beurteilt.[701] Unter der Annahme, daß der Privatisierungserlös in den kommunalen Haushalt fließen darf, um dann gemeinnützigen Zwecken zu dienen, wäre er im Vermögenshaushalt unter der Position „Einnahmen aus der Veräußerung von Beteiligungen und Rückflüsse von Kapitaleinlagen“ (Gruppierungsnummer 33) zu buchen. Ein erzielter *Privatisierungserlös* hätte also eine direkte finanzielle Auswirkung auf den Haushalt des kommunalen Trägers der Sparkasse. Die Höhe des Privatisierungserlöses, den die Kommune mindestens verlangen muß, damit sie sich durch eine Privatisierung ihrer Sparkasse nicht schlechter stellt, ist Ergebnis des im Abschnitt 4.3.1.3 betrachteten Bewertungsansatzes.

Nach einer vollständigen materiellen Privatisierung erhält der frühere Träger grundsätzlich keine *Ausschüttungen* mehr von der Sparkasse, so daß gegebenenfalls geplante zukünftig von der öffentlich-rechtlichen Sparkasse an die Kommune zu zahlende Anteile am Bilanzgewinn, die im Basisansatz enthalten sind, im Bewertungsansatz entfallen. Ausschüttungen von wirtschaftlichen Unternehmen sind im kommunalen Haushalt in der Position „Gewinnanteile von wirtschaftlichen Unternehmen und aus Beteiligungen“ (Gruppierungsnummer 21) im Verwaltungshaushalt enthalten. Die von der Ge-

[701] Vgl. dazu auch Abschnitt 3.5.3.1.

meinde auf Gewinnausschüttungen zu zahlenden Kapitalertragssteuern entfallen somit ebenfalls.[702]

Allein durch die Umwandlung der Rechtsform von einer Anstalt des öffentlichen Rechts in eine Kapitalgesellschaft ändert sich die Besteuerung der Sparkasse nur unwesentlich. Lediglich der Freibetrag nach § 24 KStG, den Betriebe gewerblicher Art geltend machen können, sowie der Freibetrag nach § 11 Abs. 1 Nr. 2 GewStG für Unternehmen von juristischen Personen des öffentlichen Rechts stehen Kapitalgesellschaften nicht zur Verfügung. Verändert sich hingegen durch eine Privatisierung auch die Geschäftspolitik der Sparkasse, so kann davon ausgegangen werden, daß die Höhe der Steuerzahlungen differiert. Unterscheiden könnten sich im kommunalen Haushaltsplan somit nach einer Privatisierung die Einnahmenpositionen des Verwaltungshaushaltes „Gewerbesteuer" (Gruppierungsnummer 003), „Gemeindeanteil an der Umsatzsteuer" (Gruppierungsnummer 012) und „Grundsteuer B" (Gruppierungsnummer 001) sowie die Ausgabenposition des Verwaltungshaushaltes „Gewerbesteuerumlage" (Gruppierungsnummer 810).

Die Höhe der von der Sparkasse zu zahlenden *Gewerbesteuer* wird durch die Steuermeßzahl nach § 11 Abs. 2 GewStG beeinflußt, welche sich jedoch in bezug auf öffentlich-rechtliche Sparkassen und Kreditinstitute in der Rechtsform einer Kapitalgesellschaft nicht unterscheidet. Abgesehen von dem Freibetrag nach § 11 Abs. 1 Nr. 2 GewStG in Höhe von 3.900 □, den öffentlich-rechtliche Sparkassen, aber keine Kapitalgesellschaften geltend machen können, wird die Höhe des Gewerbeertrages aber auch durch die Geschäftspolitik eines Unternehmens beeinflußt. Verlagert die privatisierte Sparkasse ihren Hauptsitz sowie sämtliche Zweigstellen in eine andere Gemeinde, fällt die Gewerbesteuer der Sparkasse für die Kommune sogar vollständig weg. Im Zusammenhang mit einer Veränderung der Höhe der Gewerbesteuereinnahmen kann sich indirekt durch die Privatisierung auch der vom Istaufkommen der Gewerbesteuer abhängige Umfang der *Gewerbesteuerumlage* ändern.[703]

Abgesehen vom Einfluß einer eventuell anderen Geschäftspolitik auf die Höhe der von der Sparkasse zu zahlenden Umsatzsteuer, die jedoch den Umfang des Gemeindeanteils an der Umsatzsteuer kaum verändern würde, wäre eine Änderung des *Gemeindeanteils an der Umsatzsteuer* durch eine Veränderung der Höhe der Komponenten des Verteilungsschlüssels infolge einer Privatisierung denkbar. Der Verteilungsschlüssel für den Gemeindeanteil an der Umsatzsteuer setzt sich aus vier unterschiedlich gewichteten Komponenten zusammen.[704] Dazu gehören die Anteile der sozialversiche-

---

702 Vgl. dazu und zum folgenden auch Abschnitt 3.5.2.4.

703 Vgl. § 6 Gemeindefinanzreformgesetz.

704 Vgl. § 5d Gemeindefinanzreformgesetz.

rungspflichtig Beschäftigten, der gezahlten Löhne und Gehälter, der Sachanlagen sowie der Vorräte der betrachteten Gemeinde an denen des entsprechenden Bundeslandes insgesamt. Da eine Privatisierung Auswirkungen auf die Zahl der Beschäftigten und die Höhe der Löhne und Gehälter der betrachteten Kommune haben kann, ist also auch eine Veränderung der Höhe des Gemeindeanteils an der Umsatzsteuer möglich. Aber auch die Höhe der Sachanlagen der Kommune, zu denen beispielsweise Grundstücke und Gebäude gehören, könnte durch im Zusammenhang mit einer Privatisierung der Sparkasse stehende Käufe oder Verkäufe beeinflußt werden.

Besitzt die Sparkasse Grundstücke im Gebiet der Kommune, so muß sie unabhängig von ihrer Rechtsform *Grundsteuern* zahlen, die der Gemeinde zugute kommen.[705] Falls die privatisierte Sparkasse diese Grundstücke verkauft oder andere Grundstücke im Gebiet der Gemeinde kauft, könnte sich der Umfang der Grundsteuern verändern, welche die Kommune erhält.

Neben dem sich aufgrund der Privatisierung ändernden Umfang der beschriebenen Steuerzahlungen und potentiellen Ausschüttungen der Sparkasse an die Kommune sind weitere direkte Zahlungsbeziehungen zwischen der Sparkasse und ihrem Träger möglich. Dazu zählen beispielsweise Auswirkungen auf die Höhe der Haushaltspositionen im Basis- und Bewertungsansatz durch von der Sparkasse genutzte *Grundstücke und Gebäude*[706]. Für den Fall, daß die Kommune im Eigentum der Grundstücke und Gebäude ist und diese an die Sparkasse vermietet hat, erzielt sie im Verwaltungshaushalt Einnahmen durch „Mieten und Pachten" (Gruppierungsnummer 14), die infolge einer Privatisierung eine andere Größenordnung annehmen oder bei einem eventuellen Verkauf der Grundstücke auch komplett wegfallen können. Solange die Kommune im Besitz der Grundstücke und Gebäude ist, welche die Sparkasse für ihre Geschäftstätigkeit nutzt, hat sie Ausgaben, die der laufenden Unterhaltung dieser Grundstücke und Gebäude dienen, in der Position „Unterhaltung der Grundstücke und baulichen Anlagen" (Gruppierungsnummer 50) zu buchen. Bei einem eventuellen Verkauf der Grundstücke an die privatisierte Sparkasse oder Dritte fielen diese Ausgaben weg, und zusätzlich könnten „Einnahmen aus der Veräußerung von Grundstücken" (Gruppierungsnummer 340) im Vermögenshaushalt erzielt werden.

Ändern sich Art und Umfang der *Geschäftsbeziehung* zwischen Kommune und Sparkasse nach einer Privatisierung, können sich weitere Haushaltspositionen im Basis-

---

[705] Grundbesitz, der von inländischen juristischen Personen des öffentlichen Rechts für einen öffentlichen Dienst oder für gemeinnützige oder mildtätige Zwecke benutzt wird, ist von der Grundsteuer befreit. Grundbesitz von öffentlichen-rechtlichen Sparkassen zählt nicht dazu. Vgl. § 3 GrStG; *TROLL*, Grundsteuergesetz, 1997, S. 75-170.

[706] Vgl. § 94 BGB.

und Bewertungsansatz unterscheiden. Dazu zählen beispielsweise die Zinseinnahmen aus Geldanlagen bei der Sparkasse (Gruppierungsnummer 20). Unter Umständen ändern sich durch eine Privatisierung auch die Kreditaufnahmemöglichkeiten der Kommune, was sich auf der Einnahmeseite des Vermögenshaushaltes in der Position „Einnahmen aus Krediten und inneren Darlehen“ (Gruppierungsnummer 37) bemerkbar machen würde, während auf der Ausgabenseite im Vermögenshaushalt die Positionen „Tilgung von Krediten, Rückzahlung von inneren Darlehen“ (Gruppierungsnummer 97) und „Kreditbeschaffungskosten“ (Gruppierungsnummer 990) betroffen wären und im Verwaltungshaushalt die „Zinsausgaben“ (Gruppierungsnummer 80).

Eine Privatisierung der Sparkasse könnte auch die Höhe eventueller Einnahmen aus Verwaltung und Betrieb im Verwaltungshaushalt durch die „Erstattung von Ausgaben des Verwaltungshaushaltes“ (Gruppierungsnummer 16) von öffentlichen wirtschaftlichen Unternehmen (Gruppierungsnummer 165) oder privaten Unternehmen (Gruppierungsnummer 166) beeinflussen. Zusätzlich wären auch „Zuweisungen und Zuschüsse für laufende Zwecke“ (Gruppierungsnummer 17) oder für Investitionen und Investitionsfördermaßnahmen (Gruppierungsnummer 36) an die Kommune oder „Zuweisungen und sonstige Zuschüsse für laufende Zwecke“ (Gruppierungsnummer 71) oder für Investitionen (Gruppierungsnummer 98) der Kommune an öffentliche wirtschaftliche oder private Unternehmen denkbar, deren Höhe vor und nach einer Privatisierung unterschiedlich hoch sein könnte.

Eine bislang zumindest theoretisch denkbare Inanspruchnahme des kommunalen Trägers aufgrund der *Gewährträgerhaftung*, welche zwar noch nicht vorgekommen ist,[707] würde zu Ausgaben im Verwaltungshaushalt unter der Position „Inanspruchnahme aus Bürgschaften, Gewähr- und ähnlichen Verträgen“ (Gruppierungsnummer 840) führen. Für alle nach dem 18. Juli 2005 eingegangene Verbindlichkeiten gilt die Gewährträgerhaftung nicht mehr, so daß die Träger von öffentlich-rechtlichen Sparkassen zukünftig nicht mehr haftbar sind.[708] Gegenüber der privatisierten Sparkasse kann die Gemeinde im allgemeinen keine Bürgschaften oder Verpflichtungen aus Gewährverträgen übernehmen, da dies grundsätzlich nur zur Erfüllung ihrer Aufgaben und in Ausnahmefällen beim Vorliegen eines öffentlichen Interesses möglich ist.[709]

Auswirkungen der *Anstaltslast* auf den kommunalen Haushalt sind auch zukünftig in bezug auf öffentlich-rechtliche Sparkassen denkbar. Dabei ist jedoch zu beachten, daß eine wirtschaftliche Unterstützung im Einklang mit den Beihilferegelungen des EG-

---

707 Vgl. *SCHLIERBACH*, Sparkassenrecht, 2003, S. 144 m. w. N.

708 Vgl. dazu auch Abschnitt 2.4.

709 Vgl. § 58 Abs. 1 KV MV.

Vertrages zu erfolgen hat.[710] Eine Inanspruchnahme der Kommune aus der Anstaltslast könnte beispielsweise die Position „Gewährung von Darlehen an öffentliche wirtschaftliche Unternehmen" (Gruppierungsnummer 925) im kommunalen Vermögenshaushalt erhöhen.

2. Veränderungen indirekter finanzieller Auswirkungen auf den kommunalen Haushalt infolge einer Privatisierung

Abgesehen von den dargestellten möglichen Veränderungen der direkten finanziellen Zahlungswirkungen der Sparkasse auf den kommunalen Haushalt aufgrund der Privatisierung können sich auch indirekte finanzielle Auswirkungen über eine Veränderung der Beschäftigtenstruktur der Sparkasse oder über einen Wegfall oder eine Modifizierung des öffentlichen Auftrages ergeben.

Im Rahmen der Struktursicherungsfunktion des öffentlichen Auftrages sollen öffentlich-rechtliche Sparkassen den Mittelstand und Existenzgründungen in der Region fördern. Eine nach der Privatisierung eventuell weniger auf den Mittelstand ausgerichtete Geschäftspolitik könnte zu Veränderungen des Einkommens oder des Ertrags der im kommunalen Gebiet ansässigen Unternehmen insgesamt führen und damit die Einnahmenpositionen des Verwaltungshaushaltes „Gewerbesteuer" (Gruppierungsnummer 003), „Gemeindeanteil an der Einkommenssteuer" (Gruppierungsnummer 01) sowie die Ausgabenposition des Verwaltungshaushaltes „Gewerbesteuerumlage" (Gruppierungsnummer 810) beeinflussen. Ebenfalls indirekt durch die Geschäftspolitik der Sparkasse beeinflußt werden könnte die Höhe des „Gemeindeanteils an der Umsatzsteuer" (Gruppierungsnummer 012) durch sich verändernde Komponenten des Schlüssels zur Verteilung des Umsatzsteueranteils auf die Gemeinden.

Die Privatisierung einer Sparkasse kann unter Umständen nicht nur eine Veränderung der Beschäftigtenstruktur der Sparkasse selbst bewirken, sondern durch eine veränderte Geschäftspolitik indirekt auch die Beschäftigtenstruktur der ansässigen Unternehmen beeinflussen. Somit besteht die Möglichkeit, daß der Umfang der Einkommen der Einwohner der Gemeinde insgesamt und damit auch die Höhe des Einkommensteueraufkommens der Kommune vor und nach einer Privatisierung verschieden sind. Neben den Einkommensteuereinnahmen der Gemeinde, die in der Position „Gemeindeanteil an der Einkommenssteuer" (Gruppierungsnummer 01) des Verwaltungshaushaltes erfaßt werden, könnte ebenso der „Gemeindeanteil an der Umsatzsteuer" (Gruppierungsnummer 012) zusätzlich zu den bereits beschriebenen Einflüssen auch durch eine veränderte Beschäftigtenstruktur der Sparkasse und der in der Region ansässigen Unternehmen infolge einer Privatisierung beeinflußt werden. Gleichzeitig besteht die

[710] Vgl. Abschnitt 2.4.

Möglichkeit, daß sich aufgrund zusätzlicher Einstellungen oder Entlassungen die kommunalen Aufwendungen für Sozialhilfe, in der Position „Leistungen der Sozialhilfe an natürliche Personen außerhalb von Einrichtungen“ (Gruppierungsnummer 73) verändern.

Durch den Wegfall oder die Modifizierung des öffentlichen Auftrags könnten beispielsweise auch Spenden der Sparkasse an soziale oder kulturelle Einrichtungen entfallen, deren Unterstützung dann eventuell von der Gemeinde selbst übernommen werden müßten. Auswirken würde sich dies durch eine Erhöhung der Ausgabenpositionen „Zuweisungen und Zuschüsse“ (Gruppierungsnummer 7) des Verwaltungshaushaltes.

Der Umfang der dargestellten haushaltsmäßigen Veränderungen ist abhängig von der jeweiligen Gemeinde, der öffentlich-rechtlichen Sparkasse, um welche es sich beim konkreten Privatisierungsvorhaben handelt, sowie von der Ausgestaltung der vertraglichen Beziehungen zwischen den beiden beteiligten Parteien und schlägt sich vor allem in der differierenden Höhe der vordisponierten Einnahmen und Ausgaben des Verwaltungs- und Vermögenshaushaltes im Basis- und im Bewertungsprogramm nieder. Aber auch der Umfang der im Zusammenhang mit den Kreditalternativen stehenden Zahlungen sowie die Höhe des für die Anlage der Rücklagen und der Gewährung von inneren Darlehen relevanten Habenzinssatzes können vor und nach einer Privatisierung verschieden sein.

4.3.1.3 Bewertungsansatz zur Entscheidungswertermittlung

Im Abschnitt 4.3.1.1 wurde ein Basisansatz aufgestellt, welcher das Investitionsprogramm und den maximalen Zielfunktionswert der Kommune unter der Annahme ermittelt, daß die Sparkasse als Anstalt des öffentlichen Rechts weiterbesteht. Gemäß dem zweistufigen Vorgehen der Entscheidungswertermittlung wird in diesem Abschnitt nun ein linearer Optimierungsansatz vorgestellt, welcher den Entscheidungswert einer Kommune bei der Privatisierung ihrer Sparkasse im Sinne eines Grenzpreises bestimmt. Das heißt, dieser *Bewertungsansatz* errechnet den von der Kommune minimal zu fordernden Preis für die Privatisierung der Sparkasse unter der Bedingung, daß der Zielfunktionswert des Basisansatzes mindestens wieder erreicht wird. Für den unwahrscheinlichen Fall, daß sich das Betreiben einer öffentlich-rechtlichen Sparkasse nachteilig auf die finanzielle Situation der Kommune auswirkt, soll der folgende Bewertungsansatz gleichzeitig auch einen von der Kommune maximal für eine Privatisierung zu zahlenden Preis bestimmen können. Aus diesem Grunde wird der Preis P in der Zielfunktion des Bewertungsansatzes als Differenz aus den von der Kommune zu fordernden Preisbestandteilen P^e und den zu zahlenden Preisbestandteilen P^a abgebildet.[711]

Die Zielfunktion des Bewertungsansatzes lautet demnach:

$$\text{min.}\,EW;\, EW := P^e - P^a$$

Diese Zielfunktion ist unter der Nebenbedingung zu minimieren, daß der Zielfunktionswert des Basisprogramms Z^* im Bewertungsprogramm mindestens wieder erreicht wird:

$$-\,aR_T \leq -Z^*$$

In dem einer Privatisierung vergleichbaren Verkaufsfall werden beim Aufstellen des Bewertungsansatzes im allgemeinen lediglich die Liquiditätsnebenbedingungen des Basisansatzes durch die Verringerung der rechten Seite um die Zahlungen des Bewertungsobjektes modifiziert.[712] Ansonsten gleichen sich Restriktionen im Basis- und Bewertungsansatz, bis auf die zusätzliche Nebenbedingung des Bewertungsansatzes, daß der Zielfunktionswert des Basisansatzes mindestens wieder erreicht werden muß. Dieses Vorgehen geht von der Annahme aus, daß sich das Entscheidungsfeld des Bewertungssubjektes im Basis- und Bewertungsansatz abgesehen vom Zahlungsstrom des Bewertungsobjektes, der im Bewertungsansatz entfällt, nicht unterscheidet. In bezug auf öffentlich-rechtliche Sparkassen finden jedoch zumeist keine Ausschüttungen an die Trägerkommunen statt. Bei einer Reduktion der Bewertung der Sparkasse auf deren Ausschüttungen würde also in diesem realistischen Spezialfall ein *Grenzpreis von null* resultieren. Dabei ist der zukünftige Zahlungsstrom, den die privatisierte Sparkasse generieren kann, für die Entscheidungswertermittlung aus der Sicht der Kommune nicht relevant. Dieser spielt lediglich bei der Ermittlung des Entscheidungswertes von potentiellen Anteilseignern der privatisierten Sparkasse eine Rolle und könnte beispielsweise mittels einer Gesamtbankplanung ermittelt werden.[713]

---

[711] Die Lösung des linearen Optimierungsproblems wird nur einer der beiden Preisvariablen einen positiven Wert zuweisen, während die andere Variable den Wert null annehmen wird.

[712] Vgl. *HERING*, Finanzwirtschaftliche Unternehmensbewertung, 1999, S. 49-57. Auch im allgemeinen Verkaufsfall müssen selbstverständlich abgesehen von den Zahlungen des Bewertungsobjektes alle anderen im Zusammenhang mit dem Verkauf stehenden Veränderungen im Entscheidungsfeld des Bewertungssubjektes berücksichtigt werden.

[713] Vgl. auch Abschnitt 4.2.3.

Das beschriebene Aufstellen des Bewertungsansatzes, indem lediglich die rechte Seite der Liquiditätsnebenbedingungen um die Zahlungen des Bewertungsobjektes verringert werden und eine zusätzliche Restriktion zur Gewährleistung des Zielfunktionswertes des Basisansatzes eingeführt wird, ließe also abgesehenen vom Wegfall eventueller Ausschüttungen an die Kommune sämtliche anderen Auswirkungen einer Privatisierung auf den kommunalen Haushalt außer acht. Das Entscheidungsfeld der Kommune könnte sich aber durch die Privatisierung ihrer Sparkasse umfassend ändern. Der Einfluß, den die Privatisierung auf die Höhe einzelner Haushaltspositionen der Kommune haben kann, wurde bereits vorangehend im Abschnitt 4.3.1.2 erläutert. So sind beim Übergang vom Basis- zum Bewertungsansatz sämtliche modellexogene Größen anzupassen, deren Höhe sich bei der Privatisierung der betrachteten Sparkasse verändert. Dazu können insbesondere die vordisponierten Einnahmen und Ausgaben des Verwaltungs- und des Vermögenshaushaltes, die im Zusammenhang mit den Krediten stehenden Zahlungen wie Kreditnominalbeträge, Kredittilgungen, Zinsen und Kreditbeschaffungskosten sowie der für die Anlage von Rücklagen unterstellte Habenzinssatz gehören. Von Änderungen der Zahlungen von zur Auswahl stehenden kommunalen Investitionen aufgrund einer Privatisierung der Sparkasse, soll ebenso abstrahiert werden wie von Änderungen vordisponierter Zuführungen zu den und Entnahmen aus den Sonderrücklagen.

Die Restriktionen des Bewertungsansatzes zum Ausgleich des Verwaltungshaushaltes in den einzelnen Perioden entsprechen demnach, abgesehen von dem nach der Privatisierung zugrunde zu legenden Anlagezins i_H^{Be}, den vordisponierten Einnahmen des Verwaltungshaushaltes $vE_t^{VW,Be}$, den vordisponierten Ausgaben des Verwaltungshaushaltes $vA_t^{VW,Be}$ und den Zinsen für die Kreditalternativen Zs_{mt}^{Be}, denen des Basisansatzes:

$$-\sum_{j=1}^{J}\left(E_{jt}^{VW} - A_{jt}^{VW}\right)\cdot x_j + \sum_{m=1}^{M} Zs_{mt}^{Be}\cdot y_m + i_H^{Be}\cdot iD_{t-1} + ZF_t \leq vE_t^{VW,Be} - vA_t^{VW,Be} + SR_t^{Ent} - SR_t^{Zu}$$

$$\forall t \in \{0;1;...;T\}$$

Auch die Restriktionen zum Ausgleich des Vermögenshaushalts der Perioden $t = 1$ bis $t = T$ stimmen im Bewertungsprogramm im wesentlichen mit denen des Basisprogramms überein. Anzupassen sind gegebenenfalls neben der Höhe des Habenzinses lediglich die vordisponierten Einnahmen des Vermögenshaushaltes $vE_t^{VM,Be}$, die vordisponierten Ausgaben des Vermögenshaushalts $vA_t^{VM,Be}$ sowie die Höhe der Kreditnominalbeträge KNB_{mt}^{Be}, der Kredittilgungen KT_{mt}^{Be} und der Kreditbeschaffungskosten KBK_{mt}^{Be} der nach einer Privatisierung der Sparkasse für die Kommune zur Auswahl stehenden Kredite m.

$$-\sum_{j=1}^{J}\left(E_{jt}^{VM}-IA_{jt}^{VM}-\ddot{u}A_{jt}^{VM}\right)\cdot x_j-\sum_{m=1}^{M}\left(KNB_{mt}^{Be}-KT_{mt}^{Be}-KBK_{mt}^{Be}\right)\cdot y_m-ZF_t-iD_t \qquad \forall t\in\{1;\ldots;T\}$$
$$+iD_{t-1}+aR_t-aR_{t-1}\cdot(1+i_H^{Be})\leq vE_t^{VM,Be}-vA_t^{VM,Be}$$

Unter der Annahme, daß ein Privatisierungserlös in der Haushaltsposition „Einnahmen aus der Veräußerung von Beteiligungen und Rückflüsse von Kapitaleinlagen“ im Vermögenshaushalt verbucht werden kann, ist im Bewertungsansatz in der Restriktion zum Ausgleich des Vermögenshaushalts der Periode $t=0$ der Preis P mit $P=P^e-P^a$ zu berücksichtigen.

$$-\sum_{j=1}^{J}\left(E_{jt}^{VM}-IA_{jt}^{VM}-\ddot{u}A_{jt}^{VM}\right)\cdot x_j-\sum_{m=1}^{M}\left(KNB_{mt}^{Be}-KT_{mt}^{Be}-KBK_{mt}^{Be}\right)\cdot y_m-ZF_t-iD_t \qquad \text{für } t=0$$
$$+iD_{t-1}+aR_t-aR_{t-1}\cdot(1+i_H^{Be})-P^e+P^a\leq vE_t^{VM,Be}-vA_t^{VM,Be}$$

In den Restriktionen, welche die Pflichtzuführung vom Verwaltungs- zum Vermögenshaushalt sichern sollen, müssen im Unterschied zum Basisansatz die nach einer Privatisierung der Sparkasse für die Kommune geltenden Kredittilgungsbeträge und Kreditbeschaffungskosten der zur Verfügung stehenden Kredite enthalten sein:

$$\sum_{m=1}^{M}\left(KT_{mt}^{Be}+KBK_{mt}^{Be}\right)\cdot y_m+iD_{t-1}-ZF_t\leq -vKT_t \qquad \forall t\in\{0;1;\ldots;T\}$$

Die maximal mögliche Höhe der inneren Darlehen gewährleistet im Bewertungsansatz die folgende Restriktion, die gegebenenfalls durch einen veränderten Anlagezins gegenüber dem Basisansatz anzupassen ist:

$$iD_t\leq\frac{\alpha}{1+\alpha}\cdot\left[\left(1+i_H^{Be}\right)^{t+1}\cdot(SR_{-1}+iD_{-1})+\sum_{n=0}^{t}\left(1+i_H^{Be}\right)^{t-n}\cdot\left(SR_n^{Zu}-SR_n^{Ent}\right)\right] \qquad \forall t\in\{0;1;\ldots;T\}$$

Auch die Restriktionen zur Gewährleistung des Mindestbestandes der allgemeinen Rücklage entsprechen im wesentlichen denen des Basisprogramms. Lediglich die vordisponierten Einnahmen des Verwaltungshaushaltes sind gegebenenfalls anzupassen:

$$-aR_t\leq-\sum_{z=-3}^{-1}0{,}005\cdot Az_z^{VW} \qquad \text{für } t=0$$

$$\sum_{j=1}^{J}0{,}005\cdot E_{j0}^{VW}\cdot x_j-aR_t\leq-\sum_{z=-2}^{-1}0{,}005\cdot Az_z^{VW}-0{,}005\cdot\left(vE_0^{VW,Be}+SR_0^{Ent}\right) \qquad \text{für } t=1$$

$$\sum_{z=0}^{1}\sum_{j=1}^{J}0{,}005\cdot E_{jz}^{VW}\cdot x_j - aR_t \leq -0{,}005\cdot Az_{-1}^{VW} - \sum_{z=0}^{1}0{,}005\cdot\left(vE_z^{VW,Be}+SR_z^{Ent}\right) \qquad \text{für } t=2$$

$$\sum_{z=t-3}^{t-1}\sum_{j=1}^{J}0{,}005\cdot E_{jz}^{VW}\cdot x_j - aR_t \leq -\sum_{z=t-3}^{t-1}0{,}005\cdot\left(vE_z^{VW,Be}+SR_z^{Ent}\right) \qquad \forall t\in\{3;4;\ldots;T\}$$

Die Restriktionen, welche im Bewertungsansatz die Kreditaufnahme beschränken, weisen gegenüber dem Basisansatz unter Umständen Veränderungen hinsichtlich der Höhe der Kreditnominalbeträge und der Kreditbeschaffungskosten auf:

$$\sum_{m=1}^{M}\left(KNB_{mt}^{Be}-KBK_{mt}^{Be}\right)\cdot y_m - \sum_{j=1}^{J}IA_{jt}^{VM}\cdot x_j + iD_t \leq vIA_t \qquad \forall t\in\{0;1;\ldots;T\}$$

Die Kapazitätsbeschränkungen, die Restriktionen zur Gewährleistung ganzzahliger Investitionsprojekte sowie die Bedingungen zur Formulierung von Wahlproblemen sollen im Bewertungsprogramm denen des Basisprogramms entsprechen:[714]

$$y_m \leq y_m^o \qquad \forall\, m\in\{1;\ldots;M\}$$

$$x_j \leq x_j^o \qquad \forall\, j\in\mathfrak{J}^{teilb}$$

$$x_j \in\left\{0;\ldots;x_j^o\right\} \qquad \forall\, j\in\mathfrak{J}^{ganz}$$

$$x_j \in\{0;1\} \qquad \forall\, j\in\mathfrak{J}^{wahl}$$

$$\sum_{j\in\mathfrak{J}^{wahl}} x_j \leq 1$$

Die Nichtnegativität aller Variablen des Bewertungsansatzes stellen die folgenden Restriktionen sicher:

$$P^a;P^e \geq 0$$

$$x_j \geq 0 \qquad \forall\, j\in\mathfrak{J}^{teilb}$$

$$y_m \geq 0 \qquad \forall\, m\in\{1;\ldots;M\}$$

---

714 Denkbar wären aber nach einer Privatisierung beispielsweise auch geringere Obergrenzen für die Kreditalternativen der Kommune.

$ZF_t \geq 0 \qquad \forall t \in \{0;1;...;T\}$

$iD_t \geq 0 \qquad \forall t \in \{0;1;...;T\}$

$aR_t \geq 0 \qquad \forall t \in \{0;1;...;T\}$

Um das obenstehende lineare Optimierungsproblem lösen zu können, werden wiederum Schlupfvariablen eingeführt. Somit ergibt sich die folgende *Normalform* des Problems:

$$\min. EW; EW := P^e - P^a$$

unter der Zielfunktionswertnebenbedingung:

$$-aR_T \leq -Z^*$$

unter den haushaltsrechtlichen Nebenbedingungen:

1. Ausgleich des Verwaltungshaushalts

$$-\sum_{j=1}^{J}\left(E_{jt}^{VW} - A_{jt}^{VW}\right)\cdot x_j + \sum_{m=1}^{M} Zs_{mt}^{Be}\cdot y_m + i_H^{Be}\cdot iD_{t-1} + ZF_t + vw_t \qquad \forall t \in \{0;1;...;T\}$$
$$= vE_t^{VW.Be} - vA_t^{VW.Be} + SR_t^{Ent} - SR_t^{Zu}$$

2. Ausgleich des Vermögenshaushalts

$$-\sum_{j=1}^{J}\left(E_{jt}^{VM} - IA_{jt}^{VM} - üA_{jt}^{VM}\right)\cdot x_j - \sum_{m=1}^{M}\left(KNB_{mt}^{Be} - KT_{mt}^{Be} - KBK_{mt}^{Be}\right)\cdot y_m - ZF_t - iD_t \qquad \text{für } t = 0$$
$$+ iD_{t-1} + aR_t - aR_{t-1}\cdot(1 + i_H^{Be}) - P^e + P^a + vm_t = vE_t^{VM.Be} - vA_t^{VM.Be}$$

$$-\sum_{j=1}^{J}\left(E_{jt}^{VM} - IA_{jt}^{VM} - üA_{jt}^{VM}\right)\cdot x_j - \sum_{m=1}^{M}\left(KNB_{mt}^{Be} - KT_{mt}^{Be} - KBK_{mt}^{Be}\right)\cdot y_m - ZF_t - iD_t \qquad \forall t \in \{1;...;T\}$$
$$+ iD_{t-1} + aR_t - aR_{t-1}\cdot(1 + i_H^{Be}) + vm_t = vE_t^{VM.Be} - vA_t^{VM.Be}$$

3. Gewährleistung der Pflichtzuführung

$$\sum_{m=1}^{M}\left(KT_{mt}^{Be} + KBK_{mt}^{Be}\right)\cdot y_m + iD_{t-1} - ZF_t + pf_t = -vKT_t \qquad \forall t \in \{0;1;...;T\}$$

4. Beschränkung der Höhe der inneren Darlehen

$$iD_t + d_t = \frac{\alpha}{1+\alpha} \cdot \left[\left(1 + i_H^{Be}\right)^{t+1} \cdot \left(SR_{-1} + iD_{-1}\right) + \sum_{n=0}^{t} \left(1 + i_H^{Be}\right)^{t-n} \cdot \left(SR_n^{Zu} - SR_n^{Ent}\right) \right] \qquad \forall t \in \{0;1;...;T\}$$

5. Sicherstellung des Mindestbestandes der allgemeinen Rücklage

$$-aR_t + r_t = -\sum_{z=-3}^{-1} 0{,}005 \cdot Az_z^{VW} \qquad \text{für } t = 0$$

$$\sum_{j=1}^{J} 0{,}005 \cdot E_{j0}^{VW} \cdot x_j - aR_t + r_t = -\sum_{z=-2}^{-1} 0{,}005 \cdot Az_z^{VW} - 0{,}005 \cdot \left(vE_0^{VW,Be} + SR_0^{Ent}\right) \qquad \text{für } t = 1$$

$$\sum_{z=0}^{1} \sum_{j=1}^{J} 0{,}005 \cdot E_{jz}^{VW} \cdot x_j - aR_t + r_t = -0{,}005 \cdot Az_{-1}^{VW} - \sum_{z=0}^{1} 0{,}005 \cdot \left(vE_z^{VW,Be} + SR_z^{Ent}\right) \qquad \text{für } t = 2$$

$$\sum_{z=t-3}^{t-1} \sum_{j=1}^{J} 0{,}005 \cdot E_{jz}^{VW} \cdot x_j - aR_t + r_t = -\sum_{z=t-3}^{t-1} 0{,}005 \cdot \left(vE_z^{VW,Be} + SR_z^{Ent}\right) \qquad \forall t \in \{3;4;...;T\}$$

6. Beschränkung der Kreditaufnahme

$$\sum_{m=1}^{M} \left(KNB_{mt}^{Be} - KBK_{mt}^{Be}\right) \cdot y_m - \sum_{j=1}^{J} IA_{jt}^{VM} \cdot x_j + iD_t + k_t = vIA_t \qquad \forall t \in \{0;1;...;T\}$$

unter den Kapazitätsbeschränkungen, Ganzzahligkeitsbedingungen und Auswahlrestriktionen:

$$y_m + ky_m = y_m^o \qquad \forall m \in \{1;...;M\}$$

$$x_j + kx_j = x_j^o \qquad \forall j \in \mathfrak{J}^{teilb}$$

$$x_j \in \left\{0;...;x_j^o\right\} \qquad \forall j \in \mathfrak{J}^{ganz}$$

$$x_j \in \{0;1\} \qquad \forall j \in \mathfrak{J}^{wahl}$$

$$\sum_{j \in \mathfrak{J}^{wahl}} x_j + w = 1$$

unter den Nichtnegativitätsbedingungen:

$P^a ; P^e \geq 0$

$x_j \geq 0 \qquad \forall\, j \in \mathfrak{I}^{teilb}$

$y_m \geq 0 \qquad \forall\, m \in \{1;...;M\}$

$ZF_t \geq 0 \qquad \forall\, t \in \{0;1;...;T\}$

$iD_t \geq 0 \qquad \forall\, t \in \{0;1;...;T\}$

$aR_t \geq 0 \qquad \forall\, t \in \{0;1;...;T\}$

4.3.1.4 Beispiel zur Entscheidungswertermittlung

Anhand eines fiktiven Zahlenbeispiels wird im folgenden die Vorgehensweise zur Ermittlung des Entscheidungswertes der Kommune bei einer Privatisierung ihrer Sparkasse veranschaulicht. Zunächst müssen sämtliche zur Lösung des Basisansatzes benötigten Informationen zur Verfügung stehen. Diese berücksichtigen die kommunale Haushaltssituation unter der Annahme, daß die Gemeinde ihre Sparkasse als Anstalt des öffentlichen Rechts weiterbetreibt.

Für die *Planung* legt die Gemeinde im folgenden Beispiel den Zeitraum zugrunde, der sämtliche Zahlungen des am längsten laufenden bekannten Investitionsobjekts umfaßt. Die Kommune hat die Möglichkeit vier ganzzahlige Investitionsprojekte jeweils maximal einmal durchzuführen. Aus den beiden Investitionsprojekten $j = 1$ und $j = 2$ muß die Gemeinde genau eines auswählen; die Projekte $j = 3$ und $j = 4$ kann die Kommune zusätzlich freiwillig durchführen. Die ermittelten voraussichtlichen, im Zusammenhang mit den Investitionsprojekten stehenden, Einnahmen und Ausgaben des Verwaltungshaushaltes sowie die Einnahmen, Investitionsausgaben und übrigen Ausgaben des Vermögenshaushaltes faßt die untenstehende Tabelle 8 zusammen. Das Investitionsobjekt $j = 4$ generiert Zahlungen bis zur Periode $t = 5$, so daß der Planungshorizont fünf Jahre betragen soll.

Zeitpunkt	E_{jt}^{VW}				A_{jt}^{VW}				E_{jt}^{VM}				IA_{jt}^{VM}				$\ddot{u}A_{jt}^{VM}$			
	j=1	j=2	j=3	j=4	j=1	j=2	j=3	j=4	j=1	j=2	j=3	j=4	j=1	j=2	j=3	j=4	j=1	j=2	j=3	j=4
t = 0	20	50	-	-	10	-	-	-	-	10	-	-	100	200	-	-	10	-	-	-
t = 1	30	50	10	-	5	40	30	-	-	-	-	-	50	-	50	-	20	20	-	-
t = 2	20	50	20	-	5	20	10	10	30	60	-	-	-	-	-	150	20	20	20	-
t = 3	30	50	30	30	10	30	5	10	20	40	20	30	-	-	-	-	-	20	-	5
t = 4	-	-	40	50	-	-	5	10	-	50	30	20	-	-	-	-	-	-	-	15
t = 5	-	-	-	70	-	-	-	10	-	-	-	20	-	-	-	-	-	-	-	5

Tabelle 8: Zahlungen der Investitionsobjekte in GE

Zur Finanzierung der Investitionsauszahlungen stehen der Gemeinde drei beliebig teilbare Kreditalternativen zur Verfügung. Für jede Kreditalternative m sind in der folgenden Tabelle 9 der Kreditnominalbetrag, die Kreditbeschaffungskosten, die Zinsen und die Kredittilgungen jeder Periode des Planungshorizontes aufgeführt.

Zeitpunkt	KNB_{mt}			KBK_{mt}			Zs_{mt}			KT_{mt}		
	m=1	m=2	m=3	m=1	m=2	m=3	m=1	m=2	m=3	m=1	m=2	m=3
t = 0	500	400	-	50	-	-	-	-	-	-	-	-
t = 1	-	-	-	-	-	-	30	32	-	-	100	-
t = 2	-	-	200	-	-	20	30	24	-	-	108	-
t = 3	-	-	-	-	-	-	30	15	16	-	117	-
t = 4	-	-	-	-	-	-	30	6	16	500	75	-
t = 5	-	-	-	-	-	-	-	-	16	-	-	200

Tabelle 9: Zahlungen der Finanzierungsobjekte in GE

Tabelle 10 enthält die für den Planungshorizont prognostizierten vordisponierten Ein- und Auszahlungen des Verwaltungs- und Vermögenshaushalts, die vordisponierten Kredittilgungen, die vordisponierten Investitionsausgaben sowie die vordisponierten Entnahmen aus den und die vordisponierten Zuführungen zu den Sonderrücklagen.

Zeitpunkt	$vE_t^{VW,Ba}$	$vA_t^{VW,Ba}$	$vE_t^{VM,Ba}$	$vA_t^{VM,Ba}$	vKT_t [715]	vIA_t [716]	SR_t^{Ent}	SR_t^{Zu}
t = 0	160	100	150	280	50	30	30	20
t = 1	200	180	250	270	60	50	50	-
t = 2	80	40	180	200	30	20	40	10
t = 3	160	80	200	200	70	60	-	10
t = 4	140	30	300	270	100	50	40	-
t = 5	210	100	270	280	60	30	10	50

Tabelle 10: Vordisponierte Zahlungen des Verwaltungs- und Vermögenshaushaltes im Basisansatz in GE

Die Höhe der tatsächlichen Einnahmen und Ausgaben des Verwaltungshaushaltes der Gemeinde in den drei dem Haushaltsjahr vorangegangenen Jahre betrug 140 GE in $t=-1$, 100 GE in $t=-2$ und 170 GE in $t=-3$. Der Bestand der allgemeinen Rücklage in $t=-1$ war 150 GE, die Höhe der nicht benötigten Sonderrücklagen betrug 100 GE in $t=-1$ und in Höhe von 50 GE wurde in $t=-1$ ein inneres Darlehen aufgenommen. Weiterhin wird ein Habenzinssatz in Höhe von 5 % unterstellt und angenommen, daß in jeder Periode 30 % der Sonderrücklagen nicht benötigt werden und somit als inneres Darlehen Verwendung finden können.

Unter Berücksichtigung der angegebenen Informationen wird nun ein lineares Optimierungsproblem aufgestellt. Ergebnis dieses *Basisansatzes* ist das Basisprogramm der Kommune, welches die Investitions- und Finanzierungsobjekte enthält, die die Kommune unter Beibehaltung der öffentlich-rechtlichen Sparkasse durchführen sollte. Unter der Zielsetzung der Maximierung der allgemeinen Rücklage der Gemeinde am Ende des Planungshorizontes lautet der Basisansatz:

$$\max. Z; Z := aR_5$$

unter den Nebenbedingungen:

1. Ausgleich des Verwaltungshaushalts

t = 0: $-10x_1 - 50x_2 + ZF_0 \le 67{,}5$

t = 1: $-25x_1 - 10x_2 + 20x_3 + 30y_1 + 32y_2 + 0{,}05iD_0 + ZF_1 \le 70$

t = 2: $-15x_1 - 30x_2 - 10x_3 + 10x_4 + 30y_1 + 24y_2 + 0{,}05iD_1 + ZF_2 \le 70$

---

715 Die vordisponierten Kredittilgungen sind in den vordisponierten Ausgaben des Vermögenshaushaltes enthalten.

716 Die vordisponierten Investitionsausgaben sind in den vordisponierten Ausgaben des Vermögenshaushaltes enthalten.

$t = 3$: $-20x_1 - 20x_2 - 20x_3 - 20x_4 + 30y_1 + 15y_2 + 16y_3 + 0{,}05iD_2 + ZF_3 \leq 70$

$t = 4$: $-35x_3 - 40x_4 + 30y_1 + 6y_2 + 16y_3 + 0{,}05iD_3 + ZF_4 \leq 150$

$t = 5$: $-60x_4 + 16y_3 + 0{,}05iD_4 + ZF_5 \leq 70$

2. Ausgleich des Vermögenshaushalts

$t = 0$: $110x_1 + 190x_2 - 450y_1 - 400y_2 - ZF_0 - iD_0 + aR_0 \leq -22{,}5$

$t = 1$: $70x_1 + 20x_2 + 50x_3 + 100y_2 - ZF_1 - iD_1 + iD_0 + aR_1 - 1{,}05aR_0 \leq -20$

$t = 2$: $-10x_1 - 40x_2 + 20x_3 + 150x_4 + 108y_2 - 180y_3 - ZF_2 - iD_2 + iD_1 + aR_2 - 1{,}05aR_1 \leq -20$

$t = 3$: $-20x_1 - 20x_2 - 20x_3 - 25x_4 + 117y_2 - ZF_3 - iD_3 + iD_2 + aR_3 - 1{,}05aR_2 \leq 0$

$t = 4$: $-50x_2 - 30x_3 - 5x_4 + 500y_1 + 75y_2 - ZF_4 - iD_4 + iD_3 + aR_4 - 1{,}05aR_3 \leq 30$

$t = 5$: $-15x_4 + 200y_3 - ZF_5 - iD_5 + iD_4 + aR_5 - 1{,}05aR_4 \leq -10$

3. Gewährleistung der Pflichtzuführung

$t = 0$: $50y_1 - ZF_0 \leq -100$

$t = 1$: $100y_2 + iD_0 - ZF_1 \leq -60$

$t = 2$: $108y_2 + 20y_3 + iD_1 - ZF_2 \leq -30$

$t = 3$: $117y_2 + iD_2 - ZF_3 \leq -70$

$t = 4$: $500y_1 + 75y_2 + iD_3 - ZF_4 \leq -100$

$t = 5$: $200y_3 + iD_4 - ZF_5 \leq -60$

4. Beschränkung der Höhe der inneren Darlehen

$t = 0$: $iD_0 \leq 34{,}0384615$

$t = 1$: $iD_1 \leq 24{,}2019231$

$t = 2$: $iD_2 \leq 18{,}4889423$

$t = 3$: $iD_3 \leq 21{,}7210817$

$t = 4$: $iD_4 \leq 13{,}5763666$

$t = 5$: $iD_5 \leq 23{,}4859541$

5. Sicherstellung des Mindestbestandes der allgemeinen Rücklage

$t = 0$: $-aR_0 \leq -2{,}05$

$t = 1$: $0{,}1x_1 + 0{,}25x_2 - aR_1 \leq -2{,}15$

$t = 2$: $0{,}25x_1 + 0{,}5x_2 + 0{,}05x_3 - aR_2 \leq -2{,}9$

$t = 3$: $0{,}35x_1 + 0{,}75x_2 + 0{,}15x_3 - aR_3 \leq -2{,}8$

t = 4: $0{,}4x_1 + 0{,}75x_2 + 0{,}3x_3 + 0{,}15x_4 - aR_4 \leq -2{,}65$

t = 5: $0{,}25x_1 + 0{,}5x_2 + 0{,}45x_3 + 0{,}4x_4 - aR_5 \leq -2{,}3$

6. Beschränkung der Kreditaufnahme:

t = 0: $450y_1 + 400y_2 - 100x_1 - 200x_2 + iD_0 \leq 30$

t = 1: $-50x_1 - 50x_3 + iD_1 \leq 50$

t = 2: $180y_3 - 150x_4 + iD_2 \leq 20$

t = 3: $iD_3 \leq 60$

t = 4: $iD_4 \leq 50$

t = 5: $iD_5 \leq 30$

7. Kapazitätsbeschränkungen, Ganzzahligkeitsbedingungen, Auswahlrestriktionen

$y_1, y_2, y_3 \leq 1$

$x_1 + x_2 \leq 1$

$x_1, x_2, x_3, x_4 \in \{0;1\}$

8. Nichtnegativitätsbedingungen

$x_1, x_2, x_3, x_4 \geq 0$

$y_1, y_2, y_3 \geq 0$

$ZF_0, ZF_1, ZF_2, ZF_3, ZF_4, ZF_5 \geq 0$

$iD_0, iD_1, iD_2, iD_3, iD_4, iD_5 \geq 0$

$aR_0, aR_1, aR_2, aR_3, aR_4, aR_5 \geq 0$

Die Lösung dieses linearen Optimierungsproblems lautet: Die Investitionsprojekte x_2 und x_4 werden je einmal durchgeführt. Zur Finanzierung wird die Kreditalternative y_1 in Höhe von 75,81 GE (0,151619 mal) in Anspruch genommen, die Kreditalternative y_2 in Höhe von 46,82 GE (0,117056 mal) und die Alternative y_3 in Höhe von 2,01 GE (0,010027 mal) durchgeführt. Dazu wird weiterhin in der Periode $t = 1$ ein inneres Darlehen in Höhe von 24,20 GE, in der Periode $t = 2$ ein inneres Darlehen in Höhe von 18,49 GE und in Periode $t = 5$ in Höhe von 23,49 GE aufgenommen. Der Bestand der allgemeinen Rücklage beträgt am Ende des Planungshorizontes 481,76 GE.

Die vollständigen Finanzpläne des Verwaltungs- und des Vermögenshaushaltes für die einzelnen Perioden des Planungshorizontes zeigen die folgenden Tabellen:

Verwaltungshaushalt

Einnahmen			Ausgaben
vordisponierte Einnahmen	160,00	vordisponierte Ausgaben	100,00
Einnahmen durch x_2	50,00	Zinsausgaben für inneres Darlehen	2,50
Entnahme aus den Sonderrücklagen	30,00	Zuführung zu den Sonderrücklagen	20,00
		Zuführung zum Vermögenshaushalt	117,50
	240,00		**240,00**

Vermögenshaushalt

Einnahmen			Ausgaben
vordisponierte Einnahmen	150,00	vordisponierte Ausgaben	280,00
Einnahmen durch x_2	10,00	Investitionsausgaben durch x_2	200,00
Kreditnominalbetrag von y_1	75,81	Kreditbeschaffungskosten von y_1	7,58
Kreditnominalbetrag von y_2	46,82	Rückzahlung des inneren Darlehens	50,00
Zuführung vom Verwaltungshaushalt	117,50	Zuführung/Entnahme allgemeine Rücklage	-137,45
	400,13		**400,13**

Tabelle 11: Einnahmen und Ausgaben des Verwaltungs- und Vermögenshaushaltes des Basisprogramms in $t = 0$ in GE

Verwaltungshaushalt

Einnahmen			Ausgaben
vordisponierte Einnahmen	200,00	vordisponierte Ausgaben	180,00
Einnahmen durch x_2	50,00	Ausgaben durch x_2	40,00
Entnahme aus den Sonderrücklagen	50,00	Zinsausgaben für y_1	4,55
		Zinsausgaben für y_2	3,75
		Zuführung zum Vermögenshaushalt	71,70
	300,00		**300,00**

Vermögenshaushalt

Einnahmen			Ausgaben
vordisponierte Einnahmen	250,00	vordisponierte Ausgaben	270,00
Zuführung vom Verwaltungshaushalt	71,70	übrige Ausgaben durch x_2	20,00
Aufnahme eines inneren Darlehens	24,20	Kredittilgung von y_2	11,70
		Zuführung/Entnahme allgemeine Rücklage	44,20
	345,90		**345,90**

Tabelle 12: Einnahmen und Ausgaben des Verwaltungs- und Vermögenshaushaltes des Basisprogramms in $t = 1$ in GE

Verwaltungshaushalt

Einnahmen			Ausgaben
vordisponierte Einnahmen	80,00	vordisponierte Ausgaben	40,00
Einnahmen durch x_2	50,00	Ausgaben durch x_2	20,00
Entnahme aus den Sonderrücklagen	40,00	Ausgaben durch x_4	10,00
		Zinsausgaben für y_1	4,55
		Zinsausgaben für y_2	2,81
		Zinsausgaben für inneres Darlehen	1,21
		Zuführung zu den Sonderrücklagen	10,00
		Zuführung zum Vermögenshaushalt	81,43
	170,00		**170,00**

Vermögenshaushalt

Einnahmen			Ausgaben
vordisponierte Einnahmen	180,00	vordisponierte Ausgaben	200,00
Einnahmen durch x_2	60,00	Investitionsausgaben durch x_4	150,00
Kreditnominalbetrag von y_3	2,01	übrige Ausgaben durch x_2	20,00
Aufnahme eines inneren Darlehens	18,49	Kredittilgung von y_2	12,64
Zuführung vom Verwaltungshaushalt	81,43	Kreditbeschaffungskosten von y_3	0,20
		Rückzahlung des inneren Darlehens	24,20
		Zuführung/Entnahme allgemeine Rücklage	-65,11
	341,93		**341,93**

Tabelle 13: Einnahmen und Ausgaben des Verwaltungs- und Vermögenshaushaltes des Basisprogramms in $t = 2$ in GE

Verwaltungshaushalt

Einnahmen			Ausgaben
vordisponierte Einnahmen	160,00	vordisponierte Ausgaben	80,00
Einnahmen durch x_2	50,00	Ausgaben durch x_2	30,00
Einnahmen durch x_4	30,00	Ausgaben durch x_4	10,00
		Zinsausgaben für y_1	4,55
		Zinsausgaben für y_2	1,76
		Zinsausgaben für y_3	0,16
		Zinsausgaben für inneres Darlehen	0,92
		Zuführung zu den Sonderrücklagen	10,00
		Zuführung zum Vermögenshaushalt	102,61
	240,00		**240,00**

Vermögenshaushalt

Einnahmen			Ausgaben
vordisponierte Einnahmen	200,00	vordisponierte Ausgaben	200,00
Einnahmen durch x_2	40,00	übrige Ausgaben durch x_2	20,00
Einnahmen durch x_4	30,00	übrige Ausgaben durch x_4	5,00
Zuführung vom Verwaltungshaushalt	102,61	Kredittilgung von y_2	13,70
		Rückzahlung des inneren Darlehens	18,49
		Zuführung/Entnahme allgemeine Rücklage	115,42
	372,61		**372,61**

Tabelle 14: Einnahmen und Ausgaben des Verwaltungs- und Vermögenshaushaltes des Basisprogramms in t = 3 in GE

Verwaltungshaushalt

Einnahmen			Ausgaben
vordisponierte Einnahmen	140,00	vordisponierte Ausgaben	30,00
Einnahmen durch x_4	50,00	Ausgaben durch x_4	10,00
Entnahme aus den Sonderrücklagen	40,00	Zinsausgaben für y_1	4,55
		Zinsausgaben für y_2	0,70
		Zinsausgaben für y_3	0,16
		Zuführung zum Vermögenshaushalt	184,59
	230,00		**230,00**

Vermögenshaushalt

Einnahmen			Ausgaben
vordisponierte Einnahmen	300,00	vordisponierte Ausgaben	270,00
Einnahmen durch x_2	50,00	übrige Ausgaben durch x_4	15,00
Einnahmen durch x_4	20,00	Kredittilgung von y_1	75,81
Zuführung vom Verwaltungshaushalt	184,59	Kredittilgung von y_2	8,78
		Zuführung/Entnahme allgemeine Rücklage	185,00
	554,59		**554,59**

Tabelle 15: Einnahmen und Ausgaben des Verwaltungs- und Vermögenshaushaltes des Basisprogramms in t = 4 in GE

Verwaltungshaushalt

Einnahmen		**Ausgaben**	
vordisponierte Einnahmen	210,00	vordisponierte Ausgaben	100,00
Einnahmen durch x_4	70,00	Ausgaben durch x_4	10,00
Entnahme aus den Sonderrücklagen	10,00	Zinsausgaben für y_3	0,16
		Zuführung zu den Sonderrücklagen	50,00
		Zuführung zum Vermögenshaushalt	129,84
	290,00		**290,00**

Vermögenshaushalt

Einnahmen		**Ausgaben**	
vordisponierte Einnahmen	270,00	vordisponierte Ausgaben	280,00
Einnahmen durch x_4	20,00	übrige Ausgaben durch x_4	5,00
Aufnahme eines inneren Darlehens	23,49	Kredittilgung von y_3	2,01
Zuführung vom Verwaltungshaushalt	129,84	Zuführung/Entnahme allgemeine Rücklage	156,32
	443,33		**443,33**

Tabelle 16: Einnahmen und Ausgaben des Verwaltungs- und Vermögenshaushaltes des Basisprogramms in t = 5 in GE

Aus der Tabelle 17 läßt sich die Entwicklung des Bestandes der allgemeinen Rücklage und der maximale Zielfunktionswert, daß heißt der Umfang der allgemeinen Rücklage der Periode t = 5 in Höhe von 481,76 GE ablesen. Gleichzeitig zeigt die Tabelle, daß der Mindestbestand der allgemeinen Rücklage in jeder Periode eingehalten wurde.

	$aR_{t-1} \cdot (1+i_H)$	+	aR_t^{Zu}	–	aR_t^{Ent}	=	aR_t	≥			$0{,}005 \cdot (Az_{t-1}^{VW} + Az_{t-2}^{VW} + Az_{t-3}^{VW})$
t = 0	150 · 1,05	+	0	–	137,45	=	20,05	≥	2,05	=	0,005 · (140+100+170)
t = 1	20,05 · 1,05	+	44,20	–	0	=	65,25	≥	2,40	=	0,005 · (240+140+100)
t = 2	65,25 · 1,05	+	0	–	65,11	=	3,40	≥	3,40	=	0,005 · (300+240+140)
t = 3	3,40 · 1,05	+	115,42	–	0	=	118,99	≥	3,55	=	0,005 · (170+300+240)
t = 4	118,99 · 1,05	+	185,00	–	0	=	309,94	≥	3,55	=	0,005 · (240+170+300)
t = 5	309,94 · 1,05	+	156,32	–	0	=	**481,76**	≥	3,20	=	0,005 · (230+240+170)

Tabelle 17: Bestand der allgemeinen Rücklage im Basisprogramm

Den Bestand der Sonderrücklagen in den einzelnen Perioden sowie die Einhaltung der Beschränkung des Umfangs der inneren Darlehen auf maximal 30 % des Bestandes der Sonderrücklagen der jeweiligen Periode zeigt die Tabelle 18.

	SR_t	=	$SR_{t-1} \cdot (1+i_H)$	+	SR_t^{Zu}	−	SR_t^{Ent}	+	$iD_{t-1} \cdot (1+i_H)$	−	iD_t	$30\% \cdot SR_t$
t = 0	147,50	=	100,00 · 1,05	+	20,00	−	30,00	+	50,00 · 1,05	−	0	44,25
t = 1	80,68	=	147,50 · 1,05	+	0	−	50,00	+	0	−	24,20	24,20
t = 2	61,63	=	80,68 · 1,05	+	10,00	−	40,00	+	24,20 · 1,05	−	18,49	18,49
t = 3	94,13	=	61,63 · 1,05	+	10,00	−	0	+	18,49 · 1,05	−	0	28,24
t = 4	58,84	=	94,13 · 1,05	+	0	−	40,00	+	0	−	0	17,65
t = 5	78,29	=	58,84 · 1,05	+	50,00	−	10,00	+	0	−	23,49	23,49

Tabelle 18: Bestand der Sonderrücklagen im Basisprogramm

Die Tabelle 19 verdeutlicht, daß die Zuführung vom Verwaltungs- zum Vermögenshaushalt in jeder Periode des Planungshorizontes die Pflichtzuführung abdeckt.

	KT_t	+	KBK_t	+	vKT_t	+	iD_{t-1}			≤	ZF_t
t = 0	0	+	7,58	+	50	+	50	=	107,58	≤	117,50
t = 1	11,71	+	0	+	60	+	0	=	71,71	≤	71,71
t = 2	12,64	+	0,20	+	30	+	24,20	=	67,04	≤	81,43
t = 3	13,70	+	0	+	70	+	18,49	=	102,19	≤	102,61
t = 4	84,59	+	0	+	100	+	0	=	184,59	≤	184,59
t = 5	2,01	+	0	+	60	+	0	=	62,01	≤	129,84

Tabelle 19: Gewährleistung der Pflichtzuführung im Basisprogramm

Daß im Basisprogramm in jeder Periode die Bedingung eingehalten wurde, Kredite maximal in Höhe der Investitionsausgaben aufzunehmen, verdeutlicht die nachfolgende Tabelle 20.

	KNB_t	−	KBK_t	+	iD_t			≤			IA_t^{VM}	+	vIA_t
t = 0	122,63	−	7,58	+	0	=	115,05	≤	230,00	=	200,00	+	30,00
t = 1	0	−	0	+	24,20	=	24,20	≤	50,00	=	0	+	50,00
t = 2	2,01	−	0,20	+	18,49	=	20,30	≤	170,00	=	150,00	+	20,00
t = 3	0	−	0	+	0	=	0	≤	60,00	=	0	+	60,00
t = 4	0	−	0	+	0	=	0	≤	50	=	0	+	50,00
t = 5	0	−	0	+	23,49	=	23,49	≤	30	=	0	+	30,00

Tabelle 20: Beschränkung der Kreditaufnahme im Basisprogramm

Bleibt die Kommune also auch zukünftig Träger der öffentlich-rechtlichen Sparkasse, ist am Ende der Periode $t = 5$ maximal ein Bestand der allgemeinen Rücklage in Höhe von 481,76 GE zu erwarten. Gesucht ist nun der von der Kommune minimal zu fordernde Preis für eine Privatisierung ihrer Sparkasse, welcher mindestens diesen Bestand der allgemeinen Rücklage gewährleistet. Dazu ist eine Untersuchung der *Aus-*

wirkungen erforderlich, welche die Privatisierung der Sparkasse *auf den kommunalen Haushalt der Gemeinde* hat. In diesem Beispiel wird unterstellt, daß die von der öffentlich-rechtlichen Sparkasse genutzten Grundstücke und Gebäude auch ihr Eigentum sind und daß kein Verkauf der Grundstücke und Gebäude nach einer Privatisierung zu erwarten ist. Auch erwartet die Kommune keine Veränderung ihrer Geschäftsbeziehung zur Sparkasse oder zu anderen Kreditinstituten. Das bedeutet, daß die vordisponierten Einnahmen und Ausgaben des Vermögenshaushaltes im Bewertungsansatz denen des Basisansatzes entsprechen. Ausschüttungen hat die Kommune im Beispiel auch bislang nicht von der Sparkasse erhalten, so daß sich insofern durch eine vollständige materielle Privatisierung auch keine Veränderungen ergeben. Änderungen erwartet die Gemeinde hingegen hinsichtlich der Geschäftspolitik der Sparkasse. Sie geht davon aus, daß die Sparkasse sich weniger als bisher auf ihr Gebiet konzentriert und daß es Entlassungen geben wird, der Geschäftssitz der Sparkasse aber im Gemeindegebiet bleibt. Als Folge werden geringere Steuereinnahmen der Gemeinde vorausgesehen, so daß die vordisponierten Einnahmen des Verwaltungshaushaltes im Bewertungsansatz geringer ausfallen als im Basisansatz. Gleichzeitig wird angenommen, daß die Ausgaben des Verwaltungshaushaltes für Leistungen der Sozialhilfe steigen, da voraussichtlich nicht alle der infolge der Privatisierung von der Sparkasse oder von im Gemeindegebiet ansässigen Unternehmen entlassenen Beschäftigten wieder eine Neuanstellung finden werden.

Die erwarteten vordisponierten Einnahmen und Ausgaben des Verwaltungshaushaltes, welche die angesprochenen beispielhaften Veränderungen im Zusammenhang mit der Privatisierung einer Sparkasse abbilden, faßt die folgende Tabelle 21 zusammen.

Zeitpunkt	$vE_t^{VW,Be}$	$vA_t^{VW,Be}$
t = 0	160	100
t = 1	195	180
t = 2	75	40
t = 3	150	85
t = 4	130	35
t = 5	200	110

Tabelle 21: Vordisponierte Einnahmen und Ausgaben des Verwaltungshaushaltes im Bewertungsansatz in GE

Der *Bewertungsansatz*, der unter Berücksichtigung dieser im Zusammenhang mit einer Privatisierung erwarteten Veränderungen den mindestens zu fordernden oder den maximal zu zahlenden Preis der Kommune ermittelt, lautet:

$$\text{min. EW; EW} := P^e - P^a$$

unter den Nebenbedingungen:

Zielfunktionswertnebenbedingung:

$-aR_5 \leq -481{,}7635$

Haushaltsrechtliche Nebenbedingungen:

1. Ausgleich des Verwaltungshaushalts

t = 0: $-10x_1 - 50x_2 + ZF_0 \leq 67{,}5$
t = 1: $-25x_1 - 10x_2 + 20x_3 + 30y_1 + 32y_2 + 0{,}05iD_0 + ZF_1 \leq 65$
t = 2: $-15x_1 - 30x_2 - 10x_3 + 10x_4 + 30y_1 + 24y_2 + 0{,}05iD_1 + ZF_2 \leq 65$
t = 3: $-20x_1 - 20x_2 - 20x_3 - 20x_4 + 30y_1 + 15y_2 + 16y_3 + 0{,}05iD_2 + ZF_3 \leq 55$
t = 4: $-35x_3 - 40x_4 + 30y_1 + 6y_2 + 16y_3 + 0{,}05iD_3 + ZF_4 \leq 135$
t = 5: $-60x_4 + 16y_3 + 0{,}05iD_4 + ZF_5 \leq 50$

2. Ausgleich des Vermögenshaushalts

t = 0: $110x_1 + 190x_2 - 450y_1 - 400y_2 - ZF_0 - iD_0 + aR_0 - P^e + P^a \leq -22{,}5$
t = 1: $70x_1 + 20x_2 + 50x_3 + 100y_2 - ZF_1 - iD_1 + iD_0 + aR_1 - 1{,}05aR_0 \leq -20$
t = 2: $-10x_1 - 40x_2 + 20x_3 + 150x_4 + 108y_2 - 180y_3 - ZF_2 - iD_2 + iD_1 + aR_2 - 1{,}05aR_1 \leq -20$
t = 3: $-20x_1 - 20x_2 - 20x_3 - 25x_4 + 117y_2 - ZF_3 - iD_3 + iD_2 + aR_3 - 1{,}05aR_2 \leq 0$
t = 4: $-50x_2 - 30x_3 - 5x_4 + 500y_1 + 75y_2 - ZF_4 - iD_4 + iD_3 + aR_4 - 1{,}05aR_3 \leq 30$
t = 5: $-15x_4 + 200y_3 - ZF_5 - iD_5 + iD_4 + aR_5 - 1{,}05aR_4 \leq -10$

3. Gewährleistung der Pflichtzuführung

t = 0: $50y_1 - ZF_0 \leq -100$
t = 1: $100y_2 + iD_0 - ZF_1 \leq -60$
t = 2: $108y_2 + 20y_3 + iD_1 - ZF_2 \leq -30$
t = 3: $117y_2 + iD_2 - ZF_3 \leq -70$
t = 4: $500y_1 + 75y_2 + iD_3 - ZF_4 \leq -100$
t = 5: $200y_3 + iD_4 - ZF_5 \leq -60$

4. Beschränkung der Höhe der inneren Darlehen

t = 0: $iD_0 \leq 34{,}0384615$

t = 1: $iD_1 \leq 24{,}2019231$
t = 2: $iD_2 \leq 18{,}4889423$
t = 3: $iD_3 \leq 21{,}7210817$
t = 4: $iD_4 \leq 13{,}5763666$
t = 5: $iD_5 \leq 23{,}4859541$

5. Sicherstellung des Mindestbestandes der allgemeinen Rücklage

t = 0: $-aR_0 \leq -2{,}05$
t = 1: $0{,}1x_1 + 0{,}25x_2 - aR_1 \leq -2{,}15$
t = 2: $0{,}25x_1 + 0{,}5x_2 + 0{,}05x_3 - aR_2 \leq -2{,}875$
t = 3: $0{,}35x_1 + 0{,}75x_2 + 0{,}15x_3 - aR_3 \leq -2{,}75$
t = 4: $0{,}4x_1 + 0{,}75x_2 + 0{,}3x_3 + 0{,}15x_4 - aR_4 \leq -2{,}55$
t = 5: $0{,}25x_1 + 0{,}5x_2 + 0{,}45x_3 + 0{,}4x_4 - aR_5 \leq -2{,}175$

6. Beschränkung der Kreditaufnahme:

t = 0: $450y_1 + 400y_2 - 100x_1 - 200x_2 + iD_0 \leq 30$
t = 1: $-50x_1 - 50x_3 + iD_1 \leq 50$
t = 2: $180y_3 - 150x_4 + iD_2 \leq 20$
t = 3: $iD_3 \leq 60$
t = 4: $iD_4 \leq 50$
t = 5: $iD_5 \leq 30$

7. Kapazitätsbeschränkungen, Ganzzahligkeitsbedingungen, Auswahlrestriktionen

$y_1, y_2, y_3 \leq 1$
$x_1 + x_2 \leq 1$
$x_1, x_2, x_3, x_4 \in \{0;1\}$

8. Nichtnegativitätsbedingungen

$P^e, P^a \geq 0$
$x_1, x_2, x_3, x_4 \geq 0$
$y_1, y_2, y_3 \geq 0$
$ZF_0, ZF_1, ZF_2, ZF_3, ZF_4, ZF_5 \geq 0$
$iD_0, iD_1, iD_2, iD_3, iD_4, iD_5 \geq 0$
$aR_0, aR_1, aR_2, aR_3, aR_4, aR_5 \geq 0$

Die Lösung dieses gemischt-ganzzahligen linearen Optimierungsproblems lautet: Die Kommune muß mindestens einen Preis in Höhe von 44,25 GE fordern, damit der Bestand der allgemeinen Rücklage im Bewertungsprogramm am Ende des Planungshorizontes ebenso wie im Basisprogramm 481,76 GE beträgt. Dazu werden die Investitionsprojekte x_2 und x_4 je einmal durchgeführt. Zur Finanzierung wird die Kreditalternative y_1 in Höhe von 52,89 GE (0,105772 mal) in Anspruch genommen und die Kreditalternative y_2 in Höhe von 7,31 GE (0,018284 mal) durchgeführt. Weiterhin wird in der Periode $t = 1$ ein inneres Darlehen in Höhe von 24,20 GE, in der Periode $t = 2$ in Höhe von 18,49 GE, in der Periode $t = 3$ in Höhe von 16,63 GE, in der Periode $t = 4$ in Höhe von 13,58 GE und in Periode $t = 5$ in Höhe von 23,49 GE aufgenommen.

Die vollständigen Finanzpläne des Verwaltungs- und des Vermögenshaushaltes im Bewertungsprogramm für die einzelnen Perioden des Planungshorizontes zeigen die folgenden Tabellen:

Verwaltungshaushalt

Einnahmen			Ausgaben
vordisponierte Einnahmen	160.00	vordisponierte Ausgaben	100.00
Einnahmen durch x_2	50.00	Zinsausgaben für inneres Darlehen	2.50
Entnahme aus den Sonderrücklagen	30.00	Zuführung zu den Sonderrücklagen	20.00
		Zuführung zum Vermögenshaushalt	117.50
	240,00		**240,00**

Vermögenshaushalt

Einnahmen			Ausgaben
vordisponierte Einnahmen	150,00	vordisponierte Ausgaben	280,00
Einnahmen durch x_2	10.00	Investitionsausgaben durch x_2	200,00
Kreditnominalbetrag von y_1	52,89	Kreditbeschaffungskosten von y_1	5.29
Kreditnominalbetrag von y_2	7,31	Rückzahlung des inneren Darlehens	50,00
Einnahme Veräußerung der Sparkasse	**44,25**	Zuführung/Entnahme allgemeine Rücklage	-153,34
Zuführung vom Verwaltungshaushalt	117,50		
	381,95		**381,95**

Tabelle 22: Einnahmen und Ausgaben des Verwaltungs- und Vermögenshaushaltes des Bewertungsprogramms in t = 0 in GE

Verwaltungshaushalt

Einnahmen			Ausgaben
vordisponierte Einnahmen	195.00	vordisponierte Ausgaben	180.00
Einnahmen durch x_2	50.00	Ausgaben durch x_2	40.00
Entnahme aus den Sonderrücklagen	50.00	Zinsausgaben für y_1	3.17
		Zinsausgaben für y_2	0.59
		Zuführung zum Vermögenshaushalt	71.24
	295,00		**295,00**

Vermögenshaushalt

Einnahmen			Ausgaben
vordisponierte Einnahmen	250,00	vordisponierte Ausgaben	270,00
Aufnahme eines inneren Darlehens	24.20	übrige Ausgaben durch x_2	20.00
Zuführung vom Verwaltungshaushalt	71.24	Kredittilgung von y_2	1,83
		Zuführung/Entnahme allgemeine Rücklage	53.61
	345,44		**345,44**

Tabelle 23: Einnahmen und Ausgaben des Verwaltungs- und Vermögenshaushaltes des Bewertungsprogramms in t = 1 in GE

Verwaltungshaushalt			
Einnahmen			**Ausgaben**
vordisponierte Einnahmen	75,00	vordisponierte Ausgaben	40,00
Einnahmen durch x_2	50,00	Ausgaben durch x_2	20,00
Entnahme aus den Sonderrücklagen	40,00	Ausgaben durch x_4	10,00
		Zinsausgaben für y_1	3,17
		Zinsausgaben für y_2	0,44
		Zinsausgaben für inneres Darlehen	1,21
		Zuführung zu den Sonderrücklagen	10,00
		Zuführung zum Vermögenshaushalt	80,18
	165,00		**165,00**

Vermögenshaushalt			
Einnahmen			**Ausgaben**
vordisponierte Einnahmen	180,00	vordisponierte Ausgaben	200,00
Einnahmen durch x_2	60,00	Investitionsausgaben durch x_4	150,00
Aufnahme eines inneren Darlehens	18,49	übrige Ausgaben durch x_2	20,00
Zuführung vom Verwaltungshaushalt	80,18	Kredittilgung von y_2	1,97
		Rückzahlung des inneren Darlehens	24,20
		Zuführung/Entnahme allgemeine Rücklage	-57,50
	338,67		**338,67**

Tabelle 24: ***Einnahmen und Ausgaben des Verwaltungs- und Vermögenshaushaltes des Bewertungsprogramms in $t = 2$ in GE***

Verwaltungshaushalt			
Einnahmen			**Ausgaben**
vordisponierte Einnahmen	150,00	vordisponierte Ausgaben	85,00
Einnahmen durch x_2	50,00	Ausgaben durch x_2	30,00
Einnahmen durch x_4	30,00	Ausgaben durch x_4	10,00
		Zinsausgaben für y_1	3,17
		Zinsausgaben für y_2	0,27
		Zinsausgaben für inneres Darlehen	0,92
		Zuführung zu den Sonderrücklagen	10,00
		Zuführung zum Vermögenshaushalt	90,64
	230,00		**230,00**

Vermögenshaushalt			
Einnahmen			**Ausgaben**
vordisponierte Einnahmen	200,00	vordisponierte Ausgaben	200,00
Einnahmen durch x_2	40,00	übrige Ausgaben durch x_2	20,00
Einnahmen durch x_4	30,00	übrige Ausgaben durch x_4	5,00
Aufnahme eines inneren Darlehens	16,63	Kredittilgung von y_2	2,14
Zuführung vom Verwaltungshaushalt	90,64	Rückzahlung des inneren Darlehens	18,49
		Zuführung/Entnahme allgemeine Rücklage	131,64
	377,27		**377,27**

Tabelle 25: ***Einnahmen und Ausgaben des Verwaltungs- und Vermögenshaushaltes des Bewertungsprogramms in $t = 3$ in GE***

Verwaltungshaushalt

Einnahmen			Ausgaben
vordisponierte Einnahmen	130.00	vordisponierte Ausgaben	35.00
Einnahmen durch x_4	50,00	Ausgaben durch x_4	10.00
Entnahme aus den Sonderrücklagen	40.00	Zinsausgaben für y_1	3.17
		Zinsausgaben für y_2	0,11
		Zinsausgaben für inneres Darlehen	0.83
		Zuführung zum Vermögenshaushalt	170.89
	220,00		**220,00**

Vermögenshaushalt

Einnahmen			Ausgaben
vordisponierte Einnahmen	300,00	vordisponierte Ausgaben	270,00
Einnahmen durch x_2	50,00	übrige Ausgaben durch x_4	15,00
Einnahmen durch x_4	20,00	Kredittilgung von y_1	52,89
Aufnahme eines inneren Darlehens	13,58	Kredittilgung von y_2	1,37
Zuführung vom Verwaltungshaushalt	170,89	Rückzahlung des inneren Darlehens	16.63
		Zuführung/Entnahme allgemeine Rücklage	198,58
	554,47		**554,47**

Tabelle 26: Einnahmen und Ausgaben des Verwaltungs- und Vermögenshaushaltes des Bewertungsprogramms in t = 4 in GE

Verwaltungshaushalt

Einnahmen			Ausgaben
vordisponierte Einnahmen	200,00	vordisponierte Ausgaben	110,00
Einnahmen durch x_4	70.00	Ausgaben durch x_4	10.00
Entnahme aus den Sonderrücklagen	10,00	Zinsausgaben für inneres Darlehen	0,68
		Zuführung zu den Sonderrücklagen	50.00
		Zuführung zum Vermögenshaushalt	109.32
	280,00		**280,00**

Vermögenshaushalt

Einnahmen			Ausgaben
vordisponierte Einnahmen	270.00	vordisponierte Ausgaben	280.00
Einnahmen durch x_4	20,00	übrige Ausgaben durch x_4	5,00
Aufnahme eines inneren Darlehens	23,49	Rückzahlung des inneren Darlehens	13,58
Zuführung vom Verwaltungshaushalt	109.32	Zuführung/Entnahme allgemeine Rücklage	124.23
	422,81		**422,81**

Tabelle 27: Einnahmen und Ausgaben des Verwaltungs- und Vermögenshaushaltes des Bewertungsprogramms in t = 5 in GE

Aus der Tabelle 28 lassen sich die Entwicklung des Bestandes der allgemeinen Rücklage sowie die Einhaltung des Mindestbestandes der allgemeinen Rücklage im Bewertungsprogramm ablesen.

	$aR_{t-1} \cdot (1+i_H)$	+	aR_t^{Zu}	−	aR_t^{Ent}	=	aR_t	≥			$0{,}005 \cdot (Az_{t-1}^{VW} + Az_{t-2}^{VW} + Az_{t-3}^{VW})$
t = 0	150 · 1,05	+	0	−	153,34	=	4,16	≥	2,05	=	0,005 · (140+100+170)
t = 1	4,16 · 1,05	+	53,61	−	0	=	57,98	≥	2,40	=	0,005 · (240+140+100)
t = 2	57,98 · 1,05	+	0	−	57,50	=	3,38	≥	3,38	=	0,005 · (295+240+140)
t = 3	3,38 · 1,05	+	131,64	−	0	=	135,17	≥	3,50	=	0,005 · (165+295+240)
t = 4	135,17 · 1,05	+	198,58	−	0	=	340,51	≥	3,45	=	0,005 · (230+165+295)
t = 5	340,51 · 1,05	+	124,23	−	0	=	**481,76**	≥	3,08	=	0,005 · (220+230+165)

Tabelle 28: Bestand der allgemeinen Rücklage im Bewertungsprogramm

Um sich aus finanzwirtschaftlicher Sicht gegenüber der Situation mit einer öffentlich-rechtlichen Sparkasse nicht schlechter zu stellen, muß die Gemeinde also mindestens 44,25 GE für die Privatisierung ihrer Sparkasse fordern.

Tabelle 29 zeigt den Bestand der Sonderrücklagen des Bewertungsprogramms in den einzelnen Perioden sowie die Einhaltung der Beschränkung des Umfangs der inneren Darlehen auf maximal 30 % des Bestandes der Sonderrücklagen der jeweiligen Periode.

	SR_t	=	$SR_{t-1} \cdot (1+i_H)$	+	SR_t^{Zu}	–	SR_t^{Ent}	+	$iD_{t-1} \cdot (1+i_H)$	–	iD_t	$30\% \cdot SR_t$
t = 0	147,50	=	100,00 · 1,05	+	20,00	–	30,00	+	50,00 · 1,05	–	0	44,25
t = 1	80,68	=	147,50 · 1,05	+	0	–	50,00	+	0	–	24,20	24,20
t = 2	61,63	=	80,68 · 1,05	+	10,00	–	40,00	+	24,20 · 1,05	–	18,49	18,49
t = 3	77,50	=	61,63 · 1,05	+	10,00	–	0	+	18,49 · 1,05	–	16,63	23,25
t = 4	45,26	=	77,50 · 1,05	+	0	–	40,00	+	16,63 · 1,05	–	13,58	13,58
t = 5	78,29	=	45,26 · 1,05	+	50,00	–	10,00	+	13,58 · 1,05	–	23,49	23,49

Tabelle 29: ***Bestand der Sonderrücklagen im Bewertungsprogramm***

Daß die Zuführung vom Verwaltungs- zum Vermögenshaushalt in jeder Periode des Planungshorizontes die Pflichtzuführung abdeckt, verdeutlicht die Tabelle 30.

	KT_t	+	KBK_t	+	vKT_t	+	iD_{t-1}			≤	ZF_t
t = 0	0	+	5,29	+	50	+	50	=	105,29	≤	117,50
t = 1	1,83	+	0	+	60	+	0	=	61,83	≤	71,24
t = 2	1,97	+	0	+	30	+	24,20	=	56,17	≤	80,18
t = 3	2,14	+	0	+	70	+	18,49	=	90,63	≤	90,64
t = 4	54,26	+	0	+	100	+	16,63	=	170,89	≤	170,89
t = 5	0	+	0	+	60	+	13,58	=	73,58	≤	109,32

Tabelle 30: ***Gewährleistung der Pflichtzuführung im Bewertungsprogramm***

Tabelle 31 zeigt, daß im Bewertungsprogramm in jeder Periode die Bedingung eingehalten wurde, Kredite nur bis zur Höhe der Investitionen aufzunehmen.

	KNB_t	–	KBK_t	+	iD_t			≤			IA_t^{VM}	+	vIA_t
t = 0	60,20	–	5,29	+	0	=	54,91	≤	230,00	=	200,00	+	30,00
t = 1	0	–	0	+	24,20	=	24,20	≤	50,00	=	0	+	50,00
t = 2	0	–	0	+	18,49	=	18,49	≤	170,00	=	150,00	+	20,00
t = 3	0	–	0	+	16,63	=	16,63	≤	60,00	=	0	+	60,00
t = 4	0	–	0	+	13,58	=	13,58	≤	50	=	0	+	50,00
t = 5	0	–	0	+	23,49	=	23,49	≤	30	=	0	+	30,00

Tabelle 31: ***Beschränkung der Kreditaufnahme im Bewertungsprogramm***

4.3.2 Ermittlung des Entscheidungswertes mit Hilfe eines Partialmodells

Für die partialanalytische Betrachtung wird vereinfachend davon ausgegangen, daß sich die Geschäftsbeziehung zwischen der Sparkasse und der Trägerkommune durch eine Privatisierung nicht verändert. Das bedeutet, die Zahlungen der Kreditalternativen, wie die Kreditnominalbeträge KNB_{mt}, die Kreditbeschaffungskosten KBK_{mt}, die Zinsen Zs_{mt} und die Kredittilgungen KT_{mt}, stimmen ebenso wie der Habenzinssatz i_H im Bewertungsansatz mit denen des Basisansatzes überein. Im Bewertungsansatz zu berücksichtigende Veränderungen durch die Privatisierung betreffen damit lediglich die vordisponierten Einnahmen und Ausgaben des Verwaltungs- und Vermögenshaushaltes. Die vordisponierten Einnahmen des Verwaltungshaushaltes im Bewertungsansatz $vE_t^{VW,Be}$ setzen sich aus den vordisponierten Einnahmen des Verwaltungshaushaltes des Basisansatzes $vE_t^{VW,Ba}$ und den durch die Privatisierung verursachten Änderungen der vordisponierten Einnahmen des Verwaltungshaushaltes $\Delta vE_t^{VW,Sp}$ zusammen. Die vordisponierten Ausgaben des Verwaltungshaushaltes, die vordisponierten Einnahmen des Vermögenshaushaltes und die vordisponierten Ausgaben des Vermögenshaushaltes des Bewertungsansatzes ergeben sich ebenso aus den jeweiligen Einnahmen oder Ausgaben des Basisansatzes sowie den entsprechenden Veränderungen durch die Privatisierung. Die Veränderungen der vordisponierten Einnahmen und Ausgaben des Verwaltungs- und des Vermögenshaushaltes aufgrund der Privatisierung $\Delta vE_t^{VW,Sp}$, $\Delta vA_t^{VW,Sp}$, $\Delta vE_t^{VM,Sp}$ und $\Delta vA_t^{VM,Sp}$ können sowohl positiv als auch negativ sein. Es gilt also:

$$vE_t^{VW,Be} = vE_t^{VW,Ba} + \Delta vE_t^{VW,Sp}$$

$$vA_t^{VW,Be} = vA_t^{VW,Ba} + \Delta vA_t^{VW,Sp}$$

$$vE_t^{VM,Be} = vE_t^{VM,Ba} + \Delta vE_t^{VM,Sp}$$

$$vA_t^{VM,Be} = vA_t^{VM,Ba} + \Delta vA_t^{VM,Sp}$$

Zu jedem primalen linearen Optimierungsproblem existiert ein *Dualproblem*, wobei die Lösung des Primalproblems alle Aussagen der Lösung des Dualproblems enthält und umgekehrt.[717] In bezug auf ganzzahlige Probleme können jedoch die Lösungen des Primalproblems und die des Dualproblems unterschiedlich sein, wenn die Vernachlässigung der Ganzzahligkeitsbedingungen zu keiner ganzzahligen Lösung führt.[718] Aus diesem Grunde werden im folgenden beim Aufstellen des zum Bewertungsansatz dualen Problems zunächst die Ganzzahligkeitsbedingungen der Investitionsprojekte nicht berücksichtigt. Die Nebenbedingung zur Gewährleistung der Ganzzahligkeit bestimmter Investitionsobjekte wird demzufolge in eine Restriktion zur Beschränkung der Kapazität umgewandelt:[719]

$$x_j \in \{0;...;x_j^o\} \forall j \in \mathfrak{I}^{ganz} \Rightarrow x_j \le x_j^o \ \forall j \in \mathfrak{I}^{ganz}$$

Die Kapazitätsbeschränkungen der beliebig teilbaren sowie der ehemals ganzzahligen Investitionsobjekte, die nicht der Indexmenge $\mathfrak{I}^{wahl}$ angehören, aus der ein Investitionsobjekt verpflichtend ausgewählt werden muß, lassen sich demnach wie folgt zusammenfassen:

$$x_j \le x_j^o \qquad \forall j \notin \mathfrak{I}^{wahl}$$

Weiterhin tritt an die Stelle der Restriktionen zur verpflichtenden Auswahl eines Investitionsobjektes die folgende Bedingung:

$$\sum_{j \in \mathfrak{I}^{wahl}} x_j \le 1$$

Um das zum Bewertungsansatz gehörende duale Problem aufzustellen, soll zunächst der Bewertungsansatz durch die folgende Umformung in ein Maximierungsproblem umgewandelt werden:[720]

---

717 Vgl. zur Dualitätstheorie *DANTZIG*, Lineare Programmierung, 1966, S. 148-163; *COLLATZ/WETTERLING*, Optimierungsaufgaben, 1971, S. 55-76; *ELLINGER/BEUERMANN/LEISTEN*, Operations Research, 2003, S. 59-66.

718 Vgl. zur Dualität bei Ganzzahligkeitsbedingungen *ZWEHL*, Programmierung, 1981, S. 359.

719 Vgl. dazu und zum folgenden *HERING*, Investitionstheorie, 2003, S. 191-206; *HERING*, Wahlproblem, 2002, S. 23-33.

720 Vgl. zum folgenden *HERING*, Finanzwirtschaftliche Unternehmensbewertung, 1999, S. 54-56, der für den allgemeinen Fall den Grenzpreis aus der Sicht des Verkäufers bei Vermögensmaximierung ermittelt.

$\min. EW; EW := P^e - P^a$

$\Leftrightarrow$

$\max. -EW; -EW := -P^e + P^a$

Jede Nebenbedingung des primalen Problems korrespondiert mit genau einer Entscheidungs- oder Strukturvariablen des dualen Problems. Die Strukturvariable δ ist die Dualvariable der Mindestzielfunktionswertrestriktion, λ_t^{VW} die Dualvariable der Restriktion zum Ausgleich des Verwaltungshaushaltes in der Periode t, λ_t^{VM} die Dualvariable der Restriktion zum Ausgleich des Vermögenshaushaltes in der Periode t, π_t die Dualvariable der Restriktion zur Gewährleistung der Pflichtzuführung in der Periode t, η_t die Dualvariable der Restriktion zur Beschränkung der Höhe eines inneren Darlehens in der Periode t, μ_t die Dualvariable der Restriktion zur Sicherstellung des Mindestbestandes der allgemeinen Rücklage in der Periode t, σ_t die Dualvariable der Restriktion zur Beschränkung der Kreditaufnahme in der Periode t, ζ_m die Dualvariable der Restriktion zur Kapazitätsbeschränkung des Kredits m, ξ_j die Dualvariable der Restriktion zur Kapazitätsbeschränkung des Investitionsobjektes j und φ die Dualvariable der Auswahlrestriktion sein.

Die Zielfunktion des zum als Primalproblem formulierten Bewertungsansatz gehörenden dualen Problems lautet dann:

$$
\begin{aligned}
&\min. D;\ D := -Z^{*} \cdot \delta \\
&+ \left(vE_0^{VW,Ba} + \Delta vE_0^{VW,Sp} - vA_0^{VW,Ba} - \Delta vA_0^{VW,Sp} + SR_0^{Ent} - SR_0^{Zu} - i_H \cdot iD_{-1}\right) \cdot \lambda_0^{VW} \\
&+ \sum_{t=1}^{T}\left(vE_t^{VW,Ba} + \Delta vE_t^{VW,Sp} - vA_t^{VW,Ba} - \Delta vA_t^{VW,Sp} + SR_t^{Ent} - SR_t^{Zu}\right) \cdot \lambda_t^{VW} \\
&+ \left(vE_0^{VM,Ba} + \Delta vE_0^{VM,Sp} - vA_0^{VM,Ba} - \Delta vA_0^{VM,Sp} - iD_{-1} + (1+i_H) \cdot aR_{-1}\right) \cdot \lambda_0^{VM} \\
&+ \sum_{t=1}^{T}\left(vE_t^{VM,Ba} + \Delta vE_t^{VM,Sp} - vA_t^{VM,Ba} - \Delta vA_t^{VM,Sp}\right) \cdot \lambda_t^{VM} - \left(vKT_0 + iD_{-1}\right) \cdot \pi_0 \\
&- \sum_{t=1}^{T} vKT_t \cdot \pi_t + \sum_{t=0}^{T} \frac{\alpha}{1+\alpha}\left[(1+i_H)^{t+1} \cdot (SR_{-1} + iD_{-1}) + \sum_{n=0}^{t}(1+i_H)^{t-n} \cdot \left(SR_n^{Zu} - SR_n^{Ent}\right)\right] \cdot \eta_t \\
&- \sum_{z=-3}^{-1} 0{,}005 \cdot Az_z^{VW} \cdot \mu_0 - \left(\sum_{z=-2}^{-1} 0{,}005 \cdot Az_z^{VW} + 0{,}005 \cdot \left(vE_0^{VW,Ba} + \Delta vE_0^{VW,Sp} + SR_0^{Ent}\right)\right) \cdot \mu_1 \\
&- \left(0{,}005 \cdot Az_{-1}^{VW} + \sum_{z=0}^{1} 0{,}005 \cdot \left(vE_z^{VW,Ba} + \Delta vE_z^{VW,Sp} + SR_z^{Ent}\right)\right) \cdot \mu_2 \\
&- \sum_{t=3}^{T}\left(\sum_{z=t-3}^{t-1} 0{,}005 \cdot \left(vE_z^{VW,Ba} + \Delta vE_z^{VW,Sp} + SR_z^{Ent}\right)\right) \cdot \mu_t + \sum_{t=0}^{T} vIA \cdot \sigma_t + \sum_{m=1}^{M} y_m^{o} \cdot \zeta_m \\
&+ \sum_{j \notin \mathfrak{I}^{wahl}} x_j^{o} \cdot \xi_j + \varphi
\end{aligned}
$$

Die zugehörigen Nebenbedingungen des Dualproblems ergeben sich wie folgt:

$$
\begin{aligned}
&\sum_{t=0}^{T}\left(-E_{jt}^{VW} + A_{jt}^{VW}\right) \cdot \lambda_t^{VW} + \sum_{t=0}^{T}\left(-E_{jt}^{VM} + IA_{jt}^{VM} + \ddot{u}A_{jt}^{VM}\right) \cdot \lambda_t^{VM} + 0{,}005 \cdot E_{j0}^{VW} \cdot \mu_1 \qquad \forall j \notin \mathfrak{I}^{wahl} \\
&+ \sum_{z=0}^{1} 0{,}005 \cdot E_{jz}^{VW} \cdot \mu_2 + \sum_{t=3}^{T}\sum_{z=t-3}^{t-1} 0{,}005 \cdot E_{jz}^{VW} \cdot \mu_t - \sum_{t=0}^{T} IA_{jt}^{VM} \cdot \sigma_t + \xi_j \geq 0
\end{aligned}
$$

$$
\begin{aligned}
&\sum_{t=0}^{T}\left(-E_{jt}^{VW} + A_{jt}^{VW}\right) \cdot \lambda_t^{VW} + \sum_{t=0}^{T}\left(-E_{jt}^{VM} + IA_{jt}^{VM} + \ddot{u}A_{jt}^{VM}\right) \cdot \lambda_t^{VM} + 0{,}005 \cdot E_{j0}^{VW} \cdot \mu_1 \qquad \forall j \in \mathfrak{I}^{wahl} \\
&+ \sum_{z=0}^{1} 0{,}005 \cdot E_{jz}^{VW} \cdot \mu_2 + \sum_{t=3}^{T}\sum_{z=t-3}^{t-1} 0{,}005 \cdot E_{jz}^{VW} \cdot \mu_t - \sum_{t=0}^{T} IA_{jt}^{VM} \cdot \sigma_t + \varphi \geq 0
\end{aligned}
$$

$$
\begin{aligned}
&\sum_{t=0}^{T} Zs_{mt} \cdot \lambda_t^{VW} + \sum_{t=0}^{T}\left(-KNB_{mt} + KT_{mt} + KBK_{mt}\right) \cdot \lambda_t^{VM} \qquad \forall m \in \{1;2;...;M\} \\
&+ \sum_{t=0}^{T}\left(KT_{mt} + KBK_{mt}\right) \cdot \pi_t + \sum_{t=0}^{T}\left(KNB_{mt} - KBK_{mt}\right) \cdot \sigma_t + \zeta_m \geq 0
\end{aligned}
$$

$$
\lambda_t^{VW} - \lambda_t^{VM} - \pi_t \geq 0 \qquad \forall t \in \{0;...;T\}
$$

$$
i_H \cdot \lambda_{t+1}^{VW} - \lambda_t^{VM} + \lambda_{t+1}^{VM} + \pi_{t+1} + \eta_t + \sigma_t \geq 0 \qquad \forall t \in \{0;...T-1\}
$$

$$-\lambda_T^{VM} + \eta_T + \sigma_T \geq 0$$

$$\lambda_t^{VM} - (1+i_H)\cdot\lambda_{t+1}^{VM} - \mu_t \geq 0 \qquad \forall t \in \{0;...;T-1\}$$

$$\lambda_T^{VM} - \mu_T - \delta \geq 0$$

$$-\lambda_0^{VM} \geq -1$$

$$\lambda_0^{VM} \geq 1$$

$$\lambda_t^{VW};\lambda_t^{VM};\pi_t;\eta_t;\mu_t;\sigma_t \geq 0 \qquad \forall t \in \{0;1;...T\}$$

$$\zeta_m \geq 0 \qquad \forall m \in \{1;...M\}$$

$$\xi_j \geq 0 \qquad \forall j \notin \mathfrak{I}^{wahl}$$

$$\varphi \geq 0$$

$$\delta \geq 0$$

Für den Fall, daß Primal- und Dualproblem lösbar sind, stimmen nach der Dualitätstheorie die optimalen Zielfunktionswerte überein. Für diese optimale Lösung gelten weiterhin die folgenden *Komplementaritätsbeziehungen*:

$$(1)\quad \lambda_t^{VW}\cdot\left(\begin{array}{l} vE_t^{VW.Ba} + \Delta vE_t^{VW.Sp} - vA_t^{VW.Ba} - \Delta vA_t^{VW.Sp} + SR_t^{Ent} - SR_t^{Zu} \\ + \sum_{j=1}^{J}\left(E_{jt}^{VW} - A_{jt}^{VW}\right)\cdot x_j - \sum_{m=1}^{M} Zs_{mt}\cdot y_m - i_H\cdot iD_{t-1} - ZF_t \end{array}\right) = 0 \qquad \forall t \in \{0;...;T\}$$

$$(2)\quad \lambda_0^{VM}\cdot\left(\begin{array}{l} vE_0^{VM.Ba} + \Delta vE_0^{VM.Sp} - vA_0^{VM.Ba} - \Delta vA_0^{VM.Sp} + \sum_{j=1}^{J}\left(E_{j0}^{VM} - IA_{j0}^{VM} - üA_{j0}^{VM}\right)\cdot x_j \\ + \sum_{m=1}^{M}\left(KNB_{m0} - KT_{m0} - KBK_{m0}\right)\cdot y_m + ZF_0 + iD_0 \\ - iD_{-1} - aR_0 + aR_{-1}\cdot(1+i_H) + P^e - P^a \end{array}\right) = 0$$

$$(3)\quad \lambda_t^{VM} \cdot \left(\begin{array}{l} vE_t^{VM,Ba} + \Delta vE_t^{VM,Sp} - vA_t^{VM,Ba} - \Delta vA_t^{VM,Sp} + \sum_{j=1}^{J} \left(E_{jt}^{VM} - IA_{jt}^{VM} - \ddot{u}A_{jt}^{VM} \right) \cdot x_j \\ + \sum_{m=1}^{M} \left(KNB_{mt} - KT_{mt} - KBK_{mt} \right) \cdot y_m + ZF_t + iD_t \\ - iD_{t-1} - aR_t + aR_{t-1} \cdot (1 + i_H) \end{array} \right) = 0 \qquad \forall t \in \{1;...;T\}$$

$$(4)\quad \pi_t \cdot \left(- vKT_t - \sum_{m=1}^{M} \left(KT_{mt} + KBK_{mt} \right) \cdot y_m - iD_{t-1} + ZF_t \right) = 0 \qquad \forall t \in \{0;...;T\}$$

$$(5)\quad \eta_t \cdot \left(\frac{\alpha}{1+\alpha} \cdot \left[(1+i_H)^{t+1} \cdot (SR_{-1} + iD_{-1}) + \sum_{n=0}^{t} (1+i_H)^{t-n} \cdot \left(SR_n^{Zu} - SR_n^{Ent} \right) \right] - iD_t \right) = 0 \qquad \forall t \in \{0;...;T\}$$

$$(6)\quad \mu_0 \cdot \left(- \sum_{z=-3}^{-1} 0{,}005 \cdot Az_z^{VW} + aR_0 \right) = 0$$

$$(7)\quad \mu_1 \cdot \left(- \sum_{z=-2}^{-1} 0{,}005 \cdot Az_z^{VW} - 0{,}005 \cdot \left(vE_0^{VW,Ba} + \Delta vE_0^{VW,Sp} + SR_0^{Ent} \right) - \sum_{j=1}^{J} 0{,}005 \cdot E_{j1}^{VW} \cdot x_j + aR_1 \right) = 0$$

$$(8)\quad \mu_2 \cdot \left(- 0{,}005 \cdot Az_{-1}^{VW} - \sum_{z=0}^{1} 0{,}005 \cdot \left(vE_z^{VW,Ba} + \Delta vE_z^{VW,Sp} + SR_z^{Ent} \right) - \sum_{z=0}^{1} \sum_{j=1}^{J} 0{,}005 \cdot E_{jz}^{VW} \cdot x_j + aR_1 \right) = 0$$

$$(9)\quad \mu_t \cdot \left(- \sum_{z=t-3}^{t-1} 0{,}005 \cdot \left(vE_z^{VW,Ba} + \Delta vE_z^{VW,Sp} + SR_z^{Ent} \right) - \sum_{z=t-3}^{t-1} \sum_{j=1}^{J} 0{,}005 \cdot E_{jz}^{VW} \cdot x_j + aR_1 \right) = 0 \qquad \forall t \in \{3;...;T\}$$

$$(10)\quad \sigma_t \cdot \left(vIA_t - \sum_{m=1}^{M} \left(KNB_{mt} - KBK_{mt} \right) \cdot y_m + \sum_{j=1}^{J} IA_{jt}^{VM} \cdot x_j - iD_t \right) = 0 \qquad \forall t \in \{0;...;T\}$$

$$(11)\quad \zeta_m \cdot \left(y_m^o - y_m \right) = 0 \qquad \forall m \in \{1;...;M\}$$

$$(12)\quad \xi_j \cdot \left(x_j^o - x_j \right) = 0 \qquad \forall j \notin \mathfrak{I}^{wahl}$$

$$(13)\quad \varphi \cdot \left(1 - \sum_{j \in \mathfrak{I}^{wahl}} x_j \right) = 0$$

(14) $\delta \cdot \left(-Z^{*} + aR_{T}\right) = 0$

(15) $$x_j \cdot \begin{pmatrix} -\sum_{t=0}^{T}\left(-E_{jt}^{VW} + A_{jt}^{VW}\right)\cdot \lambda_t^{VW} - \sum_{t=0}^{T}\left(-E_{jt}^{VM} + IA_{jt}^{VM} + üA_{jt}^{VM}\right)\cdot \lambda_t^{VM} \\ -0{,}005 \cdot E_{j0}^{VW} \cdot \mu_1 - \sum_{z=0}^{1} 0{,}005 \cdot E_{jz}^{VW} \cdot \mu_2 - \sum_{t=3}^{T}\sum_{z=t-3}^{t-1} 0{,}005 \cdot E_{jz}^{VW} \cdot \mu_t \\ + \sum_{t=0}^{T} IA_{jt}^{VM} \cdot \sigma_t - \xi_j \end{pmatrix} = 0 \quad \forall j \notin \mathfrak{I}^{wahl}$$

(16) $$x_j \cdot \begin{pmatrix} -\sum_{t=0}^{T}\left(-E_{jt}^{VW} + A_{jt}^{VW}\right)\cdot \lambda_t^{VW} - \sum_{t=0}^{T}\left(-E_{jt}^{VM} + IA_{jt}^{VM} + üA_{jt}^{VM}\right)\cdot \lambda_t^{VM} \\ -0{,}005 \cdot E_{j0}^{VW} \cdot \mu_1 - \sum_{z=0}^{1} 0{,}005 \cdot E_{jz}^{VW} \cdot \mu_2 - \sum_{t=3}^{T}\sum_{z=t-3}^{t-1} 0{,}005 \cdot E_{jz}^{VW} \cdot \mu_t \\ + \sum_{t=0}^{T} IA_{jt}^{VM} \cdot \sigma_t - \varphi \end{pmatrix} = 0 \quad \forall j \in \mathfrak{I}^{wahl}$$

(17) $$y_m \cdot \begin{pmatrix} -\sum_{t=0}^{T} Zs_{mt} \cdot \lambda_t^{VW} - \sum_{t=0}^{T}\left(-KNB_{mt} + KT_{mt} + KBK_{mt}\right)\cdot \lambda_t^{VM} \\ -\sum_{t=0}^{T}\left(KT_{mt} + KBK_{mt}\right)\cdot \pi_t - \sum_{t=0}^{T}\left(KNB_{mt} - KBK_{mt}\right)\cdot \sigma_t - \zeta_m \end{pmatrix} = 0 \quad \forall m \in \{1;...;M\}$$

(18) $ZF_t \cdot \left(-\lambda_t^{VW} + \lambda_t^{VM} + \pi_t\right) = 0 \quad \forall t \in \{0;...;T\}$

(19) $iD_t \cdot \left(-i_H \cdot \lambda_{t+1}^{VW} + \lambda_t^{VM} - \lambda_{t+1}^{VM} - \pi_{t+1} - \eta_t - \sigma_t\right) = 0 \quad \forall t \in \{1;...T-1\}$

(20) $iD_T \cdot \left(\lambda_T^{VM} - \eta_T - \sigma_T\right) = 0$

(21) $aR_t \cdot \left(-\lambda_t^{VM} + (1 + i_H)\cdot \lambda_{t+1}^{VM} + \mu_t\right) = 0 \quad \forall t \in \{0;...;T-1\}$

(22) $aR_T \cdot \left(-\lambda_T^{VM} + \mu_T + \delta\right) = 0$

(23) $-P^e \cdot \left(-1 + \lambda_0^{VM}\right) = 0$

(24) $P^a \cdot \left(1 - \lambda_0^{VM}\right) = 0$

Wegen $D^* = -EW^* = -\left(P^e - P^a\right)^*$ läßt sich die duale Zielfunktion auch schreiben als:

$$
\begin{aligned}
\left(P^e - P^a\right)^* = {} & Z^* \cdot \delta - \left(vE_0^{VW,Ba} + \Delta vE_0^{VW,Sp} - vA_0^{VW,Ba} - \Delta vA_0^{VW,Sp} + SR_0^{Ent} - SR_0^{Zu} - i_H \cdot iD_{-1}\right) \cdot \lambda_0^{VW} \\
& - \sum_{t=1}^{T} \left(vE_t^{VW,Ba} + \Delta vE_t^{VW,Sp} - vA_t^{VW,Ba} - \Delta vA_t^{VW,Sp} + SR_t^{Ent} - SR_t^{Zu}\right) \cdot \lambda_t^{VW} \\
& - \left(vE_0^{VM,Ba} + \Delta vE_0^{VM,Sp} - vA_0^{VM,Ba} - \Delta vA_0^{VM,Sp} - iD_{-1} + (1 + i_H) \cdot aR_{-1}\right) \cdot \lambda_0^{VM} \\
& - \sum_{t=1}^{T} \left(vE_t^{VM,Ba} + \Delta vE_t^{VM,Sp} - vA_t^{VM,Ba} - \Delta vA_t^{VM,Sp}\right) \cdot \lambda_t^{VM} + \left(vKT_0 + iD_{-1}\right) \cdot \pi_0 \\
& + \sum_{t=1}^{T} vKT_t \cdot \pi_t - \sum_{t=0}^{T} \frac{\alpha}{1+\alpha} \left[(1 + i_H)^{t+1} \cdot (SR_{-1} + iD_{-1}) + \sum_{n=0}^{t} (1 + i_H)^{t-n} \cdot \left(SR_n^{Zu} - SR_n^{Ent}\right)\right] \cdot \eta_t \\
& + \sum_{z=-3}^{-1} 0{,}005 \cdot Az_z^{VW} \cdot \mu_0 + \left(\sum_{z=-2}^{-1} 0{,}005 \cdot Az_z^{VW} + 0{,}005 \cdot \left(vE_0^{VW,Ba} + \Delta vE_0^{VW,Sp} + SR_0^{Ent}\right)\right) \cdot \mu_1 \\
& + \left(0{,}005 \cdot Az_{-1}^{VW} + \sum_{z=0}^{1} 0{,}005 \cdot \left(vE_z^{VW,Ba} + \Delta vE_z^{VW,Sp} + SR_z^{Ent}\right)\right) \cdot \mu_2 \\
& + \sum_{t=3}^{T} \left(\sum_{z=t-3}^{t-1} 0{,}005 \cdot \left(vE_z^{VW,Ba} + \Delta vE_z^{VW,Sp} + SR_z^{Ent}\right)\right) \cdot \mu_t - \sum_{t=0}^{T} vIA \cdot \sigma_t - \sum_{m=1}^{M} y_m^o \cdot \zeta_m \\
& - \sum_{j \notin \mathfrak{J}^{wahl}} x_j^o \cdot \xi_j - \varphi
\end{aligned}
$$

Existiert sowohl für das Basisprogramm als auch für das Bewertungsprogramm eine optimale Lösung mit $Z^* > 0$ und $EW^* = (P^e - P^a)^* \neq 0$, so folgt aus den Komplementaritätsbeziehungen (23) oder (24), daß $\lambda_0^{VM} = 1$ ist. Gleichzeitig bewirkt im Optimum eine in der Periode t dem Vermögenshaushalt zusätzlich zur Verfügung stehende Geldeinheit eine Verminderung des Zielfunktionswertes des Primalproblems $\min. EW; EW := P^e - P^a$ um den Dualwert $\lambda_t^{VM} \geq 0$.[721] Das bedeutet, daß sich die Dualwerte der Restriktionen des Vermögenshaushaltsausgleichs λ_t^{VM} als endogene Zerobondabzinsungsfaktoren ρ_t interpretieren lassen, welche jeweils eine Geldeinheit im Zeitpunkt t auf den Zeitpunkt 0 abzinsen:

$$
\rho_t := \frac{\lambda_t^{VM}}{\lambda_0^{VM}} = \frac{\lambda_t^{VM}}{1} = \lambda_t^{VM} \qquad \forall t \in \{0;\ldots;T\}
$$

Unter der durch die Restriktionen zur Gewährleistung der Pflichtzuführung realistischen Annahme, daß die Zuführung vom Verwaltungs- an den Vermögenshaushalt

721 Anders ausgedrückt, führt eine dem Vermögenshaushalt in der Periode t zusätzlich zur Verfügung stehende Geldeinheit zu einer Erhöhung des Zielfunktionswertes des Primalproblems $\max. -EW; \ -EW := -P^e + P^a$ um den Dualwert $\lambda_t^{VM} \geq 0$.

ZF_t größer als null ist, ergibt sich aus der Komplementaritätsbeziehung (18) der folgende Zusammenhang:

$$\lambda_t^{VW} = \lambda_t^{VM} + \pi_t \qquad \forall\, t \in \{0;...;T\}$$

Das bedeutet, daß eine zusätzliche Geldeinheit im Verwaltungshaushalt „mehr wert" ist als eine zusätzliche Geldeinheit im Vermögenshaushalt, falls $\pi_t > 0$ ist. Dies ist gemäß Komplementaritätsbeziehung (4) dann der Fall, wenn die Höhe der Zuführung zum Vermögenshaushalt genau der Pflichtzuführung entspricht, die Restriktion zur Gewährleistung der Pflichtzuführung also voll ausgeschöpft wird. In diesem Fall ist die Zuführung zum Vermögenshaushalt ZF_t selbst Grenzobjekt.

Existiert für das Basisprogramm eine optimale Lösung mit $Z^* > 0$, die im Bewertungsprogramm mindestens wieder erreicht werden muß, ergibt sich wegen $aR_T > 0$ aus der Komplementaritätsbeziehung (22):

$$\delta = \lambda_T^{VM} - \mu_T$$

Somit ist auch eine Interpretation des Dualwertes der Mindestzielfunktionswertrestriktion[722] δ als Zerobondabzinsungsfaktor ρ_T der Periode T möglich, falls der Dualwert μ_T gleich null ist. Gemäß der Komplementaritätsbeziehung (9) ist μ_T dann gleich null, wenn der Bestand der allgemeinen Rücklage in $t = T$ größer als der geforderte Mindestbestand ist, die Restriktion zur Gewährleistung des Mindestbestandes der allgemeinen Rücklage in der Periode T also nicht voll ausgeschöpft wird. Der Bestand der allgemeinen Rücklage in der Periode T wird im Basisansatz maximiert, so daß davon ausgegangen werden kann, daß er in dieser Periode größer ist als der geforderte Mindestbestand. Im Bewertungsprogramm muß der im Basisprogramm maximierte Bestand der allgemeinen Rücklage in der Periode T mindestens wieder erreicht werden. Ist die Mindestanforderung an die Höhe des Bestandes der allgemeinen Rücklage im Basisansatz nicht kleiner als im Bewertungsansatz, so kann demnach angenommen werden, daß $\mu_T = 0$ ist.[723]

---

[722] Vgl. ausführlicher zur allgemeinen Interpretation des Dualwertes der Mindestzielfunktionswertrestriktion *MIRSCHEL/LERM*, Dualvariable der Mindestzielfunktionswertrestriktion, 2004.

[723] Für den Fall, daß die Mindestanforderung an den Bestand der allgemeinen Rücklage im Bewertungsansatz größer als im Basisansatz ist, besteht auch die Möglichkeit, daß die Restriktion zur Gewährleistung des Mindestbestandes in der Periode T im Bewertungsansatz voll ausgeschöpft wird und $\mu_T > 0$ ist. Dieser Fall könnte dann eintreten, wenn die vordisponierten Einnahmen des Verwaltungshaushaltes nach einer Privatisierung steigen oder die Investitionen j in einem größeren

Unter Berücksichtigung der aufgezeigten Zusammenhänge läßt sich die Formel für den Grenzpreis umstellen, indem für die Dualwerte der Restriktionen zum Ausgleich des Verwaltungshaushaltes λ_t^{VW} die Summe aus den Dualwerten λ_t^{VM} und π_t eingesetzt wird und gleichzeitig die Dualwerte der Restriktionen zum Ausgleich des Vermögenshaushaltes λ_t^{VM} durch die endogenen Zerobondabzinsungsfaktoren ρ_t und der Dualwert der Mindestzielfunktionswertrestriktion δ durch den Zerobondabzinsungsfaktor ρ_T ersetzt werden.

$$
\begin{aligned}
\left(P^e - P^a\right)^* = Z^* \cdot \rho_T - &\begin{pmatrix} vE_0^{VW,Ba} + \Delta vE_0^{VW,Sp} - vA_0^{VW,Ba} - \Delta vA_0^{VW,Sp} + SR_0^{Ent} - SR_0^{Zu} + vE_0^{VM,Ba} \\ + \Delta vE_0^{VM,Sp} - vA_0^{VM,Ba} - \Delta vA_0^{VM,Sp} - (1+i_H)\cdot iD_{-1} + (1+i_H)\cdot aR_{-1} \end{pmatrix} \cdot \rho_0 \\
&- \sum_{t=1}^{T} \begin{pmatrix} vE_t^{VW,Ba} + \Delta vE_t^{VW,Sp} - vA_t^{VW,Ba} - \Delta vA_t^{VW,Sp} + SR_t^{Ent} \\ - SR_t^{Zu} + vE_t^{VM,Ba} + \Delta vE_t^{VM,Sp} - vA_t^{VM,Ba} - \Delta vA_t^{VM,Sp} \end{pmatrix} \cdot \rho_t \\
&- \begin{pmatrix} vE_0^{VW,Ba} + \Delta vE_0^{VW,Sp} - vA_0^{VW,Ba} - \Delta vA_0^{VW,Sp} \\ + SR_0^{Ent} - SR_0^{Zu} - vKT_0 - (1+i_H)\cdot iD_{-1} \end{pmatrix} \cdot \pi_0 \\
&- \sum_{t=1}^{T} \left(vE_t^{VW,Ba} + \Delta vE_t^{VW,Sp} - vA_t^{VW,Ba} - \Delta vA_t^{VW,Sp} + SR_t^{Ent} - SR_t^{Zu} - vKT_t\right) \cdot \pi_t \\
&- \sum_{t=0}^{T} \frac{\alpha}{1+\alpha} \left[(1+i_H)^{t+1} \cdot (SR_{-1} + iD_{-1}) + \sum_{n=0}^{t} (1+i_H)^{t-n} \cdot \left(SR_n^{Zu} - SR_n^{Ent}\right) \right] \cdot \eta_t \\
&+ \sum_{z=-3}^{-1} 0{,}005 \cdot Az_z^{VW} \cdot \mu_0 + \left(\sum_{z=-2}^{-1} 0{,}005 \cdot Az_z^{VW} + 0{,}005 \cdot \left(vE_0^{VW,Ba} + \Delta vE_0^{VW,Sp} + SR_0^{Ent}\right) \right) \cdot \mu_1 \\
&+ \left(0{,}005 \cdot Az_{-1}^{VW} + \sum_{z=0}^{1} 0{,}005 \cdot \left(vE_z^{VW,Ba} + \Delta vE_z^{VW,Sp} + SR_z^{Ent}\right) \right) \cdot \mu_2 \\
&+ \sum_{t=3}^{T} \left(\sum_{z=t-3}^{t-1} 0{,}005 \cdot \left(vE_z^{VW,Ba} + \Delta vE_z^{VW,Sp} + SR_z^{Ent}\right) \right) \cdot \mu_t - \sum_{t=0}^{T} vIA \cdot \sigma_t - \sum_{m=1}^{M} y_m^o \cdot \zeta_m \\
&- \sum_{j \in \mathfrak{J}^{wahl}} x_j^o \cdot \xi_j - \varphi
\end{aligned}
$$

Im folgenden kann nun gezeigt werden, daß sich der *Grenzpreis* $(P^e - P^a)^*$ aus drei Bestandteilen zusammensetzt: (1) Aus dem korrigierten Zukunftserfolgswert des Bewertungsobjekts, also der zu privatisierenden Sparkasse, basierend auf den Dualvariablen des Bewertungsprogramms $ZEW_{Sp}^{korr,Be}$, (2) aus dem korrigierten Kapitalwert des Bewertungsprogramms (mit Bewertungsobjekt) $K^{korr,Be}$ und (3) aus dem korrigierten Kapitalwert des Basisprogramms im Bewertungsprogramm $K^{korr,Ba(Be)}$.

Umfang durchgeführt werden. Der Dualwert der Mindestzielfunktionswertrestriktion δ wäre in diesem Fall um μ_T kleiner als der Zerobondabzinsungsfaktor ρ_T.

Dazu werden durch Umstellen der obigen Preisformel die durch eine Sparkassenprivatisierung verursachten Änderungen separiert:

$$
\begin{aligned}
\left(p^{e}-p^{a}\right)^{*} = & -\sum_{t=0}^{T}\left(\Delta vE_t^{VW.Sp}-\Delta vA_t^{VW.Sp}+\Delta vE_t^{VM.Sp}-\Delta vA_t^{VM.Sp}\right)\cdot\rho_t \\
& -\sum_{t=0}^{T}\left(\Delta vE_t^{VW.Sp}-\Delta vA_t^{VW.Sp}\right)\cdot\pi_t+0{,}005\cdot\Delta vE_0^{VW.Sp}\cdot\mu_1 \\
& +\sum_{z=0}^{1}0{,}005\cdot\Delta vE_z^{VW.Sp}\cdot\mu_2+\sum_{t=3}^{T}\sum_{z=t-3}^{t-1}0{,}005\cdot\Delta vE_z^{VW.Sp}\cdot\mu_t \\
& -\begin{pmatrix} vE_0^{VW.Ba}-vA_0^{VW.Ba}+SR_0^{Ent}-SR_0^{Zu}+vE_0^{VM.Ba} \\ -vA_0^{VM.Ba}-\left(1+i_H\right)\cdot iD_{-1}+\left(1+i_H\right)\cdot aR_{-1}\end{pmatrix}\cdot\rho_0 \\
& -\sum_{t=1}^{T}\left(vE_t^{VW.Ba}-vA_t^{VW.Ba}+SR_t^{Ent}-SR_t^{Zu}+vE_t^{VM.Ba}-vA_t^{VM.Ba}\right)\cdot\rho_t \\
& -\left(vE_0^{VW.Ba}-vA_0^{VW.Ba}+SR_0^{Ent}-SR_0^{Zu}-vKT_0-\left(1+i_H\right)\cdot iD_{-1}\right)\cdot\pi_0 \\
& -\sum_{t=1}^{T}\left(vE_t^{VW.Ba}-vA_t^{VW.Ba}+SR_t^{Ent}-SR_t^{Zu}-vKT_t\right)\cdot\pi_t \\
& -\sum_{t=0}^{T}\frac{\alpha}{1+\alpha}\left[\left(1+i_H\right)^{t+1}\cdot\left(SR_{-1}+iD_{-1}\right)+\sum_{n=0}^{t}\left(1+i_H\right)^{t-n}\cdot\left(SR_n^{Zu}-SR_n^{Ent}\right)\right]\cdot\eta_t \\
& +\sum_{z=-3}^{-1}0{,}005\cdot Az_z^{VW}\cdot\mu_0+\left(\sum_{z=-2}^{-1}0{,}005\cdot Az_z^{VW}+0{,}005\cdot\left(vE_0^{VW.Ba}+SR_0^{Ent}\right)\right)\cdot\mu_1 \\
& +\left(0{,}005\cdot Az_{-1}^{VW}+\sum_{z=0}^{1}0{,}005\cdot\left(vE_z^{VW.Ba}+SR_z^{Ent}\right)\right)\cdot\mu_2 \\
& +\sum_{t=3}^{T}\left(\sum_{z=t-3}^{t-1}0{,}005\cdot\left(vE_z^{VW.Ba}+SR_z^{Ent}\right)\right)\cdot\mu_t \\
& -\sum_{t=0}^{T}vIA\cdot\sigma_t-\sum_{m=1}^{M}y_m^{o}\cdot\zeta_m-\sum_{j\notin\mathfrak{J}^{wahl}}x_j^{o}\cdot\xi_j-\varphi+Z^{*}\cdot\rho_T
\end{aligned}
$$

Alle Bestandteile der obenstehenden Formel zur Ermittlung des Grenzpreises, die direkte Änderungen von Zahlungen durch die Privatisierung einer Sparkasse beinhalten, werden zunächst zusammengefaßt und als *korrigierter Zukunftserfolgswert des Bewertungsobjektes* aus der Sicht der Trägerkommune definiert:

$$ZEW_{Sp}^{korr,Be} = -\sum_{t=0}^{T}\left(\Delta vE_t^{VW,Sp} - \Delta vA_t^{VW,Sp} + \Delta vE_t^{VM,Sp} - \Delta vA_t^{VM,Sp}\right)\cdot \rho_t$$

$$\overbrace{-\sum_{t=0}^{T}\left(\Delta vE_t^{VW,Sp} - \Delta vA_t^{VW,Sp}\right)\cdot \pi_t}^{\text{Korrektur aufgrund der Pflichtzuführung}}$$

$$\overbrace{+0{,}005\cdot \Delta vE_0^{VW,Sp}\cdot \mu_1 + \sum_{z=0}^{1} 0{,}005\cdot \Delta vE_z^{VW,Sp}\cdot \mu_2 + \sum_{t=3}^{T}\sum_{z=t-3}^{t-1} 0{,}005\cdot \Delta vE_z^{VW,Sp}\cdot \mu_t}^{\text{Korrektur aufgrund des Mindestbestandes der allgemeinen Rücklage}}$$

Der korrigierte Zukunftserfolgswert der Sparkasse besteht demnach aus der Summe der mit den periodenspezifischen Zerobondabzinsungsfaktoren multiplizierten Änderungen der vordisponierten Einnahmen und Ausgaben des Verwaltungs- und des Vermögenshaushaltes, die durch eine Privatisierung verursacht werden, sowie zwei Korrekturen aufgrund der haushaltsrechtlich geforderten Pflichtzuführung und des Mindestbestandes der allgemeinen Rücklage. Der erste Korrekturterm bereinigt den Zukunftserfolgswert der Sparkasse, indem für die Perioden, in denen die geforderte Pflichtzuführung vom Verwaltungs- zum Vermögenshaushalt der tatsächlichen Zuführung entspricht,[724] die durch die Privatisierung verursachten Änderungen der vordisponierten Einnahmen und Ausgaben des Verwaltungshaushaltes zusätzlich mit dem Dualwert der Restriktion zur Gewährleistung der Pflichtzuführung bewertet werden. Das heißt, mit einer Privatisierung im Zusammenhang stehende Verringerungen der vordisponierten Einnahmen des Verwaltungshaushaltes oder Erhöhungen der vordisponierten Ausgaben des Verwaltungshaushaltes dieser Perioden erhöhen den Zukunftserfolgswert zusätzlich. Die drei letzten Korrekturterme bereinigen den Zukunftserfolgswert der Sparkasse ferner aufgrund des einzuhaltenden Mindestbestandes der allgemeinen Rücklage. Für die Perioden, in denen die Restriktion zur Sicherstellung des Mindestbestandes der allgemeinen Rücklage ausgeschöpft ist,[725] werden die Veränderungen der vordisponierten Einnahmen des Verwaltungshaushaltes also weiterhin mit dem Dualwert dieser Restriktion bewertet. Verringern sich infolge der Privatisierung die vordisponierten Einnahmen des Verwaltungshaushaltes der Kommune in diesen Perioden, so verschärft sich die Restriktion zur Einhaltung des Mindestbestandes der allgemeinen Rücklage, der Bestand muß also in diesen Perioden erhöht werden und damit verringert sich der Zukunftserfolgswert der Sparkasse.

Die Struktur dieses korrigierten Zukunftserfolgswertes der Sparkasse entspricht augenscheinlich der Struktur der aus den Komplementaritätsbeziehungen (12) und (15) her-

---

[724] Dann ist gemäß Komplementaritätsbeziehung (4) $\pi_t > 0$.

[725] Dann ist gemäß den Komplementaritätsbeziehung (6), (7), (8) oder (9) $\mu_t > 0$.

geleiteten korrigierten Kapitalwerte K_j^{korr} für die Investitionsobjekte j, die nicht der Indexmenge $\mathfrak{I}^{wahl}$ angehören:[726]

$$K_j^{korr} = -\sum_{t=0}^{T}\left(-E_{jt}^{VW} + A_{jt}^{VW}\right)\cdot\lambda_t^{VW} - \sum_{t=0}^{T}\left(-E_{jt}^{VM} + IA_{jt}^{VM} + \ddot{u}A_{jt}^{VM}\right)\cdot\lambda_t^{VM} - 0{,}005\cdot E_{j0}^{VW}\cdot\mu_1$$
$$- \sum_{z=0}^{1} 0{,}005\cdot E_{jz}^{VW}\cdot\mu_2 - \sum_{t=3}^{T}\sum_{z=t-3}^{t-1} 0{,}005\cdot E_{jz}^{VW}\cdot\mu_t + \sum_{t=0}^{T} IA_{jt}^{VM}\cdot\sigma_t \qquad \forall j \notin \mathfrak{I}^{wahl}$$

$$K_j^{korr} = \sum_{t=0}^{T}\left(E_{jt}^{VW} - A_{jt}^{VW} + E_{jt}^{VM} - IA_{jt}^{VM} - \ddot{u}A_{jt}^{VM}\right)\cdot\rho_t + \sum_{t=0}^{T}\left(E_{jt}^{VW} - A_{jt}^{VW}\right)\cdot\pi_t \qquad \forall j \notin \mathfrak{I}^{wahl}$$
$$-0{,}005\cdot E_{j0}^{VW}\cdot\mu_1 - \sum_{z=0}^{1} 0{,}005\cdot E_{jz}^{VW}\cdot\mu_2 - \sum_{t=3}^{T}\sum_{z=t-3}^{t-1} 0{,}005\cdot E_{jz}^{VW}\cdot\mu_t + \sum_{t=0}^{T} IA_{jt}^{VM}\cdot\sigma_t$$

Annahmegemäß wirkt sich die Privatisierung einer Sparkasse lediglich auf die vordisponierten Einnahmen und Ausgaben des Verwaltungs- und des Vermögenshaushaltes aus, so daß beispielsweise die in der Formel der korrigierten Kapitalwerte berücksichtigten Investitionsausgaben in der Formel des korrigierten Zukunftserfolgswertes der Sparkasse nicht enthalten sind. Das bedeutet jedoch nicht, daß sich der Umfang der Investitionsausgaben infolge einer Privatisierung nicht ändern kann. Diese möglichen Veränderungen als Folge von durch die Privatisierung eventuell verursachten Umstrukturierungen sind in den beiden im folgenden beschriebenen Bestandteilen der Grenzpreisformel, dem korrigierten Kapitalwert des Bewertungsprogramms sowie dem korrigierten Kapitalwert des Basisprogramms im Bewertungsprogramm, enthalten.

Der *korrigierte Kapitalwert des Bewertungsprogramms* inklusive des Bewertungsobjektes, das heißt unter Einbezug der Zahlungswirkungen der Sparkasse auf den kommunalen Haushalt vor einer Privatisierung, wird durch die folgende Formel ausgedrückt:

---

726 Vgl. zur Herleitung allgemeiner korrigierter Kapitalwerte *HERING*, Investitionstheorie, 2003, S. 185-190

$$
\begin{aligned}
K^{\text{korr,Be}} = &\begin{pmatrix} vE_0^{VW,Ba} - vA_0^{VW,Ba} + SR_0^{Ent} - SR_0^{Zu} + vE_0^{VM,Ba} \\ - vA_0^{VM,Ba} - (1+i_H)\cdot iD_{-1} + (1+i_H)\cdot aR_{-1} \end{pmatrix} \cdot \rho_0 \\
&+ \sum_{t=1}^{T} \left(vE_t^{VW,Ba} - vA_t^{VW,Ba} + SR_t^{Ent} - SR_t^{Zu} + vE_t^{VM,Ba} - vA_t^{VM,Ba} \right) \cdot \rho_t \\
&+ \left(vE_0^{VW,Ba} - vA_0^{VW,Ba} + SR_0^{Ent} - SR_0^{Zu} - vKT_0 - (1+i_H)\cdot iD_{-1} \right) \cdot \pi_0 \\
&+ \sum_{t=1}^{T} \left(vE_t^{VW,Ba} - vA_t^{VW,Ba} + SR_t^{Ent} - SR_t^{Zu} - vKT_t \right) \cdot \pi_t \\
&+ \sum_{t=0}^{T} \frac{\alpha}{1+\alpha} \left[(1+i_H)^{t+1} \cdot (SR_{-1} + iD_{-1}) + \sum_{n=0}^{t} (1+i_H)^{t-n} \cdot \left(SR_n^{Zu} - SR_n^{Ent} \right) \right] \cdot \eta_t \\
&- \sum_{z=-3}^{-1} 0{,}005 \cdot Az_z^{VW} \cdot \mu_0 - \left(\sum_{z=-2}^{-1} 0{,}005 \cdot Az_z^{VW} + 0{,}005 \cdot \left(vE_0^{VW,Ba} + SR_0^{Ent} \right) \right) \cdot \mu_1 \\
&- \left(0{,}005 \cdot Az_{-1}^{VW} + \sum_{z=0}^{1} 0{,}005 \cdot \left(vE_z^{VW,Ba} + SR_z^{Ent} \right) \right) \cdot \mu_2 \\
&- \sum_{t=3}^{T} \left(\sum_{z=t-3}^{t-1} 0{,}005 \cdot \left(vE_z^{VW,Ba} + SR_z^{Ent} \right) \right) \cdot \mu_t \\
&+ \sum_{t=0}^{T} vIA \cdot \sigma_t + \sum_{m=1}^{M} y_m^o \cdot \zeta_m + \sum_{j \notin \mathfrak{J}^{wahl}} x_j^o \cdot \xi_j + \varphi
\end{aligned}
$$

Und der *korrigierte Kapitalwert des Basisprogramms* im Bewertungsprogramm inklusive des Bewertungsobjektes ergibt sich als:

$$K^{\text{korr,Ba(Be)}} = Z^* \cdot \rho_T$$

Der Zerobondabzinsungsfaktor ρ_T entspricht dabei annahmegemäß der dualen Strukturvariablen δ der primalen Mindestzielfunktionswertrestriktion, die den Kapitalwert des Basisprogramms in das „Wertesystem" des Bewertungsprogramms umrechnet.[727]

Damit läßt sich der Grenzpreis der Kommune für die Privatisierung ihrer Sparkasse allgemein wie folgt darstellen:[728]

$$(P^e - P^a)^* = ZEW_{Sp}^{\text{korr,Be}} - K^{\text{korr,Be}} + K^{\text{korr,Ba(Be)}}$$

---

727 Vgl. *MIRSCHEL/LERM*, Dualvariable der Mindestzielfunktionswertrestriktion, 2004, S. 8 f.

728 Die Formel entspricht somit der Formel der „komplexen Bewertung" nach *LAUX/FRANKE*, Bewertung von Unternehmungen, 1969, S. 214-218. Vgl. *HERING*, Finanzwirtschaftliche Unternehmensbewertung, 1999, S. 36 u. S. 55 f.

Stimmen die Dualvariablen im Basis- und Bewertungsprogramm nach einer Variablentransformation mit dem Dualwert der Mindestzielfunktionswertrestriktion des Bewertungsprogramms δ überein,[729] entspricht der korrigierte Kapitalwert des Bewertungsprogramms inklusive des Bewertungsobjektes dem korrigierten Kapitalwert des Basisprogramms und der Grenzpreis der Kommune für die Privatisierung stimmt mit dem korrigierten Zukunftserfolgswert der Sparkasse überein. Eine solche Übereinstimmung tritt dann ein, wenn die Grenzobjekte beim Übergang vom Basis- zum Bewertungsansatz unverändert bleiben. Ist dieser Zukunftserfolgswert positiv, sollte die Kommune für die Privatisierung mindestens einen Preis in entsprechender Höhe verlangen. Ist der Zukunftserfolgswert negativ, das heißt belastet die Sparkasse den kommunalen Haushalt, so sollte sie maximal eine Zahlung in dieser Höhe für die Privatisierung tätigen, um sich gegenüber der Ausgangssituation nicht schlechter zu stellen. Im allgemeinen liegt der beschriebene Spezialfall nicht vor, so daß der korrigierte Zukunftserfolgswert der Sparkasse um die sich aus der Umstrukturierung beim Übergang vom Basis- zum Bewertungsprogramm ergebende Kapitalwertveränderung bereinigt werden muß. Das bedeutet, die Berechnung des Grenzpreises als Entscheidungswert ist bei einem unvollkommenen Kapitalmarkt grundsätzlich nur aufgrund einer Totalbetrachtung möglich.

Allerdings kann auch in diesem Fall mit Hilfe der Zukunftserfolgswertmethode zumindest ein *Intervall* abgeschätzt werden, in welchem sich der Grenzpreis befinden muß.[730] Die Untergrenze für den Grenzpreis bildet der korrigierte Zukunftserfolgswert aus Sicht des Basisprogramms $ZEW_{Sp}^{korr,Ba}$.[731] Diese untere Schranke muß der Grenzpreis mindestens einhalten, da der Kapitalwert des Verkaufs der Sparkasse K_{Priv}^{Ba} ansonsten negativ wäre und damit die Privatisierung in der Basissituation unvorteilhaft:

$$K_{Priv}^{Ba} = \left(P^e - P^a\right)^* - ZEW_{Sp}^{korr.Ba} \geq 0$$

$$\Leftrightarrow$$

$$\left(P^e - P^a\right)^* \geq ZEW_{Sp}^{korr.Ba}$$

---

729 Diese Transformation ist erforderlich, da sich der Zielfunktionswert des Basisprogramms bei Vermögensendwertmaximierung auf den Zeitpunkt t = T, der Zielfunktionswert des Bewertungsprogramms sich dagegen auf den Zeitpunkt t = 0 bezieht.

730 Vgl. *LAUX/FRANKE*, Bewertung von Unternehmungen, 1969, S. 218-223; *HERING*, Finanzwirtschaftliche Unternehmensbewertung, 1999, S. 39-41 u. S. 56; *MATSCHKE/BRÖSEL*, Unternehmensbewertung, 2005, S. 222-224.

731 Zu beachten ist, daß die Dualvariablen der Restriktionen zum Ausgleich des Vermögenshaushaltes im Basisansatz Aufzinsungsfaktoren vom Zeitpunkt t auf den Zeitpunkt T darstellen. Sie müssen also zunächst in Zerobondabzinsungsfaktoren umgewandelt werden.

Um auch eine Obergrenze für den Grenzpreis abzuleiten, ist eine Abschätzung über die Kapitalwertänderung aufgrund der Umstrukturierung beim Übergang vom Basis- zum Bewertungsprogramm erforderlich.[732] Dies ist mit Hilfe der nachfolgenden Zielfunktion des zum Basisansatz ohne Ganzzahligkeitsbedingungen dualen Problems möglich:[733]

$$
\begin{aligned}
\min Y;\; Y := {} & \left(vE_0^{VW,Ba} - vA_0^{VW,Ba} + SR_0^{Ent} - SR_0^{Zu} - i_H \cdot iD_{-1}\right)\cdot \lambda_0^{VW} \\
& + \sum_{t=1}^{T}\left(vE_t^{VW,Ba} - vA_t^{VW,Ba} + SR_t^{Ent} - SR_t^{Zu}\right)\cdot\lambda_t^{VW} \\
& + \left(vE_0^{VM,Ba} - vA_0^{VM,Ba} - iD_{-1} + (1+i_H)\cdot aR_{-1}\right)\cdot\lambda_0^{VM} + \sum_{t=1}^{T}\left(vE_t^{VM,Ba} - vA_t^{VM,Ba}\right)\cdot\lambda_t^{VM} \\
& - \left(vKT_0 + iD_{-1}\right)\cdot\pi_0 - \sum_{t=1}^{T} vKT_t\cdot\pi_t \\
& + \sum_{t=0}^{T}\frac{\alpha}{1+\alpha}\left[(1+i_H)^{t+1}\cdot\left(SR_{-1}+iD_{-1}\right) + \sum_{n=0}^{t}(1+i_H)^{t-n}\cdot\left(SR_n^{Zu}-SR_n^{Ent}\right)\right]\cdot\eta_t \\
& - \sum_{z=-3}^{-1} 0{,}005\cdot Az_z^{VW}\cdot\mu_0 - \left(\sum_{z=-2}^{-1}0{,}005\cdot Az_z^{VW} + 0{,}005\cdot\left(vE_0^{VW,Ba}+SR_0^{Ent}\right)\right)\cdot\mu_1 \\
& - \left(0{,}005\cdot Az_{-1}^{VW} + \sum_{z=0}^{1}0{,}005\cdot\left(vE_z^{VW,Ba}+SR_z^{Ent}\right)\right)\cdot\mu_2 \\
& - \sum_{t=3}^{T}\left(\sum_{z=t-3}^{t-1}0{,}005\cdot\left(vE_z^{VW,Ba}+SR_z^{Ent}\right)\right)\cdot\mu_t \\
& + \sum_{t=0}^{T} vIA\cdot\sigma_t + \sum_{m=1}^{M} y_m^o\cdot\zeta_m + \sum_{j\notin\mathfrak{J}^{wahl}} x_j^o\cdot\xi_j + \varphi
\end{aligned}
$$

---

[732] Vgl. zum folgenden *HERING*, Finanzwirtschaftliche Unternehmensbewertung, 1999, S. 39-41, S. 53 f. u. S. 56.

[733] Zu beachten ist hierbei, daß die Dualvariablen des Optimums des Basisansatzes im allgemeinen nicht denen des Optimums des Bewertungsansatzes entsprechen.

Diese Zielfunktion wird zunächst mit δ multipliziert:

$$
\begin{aligned}
\min \delta\cdot Y; \delta\cdot Y := & \left(vE_0^{VW.Ba} - vA_0^{VW.Ba} + SR_0^{Ent} - SR_0^{Zu} - i_H \cdot iD_{-1}\right)\cdot \delta\cdot\lambda_0^{VW} \\
& + \sum_{t=1}^{T}\left(vE_t^{VW.Ba} - vA_t^{VW.Ba} + SR_t^{Ent} - SR_t^{Zu}\right)\cdot \delta\cdot\lambda_t^{VW} \\
& + \left(vE_0^{VM.Ba} - vA_0^{VM.Ba} - iD_{-1} + (1+i_H)\cdot aR_{-1}\right)\cdot \delta\cdot\lambda_0^{VM} \\
& + \sum_{t=1}^{T}\left(vE_t^{VM.Ba} - vA_t^{VM.Ba}\right)\cdot \delta\cdot\lambda_t^{VM} - \left(vKT_0 + iD_{-1}\right)\cdot\delta\cdot\pi_0 - \sum_{t=1}^{T} vKT_t\cdot\delta\cdot\pi_t \\
& + \sum_{t=0}^{T}\frac{\alpha}{1+\alpha}\left[(1+i_H)^{t+1}\cdot\left(SR_{-1}+iD_{-1}\right) + \sum_{n=0}^{t}(1+i_H)^{t-n}\cdot\left(SR_n^{Zu} - SR_n^{Ent}\right)\right]\cdot\delta\cdot\eta_t \\
& - \sum_{z=-3}^{-1} 0{,}005\cdot Az_z^{VW}\cdot\delta\cdot\mu_0 - \left(\sum_{z=-2}^{-1} 0{,}005\cdot Az_z^{VW} + 0{,}005\cdot\left(vE_0^{VW.Ba} + SR_0^{Ent}\right)\right)\cdot\delta\cdot\mu_1 \\
& - \left(0{,}005\cdot Az_{-1}^{VW} + \sum_{z=0}^{1} 0{,}005\cdot\left(vE_z^{VW.Ba} + SR_z^{Ent}\right)\right)\cdot\delta\cdot\mu_2 \\
& - \sum_{t=3}^{T}\left(\sum_{z=t-3}^{t-1} 0{,}005\cdot\left(vE_z^{VW.Ba} + SR_z^{Ent}\right)\right)\cdot\delta\cdot\mu_t + \sum_{t=0}^{T} vIA\cdot\delta\cdot\sigma_t \\
& + \sum_{m=1}^{M} y_m^o\cdot\delta\cdot\zeta_m + \sum_{j\notin \mathfrak{J}^{wahl}} x_j^o\cdot\delta\cdot\xi_j + \delta\cdot\varphi
\end{aligned}
$$

Für das Basisprogramm gilt $Y^* = Z^*$, so daß auch $\delta\cdot Y^* = \delta\cdot Z^*$ ist. Dieser Zusammenhang erlaubt die folgende Abschätzung:

$$\delta \cdot Z^* \leq \left(vE_0^{VW,Ba} - vA_0^{VW,Ba} + SR_0^{Ent} - SR_0^{Zu} - i_H \cdot iD_{-1}\right) \cdot \delta \cdot \lambda_0^{VW}$$
$$+ \sum_{t=1}^{T}\left(vE_t^{VW,Ba} - vA_t^{VW,Ba} + SR_t^{Ent} - SR_t^{Zu}\right) \cdot \delta \cdot \lambda_t^{VW}$$
$$+ \left(vE_0^{VM,Ba} - vA_0^{VM,Ba} - iD_{-1} + (1+i_H) \cdot aR_{-1}\right) \cdot \delta \cdot \lambda_0^{VM} + \sum_{t=1}^{T}\left(vE_t^{VM,Ba} - vA_t^{VM,Ba}\right) \cdot \delta \cdot \lambda_t^{VM}$$
$$- \left(vKT_0 + iD_{-1}\right) \cdot \delta \cdot \pi_0 - \sum_{t=1}^{T} vKT_t \cdot \delta \cdot \pi_t$$
$$+ \sum_{t=0}^{T} \frac{\alpha}{1+\alpha}\left[(1+i_H)^{t+1} \cdot (SR_{-1} + iD_{-1}) + \sum_{n=0}^{t}(1+i_H)^{t-n} \cdot \left(SR_n^{Zu} - SR_n^{Ent}\right)\right] \cdot \delta \cdot \eta_t$$
$$- \sum_{z=-3}^{-1} 0{,}005 \cdot Az_z^{VW} \cdot \delta \cdot \mu_0 - \left(\sum_{z=-2}^{-1} 0{,}005 \cdot Az_z^{VW} + 0{,}005 \cdot \left(vE_0^{VW,Ba} + SR_0^{Ent}\right)\right) \cdot \delta \cdot \mu_1$$
$$- \left(0{,}005 \cdot Az_{-1}^{VW} + \sum_{z=0}^{1} 0{,}005 \cdot \left(vE_z^{VW,Ba} + SR_z^{Ent}\right)\right) \cdot \delta \cdot \mu_2$$
$$- \sum_{t=3}^{T}\left(\sum_{z=t-3}^{t-1} 0{,}005 \cdot \left(vE_z^{VW,Ba} + SR_z^{Ent}\right)\right) \cdot \delta \cdot \mu_t + \sum_{t=0}^{T} vIA \cdot \delta \cdot \sigma_t + \sum_{m=1}^{M} y_m^o \cdot \delta \cdot \zeta_m$$
$$+ \sum_{j \notin \mathfrak{J}^{wahl}} x_j^o \cdot \delta \cdot \xi_j + \delta \cdot \varphi$$

Unter Vernachlässigung der Interpretation der Dualvariablen der Restriktionen des Vermögenshaushaltsausgleich λ_t^{VM} als Zerobondabzinsungsfaktoren ρ_t sowie der Zusammenhänge $\lambda_t^{VW} = \lambda_t^{VM} + \pi_t$ und $\delta = \lambda_T^{VM}$ steht auf der linken Seite dieser Abschätzung der korrigierte Kapitalwert des Basisprogramms im Bewertungsprogramm $K^{korr,Ba(Be)}$ und auf der rechten Seite befindet sich die Formel für den korrigierten Kapitalwert des Bewertungsprogramms inklusive des Bewertungsobjektes $K^{korr,Be}$. Die mit δ multiplizierten Dualvariablen sind freilich die des Basisprogramms und nicht die des Bewertungsprogramms. Da aber die Restriktionen des zum Bewertungsansatz dualen Problems denen des zum Basisansatz dualen Problems entsprechen und das Dualproblem des Bewertungsansatzes zusätzlich die Restriktion $-\lambda_0^{VM} \geq -1$ enthält, gilt die obige Abschätzung erst recht für alle zulässigen Dualvariablen des Bewertungsprogramms und sie kann somit auf die Grenzpreisformel übertragen werden. Der korrigierte Kapitalwert des Basisprogramms im Bewertungsprogramm ist demnach nicht größer als der korrigierte Kapitalwert des Bewertungsprogramms inklusive des Bewertungsobjektes, so daß die Kapitalwertänderung aufgrund der Umstrukturierung nicht positiv sein kann:

$$(P^e - P^a)^* = ZEW_{Sp}^{korr,Be} \underbrace{- K^{korr,Be} + K^{korr,Ba(Be)}}_{\leq 0}$$

Damit ergibt sich der korrigierte Zukunftserfolgswert der Sparkasse auf der Basis der Grenzzinssätze und der Dualvariablen der zusätzlichen Restriktionen des Bewertungsprogramms als obere Schranke für den Grenzpreis:

$$(P^e - P^a)^* \leq ZEW_{Sp}^{korr.Be}$$

Der Grenzpreis bei Vernachlässigung der Ganzzahligkeitsbedingungen hinsichtlich der Investitionsobjekte muß demnach in folgendem Intervall liegen:

$$ZEW_{Sp}^{korr.Ba} \leq (P^e - P^a)^* \leq ZEW_{Sp}^{korr.Be}$$

Für die exakte Berechnung der Intervallgrenzen werden jedoch die theoretisch richtigen periodenspezifischen Zerobondabzinsungsfaktoren sowie die Dualvariablen der weiteren Restriktionen benötigt, die erst nach dem Lösen des jeweiligen Totalmodells vorliegen. Für die Bestimmung der korrigierten Zukunftserfolgswerte der Sparkasse sind also aufgrund des sogenannten *Dilemmas der Lenkpreistheorie*[734] ex ante Schätzungen über die Höhe der endogenen Lenkpreise notwendig. Solche Schätzung erweisen sich jedoch sowohl in bezug auf die endogenen Grenzzinssätze als auch hinsichtlich der Dualvariablen der Restriktionen zur Gewährleistung der Pflichtzuführung und der Dualvariablen der Restriktionen zur Sicherstellung des Mindestbestandes der allgemeinen Rücklage als schwierig.

Weiterhin sind die zur Auswahl stehenden kommunalen Investitionen nicht in jedem Falle beliebig teilbar, so daß Ganzzahligkeitsbedingungen in der Praxis nicht vernachlässigbar sind. Die obigen auf der Dualitätstheorie basierenden Aussagen behalten beim Vorliegen von Ganzzahligkeitsbedingungen jedoch nur dann ihre Gültigkeit, wenn die optimale Lösung des linearen Optimierungsprogramms ohne Berücksichtigung der Ganzzahligkeitsbedingungen bereits (zufällig) eine ganzzahlige Lösung für die entsprechenden Variablen liefert.[735]

Liegt dieser Spezialfall nicht vor, so sind dennoch isolierte Tendenzaussagen hinsichtlich zweier Effekte der durch die *Einführung von Ganzzahligkeitsbedingungen* verursachten Abweichungen vom ohne Berücksichtigung der Ganzzahligkeitsbedingungen berechneten Grenzpreis möglich. Einerseits ist die Auswirkung der Einführung von Ganzzahligkeitsbedingungen im Basisansatz auf den maximalen Bestand der allgemeinen Rücklage am Ende des Planungshorizontes und damit indirekt über die Min-

---

[734] Vgl. dazu ausführlich *HERING*, Investitionstheorie, 2003, S. 136-142. Vgl. allgemein zu Lenkpreisen *MATSCHKE*, Lenkungspreise, 1993.

[735] Vgl. *LAUX/FRANKE*, Versagen der Kapitalwertmethode, 1970, S. 521.

destzielfunktionswertrestriktion auf die Höhe des Grenzpreises zu untersuchen. Andererseits interessiert die Wirkung, die zusätzliche Ganzzahligkeitsbedingungen im Bewertungsansatz auf die Höhe des Grenzpreises haben.

Die Ganzzahligkeitsbedingungen stellen zusätzliche Restriktionen dar, die das Entscheidungsfeld weiter einschränken. Liegt im Basisprogramm eine zusätzliche Einschränkung vor, kann als erster Effekt der Zielfunktionswert des Basisprogramms durch die Ganzzahligkeitsbedingungen sinken, ansonsten bleibt er zumindest gleich groß. Ein geringerer Zielfunktionswert des Basisprogramms, der im Bewertungsprogramm mindestens wieder erreicht werden soll, könnte als zweiter Effekt dazu führen, daß der minimal zu fordernde Preis als Zielfunktionswert des Bewertungsprogramms sinkt. Zugleich besteht die Möglichkeit, daß die zusätzlichen Ganzzahligkeitsbedingungen im Bewertungsansatz einen höheren Zielfunktionswert, also einen höheren mindestens zu fordernden Preis bewirken. Eine allgemeine Tendenzaussage, ob der Grenzpreis unter Berücksichtigung von Ganzzahligkeitsbedingungen größer oder kleiner ist als der bei Vernachlässigung der Ganzzahligkeitsbedingungen berechnete Grenzpreis, ist aber nicht möglich.

Bei Ganzzahligkeitsbedingungen ist demnach das aus der Dualitätstheorie gewonnene Partialmodell nicht immer anwendbar, was dann selbstverständlich auch für die darauf beruhenden Intervalleingrenzungen des Zukunftserfolgswerts und die strukturelle Interpretation des Grenzpreises gilt. Doch auch wenn das Partialmodell bei Ganzzahligkeitsbedingungen versagen sollte, bleibt das Totalmodell nach wie vor lösbar und ein Grenzpreis für die Privatisierung von öffentlich-rechtlichen Sparkassen kann, sofern nicht ein leerer Lösungsraum vorliegen sollte, stets ermittelt werden.

5 Zusammenfassung

Ziel der vorliegenden Arbeit ist die monetäre Bewertung von öffentlich-rechtlichen Sparkassen im Zusammenhang mit einer Privatisierungsentscheidung ihres kommunalen Trägers. Dazu standen neben einer Untersuchung von politischen, juristischen, gesamtwirtschaftlichen und betriebswirtschaftlichen Aspekten, die im Zusammenhang mit einer Entscheidung für oder gegen eine Privatisierung öffentlich-rechtlicher Sparkassen zu berücksichtigen sind, vor allem kommunale finanzwirtschaftliche Aspekte einer solchen Privatisierung im Mittelpunkt der vorliegenden Arbeit.

Obwohl zwar einzelne einfachgesetzliche Vorschriften, wie die Sparkassengesetze, derzeit einer Privatisierung entgegenstehen, lassen sich aus dem Verfassungsrecht vor allem hinsichtlich autonomer Privatisierungen grundsätzlich keine Schranken für eine Privatisierung ableiten. Insofern wäre eine Änderung der gesetzlichen Regelungen, die einer Privatisierung von öffentlich-rechtlichen Sparkassen entgegenstehen, verfassungsrechtlich zulässig. Im Zusammenhang mit der Frage nach einer solchen Änderung stellt sich auch die Frage nach der Existenzberechtigung der Sparkassen, denn aus ordnungspolitischer Sicht muß der Bestand der öffentlich-rechtlichen Sparkassen, der sich als staatlicher Eingriff in den Finanzsektor interpretieren läßt, begründet werden. Das bedeutet, ohne eine ausreichende Begründung der heutigen Existenz der Sparkassen unabhängig vom Gründungszweck und ihrer historischen Entwicklung, wäre eine Privatisierung dieser Institute sogar geboten. Es besteht demnach zunächst eine Begründungspflicht für die Privatisierungsgegner, die den Status quo aufrechterhalten wollen, und nicht für die Privatisierungsbefürworter. Argumente für den Bestand der öffentlich-rechtlichen Sparkassen sind einerseits die Steigerung des kreditwirtschaftlichen Wettbewerbs sowie anderseits die Verfolgung von gesamtwirtschaftlichen und politischen Zielen, wie die Erfüllung eines öffentlichen Auftrages. Während durch eine Intensivierung des Wettbewerbs im Bankensektor der Bestand von Sparkassen nicht begründet werden kann, ließe sich mit der Struktursicherungsfunktion als Bestandteil des öffentlichen Auftrages die Existenz der öffentlich-rechtlichen Sparkassen prinzipiell rechtfertigen. Diese grundsätzlich gegebene Existenzberechtigung für Sparkassen durch die Erfüllung eines öffentlichen Auftrages bedeutet jedoch nicht gleichzeitig, daß Sparkassen nicht privatisiert werden dürfen. So sind Sparkassen für die Erfüllung der Struktursicherungsfunktion in Ballungsgebieten beispielsweise nicht zwingend erforderlich. Außerdem könnten auch andere staatliche Banken, wie die Kreditanstalt für Wiederaufbau, wirtschafts- und strukturpolitische Aufgaben übernehmen.

Inwiefern sich die Geschäftspolitik einer öffentlich-rechtlichen Sparkasse nach einer Privatisierung verändern würde, ist abhängig von der betrachteten Privatisierungsform.

Grundsätzlich ist von einem größeren Gestaltungsspielraum auszugehen, da die Einschränkungen der Sparkassengesetze private Kreditinstitute nicht betreffen. Dennoch kann die Kommune bei einer formalen Privatisierung oder auch im Zusammenhang mit einer materiellen Privatisierung, in deren Folge die Kommune im Besitz einer Mehrheitsbeteiligung bleibt, grundsätzlich die Fortführung der bisherigen Geschäftspolitik durchsetzen. Die Beteiligung privater Investoren bedeutet gleichzeitig jedoch auch, daß ihre Interessen in der Geschäftspolitik Berücksichtigung finden müssen. In bezug auf Vollprivatisierungen stehen diese Interessen sogar im Vordergrund und eine weitere Beachtung kommunaler Interessen erscheint fraglich. Während eine formale Privatisierung lediglich die rechtlichen Voraussetzungen für zusätzliche Möglichkeiten der Eigenkapitalbeschaffung schafft, können diese nach einer Entscheidung für eine materielle Privatisierung tatsächlich genutzt werden. Da Art und Umfang der Geschäftstätigkeit von Kreditinstituten abhängig sind von der Höhe des haftenden Eigenkapitals, ständen den Sparkassen nach einer materiellen Privatisierung auch insofern zusätzliche Alternativen offen. Die Sicherheit der Anleger wäre nach einer Privatisierung der öffentlich-rechtlichen Sparkassen ebenfalls gegeben, da alle öffentlichen und privaten Einlagenkreditinstitute verpflichtet sind, einer gesetzlichen Entschädigungseinrichtung anzugehören. Zusätzlich kann dieser gesetzliche Schutz durch die Mitgliedschaft in freiwilligen privaten Einlagensicherungseinrichtungen ergänzt werden. Die Umwandlung in eine private Rechtsform und ein damit gegebenenfalls verbundenes Verlassen der freiwilligen Institutssicherung der Sparkassenorganisation und gleichzeitiges Eintreten in eine gesetzliche Entschädigungseinrichtung sowie einen privaten Einlagensicherungsfonds könnte lediglich die Höhe der jährlichen Beitragszahlungen verändern sowie eine für später eintretende Institute geforderte Einmalzahlung nach sich ziehen. Abgesehen vom Freibetrag nach § 24 KStG, den Betriebe gewerblicher Art geltend machen können, sowie dem Freibetrag nach § 11 Abs. 1 Nr. 2 GewStG für Unternehmen von juristischen Personen des öffentlichen Rechts bestehen auch hinsichtlich der Besteuerung von Sparkassen in der Rechtsform einer Anstalt des öffentlichen Rechts oder einer Kapitalgesellschaft keine Unterschiede. Allerdings haben private Kreditinstitute einen größeren Steuergestaltungsspielraum, da sie nicht an das Regionalprinzip gebunden sind und so beispielsweise Gewinne in Länder mit niedrigeren Steuersätzen verlagern können. Weiterhin sind eventuell an die Trägerkommune ausgeschüttete Gewinne nach einer Umwandlung der Rechtsform der Sparkasse in eine Kapitalgesellschaft nicht mehr wie bisher grundsätzlich mit 10 %, sondern mit 20 % zu versteuern.

Die Entscheidung für oder gegen eine autonome Privatisierung liegt bei der Kommune als Träger einer öffentlich-rechtlichen Sparkasse. Diese sollte bei ihrer Entscheidung die jeweilige spezielle Situation der Kommune und der Sparkasse berücksichtigen. Neben der allgemeinen wirtschaftlichen und strukturellen Lage des entsprechenden Geschäftsgebietes sowie der wirtschaftlichen Situation der jeweiligen Sparkasse sind insbesondere auch kommunale finanzwirtschaftliche Aspekte zu beachten. Demzufolge ist kein konkretes Untersuchungsergebnis im Sinne einer pauschalen Handlungsempfehlung für oder gegen eine Privatisierung von öffentlich-rechtlichen Sparkassen möglich, vielmehr muß über die Privatisierung im Einzelfall unter Abwägung von monetären und nicht monetären Aspekten entschieden werden.

Wesentliche Grundlage einer solchen Entscheidung ist die Kenntnis des Entscheidungswertes der Kommune, der die Grenze der Konzessionsbereitschaft der Kommune darstellt. Dieser Wert bildet die zentrale Größe in der funktionalen Unternehmensbewertungstheorie, denn er ist nicht nur das Ergebnis der Bewertung in der Beratungs- oder Entscheidungsfunktion, sondern seine Kenntnis wird auch in der Argumentations- und Vermittlungsfunktion vorausgesetzt. Anlaß der Bewertung ist im vorliegenden Fall die Privatisierung einer öffentlich-rechtlichen Sparkasse als nicht dominierte, disjungierte, eindimensionale Konfliktsituation vom Typ Kauf/Verkauf. Die Konfliktsituation ist also dadurch charakterisiert, daß die Privatisierung von keiner der beteiligten Parteien, also weder von der Kommune noch von einem potentiellen Käufer, allein durchgesetzt werden kann, daß sich keine der Konfliktparteien in weiteren vergleichbaren Konfliktsituationen befindet und daß sich die Bewertung auf einen konfliktlösungsrelevanten Sachverhalt beschränkt. Da sich eine Planung grundsätzlich am Engpaß orientieren soll, erscheint besonders aufgrund der prekären finanziellen Lage der Kommunen als Eigentümer und Bewertungssubjekte eine Konzentration der kommunalen Planung auf finanzielle Aspekte sinnvoll und notwendig. Insofern wird ausschließlich der Grenzpreis der Kommune als konfliktlösungsrelevanter Sachverhalt betrachtet. In bezug auf die öffentlich-rechtlichen Sparkassen als Bewertungsobjekte müssen abgesehen von geschäftspolitischen Besonderheiten, speziellen gesetzlichen Regelungen und exogenen Einflüssen, die für sämtliche Kreditinstitute bewertungsrelevant sind, auch die in den Sparkassengesetzen enthaltenen Vorschriften, beispielsweise die Organisationsform, den öffentlichen Auftrag und die Ausschüttungspolitik betreffend, zusätzlich Berücksichtigung finden. Der Einfluß dieser bewertungsrelevanten Besonderheiten beschränkt sich aber im wesentlichen auf den Umfang der zukünftigen Entnahmen, welche die Sparkasse generieren kann.

Ermitteln läßt sich der Entscheidungswert im Sinne eines Grenzpreises mit Hilfe des Zustandsgrenzpreismodells auf der Basis von gemischt-ganzzahligen Optimierungsmodellen. Der Basisansatz bestimmt in einem ersten Schritt den maximalen Bestand der allgemeinen Rücklage am Ende des Planungshorizontes unter Berücksichtigung der haushaltsrechtlichen Restriktionen. Dabei wird unterstellt, daß die Sparkasse als Anstalt des öffentlichen Rechts in der Trägerschaft der Kommune weiterbesteht. Dieser Basisansatz entspricht einem Modell zur kommunalen Investitionsplanung, welches die durchzuführenden Investitionen und die dafür benötigten Finanzierungsobjekte sowie die finanziellen Auswirkungen des Investitionsprogramms auch auf zukünftige kommunale Haushalte aufzeigt. In einem zweiten Schritt ermittelt der Bewertungsansatz den Grenzpreis der Kommune, das heißt den minimal zu fordernden oder maximal zu zahlenden Preis für die Privatisierung der Sparkasse, unter der Voraussetzung, daß der maximale Bestand der allgemeinen Rücklage des Basisprogramms mindestens wieder erreicht wird. Beim Übergang vom Basis- zum Bewertungsansatz sind die finanziellen Auswirkungen der Privatisierung einer öffentlich-rechtlichen Sparkasse auf den kommunalen Haushalt ihres Trägers zu berücksichtigen. Dazu zählen beispielsweise Veränderungen hinsichtlich der Ausschüttungen der Sparkasse an die Kommune, hinsichtlich der Steuerzahlungen der Sparkasse oder ihrer Mitarbeiter sowie in bezug auf die Erfüllung des öffentlichen Auftrages. Adäquat zu dem beschriebenen zweistufigen Vorgehen zur Ermittlung des Grenzpreises der Kommune im Falle einer vollständigen materiellen Privatisierung ließe sich auch der Grenzpreis der Kommune für den Verkauf eines bestimmten Anteils an der Sparkasse ermitteln. Dazu müssen beim Übergang vom Basis- zum Bewertungsansatz lediglich die finanziellen Auswirkungen eines Anteilsverkaufes auf den kommunalen Haushalt berücksichtigt werden.

Unter Vernachlässigung von Ganzzahligkeitsbedingungen kann mit Hilfe der Dualitätstheorie gezeigt werden, daß der Grenzpreis der Kommune in einem Intervall zwischen dem korrigierten Zukunftserfolgswert der Sparkasse aus der Sicht des Basisprogramms als Untergrenze und dem korrigierten Zukunftserfolgswert der Sparkasse basierend auf den Dualvariablen des Bewertungsprogramms als Obergrenze liegt. Im Spezialfall, daß die Kapitalwertänderung aufgrund von Umstrukturierungen beim Übergang vom Basis- zum Bewertungsansatz gleich null ist, stimmt der Grenzpreis mit dem korrigierten Zukunftserfolgswert der Sparkasse aus der Sicht des Bewertungsprogramms überein.

Die Information über die Höhe des Grenzpreises dient der Entscheidungsunterstützung der Kommune. Nur falls die Kommune mindestens diesen Grenzpreis gegenüber einem potentiellen Kaufinteressenten realisieren könnte, wäre die Privatisierung ihrer Sparkasse aus finanzwirtschaftlicher Perspektive sinnvoll. Ein Vergleich des Grenzpreises mit einem voraussichtlich erzielbaren Privatisierungserlös ergibt den potentiellen finanziellen Vorteil oder Nachteil der Kommune aufgrund der Privatisierung.

Literaturverzeichnis

Adam, Dietrich (Planung und Entscheidung): Planung und Entscheidung: Modelle – Ziele – Methoden, 4. Aufl., Wiesbaden 1996.

Albers, Willi (Hrsg.): Handwörterbuch der Wirtschaftswissenschaft, Bd. 6, Stuttgart u. a. 1981.

Albert, Markus (Steuerfragen gemeinnütziger Organisationen): Steuerfragen gemeinnütziger Organisationen und der öffentlichen Hand – unter besonderer Berücksichtigung des Wettbewerbsaspekts, IFSt-Schrift Nr. 395, Bonn 2001.

Alchian, Armen A./Demsetz, Harold (Economic Organization): Production, Information Costs, and Economic Organization, in: The American Economic Review, 62. Jg., 1972, S. 777-795.

Arnim, Hans Herbert von (Rechtsfragen der Privatisierung): Rechtsfragen der Privatisierung – Grenzen staatlicher Wirtschaftstätigkeit und Privatisierungsgebote, Wiesbaden 1995.

Arnim, Hans Herbert von (Staatslehre): Staatslehre der Bundesrepublik Deutschland, München 1984.

Ashauer, Günter (Ersparungscasse): Von der Ersparungscasse zur Sparkassen-Finanzgruppe – Die deutsche Sparkassenorganisation in Geschichte und Gegenwart, Stuttgart 1991.

Augsten, Ursula (Steuerliche Behandlung): Steuerliche Behandlung von Unternehmen der öffentlichen Hand, in: *Fabry, Beatrice/Augsten, Ursula (Hrsg.)*: Handbuch Unternehmen der öffentlichen Hand, Baden-Baden 2002, S. 283-333.

Aust, Eberhard (Wettbewerb in der Bankwirtschaft): Der Wettbewerb in der Bankwirtschaft – Grundzüge und Anregungen für eine allgemeine Theorie, Frankfurt a. M. 1963.

Axel, Frank (Eigenkapitalausstattung): Eigenkapitalausstattung und Eigenkapitalbeschaffung – Probleme für ostdeutsche Sparkassen, in: Zeitschrift für das gesamte Kreditwesen, 47. Jg., 1994, S. 280-282.

Babo, Ulrich Freiherr von (Steuerprivilegien): Sparkassen und Steuerprivilegien – Die Abschaffung der Steuerprivilegien der öffentlich-rechtlichen Sparkassen unter Berücksichtigung ihrer Stellung als kommunale Einrichtungen, Köln 1991.

Badura, Peter (Wirtschaftliche Betätigung der öffentlichen Hand): Die Erfüllung öffentlicher Aufgaben und die Unternehmenszwecke bei der wirtschaftlichen Betätigung der öffentlichen Hand, in: *Münch, Ingo von (Hrsg.)*: Staatsrecht –

Völkerrecht – Europarecht: Festschrift für Hans-Jürgen Schlochauer zum 75. Geburtstag, Berlin u. a. 1981, S. 3-23.

BAIER, HORST (Operative Planung): Operative Planung in Kommunen – Neukonzeption auf der Basis einer Kosten- und Leistungsrechnung, Lohmar u. a. 2002.

BALLWIESER, WOLFGANG/LEUTHIER, RAINER (Unternehmensbewertung I): Betriebswirtschaftliche Steuerberatung: Grundprinzipien, Verfahren und Probleme der Unternehmensbewertung (Teil I), in: Deutsches Steuerrecht, 24. Jg., 1986, S. 545-551.

BALLWIESER, WOLFGANG/LEUTHIER, RAINER (Unternehmensbewertung II): Betriebswirtschaftliche Steuerberatung: Grundprinzipien, Verfahren und Probleme der Unternehmensbewertung (Teil II), in: Deutsches Steuerrecht, 24. Jg., 1986, S. 604-610.

BAMBERG, GÜNTER/SPREMANN, Klaus (Agency Theorie): Agency Theory, Information, and Incentives, Berlin u. a. 1989.

BASELER AUSSCHUSS FÜR BANKENAUFSICHT (HRSG.) (Eigenkapitalanforderungen): Internationale Konvergenz der Kapitalmessung und Eigenkapitalanforderungen, Basel 2004.

BASELER AUSSCHUSS FÜR BANKENAUFSICHT (HRSG.) (Internationale Konvergenz der Eigenkapitalanforderungen): Internationale Konvergenz der Eigenkapitalmessung und Eigenkapitalanforderungen, Basel 1988.

BAUMBACH, ADOLF/HOPT, KLAUS J. (Handelsgesetzbuch): Handelsgesetzbuch, 31. Aufl., München 2003.

BECKER, DIRK (Bewertung von Bankakquisitionen): Bewertung von Bankakquisitionen unter Einbeziehung von Zusammenschlußeffekten, Berlin 1999.

BEINERT, STEFANIE (Steuerrecht): Steuerrecht, in: *HOPPE, WERNER/UECHTRITZ, MICHAEL (HRSG.)*: Handbuch kommunale Unternehmen, Köln 2004, S. 283-329.

BERNHARDT, HORST ET AL. (Kommunales Haushaltsrecht): Kommunales Haushaltsrecht Mecklenburg-Vorpommern: Fachbuch mit 150 praktischen Übungen und Lösungen, Witten 1996.

BEUTHIEN, VOLKER (Öffentliche Kreditwirtschaft): Öffentliche Kreditwirtschaft zwischen Marktanpassung und Strukturwandel, in: Wertpapiermitteilungen, 58. Jg., 2004, S. 1467-1475.

BLANKE, THOMAS/TRÜMNER, RALF (HRSG.): Handbuch Privatisierung: Ein Rechtshandbuch für die Verwaltungspraxis, Personal- wie Betriebsräte und deren Berater, Baden-Baden 1998.

BLANKENBURG, GÖTZ (Politökonomie): Die Politökonomie der Sparkassenprivatisierung, Diskussionspapier Reihe B, Nr. 99/7, Universität Jena, Jena 1999.

BLANKENBURG, GÖTZ (Sparkassenprivatisierung): Sparkassenprivatisierung – kontraproduktiv oder notwendig?, in: Wirtschaftsdienst, 84. Jg., 2004, S. 387-394.

BOOS, KARL-HEINZ/FISCHER, REINFRID/SCHULTE-MATTLER (HRSG.): Kreditwesengesetz – Kommentar zu KWG und Ausführungsvorschriften, 2. Aufl., München 2004.

BRAEDT, FELIX (Sparkassenwesen): Das Sparkassenwesen im Königreich Sachsen, Sonderabdruck von Ergänzungsheft No. 44 der Zeitschrift für die gesamte Staatswissenschaft, 68. Jg., 1912.

BRANDT, HANS-DIETER (Sparkassen): Wem gehören die Sparkassen?, in: Sparkasse, 110. Jg., 1993, S. 54-55.

BRÄSE, UWE (Gemeindehaushalts- und Kassenrecht): Gemeindehaushalts- und Kassenrecht Mecklenburg-Vorpommern, 4. Aufl., Stuttgart 2003.

BREDE, HELMUT (Einleitung): Einleitung, in: *BREDE, HELMUT (HRSG.)*: Privatisierung und die Zukunft der öffentlichen Wirtschaft, Baden-Baden 1988, S. 11-25.

BREDE, HELMUT (HRSG.): Privatisierung und die Zukunft der öffentlichen Wirtschaft, Baden-Baden 1988.

BRÖSEL, GERRIT (Medienrechtsbewertung): Medienrechtsbewertung – Der Wert audiovisueller Medienrechte im dualen Rundfunksystem, Wiesbaden 2002.

BRÜMMERHOFF, DIETER/LEHMANN, ERIK (Öffentlich-rechtliche Sparkassen): Öffentlich-rechtliche Sparkassen oder wie gemeinnützig ist der öffentliche Auftrag?, in: Zeitschrift für öffentliche und gemeinwirtschaftliche Unternehmen, 23. Jg., 2000, S. 131-148.

BRUNNER, ALLAN ET AL. (Germany's Three-Pillar Banking System): Germany's Three-Pillar Banking System – Cross-Country Perspectives in Europe, Washington DC 2004.

BUCHHOLZ, WOLFGANG (Marktversagen): Marktversagen, in: *GEIGANT, FRIEDRICH ET AL. (HRSG.)*: Lexikon der Volkswirtschaft, 7. Aufl., Landsberg am Lech 2000, S. 624-626.

BUDÄUS, DIETRICH (Privatisierung): Privatisierung öffentlich wahrgenommener Aufgaben – Grundlagen, Anforderungen und Probleme aus wirtschaftswissenschaftlicher Sicht, in: *GUSY, CHRISTOPH (HRSG.)*: Privatisierung von Staatsaufgaben: Kriterien – Grenzen – Folgen, Baden-Baden 1998, S. 12-36.

BUDÄUS, DIETRICH (Instrumentalfunktion öffentlicher Unternehmen): Controlling als Ansatz zur Operationalisierung der Instrumentalfunktion öffentlicher Unternehmen, in: Zeitschrift für öffentliche und gemeinwirtschaftliche Unternehmen, 7. Jg., 1984, S. 143-162.

BUDDEBERG, HANS (Binnenhandel): Betriebslehre des Binnenhandels, Wiesbaden 1959.

Bundesministerium für Finanzen (Hrsg.) (Entwicklung der Staatsfinanzen): Zur Lage und Entwicklung der Staatsfinanzen in der Bundesrepublik Deutschland – Gutachten des Wissenschaftlichen Beirates beim Bundesministerium für Finanzen, Bonn 1975.

Bundesregierung (Presseerklärung vom 1. März 2002): Presseerklärung vom 1. März 2002: Einigung mit der EU-Kommission über Zukunft der Sparkassen und Landesbanken, http://www.bundesregierung.de/artikel-,413.70827/Einigung-mit-der-EU-Kommission.htm, 8.8.2004.

Bundestagsdrucksache V/3500 (Untersuchung der Wettbewerbsverschiebungen): Bericht der Bundesregierung über die Untersuchung der Wettbewerbsverschiebungen im Kreditgewerbe und über eine Einlagensicherung, Bonn 1968.

Bundesverband der Deutschen Volksbanken und Raiffeisenbanken (Sicherungseinrichtung): Statut der Sicherungseinrichtung, Fassung vom 1.1.2004, Berlin 2004.

Bundesverband der Deutschen Volksbanken und Raiffeisenbanken (Wettbewerb im Markt): Pleister: Kreditinstitute sollen Wettbewerb im Markt austragen, http://www.bvr.de/public.nsf/detail.html?ReadForm&main=6&sub=10&Parent UNID= 1E9D33FD29B3A2E3C1256DF90038E6A6, 6.5.2005.

Bundesverband deutscher Banken (Banken): Banken 2004 – Fakten, Meinungen, Perspektiven, Berlin 2004.

Bundesverband deutscher Banken (Statut des Einlagensicherungsfonds): Statut des Einlagensicherungsfonds, Berlin 2002.

Bundesverband Öffentlicher Banken Deutschlands e. V. (Satzung für den Einlagensicherungsfonds): Satzung für den Einlagensicherungsfonds, Stand: 8.12.2003, Berlin 2003.

Bundesverband Öffentlicher Banken Deutschlands e. V. (VÖB-Mitglieder): VÖB-Mitglieder, http://www.voeb.de/mitglied_ordent.html, 30.09.2004.

Burghof, Hans-Peter/Rudolph, Bernd (Bankenaufsicht): Bankenaufsicht: Theorie und Praxis der Regulierung, Wiesbaden 1996.

Burkhardt, Thomas/Körnert, Jan/Walther, Ursula (Hrsg.): Banken, Finanzierung und Unternehmensführung – Festschrift für Karl Lohmann zum 65. Geburtstag, Berlin 2004.

Büschgen, Hans E. (Bankbetriebslehre): Bankbetriebslehre: Bankgeschäfte und Bankmanagement, 5. Aufl., Wiesbaden 1998.

Busse von Colbe, Walther (Zukunftserfolg): Der Zukunftserfolg – Die Ermittlung des künftigen Unternehmungserfolges und seine Bedeutung für die Bewertung von Industrieunternehmen, Wiesbaden 1957.

Chmielewicz, Klaus/Eichhorn, Peter (Hrsg.): Handwörterbuch der Öffentlichen Betriebswirtschaft, Stuttgart 1989.

CLARK, JOHN M. (Begriff eines funktionsfähigen Wettbewerbs): Zum Begriff eines funktionsfähigen Wettbewerbs, in: *HERDZINA, KLAUS (HRSG.)*: Wettbewerbstheorie, Köln 1975, S. 143-160.

CLAUSSEN, BERND (Teilprivatisierung kommunaler Sparkassen): Teilprivatisierung kommunaler Sparkassen? – Ökonomische und rechtliche Rahmenbedingungen für eine Beteiligung Privater an den kommunalen Kreditinstituten, Baden-Baden 1990.

COLLATZ, LOTHAR/WETTERLING, WOLFGANG (Optimierungsaufgaben): Optimierungsaufgaben, 2. Aufl., Berlin u. a. 1971.

COX, HELMUT (Kommunale Sparkassen): Kommunale Sparkassen privatisieren? Bemerkungen aus ordnungs- und wettbewerbstheoretischer Sicht, in: Kredit und Kapital, 27. Jg., 1994, S. 235-267.

DANTZIG, GEORG B. (Lineare Programmierung): Lineare Programmierung und Erweiterungen, Berlin u. a. 1966.

DARSOW, THOMAS ET AL. (Schweriner Kommentierung): Schweriner Kommentierung zur Kommunalverfassung des Landes Mecklenburg-Vorpommern, 2. Aufl., Schwerin 1999.

DÄUBLER, WOLFGANG (Privatisierung als Rechtsproblem): Privatisierung als Rechtsproblem, Neuwied u. a. 1980.

DEHE, HANS GÜNTHER (Öffentlicher Auftrag): Öffentlicher Auftrag, in: *DEUTSCHER SPARKASSENVERLAG (HRSG.)*: Handwörterbuch der Sparkassen, Bd. 3, Stuttgart 1982, S. 210-218.

DEPPE, HANS-DIETER (Bankbetrieb): Der Bankbetrieb als Gegenstand von Wachstumsanalysen, in: Zeitschrift für Betriebswirtschaft, 34. Jg., 1964, S. 353-381.

DEPPE, HANS-DIETER (Bankbetriebliches Wachstum): Bankbetriebliches Wachstum – Funktionalzusammenhänge und Operations Research in Kreditinstituten, Stuttgart 1969.

DEPPE, HANS-DIETER (HRSG.): Bankbetriebliches Lesebuch: Ludwig Mülhaupt zum 65. Geburtstag, Stuttgart 1978.

DEPPE, HANS-DIETER (HRSG.): Texte zur wissenschaftlichen Bankbetriebslehre II, Göttingen 1981.

DEPPE, HANS-DIETER (Konzeption): Eine Konzeption wissenschaftlicher Bankbetriebslehre in drei Doppelstunden, in: *DEPPE, HANS-DIETER (HRSG.)*: Bankbetriebliches Lesebuch: Ludwig Mülhaupt zum 65. Geburtstag, Stuttgart 1978, S. 3-98.

DEUTSCHE BUNDESBANK (HRSG.) (Bankenstatistik April 2005): Bankenstatistik April 2005, Frankfurt a. M. 2005.

Deutsche Bundesbank (Hrsg.) (Bankenstatistik Februar 1996): Bankenstatistik Februar 1996, Frankfurt a. M. 1996.

Deutsche Bundesbank (Hrsg.) (Einlagensicherung und Anlegerentschädigung): Einlagensicherung und Anlegerentschädigung in Deutschland, in: *Deutsche Bundesbank (Hrsg.)*: Monatsbericht Juli 2000, Frankfurt a. M. 2000, S. 29-45.

Deutsche Bundesbank (Hrsg.) (Einlagensicherung): Die Einlagensicherung in der Bundesrepublik Deutschland, in: *Deutsche Bundesbank (Hrsg.)*: Monatsbericht Juli 1992, Frankfurt a. M. 1992, S. 30-38.

Deutsche Bundesbank (Hrsg.) (Ertragslage der deutschen Kreditinstitute): Die Ertragslage der deutschen Kreditinstitute im Jahr 1998, in: *Deutsche Bundesbank (Hrsg.)*: Monatsbericht September 1999, Frankfurt a. M. 1999, S. 27-57.

Deutsche Bundesbank (Hrsg.) (Ertragslage der deutschen Kreditinstitute): Die Ertragslage der deutschen Kreditinstitute im Jahr 1999, in: *Deutsche Bundesbank (Hrsg.)*: Monatsbericht September 2000, Frankfurt a. M. 2000, S. 47-79.

Deutsche Bundesbank (Hrsg.) (Ertragslage der deutschen Kreditinstitute): Die Ertragslage der deutschen Kreditinstitute im Jahr 2003, in: *Deutsche Bundesbank (Hrsg.)*: Monatsbericht September 2004, Frankfurt a. M. 2004, S. 15-41.

Deutsche Bundesbank (Hrsg.) (Gesamtwirtschaftliche Finanzierungsströme): Die gesamtwirtschaftlichen Finanzierungsströme im Jahr 2003, in: *Deutsche Bundesbank (Hrsg.)*: Monatsbericht Juni 2004, Frankfurt a. M. 2004, S. 45-65.

Deutsche Bundesbank (Hrsg.) (Stabilität des deutschen Finanzsystems): Bericht zur Stabilität des deutschen Finanzsystems, in: *Deutsche Bundesbank (Hrsg.)*: Monatsbericht Dezember 2003, Frankfurt a. M. 2003, S. 5-53.

Deutsche Bundesbank (Hrsg.): Monatsbericht Dezember 2003, Frankfurt a. M. 2003.

Deutsche Bundesbank (Hrsg.): Monatsbericht Juli 1992, Frankfurt a. M. 1992.

Deutsche Bundesbank (Hrsg.): Monatsbericht September 1999, Frankfurt a. M. 1999.

Deutsche Bundesbank (Hrsg.): Monatsbericht Juli 2000, Frankfurt a. M. 2000.

Deutsche Bundesbank (Hrsg.): Monatsbericht Juni 2004, Frankfurt a. M. 2004.

Deutsche Bundesbank (Hrsg.): Monatsbericht September 2000, Frankfurt a. M. 2000.

Deutsche Bundesbank (Hrsg.): Monatsbericht September 2004, Frankfurt a. M. 2004.

Deutsche Bundesbank (Hrsg.) (Zeitreihen-Datenbank – Kredite an das Handwerk): Zeitreihen-Datenbank – Kredite an das Handwerk, http://www.bundesbank.de/statistik/statistik_zeitreihen.php, 22.3.2005.

DEUTSCHER BUNDESTAG (Girokonto für jedermann): Regierung sieht noch Handlungsbedarf beim „Girokonto für jedermann", http://www.bundestag.de/bic/hib/2004/ 2004_044/09.html, 4.3.2005.

DEUTSCHER SPARKASSEN- UND GIROVERBAND (Grundsätze der Beitragsbemessung): Grundsätze der risikoorientierten Beitragsbemessung der Sicherungseinrichtungen der Sparkassen-Finanzgruppe, beschlossen in der DSGV-Mitgliederversammlung vom 18.12.2003 mit Wirkung zum 1.1.2006, Berlin 2003.

DEUTSCHER SPARKASSEN- UND GIROVERBAND (Haftungsverbund): Satzung für den Haftungsverbund zwischen den Sparkassenstützungsfonds und der Sicherungsreserve der Landesbanken/Girozentralen sowie dem Sicherungsfonds der Landesbausparkassen, beschlossen in der DSGV-Mitgliederversammlung vom 11.12.1975, zuletzt geändert durch Beschluß der DSGV-Mitgliederversammlung am 20.7.1998, Berlin 1998.

DEUTSCHER SPARKASSEN- UND GIROVERBAND (Haftungsverbund): Satzung für den Haftungsverbund zwischen den Sparkassenstützungsfonds und der Sicherungsreserve der Landesbanken/Girozentralen sowie dem Sicherungsfonds der Landesbausparkassen, beschlossen in der DSGV-Mitgliederversammlung vom 11.12.1975, neugefaßt durch Beschluß der DSGV-Mitgliederversammlung vom 18.12.2003 mit Wirkung zum 1.1.2006, Berlin 2003.

DEUTSCHER SPARKASSEN- UND GIROVERBAND (Mustersatzung für die Sparkassenstützungsfonds): Mustersatzung für die Sparkassenstützungsfonds der Regionalverbände, beschlossen in der DSGV-Mitgliederversammlung vom 11.12.1975, zuletzt geändert durch Beschluß der Mitgliederversammlung vom 28.11.2002, Berlin 2002.

DEUTSCHER SPARKASSEN- UND GIROVERBAND (Mustersatzung für die Sparkassenstützungsfonds): Mustersatzung für die Sparkassenstützungsfonds der Regionalverbände, beschlossen in der DSGV-Mitgliederversammlung vom 11.12.1975, neugefaßt durch Beschluß der DSGV-Mitgliederversammlung vom 18.12.2003 mit Wirkung zum 1.1.2006, Berlin 2003.

DEUTSCHER SPARKASSEN- UND GIROVERBAND (Sicherungsfonds der Landesbausparkassen): Satzung für den Sicherungsfonds der Landesbausparkassen, beschlossen in der DSGV-Mitgliederversammlung vom 11.12.1975, neugefaßt durch Beschluß der DSGV-Mitgliederversammlung vom 18.12.2003 mit Wirkung zum 1.1.2006, Berlin 2003.

DEUTSCHER SPARKASSEN- UND GIROVERBAND (Sicherungsreserve der Landesbanken): Satzung für die Sicherungsreserve der Landesbanken/Girozentralen, beschlossen in der DSGV-Mitgliederversammlung vom 11.12.1975, neugefaßt durch Beschluß der DSGV-Mitgliederversammlung vom 18.12.2003 mit Wirkung zum 1.1.2006, Berlin 2003.

DEUTSCHER SPARKASSEN- UND GIROVERBAND (Stellungnahme): Stellungnahme des Deutschen Sparkassen- und Giroverbandes zu der gegen Anstaltslast und Gewährträgerhaftung in Deutschland gerichteten Beihilfebeschwerde der Europäischen Bankenvereinigung, http://www.sparkassen-finanzgruppe.de/owx_1_48_1_6_0_00000000000000.html?ausgabe=presseforum_de&neworder=Datum&id=309&aktion=mehr, 25.5.2005.

DEUTSCHER SPARKASSEN- UND GIROVERBAND (Überregionaler Ausgleich der Sparkassenstützungsfonds): Satzung für den überregionalen Ausgleich der Sparkassenstützungsfonds, beschlossen in der DSGV-Mitgliederversammlung vom 11.12.1975, zuletzt geändert durch Beschluß der DSGV-Mitgliederversammlung am 20.7.1998, Berlin 1998.

DEUTSCHER SPARKASSEN- UND GIROVERBAND (Überregionaler Ausgleich der Sparkassenstützungsfonds): Satzung für den überregionalen Ausgleich der Sparkassenstützungsfonds, beschlossen in der DSGV-Mitgliederversammlung vom 11.12.1975, neugefaßt durch Beschluß der DSGV-Mitgliederversammlung vom 18.12.2003 mit Wirkung zum 1.1.2006, Berlin 2003.

DEUTSCHER SPARKASSENVERLAG (HRSG.): Handwörterbuch der Sparkassen, Bd. 2, Stuttgart 1982.

DEUTSCHER SPARKASSENVERLAG (HRSG.): Handwörterbuch der Sparkassen, Bd. 3, Stuttgart 1982.

DEUTSCHES INSTITUT FÜR WIRTSCHAFTSFORSCHUNG (Entwicklungsperspektiven des Bankensektors): Gutachten – Untersuchung der Grundlagen und Entwicklungsperspektiven des Bankensektors in Deutschland (Dreisäulensystem), Berlin 2004.

DOLZER, RUDOLF/VOGEL, KLAUS/GRASSHOF, KARIN (HRSG.): Bonner Kommentar zum Grundgesetz, Loseblattausgabe, Berlin u. a. 1998.

DOMSCHKE, WOLFGANG/DREXL, ANDREAS (Operations Research): Einführung in Operations Research, 6. Aufl., Berlin u. a. 2005.

DÖRNER, WOLFGANG (Unternehmensbewertung): Die Unternehmensbewertung, in: *INSTITUT DER WIRTSCHAFTSPRÜFER (HRSG.)*: Wirtschaftsprüfer-Handbuch – Handbuch für Rechnungslegung, Prüfung und Beratung, Bd. II, 10. Aufl., Düsseldorf 1992, S. 1-136.

DOSSER, DOUGLAS (Linear Programming): Linear programming and public finance, in: Public Finance, 15. Jg., 1960, S. 51-61.

DÖTSCH, EWALD (Freibetrag): § 24 Freibetrag für kleinere Körperschaften, in: *DÖTSCH, EWALD ET AL. (HRSG.)*: Die Körperschaftsteuer – Kommentar zum Körperschaftsteuergesetz, Umwandlungssteuergesetz und zu den einkommensteuerrechtlichen Vorschriften der Anteilseignerbesteuerung, Loseblattausgabe, Stand: 51. Lieferung, Stuttgart Mai 2004.

DÖTSCH, EWALD ET AL. (HRSG.): Die Körperschaftsteuer – Kommentar zum Körperschaftsteuergesetz, Umwandlungssteuergesetz und zu den einkommensteuerrechtlichen Vorschriften der Anteilseignerbesteuerung, Loseblattausgabe, Stuttgart 2004.

DOWNS, ANTHONY (Theorie der Demokratie): Ökonomische Theorie der Demokratie, Tübingen 1968.

DRUKARCZYK, JOCHEN (DCF-Methoden und Ertragswertmethode): DCF-Methoden und Ertragswertmethode – einige klärende Anmerkungen, in: Die Wirtschaftsprüfung, 48. Jg., 1995, S. 329-334.

DÜLP, HEINRICH (Anstalten ohne Anstaltslast): Kann es Anstalten ohne Anstaltslast geben?, in: Zeitschrift für das gesamte Kreditwesen, 55. Jg., 2002, S. 207-208.

DUPPRÉ, FRITZ (Öffentlicher Auftrag): Der öffentliche Auftrag öffentlicher Banken und Sparkassen, in: *EICHHORN, PETER (HRSG.)*: Auftrag und Führung öffentlicher Unternehmen – Vorträge und Diskussionsbeiträge der 45. Staatswissenschaftlichen Fortbildungstagung 1977 der Hochschule für Verwaltungswissenschaften Speyer, Berlin 1977, S. 61-66.

EHLERS, DIRK (Garantie der kommunalen Selbstverwaltung): Die verfassungsrechtliche Garantie der kommunalen Selbstverwaltung, in: Deutsches Verwaltungsblatt, 115. Jg., 2000, S. 1301-1310.

EHLERS, DIRK (HRSG.): Kommunale Wirtschaftsförderung, Köln u. a. 1990

EHLERS, DIRK (Verwaltung in Privatrechtsform): Verwaltung in Privatrechtsform, Berlin 1984.

EICHHORN, PETER (HRSG.): Auftrag und Führung öffentlicher Unternehmen – Vorträge und Diskussionsbeiträge der 45. Staatswissenschaftlichen Fortbildungstagung 1977 der Hochschule für Verwaltungswissenschaften Speyer, Berlin 1977.

EICHHORN, PETER (Liquiditätsplanung): Liquiditätsplanung und Gelddisposition in öffentlichen Haushalten – Ein Beitrag zum Einsatz betriebswirtschaftlicher Instrumente in der Finanzwissenschaft staatlicher und insbesondere kommunaler Verwaltungen, Baden-Baden 1974.

EICHHORN, PETER (Privatisierung von Sparkassen): Privatisierung von Sparkassen: Wachsende Bankenmacht, in: Zeitschrift für das gesamte Kreditwesen, 45. Jg., 1992, S. 1129-1134.

EICHHORN, PETER/FRIEDRICH, PETER (Verwaltungsökonomie): Verwaltungsökonomie: 1. Methodologie und Management der öffentlichen Verwaltung, Baden-Baden 1976.

EILENBERGER, GUIDO (Bankbetriebswirtschaftslehre): Bankbetriebswirtschaftslehre: Grundlagen – Internationale Bankleistungen – Bank-Management, 7. Aufl., München u. a. 1997.

ELLGERING, INGO (Zweckverbandssparkassen in Deutschland): Zweckverbandssparkassen in Deutschland, in: *WISSENSCHAFTSFÖRDERUNG DER SPARKASSENORGANISATION E. V. (HRSG.)*: Der Zweckverband als Organisationsform kommunaler

Sparkassen: rechtliche Grundlagen, geschäftspolitische Bedeutung, historische Erfahrungen am Beispiel der Kreissparkasse Köln, Stuttgart 1999, S. 62-72.

ELLGERING, INGO (Zweckverbandssparkassen): Zweckverbandssparkassen in der Bundesrepublik Deutschland, Stuttgart 1973.

ELLINGER, THEODOR/BEUERMANN, GÜNTER/LEISTEN, RAINER (Operations Research): Operations Research – Eine Einführung, 6. Aufl., Berlin u. a. 2003.

EMMERICH, VOLKER (Wirtschaftsrecht der öffentlichen Unternehmen): Das Wirtschaftsrecht der öffentlichen Unternehmen, Bad Homburg u. a. 1969.

ENDLEIN, AXEL (Zweckverband): Der Zweckverband – eine bewährte Form kommunaler Aufgabenwahrnehmung in besonders gelagerten Fällen großräumiger Problemlagen, in: *WISSENSCHAFTSFÖRDERUNG DER SPARKASSENORGANISATION E. V. (HRSG.)*: Der Zweckverband als Organisationsform kommunaler Sparkassen: rechtliche Grundlagen, geschäftspolitische Bedeutung, historische Erfahrungen am Beispiel der Kreissparkasse Köln, Suttgart 1999, S. 10-28.

ENGELS, WOLFRAM (Betriebswirtschaftliche Bewertungslehre): Betriebswirtschaftliche Bewertungslehre im Licht der Entscheidungstheorie, Köln u. a. 1962.

ENGELSING, FELIX (Zahlungsfähigkeit): Zahlungsfähigkeit von Kommunen und anderen juristischen Personen des öffentlichen Rechts – Vollstreckung und finanzielle Einstandspflicht, Stuttgart u. a. 1999.

ERDMEIER, PETER (Privatisierung von Unternehmensbeteiligungen): Die Privatisierung von Unternehmensbeteiligungen des Landes Berlin seit der Wiedervereinigung – Ausdruck wirtschaftspolitischer Neubesinnung oder finanzpolitischen Zwangs?, Berlin 1998.

EU-KOMMISSION (Presseerklärung vom 17. Juli 2001): Presseerklärung vom 17. Juli 2001: Verständigung über Anstaltslast und Gewährträgerhaftung, http://www.lrp.de/m2_kunden/download/pr_eu_17-7-01_dt.pdf, 8.8.2004.

EU-KOMMISSION (Presseerklärung vom 28. Februar 2002): Presseerklärung vom 28. Februar 2002: Schlussfolgerungen über Anstaltslast and Gewährträgerhaftung betreffend die Verständigung über Landesbanken und Sparkassen vom 17.7.2001, http://www.sachsenlb.de/libimg/pdf/0204_anlage_3.pdf, 8.8.2004.

EUROPÄISCHE ZENTRALBANK (EU Banking Structure): Report on EU Banking Structure, Frankfurt a. M. 2004.

EUROSTAT (HRSG.) (Statistiken über Kreditinstitute): Statistiken über Kreditinstitute – Zahl der Unternehmen und Bilanzsumme aufgeschlüsselt nach der Rechtsform, http://epp.eurostat.cec.eu.int/portal/page?_pageid=1996,45323734&_dad=portal&_schema=PORTAL&screen=welcomeref&open=/industry/financ/credstat&language=de&product=EU_MAIN_TREE&root=EU_MAIN_TREE&scrollto=236, 13.1.2005.

FABRY, BEATRICE/AUGSTEN, URSULA (HRSG.): (Unternehmen der öffentlichen Hand): Handbuch Unternehmen der öffentlichen Hand, Baden-Baden 2002.

FELDER, BERND (Betriebe gewerblicher Art): § 4 Betriebe gewerblicher Art von juristischen Personen des öffentlichen Rechts, in: *DÖTSCH, EWALD ET AL. (HRSG.)*: Die Körperschaftsteuer – Kommentar zum Körperschaftsteuergesetz, Umwandlungssteuergesetz und zu den einkommensteuerrechtlichen Vorschriften der Anteilseignerbesteuerung, Loseblattausgabe, Stand: 49. Lieferung, Stuttgart Oktober 2003.

FELDHOFF, PATRICIA (IDW-Standard): Der neue IDW-Standard zur Unternehmensbewertung: Ein Fortschritt?, in: Der Betrieb, 53. Jg., 2000, S. 1237-1240.

FINZEL, FRANK/THUY, PETER (Privatisierung der Sparkassen): Privatisierung der Sparkassen – tagespolitische Modeerscheinung oder ordnungspolitische Notwendigkeit?, in: Jahrbuch für die Ordnung von Wirtschaft und Gesellschaft, 47. Jg., 1996, S. 241-261.

FISCHER, PETER (Wirtschaftlicher Geschäftsbetrieb): § 14 Wirtschaftlicher Geschäftsbetrieb, in: *HÜBSCHMANN, WALTER/HEPP, ERNST/SPITALER, ARMIN (HRSG.)*: Abgabenordnung – Finanzgerichtsordnung – Kommentar, 10. Aufl., Stand: 158. Lieferung, Köln August 1998.

FISCHER, REINFRID (§ 40 KWG): § 40 Bezeichnung „Sparkasse", in: *BOOS, KARL-HEINZ/FISCHER, REINFRID/SCHULTE-MATTLER, HERMANN (HRSG.)*: Kreditwesengesetz – Kommentar zu KWG und Ausführungsvorschriften, 2. Aufl., München 2004, S. 1116-1123.

FISCHER, REINFRID (Sparkassenstruktur): Sparkassenstruktur und Privatisierung, in: Sparkasse, 109. Jg., 1992, S. 567-571.

FLOITGRAF, HANS (Steuerprivilegien): Steuerprivilegien und Wettbewerb im Bankwesen der Bundesrepublik Deutschland – Untersuchung der unterschiedlichen Besteuerung der Kreditinstitute und ihres Einflusses auf die Wettbewerbsverhältnisse. Reformvorschläge, Frankfurt a. M. 1964.

FLUHRER, HELMUT (Privatisierung im kommunalen Bereich): „Weniger Staat – Mehr Privat" – Die Befürworter der Privatisierung im kommunalen Bereich, München 1984.

FORSTHOFF, ERNST (Verwaltungsrecht): Lehrbuch des Verwaltungsrechts, Bd. 1, 10. Aufl., München 1973.

FRIEDRICH, PETER (Investitionskriterien): Volkswirtschaftliche Investitionskriterien für Gemeindeunternehmen, Tübingen 1969.

GÄFGEN, GÉRARD (Kreditwirtschaftlicher Wettbewerb): Korrekturfaktoren im kreditwirtschaftlichen Wettbewerb, in: Sparkasse, 77. Jg., 1960, S. 167-171.

Gastl, Christian (Betriebe gewerblicher Art): Betriebe gewerblicher Art im Körperschaftsteuerrecht – Abgrenzung – Einkommensermittlung – Steuerbelastung, Frankfurt a. M. 2002.

Geigant, Friedrich et al. (Hrsg.): Lexikon der Volkswirtschaft, 7. Aufl., Landsberg am Lech 2000.

Gerke, Wolfgang/Steiner, Manfred (Hrsg.): Handwörterbuch des Bank- und Finanzwesens, 3. Aufl., Stuttgart 2001.

Gesellschaft für öffentliche Wirtschaft (Hrsg.) (Privatisierungsdiskussion): Sparkassen und Landesbanken in der Wettbewerbs- und Privatisierungsdiskussion: Stellungnahme des Wissenschaftlichen Beirats der Gesellschaft für öffentliche Wirtschaft, Berlin 1998.

Gesellschaft für öffentliche Wirtschaft (Monopolkommission): Monopolkommission gegen funktionsfähigen Wettbewerb im Bankensektor: Stellungnahme des Wissenschaftlichen Beirats der Gesellschaft für öffentliche Wirtschaft zum 9. Hauptgutachten der Monopolkommission, in: Zeitschrift für öffentliche und gemeinwirtschaftliche Unternehmen, 16. Jg., 1993, S. 75-79.

Gesellschaft für öffentliche Wirtschaft und Gemeinwirtschaft (Hrsg.): Öffentliche Unternehmen in der sozialen Marktwirtschaft heute, Baden-Baden 1984.

Giersch, Herbert (Wirtschaftspolitik): Allgemeine Wirtschaftspolitik, Grundlagen, Wiesbaden 1961.

Gornas, Jürgen/Beyer, Werner (Betriebswirtschaft): Betriebswirtschaft in der öffentlichen Verwaltung, Köln 1991.

Gosden, Peter H. J. H. (Grossbritannien): Grossbritannien, in: *Wissenschaftsförderung der Sparkassenorganisation e. V. (Hrsg.)*: Europäische Sparkassengeschichte, Stuttgart 1995, S. 151-180.

Grabbe, Jürgen (Privatisierung kommunaler Aufgaben): Verfassungsrechtliche Grenzen der Privatisierung kommunaler Aufgaben, Berlin 1979.

Gramm, Christof (Privatisierung): Privatisierung und notwendige Staatsaufgaben, Berlin 2001.

Griesel, Harald (Bankenwettbewerb): Funktionsweise und charakteristische Merkmale des Bankenwettbewerbs als Gegenstand wissenschaftlicher Bankbetriebslehre, in: *Deppe, Hans-Dieter (Hrsg.)*: Bankbetriebliches Lesebuch: Ludwig Mühlhaupt zum 65. Geburtstag, Stuttgart 1978, S. 581-612.

Grochla, Erwin (Hrsg.): Handwörterbuch der Organisation, 2. Aufl., Stuttgart 1980.

Gröschel, Ulrich (Wettbewerbspolitische Aspekte): Wettbewerbspolitische Aspekte einer Privatisierung von Sparkassen, in: Sparkasse, 109. Jg., 1992, S. 519-526.

GROSSEKETTLER, HEINZ (Deregulierung und Privatisierung): Deregulierung und Privatisierung – Modeströmung, überfällige Korrektur oder ordnungspolitische Daueraufgabe?, Volkswirtschaftliche Diskussionsbeiträge der Universität Münster, Beitrag Nr. 108, Münster 1988.

GROSSEKETTLER, HEINZ (Privatisierung, Deregulierung und Entbürokratisierung): Privatisierung, Deregulierung und Entbürokratisierung – Zeichen des Zeitgeistes oder ordnungspolitische Daueraufgabe?, Arbeitspapier Nr. 80 der Wissenschaftlichen Gesellschaft für Marketing und Unternehmensführung e. V., Münster 1993.

GRUNDMANN, WOLFGANG (Einlagensicherungssysteme): Die Einlagensicherungssysteme, in: Zeitschrift für das gesamte Kreditwesen, 45. Jg., 1992, S. 1134-1138.

GÜDE, UDO (Geschäftspolitik): Geschäftspolitik der Sparkassen – Grundlagen und aktuelle Probleme, 6. Aufl., Stuttgart 1995.

GUSY, CHRISTOPH (HRSG.) (Privatisierung von Staatsaufgaben): Privatisierung von Staatsaufgaben: Kriterien – Grenzen – Folgen, Baden-Baden 1998.

GUTENBERG, ERICH (Produktion): Grundlagen der Betriebswirtschaftslehre – Die Produktion, 24. Aufl., Berlin u. a. 1983.

HAAS, ECKART (Juristische Person des öffentlichen Rechts): Die juristische Person des öffentlichen Rechts als Wettbewerbsunternehmen – Eine begriffliche Untersuchung, Hamburg 1959.

HABECK, INKA (Sparkassen als Universalbanken): Sparkassen als Universalbanken?: Rechtliche Möglichkeiten und Grenzen allgemeiner Bankgeschäfte im Sparkassenbereich, Frankfurt a. M. 2001.

HAFKE, HEINZ CHRISTIAN (Freie und öffentlich-rechtliche Sparkassen): „Freie" und öffentlich-rechtliche Sparkassen, in: Zeitschrift für das gesamte Kreditwesen, 41. Jg., 1988, S. 174-180.

HAGEMEISTER, ADRIAN VON (Privatisierung öffentlicher Aufgaben): Die Privatisierung öffentlicher Aufgaben – Eine verfassungs- und verwaltungsrechtliche Abhandlung unter Zugrundelegung des Verfassungs- und Verwaltungsrechts der Republik Österreich und der Bundesrepublik Deutschland, München 1992.

HAGEN, JÜRGEN VON/STEIN, JOHANN HEINRICH VON (HRSG.): Geld-, Bank- und Börsenwesen – Handbuch des Finanzsystems, 40. Aufl., Stuttgart 2000.

HAHN, OSWALD (Banktypologie): Struktur der Bankwirtschaft, Bd. 1, Banktypologie und Universalbanken, Berlin 1981.

HAMEL, WINFRIED (Entscheidungsprozeß): Zieländerungen im Entscheidungsprozeß, Tübingen 1974.

HAMER, EBERHARD/GEBHARDT, RAINER (Privatisierungspraxis): Privatisierungspraxis – Hilfe zur Umstellung von Staats- auf Privatwirtschaft, 2. Aufl., Essen 1992.

Hamm, Walter (Kollektiveigentum): Kollektiveigentum: Die Rolle öffentlicher Unternehmen in der Marktwirtschaft, Heidelberg 1961.

Hamm, Walter (Öffentliche Unternehmen): Sind öffentliche Unternehmen ein entbehrliches Instrument staatlicher Politik?, in: *Gesellschaft für öffentliche Wirtschaft und Gemeinwirtschaft (Hrsg.)*: Öffentliche Unternehmen in der sozialen Marktwirtschaft heute, Baden-Baden 1984, S. 33-44.

Hartmann-Wendels, Thomas / Pfingsten, Andreas / Weber, Martin (Bankbetriebslehre): Bankbetriebslehre, 3. Aufl., Berlin u. a 2004.

Hauschildt, Jürgen (Entscheidungsziele): Entscheidungsziele – Zielbildung in innovativen Entscheidungsprozessen: theoretische Ansätze und empirische Prüfung, Tübingen 1977.

Hauschildt, Jürgen (Zielsysteme): Zielsysteme, in: *Grochla, Erwin (Hrsg.)*: Handwörterbuch der Organisation, 2. Aufl., Stuttgart 1980, Sp. 2419-2430.

Hax, Herbert (Investitions- und Finanzplanung): Investitions- und Finanzplanung mit Hilfe der linearen Programmierung, in: Zeitschrift für betriebswirtschaftliche Forschung, 16. Jg., 1964, S. 430-446.

Hayn, Marc (Funktionale Wertkonzeptionen): Unternehmensbewertung: Die funktionalen Wertkonzeptionen, in: Der Betrieb, 53. Jg., 2000, S. 1346-1353.

Hedrich, Carl-Christoph (Privatisierung der Sparkassen): Die Privatisierung der Sparkassen – Ein Beitrag zu den institutionellen Problemen der Deregulierung, Baden-Baden 1993.

Heider, Achim (Planung in Kommunalverwaltungen): Betriebswirtschaftlich orientierte Planung in Kommunalverwaltungen – Ein Vergleich von Einflußfaktoren und Zielbildungen in Unternehmungen und kommunalen Verwaltungen, Marburg 1995.

Heinen, Edmund (Entscheidungen): Grundlagen betriebswirtschaftlicher Entscheidungen – Das Zielsystem der Unternehmung, 3. Aufl., Wiesbaden 1976.

Hellermann, Johannes (Daseinsvorsorge): Örtliche Daseinsvorsorge und gemeindliche Selbstverwaltung – Zum kommunalen Betätigungs- und Gestaltungsspielraum unter den Bedingungen europäischer und staatlicher Privatisierungs- und Deregulierungspolitik, Tübingen 2000.

Herdzina, Klaus (Hrsg.): Wettbewerbstheorie, Köln 1975.

Herdzina, Klaus (Wettbewerbspolitik): Wettbewerbspolitik, 5. Aufl., Stuttgart 1999.

Hering, Thomas (Finanzwirtschaftliche Unternehmensbewertung): Finanzwirtschaftliche Unternehmensbewertung, Wiesbaden 1999.

Hering, Thomas (Investitionstheorie): Investitionstheorie, 2. Aufl., München u. a. 2003.

HERING, THOMAS (Wahlproblem): Zur Partialisierbarkeit des Wahlproblems in der Investitionsrechnung, in: Betriebswirtschaftliche Forschung und Praxis, 54. Jg., 2002, S. 21-34.

HERING, THOMAS (Zustands-Grenzpreismodell): Das allgemeine Zustands-Grenzpreismodell zur Bewertung von Unternehmen und anderen unsicheren Zahlungsströmen, in: Die Betriebswirtschaft, 60. Jg., 2000, S. 362-378.

HERING, THOMAS/BRÖSEL, GERRIT (Argumentationswert): Der Argumentationswert als „blinder Passagier" im IDW S 1 – Kritik und Abhilfe, in: Die Wirtschaftsprüfung, 57. Jg., 2004, S. 936-942.

HILGENSTOCK, RALF (Besteuerung öffentlicher Unternehmen): Besteuerung öffentlicher Unternehmen: Notwendigkeit und Ansatzpunkte für eine Reform der körperschaft-, gewerbe- und umsatzsteuerlichen Behandlung, Aachen 2002.

HILLIER, FREDERICK S./LIEBERMANN, GERALD J. (Operations Research): Operations Research: Einführung, 5. Aufl., München u. a. 2002.

HÖHMANN, KAI (Shareholder-Value von Banken): Shareholder-Value von Banken, Wiesbaden 1998.

HOLDIJK, RUDOLF (Eigenkapitalprobleme): Die Eigenkapitalprobleme der deutschen Sparkassen – Kriterien und Realisationsmöglichkeiten einer angemessenen Eigenkapitalausstattung, Wiesbaden 1979.

HOLST, JONNY/WILKENS, MARCO (HRSG.): Finanzielle Märkte und Banken – Innovative Entwicklungen am Beginn des 21. Jahrhunderts, Wolfgang Benner zum 60. Geburtstag, Berlin 2000.

HOMMEL, MICHAEL/BRAUN, INGA/SCHMOTZ, THOMAS (Unternehmensbewertung): Neue Wege in der Unternehmensbewertung? – Kritische Würdigung des neuen IDW-Standards (IDW S 1) zur Unternehmensbewertung, in: Der Betrieb, 54. Jg., 2001, S. 341-347.

HÖPKER, HEINRICH (HRSG.) (Sparkassen): Die deutschen Sparkassen, ihre Entwicklung und ihre Bedeutung – Vollständiger Nachdruck der Originalausgabe von 1924, Stuttgart 1997.

HOPPE, WERNER (Haftungszuschlag für die kommunalen Sparkassen): Zur Diskussion um den Haftungszuschlag für die kommunalen Sparkassen, in: Deutsches Verwaltungsblatt, 97. Jg., 1982, S. 45-51.

HOPPE, WERNER/UECHTRITZ, MICHAEL (HRSG.): Handbuch kommunale Unternehmen, Köln 2004.

HOPPENSTEDT, DIETRICH H. (Institute der Bürger): Sparkassen sind nicht „staatlich", sondern Institute der Bürgerinnen und Bürger, in: Zeitschrift für das gesamte Kreditwesen, 57. Jg., 2004, S. 446-450.

HOPPENSTEDT, DIETRICH H. (Sparkassen): Sparkassen, Sparkassen-Finanzgruppe, in: *GERKE, WOLFGANG/STEINER, MANFRED (HRSG.)*: Handwörterbuch des Bank- und Finanzwesens, 3. Aufl., Stuttgart 2001, Sp. 1951-1966.

HUBER, DIETMAR (Gesetz Amato): Das Gesetz Amato und die angestrebte Neustrukturierung des italienischen Kreditwesensystems, in: Bank-Archiv, 41. Jg., 1993, S. 841-846.

HÜBSCHMANN, WALTER/HEPP, ERNST/SPITALER, ARMIN (HRSG.): Abgabenordnung – Finanzgerichtsordnung – Kommentar, Loseblattausgabe, 10. Aufl., Köln 1998.

HUGHES, GEOFFREY (Sparkassen in Großbritannien): Die geschichtliche Entwicklung der Sparkassen in Großbritannien, in: *MURA, JÜRGEN (HRSG.)*: Die Sparkassen in der EG – historische Entwicklung und Zukunftsperspektiven, Sparkassenhistorisches Symposium 1989, Stuttgart 1990, S. 48-60.

HÜTTEMANN, RAINER (Besteuerung der öffentlichen Hand): Die Besteuerung der öffentlichen Hand, Köln 2002.

HÜTTEMANN, RAINER (Besteuerung öffentlicher Unternehmen): Die Besteuerung öffentlicher Unternehmen, in: *IPSEN, JÖRN (HRSG.)*: Kommunalwirtschaft im Umbruch: kommunale Wirtschaftsunternehmen zwischen öffentlicher Aufgabe und Wettbewerb, Osnabrück 2001, S. 77-90.

IMMENGA, ULRICH/MESTMÄCKER, ERNST-JOACHIM (HRSG.): Gesetz gegen Wettbewerbsbeschränkungen: GWB – Kommentar, 3. Aufl., München 2001.

INSTITUT DER WIRTSCHAFTSPRÜFER (HFA 2/1983): Stellungnahme HFA 2/1983: Grundsätze zur Durchführung von Unternehmensbewertungen, in: Die Wirtschaftsprüfung, 36. Jg., 1983, S. 468-480.

INSTITUT DER WIRTSCHAFTSPRÜFER (HFA 2/1995): Stellungnahme HFA 2/1995: Zur Unternehmensbewertung im Familien- und Erbrecht, in: Die Wirtschaftsprüfung, 48. Jg., 1995, S. 522-526.

INSTITUT DER WIRTSCHAFTSPRÜFER (HFA 6/1997): Stellungnahme HFA 6/1997: Besonderheiten der Bewertung kleiner und mittlerer Unternehmen, in: Die Wirtschaftsprüfung, 51. Jg., 1998, S. 26-29.

INSTITUT DER WIRTSCHAFTSPRÜFER (HRSG.): Wirtschaftsprüfer-Handbuch – Handbuch für Rechnungslegung, Prüfung und Beratung, Bd. II, 10. Aufl., Düsseldorf 1992.

INSTITUT DER WIRTSCHAFTSPRÜFER (HRSG.): Wirtschaftsprüfer-Handbuch – Handbuch für Rechnungslegung, Prüfung und Beratung, Bd. II, 12. Aufl., Düsseldorf 2002.

INSTITUT DER WIRTSCHAFTSPRÜFER (IDW ES 1 n. F.): Entwurf einer Neufassung des IDW Standards: Grundsätze zur Durchführung von Unternehmensbewertungen (IDW ES 1 n. F.), Düsseldorf 2004.

Institut der Wirtschaftsprüfer (IDW S 1): IDW Standard: Grundsätze zur Durchführung von Unternehmensbewertungen (IDW S 1), Düsseldorf 2001.

Ipsen, Jörn (Hrsg.): Kommunalwirtschaft im Umbruch: Kommunale Wirtschaftsunternehmen zwischen öffentlicher Aufgabe und Wettbewerb, Osnabrück 2001.

Isensee, Josef (Subsidiaritätsprinzip und Verfassungsrecht): Subsidiaritätsprinzip und Verfassungsrecht – Eine Studie über das Regulativ des Verhältnisses von Staat und Gesellschaft, 2. Aufl., Berlin 2001.

Jaensch, Günter (Unternehmensbewertung): Ein einfaches Modell der Unternehmensbewertung ohne Kalkulationszinsfuß, in: Zeitschrift für betriebswirtschaftliche Forschung, 18. Jg., 1966, S. 660-679.

Jaensch, Günter (Wert und Preis): Wert und Preis der ganzen Unternehmung, Köln u. a. 1966.

Kämmerer, Jörn Axel (Privatisierung): Privatisierung: Typologie – Determinanten – Rechtspraxis – Folgen, Tübingen 2001.

Kantzenbach, Erhard (Funktionsfähigkeit des Wettbewerbs): Die Funktionsfähigkeit des Wettbewerbs, 2. Aufl., Göttingen 1967.

Karl-Bräuer-Institut (Hrsg.) (Privatisierung): Privatisierung von Sparkassen und Landesbanken, Wiesbaden 1994.

Karrenberg, Hanns/Münstermann, Engelbert (Gemeindefinanzbericht): Der Gemeindefinanzbericht 2004 im Detail: Stadtfinanzen: Rekorddefizite und Verfall der Investitionen, in: der städtetag, 57. Jg., 2004, S. 16-92.

Kemmler, Iris (Anstalt ohne Anstaltslast): Keine Anstalt ohne Anstaltslast – Zur Abschaffung der Anstaltslast für Landesbanken und Sparkassen, in: Deutsches Verwaltungsblatt, 118. Jg., 2003, S. 100-107.

Kessler, Alice/Riekeberg, Marcus (Privatisierung kommunaler Sparkassen): Privatisierung kommunaler Sparkassen: Wissenschaftlich fundierte Forderung oder ideologisch geführte Diskussion?, in: Bank-Archiv, 47. Jg., 1999, S. 279-289.

Ketzel, Eberhart (Privatisierung der Sparkassen): Privatisierung der Sparkassen – nicht zu Ende gedacht, in: Wirtschaftsdienst, 70. Jg., 1990, S. 623-626.

Ketzel, Eberhart (Privatisierungsdebatte): Einseitiges Pro in der Privatisierungsdebatte: Anmerkungen zu einer Dissertation, in: Sparkasse, 110. Jg., 1993, S. 439-441.

Kirchgässner, Gebhard (Homo Oeconomicus): Homo Oeconomicus – Das ökonomische Modell individuellen Verhaltens und seine Anwendung in den Wirtschafts- und Sozialwissenschaften, 2. Aufl., Tübingen 2000.

Klein, Dietmar K. R. (Bankensysteme): Die Bankensysteme der EU-Länder, 3. Aufl., Frankfurt a. M. 1998.

KLEIN, HANS (Teilnahme des Staates): Die Teilnahme des Staates am wirtschaftlichen Wettbewerb, Stuttgart 1968.

KLEIN, MIKKO (Privatisierung der Sparkassen): Die Privatisierung der Sparkassen und Landesbanken – Begründungen, Probleme und Möglichkeiten aus ökonomischer und rechtlicher Perspektive, Frankfurt a. M. 2003.

KLINGELHÖFER, HEINZ ECKART (Investitionsbewertung): Investitionsbewertung auf unvollkommenen Kapitalmärkten unter Unsicherheit, in: Betriebswirtschaftliche Forschung und Praxis, 55. Jg., 2003, S. 279-305.

KOCH, THORSTEN (Verkauf kommunaler Sparkassen): Kommunale Finanzkrise und Verkauf kommunaler Sparkassen, in: Neue Zeitschrift für Verwaltungsrecht, 23. Jg., 2004, S. 578-580.

KOHL, TORSTEN/SCHULTE, JÖRN (Ertragswertverfahren und DCF-Verfahren): Ertragswertverfahren und DCF-Verfahren – Ein Überblick vor dem Hintergrund der Anforderungen des IDW S 1, in: Die Wirtschaftsprüfung, 53. Jg., 2000, S. 1147-1164.

KOLBECK, ROSEMARIE (Bankbetriebliche Planung): Bankbetriebliche Planung – Planungsmöglichkeiten bei Kreditbanken, Sparkassen und Kreditgenossenschaften, Wiesbaden 1971.

KÖRNERT, JAN (Managementansatz Deppes): Der Managementansatz Deppes als konzeptionelle Basis einer zielgerichteten Unternehmensführung in Kreditinstituten, in: *BURKHARDT, THOMAS/KÖRNERT, JAN/WALTHER, URSULA (HRSG.)*: Banken, Finanzierung und Unternehmensführung – Festschrift für Karl Lohmann zum 65. Geburtstag, Berlin 2004, S. 207-231.

KÖRNERT, JAN (Dominoeffekte): Dominoeffekte im Bankensystem – Theorien und Evidenz, Berlin 1998.

KÖRNERT, JAN (Theorien über Dominoeffekte): Theorien über Dominoeffekte im Bankensystem – Darstellung, Kritik und Regulierungsansätze, in: *HOLST, JONNY/WILKENS, MARCO (HRSG.)*: Finanzielle Märkte und Banken – Innovative Entwicklungen am Beginn des 21. Jahrhunderts, Wolfgang Benner zum 60. Geburtstag, Berlin 2000, S. 365-399.

KÖRNERT, JAN/NOLTE, BERND (Italiens Bankensystem): Italiens Bankensystem im Umbruch, in: Zeitschrift für das gesamte Kreditwesen, 58. Jg., 2005, S. 79-84.

KOSIOL, ERICH (Die Unternehmung): Die Unternehmung als wirtschaftliches Aktionszentrum – Einführung in die Betriebswirtschaftslehre, Reinbek bei Hamburg 1966.

KOTTMANN, GEORG (Konzentration): Die Bewertung der Konzentration in der Kreditwirtschaft – Eine Analyse des Wertes der Konzentration unter zielpluralistischen Bedingungen, Frankfurt a. M. 1974.

KRAUS, HANS S. (Privatisierung öffentlicher Aufgaben): Privatisierung öffentlicher Aufgaben – Perspektiven zur Gestaltung innovativer Organisationsformen, Wiesbaden 1997.

KRÖNES, GERHARD (Operationalisierung): Operationalisierung von Zielen öffentlicher Unternehmen, in: Zeitschrift für öffentliche und gemeinwirtschaftliche Unternehmen, 21. Jg., 1998, S. 277-292.

KRUMNOW, JÜRGEN ET AL. (Rechnungslegung): Rechnungslegung der Kreditinstitute – Kommentar zum deutschen Bilanzrecht unter Berücksichtigung von IAS/IFRS, 2. Aufl., Stuttgart 2004.

KUGEL, BIRGIT (Besteuerung): Die Besteuerung öffentlicher Betriebe – Darstellung und kritische Analyse des gegenwärtigen Rechtszustandes, München 1989.

KÜMMEL, AXEL TIBOR (Bewertung von Kreditinstituten): Bewertung von Kreditinstituten nach dem Shareholder Value Ansatz: unter besonderer Berücksichtigung des Zinsänderungsrisikos, 2. Aufl., Sternenfels u. a. 1995.

KÜNNEMANN, MARTIN (Objektivierte Unternehmensbewertung): Objektivierte Unternehmensbewertung, Frankfurt a. M. 1985.

KURZE, THOMAS (Eigenkapitalausstattung kommunaler Sparkassen): Probleme und Verbesserungsmöglichkeiten der Eigenkapitalausstattung kommunaler Sparkassen, Aachen 1977.

LANDESBANK RHEINLAND-PFALZ (Pressemitteilung vom 16.7.2004): Pressemitteilung vom 16.7.2004: Rheinland-pfälzische Sparkassen treffen Grundsatzentscheidungen zur Zukunft der Landesbank, http://www.lrp.de/m3_aktuell/pressecenter/pressemeld_2004_07_16.asp, 25.5.2005.

LANDESREGIERUNG NORDRHEIN-WESTFALEN (Pressemitteilung vom 20.11.2003): Pressemitteilung vom 20.11.2003: Landesbank wird zur Förderbank des Landes – Landesbankgesetz in den Landtag eingebracht, http://www.presseservice.nrw.de/01_textdienst/11_pm/2003/q4/20031120_06.html, 25.5.2005.

LARCH, MARTIN (Italienische Sparkassen): Reform und Privatisierung der italienischen Sparkassen, in: Deutsche Bank Research – Aktuelle Themen, Nr. 164, Frankfurt a. M. 2000, S. 1-6.

LAUDENBACH, HANS-JÖRG (Kommunale Sparkassen): Organisationsform Aktiengesellschaft für kommunale Sparkassen – (k)eine Alternative zur Lösung der Eigenkapitalprobleme bei öffentlich-rechtlichen Sparkassen, Heidelberg 1994.

LAUSTERER, MARTIN (Unternehmensbewertung): Unternehmensbewertung zwischen Betriebswirtschaftslehre und Rechtsprechung, Baden-Baden 1997.

LAUX, HELMUT (Flexible Planung): Flexible Planung des Kapitalbudgets mit Hilfe der linearen Programmierung, in: Zeitschrift für betriebswirtschaftliche Forschung, 21. Jg., 1969, S. 728-742.

LAUX, HELMUT (Unternehmensbewertung): Unternehmensbewertung bei Unsicherheit, in: Zeitschrift für Betriebswirtschaft, 41. Jg., 1971, S. 525-540.

LAUX, HELMUT/FRANKE, GÜNTER (Bewertung von Unternehmungen): Zum Problem der Bewertung von Unternehmungen und anderen Investitionsgütern, in: Unternehmensforschung, 13. Jg., 1969, S. 205-223.

LAUX, HELMUT/FRANKE, GÜNTER (Versagen der Kapitalwertmethode): Das Versagen der Kapitalwertmethode bei Ganzzahligkeitsbedingungen, in: Zeitschrift für betriebswirtschaftliche Forschung, 22. Jg., 1970, S. 517-527.

LE FANU, JULIAN (Bankenmarkt Großbritannien): Bankenmarkt Großbritannien: Konsolidierung, Wettbewerb und der Cruickshank-Bericht, in: Die Bank, Heft 3, 2004, S. 150-155.

LEE, WON-WOO (Privatisierung als Rechtsproblem): Privatisierung als Rechtsproblem, Köln u. a. 1997.

LENORT, NORBERT J. (Strukturforschung): Strukturforschung und Gemeindeplanung – Zur Methodenlehre der Kommunalpolitik, Köln u. a. 1960.

LEPPER, MARKUS (Ausschüttung von Sparkassengewinnen): Die Verwendung und insbesondere die Ausschüttung von Sparkassengewinnen, Baden-Baden 2003.

LINDE, ROBERT (Natürliches Monopol): Natürliches Monopol, in: *GEIGANT, FRIEDRICH ET AL. (HRSG.)*: Lexikon der Volkswirtschaft, 7. Aufl., Landsberg am Lech u. a. 2000, S. 671.

LIPFERT, HELMUT (Zahlungsverkehr): Nationaler und internationaler Zahlungsverkehr, 2. Aufl., Wiesbaden 1970.

LIPPMANN, HUGO (Planung des finanziellen Bereichs von Banken): Die dynamische Planung des finanziellen Bereichs von Banken an Hand von Modellen – Unter besonderer Berücksichtigung des Einflusses der internen Verrechnung zwischen aktivischen und zwischen aktivischen und passivischen Konten, Münster 1970.

LOESCH, ACHIM VON (Gemeinwirtschaftliche Unternehmung): Die gemeinwirtschaftliche Unternehmung – Vom antikapitalistischen Ordnungsprinzip zum marktwirtschaftlichen Regulativ, Köln 1977.

LOHMANN, KARL (Leistungsprogrammplanung von Kreditinstituten): Nichtlineare Modelle zur finanziellen Leistungsprogrammplanung von Kreditinstituten, Göttingen 1970.

LÖWER, WOLFGANG (Kommunale Selbstverwaltung): Verfassungsmäßige Ordnung in den Ländern, Kommunale Selbstverwaltung, Gewährleistung durch den Bund, in: *MÜNCH, INGO VON/KUNIG, PHILIP (HRSG.)*: Grundgesetz-Kommentar, Bd. 2, 4./5. Aufl., München 2001, S. 313-395.

LÖWER, WOLFGANG (Privatisierung von Sparkassen): Privatisierung von Sparkassen – Kritische Anmerkungen zu den Vorschlägen der Monopolkommission, in: Zeitschrift für Bankrecht und Bankwirtschaft, 5. Jg., 1993, S. 108-112.

LÜCK, WOLFGANG (HRSG.): Lexikon der Betriebswirtschaft, 5. Aufl., Landsberg am Lech 1993.

LÜTTMANN, PETER (Verwaltungsräte): Aufgaben und Zusammensetzung der Verwaltungsräte der kommunalen Sparkassen, Stuttgart 2002.

LUTZ, HARALD (Konsens und Dissens): Zum Konsens und Dissens in der Unternehmensbewertung, in: Betriebswirtschaftliche Forschung und Praxis, 33. Jg., 1981, S. 146-155.

LÜTZENKIRCHEN, BERND (Unterschiede zwischen öffentlich-rechtlichen und freien Sparkassen): Unterschiede zwischen öffentlich-rechtlichen und freien Sparkassen vor dem Hintergrund des Frankfurter Zusammenschlusses, in: Zeitschrift für öffentliche und gemeinwirtschaftliche Unternehmen, 12. Jg., 1989, S. 222-228.

MÄHLMANN, PETER (Freie Sparkassen): Freie Sparkassen, in: *DEUTSCHER SPARKASSENVERLAG (HRSG.)*: Handwörterbuch der Sparkassen, Bd. 2, Stuttgart 1982, S. 141-144.

MAI, CHRISTINE (Landesbanken-Streit): EU-Wettbewerbskommissarin bleibt im Landesbanken-Streit hart, in: Financial Times Deutschland, 26.1.2005, S. 20.

MALCHUS, CARL A. FREIHERR VON (Sparcassen in Europa): Die Sparcassen in Europa. Darstellung der statutenmässigen Einrichtungen der grossen Mehrzahl von solchen in Europa, mit einer Nachweise des Betrages der in denselben aufgesammelten Ersparnisse. Nebst Ansichten über die sach- und zweckmässige Bildung der Einrichtungen für die Verwaltung solcher Anstalten, Heidelberg u. a. 1838.

MALERI, RUDOLF (Dienstleistungsproduktion): Grundzüge der Dienstleistungsproduktion, Berlin u. a. 1973.

MALERI, RUDOLF (Probleme der Dienstleistungsproduktion): Betriebswirtschaftliche Probleme der Dienstleistungsproduktion, Mannheim 1970.

MATSCHKE, MANFRED JÜRGEN (Arbitriumwert): Funktionale Unternehmensbewertung, Band II: Der Arbitriumwert der Unternehmung, Wiesbaden 1979.

MATSCHKE, MANFRED JÜRGEN (Argumentationswert): Der Argumentationswert der Unternehmung – Unternehmensbewertung als Instrument der Beeinflussung in der Verhandlung, in: Betriebswirtschaftliche Forschung und Praxis, 28. Jg., 1976, S. 517-524.

MATSCHKE, MANFRED JÜRGEN (Entscheidungswert): Der Entscheidungswert der Unternehmung, Wiesbaden 1975.

MATSCHKE, MANFRED JÜRGEN (Finanzierung): Finanzierung der Unternehmung, Herne u. a. 1991.

MATSCHKE, MANFRED JÜRGEN (Gesamtwert): Der Gesamtwert der Unternehmung als Entscheidungswert, in: Betriebswirtschaftliche Forschung und Praxis, 24. Jg., 1972, S. 146-161.

MATSCHKE, MANFRED JÜRGEN (Grundsätze): Grundsätze ordnungsgemäßer Unternehmensbewertung, Vortrag im Rahmen der EUROFORUM-Jahrestagung in Mainz am 12. März 2003, http://www.rsf.uni-greifswald.de/bwl/finanzwirtschaft/Lehrstuhl%20Homepage/Finanzwirtschaft%20Startseite.htm, Greifswald 2003.

MATSCHKE, MANFRED JÜRGEN (Kompromiß): Der Kompromiß als betriebswirtschaftliches Problem bei der Preisfestsetzung eines Gutachters im Rahmen der Unternehmensbewertung, in: Zeitschrift für betriebswirtschaftliche Forschung, 21. Jg., 1969, S. 57-77.

MATSCHKE, MANFRED JÜRGEN (Lenkungspreise): Lenkungspreise, in: *WITTMANN, WALDEMAR ET AL. (HRSG.)*: Handwörterbuch der Betriebswirtschaft, Bd. 2, 5. Aufl., Stuttgart 1993, Sp. 2581-2594.

MATSCHKE, MANFRED JÜRGEN (Schiedsspruchwert): Der Arbitrium- oder Schiedsspruchwert der Unternehmung – Zur Vermittlerfunktion eines unparteiischen Gutachters bei der Unternehmensbewertung, in: Betriebswirtschaftliche Forschung und Praxis, 23. Jg., 1971, S. 508-520.

MATSCHKE, MANFRED JÜRGEN (Unternehmensbewertung): Unternehmensbewertung, Konzeptionen, in: *LÜCK, WOLFGANG (HRSG.)*: Lexikon der Betriebswirtschaft, 5. Aufl., Landsberg am Lech 1993, S. 1240-1241.

MATSCHKE, MANFRED JÜRGEN/BRÖSEL, GERRIT (Unternehmensbewertung): Unternehmensbewertung: Funktionen – Methoden – Grundsätze, Wiesbaden 2005.

MATSCHKE, MANFRED JÜRGEN/HERING, THOMAS (Kommunale Finanzierung): Kommunale Finanzierung, München u. a. 1998.

MATSCHKE, MANFRED JÜRGEN/HERING, THOMAS/KLINGELHÖFER, HEINZ ECKART (Finanzanalyse): Finanzanalyse und Finanzplanung, München u. a. 2002.

MATSCHKE, MANFRED JÜRGEN/WEGMANN, JÜRGEN (Eigengesellschaften): Eigengesellschaften, in: *CHMIELEWICZ, KLAUS/EICHHORN, PETER (HRSG.)*: Handwörterbuch der Öffentlichen Betriebswirtschaft, Stuttgart 1989, Sp. 294-304.

MATSCHKE, MANFRED JÜRGEN/WITT, CIRSTEN (Vereinigung von Sparkassen): Entscheidungswertermittlung bei der Vereinigung von öffentlich-rechtlichen Sparkassen, in: *BURKHARDT, THOMAS/KÖRNERT, JAN/WALTHER, URSULA (HRSG)*: Banken, Finanzierung und Unternehmensführung – Festschrift für Karl Lohmann zum 65. Geburtstag, Berlin 2004, S. 249-271.

MATTHIESEN, SVEN/FEST, ALEXANDER (Haftungsverbund): Haftungsverbund: Risikoorientierte Beiträge und Aufstockung des Volumens, in: Sparkasse, 121. Jg., 2004, S. 155-156.

MELLEROWICZ, KONRAD (Wert der Unternehmung): Der Wert der Unternehmung als Ganzes, Essen 1952.

Meyer zu Selhausen, Hermann (Optimalplanung einer Kreditbank): Die Optimalplanung von Kapitalbeschaffung und Kapitalverwendung einer Kreditbank mit den Methoden der Unternehmensforschung, Köln 1970.

Meyer-Horn, Klaus (Reform der britischen Sparkassen): Die Reform der britischen Sparkassen, in: Sparkasse, 104. Jg., 1987, S. 105-111.

Milbradt, Georg H. (Ziele kommunaler Wirtschaftsförderung): Ziele kommunaler Wirtschaftsförderung, in: *Ehlers, Dirk (Hrsg)*: Kommunale Wirtschaftsförderung, Köln u. a. 1990, S. 3-17.

Mirschel, Stefan/Lerm, Michael (Dualvariable der Mindestzielfunktionswertrestriktion): Zur Interpretation der Dualvariable der Mindestzielfunktionswertrestriktion im Zustandsgrenzpreismodell, Diskussionspapier 07/2004 der Ernst-Moritz-Arndt-Universität Greifswald, Greifswald 2004.

Monopolkommission (Funktionsfähiges Finanzsystem): Ordnungspolitische Leitlinien für ein funktionsfähiges Finanzsystem: Sondergutachten der Monopolkommission gemäß § 24b Abs. 5 Satz 4 GWB, Baden-Baden 1998.

Monopolkommission (Industriepolitik): Wettbewerbspolitik oder Industriepolitik: Hauptband – Hauptgutachten 1990/1991, Baden-Baden, 1992.

Monopolkommission (Wettbewerbspolitik): Wettbewerbspolitik in Netzstrukturen: Hauptband – Hauptgutachten 1998/1999, Baden-Baden, 2000.

Moral, Felix (Wert industrieller Unternehmungen): Die Abschätzung des Wertes industrieller Unternehmungen, 2. Aufl., Berlin 1923.

Möschel, Wernhard (§ 29): § 29 Kredit- und Versicherungswirtschaft, in: *Immenga, Ulrich/Mestmäcker, Ernst-Joachim (Hrsg.)*: Gesetz gegen Wettbewerbsbeschränkungen: GWB – Kommentar, 3. Aufl., München 2001, S. 1142-1171.

Möschel, Wernhard (Anstaltslast): Anstaltslast bei öffentlichrechtlichen Kreditinstituten – Zur Vereinbarung von Brüssel, in: Wertpapiermitteilungen, 55. Jg., 2001, S. 1895-1897.

Möschel, Wernhard (Bastionen): Kommentar – Eine der letzten Bastionen fällt, in: Wirtschaft und Wettbewerb, 51. Jg., 2001, S. 1171.

Möschel, Wernhard (Privatisierung der Sparkassen): Privatisierung der Sparkassen – Zu den jüngsten Vorschlägen der Monopolkommission, in: Wertpapiermitteilungen, 47. Jg., 1993, S. 93-99.

Möschel, Wernhard (Wirtschaftrecht der Banken): Das Wirtschaftrecht der Banken – Die währungs-, bankaufsicht-, kartell- und EWG-rechtliche Sonderstellung der Kreditinstitute, Frankfurt a. M. 1972.

Moxter, Adolf (Unternehmensbewertung): Grundsätze ordnungsmäßiger Unternehmensbewertung, 2. Aufl., Wiesbaden 1983.

MÜHLENKAMP, HOLGER (Öffentliche Unternehmen): Öffentliche Unternehmen – Einführung unter Berücksichtigung betriebswirtschaftlicher, volkswirtschaftlicher und rechtlicher Aspekte, München u. a. 1994.

MÜLHAUPT, LUDWIG (Betriebswirtschaftslehre der Banken): Einführung in die Betriebswirtschaftslehre der Banken: Struktur und Grundprobleme des Bankbetriebs und des Bankwesens in der Bundesrepublik Deutschland, 3. Aufl., Wiesbaden 1980.

MÜLHAUPT, LUDWIG (Kreditbank): Umsatz-, Kosten- und Gewinnplanung einer Kreditbank – Ansatzpunkte einer theoretischen Bankbetriebslehre, in: Zeitschrift für handelswissenschaftliche Forschung, 46. Jg., 1956, S. 7-74.

MÜLHAUPT, LUDWIG/DOLFF, PETER (Zielsystem): Zielsystem im Sparkassenbetrieb, in: *DEPPE, HANS-DIETER (HRSG.)*: Texte zur wissenschaftlichen Bankbetriebslehre II, Göttingen 1981, S. 675-700.

MÜNCH, INGO VON (HRSG.): Staatsrecht – Völkerrecht – Europarecht: Festschrift für Hans-Jürgen Schlochauer zum 75. Geburtstag, Berlin u. a. 1981.

MÜNCH, INGO VON/KUNIG, PHILIP (HRSG.): Grundgesetz-Kommentar, Bd. 2, 4./5. Aufl., München 2001.

MÜNKLER, HERFRIED/BLUHM, HARALD (Gemeinwohl): Einleitung: Gemeinwohl und Gemeinsinn als politisch-soziale Leitbegriffe, in: *MÜNKLER, HERFRIED/BLUHM, HARALD (HRSG.)*: Gemeinwohl und Gemeinsinn – Historische Semantiken politischer Leitbegriffe, Berlin 2001, S. 9-30.

MÜNKLER, HERFRIED/BLUHM, HARALD (HRSG.): Gemeinwohl und Gemeinsinn – Historische Semantiken politischer Leitbegriffe, Berlin 2001.

MÜNSTERMANN, HANS (Wert und Bewertung): Wert und Bewertung der Unternehmung, Wiesbaden 1966.

MURA, JÜRGEN (Deutschland): Deutschland, in: *WISSENSCHAFTSFÖRDERUNG DER SPARKASSENORGANISATION E.V. (HRSG.)*: Europäische Sparkassengeschichte, Stuttgart 1995, S. 77-104.

MURA, JÜRGEN (HRSG.): Die Sparkassen in der EG – historische Entwicklung und Zukunftsperspektiven, Sparkassenhistorisches Symposium 1989, Stuttgart 1990.

MURA, JÜRGEN (Sparkassengeschichte): Entwicklungslinien der deutschen Sparkassengeschichte, 2. Aufl., Stuttgart 1994.

MUSGRAVE, RICHARD A. (Die öffentlichen Finanzen): Die öffentlichen Finanzen in Theorie und Praxis, Bd. 1, 6. Aufl., Tübingen 1994.

MUTIUS, ALBERT VON (Kommunale Sparkassen): Die Kommunalen Sparkassen, in: *PÜTTNER, GÜNTER (HRSG.)*: Handbuch der kommunalen Wissenschaft und Praxis, Bd. 5, 2. Aufl., Berlin u. a. 1984, S. 453-477.

NEUBERGER, DORIS (Mikroökonomik der Bank): Mikroökonomik der Bank – Eine industrieökonomische Perspektive, München 1998.

NIERHAUS, MICHAEL (Kommunale Selbstverwaltung): Verfassungsmäßige Ordnung in den Ländern, kommunale Selbstverwaltung, Gewährleistung durch den Bund, in: *SACHS, MICHAEL (HRSG.)*: Grundgesetz – Kommentar, 3. Aufl., München 2003, S. 1030-1067.

NIERHAUS, MICHAEL (Wettbewerbsfunktion): Sparkassen zwischen öffentlichem Auftrag und Wettbewerbsfunktion: Zur Unternehmensphilosophie der Sparkassen, in: Sparkasse, 102. Jg., 1985, S. 12-19.

NIERHAUS, MICHAEL/STERN, KLAUS (Regionalprinzip und Sparkassenhoheit): Regionalprinzip und Sparkassenhoheit im europäischen Bankenbinnenmarkt, Frankfurt a. M. 1992.

NÜRK, BETTINA (Privatisierung von Sparkassen): Privatisierung von Sparkassen und Landesbanken – überzeugende Gegenargumente fehlen, in: Deutsche Bank Research, Bulletin: aktuelle Wirtschafts- und Währungsfragen, 17.3.1995, S. 20-24.

OBERMANN, HOLGER (Kommunale Bindung): Die kommunale Bindung der Sparkassen: Verfassungsrechtliche Möglichkeiten und Grenzen ihrer Ausgestaltung, Köln 2000.

OEBBECKE, JANBERND (Eigenkapitalausstattung): Rechtsfragen der Eigenkapitalausstattung der kommunalen Sparkassen, Siegburg 1980.

OPITZ, OTTO/RAUHUT, BURKHARD (HRSG.): Ökonomie und Mathematik – Rudolf Henn zum 65. Geburtstag, Berlin u. a. 1987.

O. V. (Fraspa in der Helaba): Politiker und Sparkassenvertreter freuen sich auf die Fraspa in der Helaba, in: Frankfurter Allgemeine Zeitung, 17.5.2005, S. 16.

O. V. (Sparkassen-Finanzgruppe): Sparkassen-Finanzgruppe 2003, http://www.sparkassen-finanzgruppe.de/owx_medien/media0 /70.pdf, 8.3.2005

PADBERG, THOMAS (Genussrechtskapital): Bedeutung von Genussrechtskapital und nachrangigen Verbindlichkeiten für Genossenschaftsbanken und Sparkassen, in: Der Betrieb, 53. Jg., 2000, S. 990-991.

PAPIROW, STEFAN (Kommunale Finanzplanung): Kommunale Finanzplanung: ein Optimierungsmodell unter besonderer Berücksichtigung der finanzwirtschaftlichen Effekte gemeindlicher Investitions- und Finanzierungsmaßnahmen, München 1981.

PAUTSCH, ARNE (Privatisierung des öffentlichen Bankensektors): Privatisierung des öffentlichen Bankensektors – Eine Untersuchung zur Rolle des Staates in der Kreditwirtschaft unter Berücksichtigung aktueller Entwicklungen im nationalen und europäischen Recht, München 2003.

Perridon, Louis/Steiner, Manfred (Finanzwirtschaft): Finanzwirtschaft der Unternehmung, 13. Aufl., München 2004.

Piller, Tobias (Italiens Bankenszene): Lehren aus Italiens Bankenszene, in: Frankfurter Allgemeine Zeitung, 25.8.2004, S. 9.

Piller, Tobias (Sparkassen zerschlagen): Italien hat seine Sparkassen zerschlagen und damit Großbanken geschaffen, in: Frankfurter Allgemeine Zeitung, 7.4.2004, S. 18.

Polster, Armin (Frankreichs Sparkassenreform): EU-Monitor – Finanzmarkt Spezial: Frankreichs Sparkassenreform: Plus ça change, plus ça reste – presque – le même, in: Deutsche Bank Research, 09.03.2005, S. 1-18.

Polster, Armin (Reform des Sparkassensektors in Italien): EU-Monitor – Finanzmarkt Spezial: Erste Schritte bei der Reform des Sparkassensektors in Italien: Bildung von großen Universalbanken mit weiterem Potenzial, in: Deutsche Bank Research, 16.08.2004, S. 1-19.

Popitz, Johannes (Finanzausgleich): Der künftige Finanzausgleich zwischen Reich, Ländern und Gemeinden. Gutachten, erstattet der Studiengesellschaft für den Finanzausgleich, Berlin 1932.

Postlep, Rolf-Dieter (Öffentliche Güter): Öffentliche Güter, in: *Geigant, Friedrich et al. (Hrsg.)*: Lexikon der Volkswirtschaft, 7. Aufl., Landsberg am Lech 2000, S. 707-709.

Potthoff, Paul (Gesamtplanung einer Universalbank): Planungsverfahren unter Unsicherheit als Instrument der strategischen und taktischen Gesamtplanung einer Universalbank, Münster 1977.

Poullain, Ludwig (Wettbewerbsaspekte): Die Sparkassen unter den neuen Wettbewerbsaspekten, in: Zeitschrift für das gesamte Kreditwesen, 21. Jg., 1968, S. 614-617.

Purbach, Volker (Privatisierung der Sparkassen): Die Auswirkungen des Binnenmarktes auf die Sparkassen und ihre öffentlich-rechtliche Verankerung – Privatisierung der Sparkassen, Würzburg 1994.

Püttner, Günter (Hrsg.): Handbuch der kommunalen Wissenschaft und Praxis, Bd. 5, 2. Aufl., Berlin u. a. 1984.

Püttner, Günter (Rahmenbedingungen der Privatisierung): Rechtliche Rahmenbedingungen der Privatisierung, in: *Brede, Helmut (Hrsg.)*: Privatisierung und die Zukunft der öffentlichen Wirtschaft, Baden-Baden 1988, S. 257-265.

Rau, Günter/Dürrwächter, Erich (Hrsg.): Kommentar zum Umsatzsteuergesetz, 8. Aufl., Loseblattausgabe, Köln 1997.

Rehm, Hannes (Öffentlich-rechtliche Sparkassen): Öffentlich-rechtliche Sparkassen: Privatisierung, weil erfolgreich im Wettbewerb?, in: Wertpapiermitteilungen, 47. Jg., 1993, S. 133-139.

REHM, HANNES (Sparkassenprivatisierung): Diskussion über Sparkassenprivatisierung – eine Herausforderung, in: Sparkasse, 110. Jg., 1993, S. 173-178.

REICH, DIETMAR O./HELIOS, MARCUS (Steuersenkungsgesetz): Zur Besteuerung einer erwerbswirtschaftlichen Betätigung der öffentlichen Hand nach dem Steuersenkungsgesetz, in: Betriebs-Berater, 56. Jg., 2001, S. 1442-1449.

REICHERTER, MATTHIAS (Fusionsentscheidung): Fusionsentscheidung und Wert der Kreditgenossenschaft, Wiesbaden 2000.

REVIEW OF BANKING SERVICES IN THE UK (Competition in UK Banking): Competition in UK Banking: A Report to the Chancellor of the Exchequer, http://www.hm-treasury.gov.uk/documents/financial_services/banking/bankreview/fin_bank_reviewfinal.cfm, 15.7.2005.

RIDDER, HELMUT (Soziale Ordnung): Die soziale Ordnung des Grundgesetzes – Leitfaden zu den Grundrechten einer demokratischen Verfassung, Opladen 1975.

ROLLBERG, ROLAND (Unternehmensplanung): Integrierte Unternehmensplanung, Wiesbaden 2001.

ROTHE, CLAUDIA (Unternehmensansiedlungen): Bewertung von Unternehmensansiedlungen aus kommunaler Sicht, Wiesbaden 2005.

RUF, WERNER (Grundlagen eines Wertbegriffes): Die Grundlagen eines betriebswirtschaftlichen Wertbegriffes, Bern 1955.

SACHS, MICHAEL (Demokratiegebot und Sparkassen): Demokratiegebot und Sparkassen, in: Juristische Schulung, 28. Jg., 1988, S. 68-70.

SACHS, MICHAEL (HRSG.): Grundgesetz – Kommentar, 3. Aufl., München 2003.

SACHVERSTÄNDIGENRAT ZUR BEGUTACHTUNG DER GESAMTWIRTSCHAFTLICHEN ENTWICKLUNG (HRSG.) (Jahresgutachten): Erfolge im Ausland – Herausforderungen im Inland, Jahresgutachten 2004/05, Wiesbaden 2004.

SCHAUMBURG, HARALD/RÖDDER, THOMAS (Unternehmenssteuerreform): Unternehmenssteuerreform 2001: Gesetze, Materialien, Erläuterungen, München 2000.

SCHEIKE, ALEXANDER (Rechtliche Voraussetzungen): Rechtliche Voraussetzungen für die materielle Privatisierung kommunaler Sparkassen – Eine Untersuchung unter besonderer Berücksichtigung der Rechtsform der eingetragenen Genossenschaft, Frankfurt a. M. 2004.

SCHILDBACH, THOMAS (Verkäufer und Unternehmen): Der Verkäufer und das Unternehmen „wie es steht und liegt“, in: Zeitschrift für betriebswirtschaftliche Forschung, 47. Jg., 1995, S. 620-632.

SCHILDBACH, THOMAS (Wirtschaftsprüfer): Der Wirtschaftsprüfer als Gutachter in Fragen der Unternehmensbewertung: Möglichkeiten und Grenzen aus der Sicht der Berufspflichten des Wirtschaftsprüfers, in: Die Wirtschaftsprüfung, 34. Jg., 1981, S. 193-208.

SCHINDLER, MICHAEL/NEUBERGER, DORIS (Öffentlicher Auftrag): Ist der öffentliche Auftrag im deutschen Sparkassensektor zeitgemäß?, Working Paper Nr. 26, Universität Rostock, Rostock 2000.

SCHLIERBACH, HELMUT (Sparkassenrecht): Das Sparkassenrecht in der Bundesrepublik Deutschland, 5. Aufl. Stuttgart 2003.

SCHLÜCHTERMANN, JÖRG (Planung): Planung in zeitlich offenen Entscheidungsfeldern, Wiesbaden 1996.

SCHMIDHUBER, HEINRICH (Eigenkapital der Sparkassen): Das Eigenkapital der Sparkassen – grundsätzlich kein Problem mehr?, in: Zeitschrift für das gesamte Kreditwesen, 48. Jg., 1995, S. 436-437.

SCHMIDHUBER, HEINRICH (Öffentlicher Auftrag): Der öffentliche Auftrag der Sparkassen würde mit einer Privatisierung aufgegeben, in: Sparkasse, 110. Jg., 1993, S. 348-349.

SCHMIDT, DIRK (Tätigkeit der Sparkassen II): Zur erwerbswirtschaftlichen Tätigkeit der Sparkassen II, in: Zeitschrift für das gesamte Kreditwesen, 42. Jg., 1989, S. 98-102.

SCHMIDT, DIRK (Tätigkeit der Sparkassen): Zur erwerbswirtschaftlichen Tätigkeit der Sparkassen, in: Zeitschrift für das gesamte Kreditwesen, 42. Jg., 1989, S. 48-52.

SCHMIDT, FIDELIUS (Genossenschaftsbanken): Genossenschaftsbanken werfen Auge auf Sparkassen, in: Financial Times Deutschland, 22.12.2003, S. 1.

SCHMIDT, FIDELIUS/FROMM, THOMAS (Ärger mit der EU): Sparkassen droht neuer Ärger mit der EU, in: Financial Times Deutschland, 14.02.2005, S. 20.

SCHNEIDER, SIEGFRIED (Planung von Bereichszielen bei öffentlichen Verwaltungen): Die Planung von Bereichszielen bei öffentlichen Verwaltungen unter spezieller Berücksichtigung der Kommunalverwaltungen, in: Zeitschrift für betriebswirtschaftliche Forschung, 30. Jg., 1978, S. 561-585.

SCHOCH, FRIEDRICH (Privatisierung von Verwaltungsaufgaben): Privatisierung von Verwaltungsaufgaben, in: Deutsches Verwaltungsblatt, 109. Jg., 1994, S. 962-977.

SCHREIHAGE, HEINRICH (Wettbewerb): Wettbewerb und Wettbewerbsbeschränkung im Kreditgewerbe, in: Zeitschrift für das gesamte Kreditwesen, 13. Jg., 1960, S. 15-18.

SCHUPPERT, GUNNAR FOLKE (Jenseits von Privatisierung): Jenseits von Privatisierung und „schlankem“ Staat: Vorüberlegungen zu einem Konzept von Staatsentlastung durch Verantwortungsteilung, in: *GUSY, CHRISTOPH (HRSG.)*: Privatisierung von Staatsaufgaben: Kriterien – Grenzen – Folgen, Baden-Baden 1998, S. 72-115.

SCHUPPERT, GUNNAR FOLKE (Kontrolle öffentlicher Unternehmen): Probleme der Steuerung und Kontrolle öffentlicher Unternehmen, in: *THIEMEYER, THEO*

(HRSG.): Instrumentalfunktion öffentlicher Unternehmen: Referate und Diskussionsbeiträge eines Kolloqiums des Wissenschaftlichen Beirats der Gesellschaft für öffentliche Wirtschaft am 6. und 7. April 1989 in der Universität Göttingen, Baden-Baden 1990, S. 141-162.

SCHWEYER, ECKART/TSCHESCHE, FRANK (Steuerliche Fragestellungen): Steuerliche Fragestellungen bei der Vereinigung von Sparkassen des öffentlichen Rechts, in: Betriebs-Berater, 60. Jg., 2005, S. 183-190.

SEIFERT, EKKEHARD (Regulierung): Privilegierung und Regulierung im Bankwesen: Ein Beitrag zur ordnungspolitischen Problematik branchenorientierter Strukturpolitik, Baden-Baden 1984.

SEILER, GERHARD (Kommunale Finanzplanung): Kommunale Finanzplanung als Aufgabe des Operations Research, in: *OPITZ, OTTO/RAUHUT, BURKHARD (HRSG.)*: Ökonomie und Mathematik – Rudolf Henn zum 65. Geburtstag, Berlin u. a. 1987, S. 599-609.

SEILER, GERHARD (Optimierungsprobleme): Optimierungsprobleme der kommunalen Investitionsplanung, Meisenheim am Glan 1973.

SEMLER, JOHANNES/STENGEL, ARNDT (HRSG.) (Umwandlungsgesetz): Umwandlungsgesetz, München 2003.

SERFLING, KLAUS/PAPE, ULRICH (Unternehmensbewertung): Theoretische Grundlagen und traditionelle Verfahren der Unternehmensbewertung, in: Das Wirtschaftsstudium, 24. Jg., 1995, S. 808-820.

SIEBEN, GÜNTER (Bewertung von Erfolgseinheiten): Bewertung von Erfolgseinheiten, unveröffentlichte Habilitationsschrift, Köln 1968.

SIEBEN, GÜNTER (Entscheidungswert): Der Entscheidungswert in der Funktionenlehre der Unternehmensbewertung, in: Betriebswirtschaftliche Forschung und Praxis, 28. Jg., 1976, S. 491-504.

SIEBEN, GÜNTER (Unternehmensbewertung): Unternehmensbewertung, in: *WITTMANN, WALDEMAR, ET AL. (HRSG.)*: Handwörterbuch der Betriebswirtschaft, Bd. 3, 5. Aufl., Stuttgart 1993, Sp. 4315-4331.

SIEBEN, GÜNTER/LUTZ, HARALD (Abfindungsklauseln): Abfindungsklauseln in Gesellschaftsverträgen, in: Betriebswirtschaftliche Forschung und Praxis, 37. Jg., 1985, S. 200-213.

SIEBEN, GÜNTER/SCHILDBACH, THOMAS (Entscheidungstheorie): Betriebswirtschaftliche Entscheidungstheorie, 4. Aufl., Düsseldorf 1994.

SIEBEN, GÜNTER/SCHILDBACH, THOMAS (Bewertung ganzer Unternehmungen): Zum Stand der Entwicklung der Lehre von der Bewertung ganzer Unternehmungen, in: Deutsches Steuerrecht, 17. Jg., 1979, S. 455-461.

SIEPE, GÜNTER (Unternehmensbewertung): Die Unternehmensbewertung, in: *INSTITUT DER WIRTSCHAFTSPRÜFER (HRSG.)*: Wirtschaftsprüfer-Handbuch – Handbuch für

Rechnungslegung, Prüfung und Beratung, Bd. II, 12. Aufl., Düsseldorf 2002, S. 1-149.

Siepe, Günter/Dörschell, Andreas/Schulte, Jörn (IDW Standard): Der neue IDW Standard: Grundsätze zur Durchführung von Unternehmensbewertungen (IDW S 1), in: Die Wirtschaftsprüfung, 53. Jg., 2000, S. 946-960.

Skowronek, Peter-Christoph (Sparkassensysteme): Die europäischen Sparkassensysteme und das Wettbewerbsrecht der EU – Subventionsrechtliche Probleme im europäischen Sparkassenrecht, Frankfurt a. M. 2001.

Sparkassenverband Bayern (Pressemitteilung vom 13.9.2002): Pressemitteilung vom 13.9.2002: Bayerisches Landesbank-(Holding-)Modell umgesetzt, http://www.sparkassenverband-bayern.de/contentserv/spk-verband.de/index.php?StoryID=189, 25.5.2005.

Spierings, Renée (Regulation of Financial Intermediaries): Reflections on the Regulation of Financial Intermediaries, in: Kyklos, 43. Jg., 1990, S. 91-109.

Stadie, Holger (Unternehmer): § 2 Unternehmer, Unternehmen, in: *Rau, Günter/Dürrwächter, Erich (Hrsg.)*: Kommentar zum Umsatzsteuergesetz, 8. Aufl., Loseblattausgabe, Stand: 85. Lieferung, Köln Oktober 2002.

Staehle, Wolfgang H. (Management): Management – Eine verhaltenswissenschaftliche Perspektive, 8. Aufl., München 1999.

Starke, Ernst (Wettbewerbslage): Die „besondere Wettbewerbslage" des Kreditwesens, in: Zeitschrift für das gesamte Kreditwesen, 21. Jg., 1968, S. 438-441.

Statistisches Bundesamt Deutschland (Hrsg.) (Jahrbuch): Statistisches Jahrbuch für die Bundesrepublik Deutschland, Stuttgart u. a. 1952.

Statistisches Bundesamt Deutschland (Hrsg.) (Jahrbuch): Statistisches Jahrbuch für die Bundesrepublik Deutschland, Stuttgart u. a. 2004.

Statistisches Bundesamt Deutschland (Hrsg.) (Öffentliche Finanzen): Öffentliche Finanzen – Finanzierungssaldo, http://www.destatis.de/basis/d/fist/fist021.php, 14.04.2005.

Stein, Johann Heinrich von (Bankleistung): Arten und Wesensmerkmale der Bankleistung, in: *Hagen, Jürgen von/Stein, Johann Heinrich von (Hrsg.)*: Geld-, Bank- und Börsenwesen – Handbuch des Finanzsystems, 40. Aufl., Stuttgart 2000, S. 555-557.

Steiner, Jürgen (Bankenmarkt): Bankenmarkt und Wirtschaftsordnung: Sparkassen und Landesbanken in der Privatisierungsdiskussion, Frankfurt a. M. 1994.

Stern, Klaus (Artikel 28): Artikel 28: Normativbestimmungen für die Länderverfassungen – Wahlen zu Volkvertretungen in Ländern, Kreisen und Gemeinden – Selbstverwaltungsrecht der kommunalen Gebietskörperschaften – Gewährleistung der verfassungsmäßigen Ordnung, in: *Dolzer, Rudolf/Vogel,*

KLAUS/GRASSHOF, KARIN (HRSG.): Bonner Kommentar zum Grundgesetz, Loseblattausgabe, Stand: 84. Lieferung, Berlin u. a. März 1998.

STERN, KLAUS (Staatsrecht): Das Staatsrecht der Bundesrepublik Deutschland: Grundbegriffe und Grundlagen des Staatsrechts, Strukturprinzipien der Verfassung, Bd. 1, 2. Aufl., München 1984.

STERN, KLAUS/BURMEISTER, JOACHIM (Kommunale Sparkassen): Die kommunalen Sparkassen – Verfassungs- und verwaltungsrechtliche Probleme, Stuttgart u. a. 1972.

STERN, KLAUS/NIERHAUS, MICHAEL (Regionalprinzip): Das Regionalprinzip im öffentlich-rechtlichen Sparkassenwesen – Seine Geltung und Reichweite im Sparkassenorganisations- und Sparkassengeschäftsrecht, Heidelberg 1991.

STERZEL, DIETER (Privatisierung kommunaler Aufgaben): Verfassungs-, europa- und kommunalrechtliche Rahmenbedingungen für eine Privatisierung kommunaler Aufgaben, in: *BLANKE, THOMAS/TRÜMNER, RALF (HRSG.)*: Handbuch Privatisierung: Ein Rechtshandbuch für die Verwaltungspraxis, Personal- wie Betriebsräte und deren Berater, Baden-Baden 1998, S. 101-294.

STRECK, MICHAEL (Körperschaftsteuergesetz): Körperschaftsteuergesetz: mit Nebengesetzen, 6. Aufl., München 2003.

STÜTZEL, WOLFGANG (Bankpolitik): Bankpolitik heute und morgen, 3. Aufl., Frankfurt a. M. 1983.

SÜCHTING, JOACHIM/PAUL, STEPHAN (Bankmanagement): Bankmanagement, 4. Aufl., Stuttgart 1998.

THIEME, WERNER (Subsidiaritätsprinzip): Subsidiaritätsprinzip im Sparkassenrecht?, in: Sparkasse, 79. Jg., 1962, S. 179-181.

THIEMEYER, THEO (HRSG.): Instrumentalfunktion öffentlicher Unternehmen: Referate und Diskussionsbeiträge eines Kolloqiums des Wissenschaftlichen Beirats der Gesellschaft für öffentliche Wirtschaft am 6. und 7. April 1989 in der Universität Göttingen, Baden-Baden 1990.

THIEMEYER, THEO (Privatisierung): Privatisierung – Zur Vielfalt der Verwendungsweisen des Wortes in einer internationalen wirtschaftstheoretischen Diskussion, in: Annalen der Gemeinwirtschaft, 55. Jg., 1986, S. 141-152.

THIEMEYER, THEO (Wirtschaftslehre): Wirtschaftslehre öffentlicher Betriebe, Reinbek bei Hamburg 1975.

TIPKE, KLAUS/LANG, JOACHIM (Steuerrecht): Steuerrecht, 17. Aufl., Köln 2002.

TOLKSDORF, MICHAEL (Wettbewerb): Dynamischer Wettbewerb: Einführung in die Grundlagen der deutschen und internationalen Wettbewerbspolitik, Wiesbaden 1994.

Trende, Adolf (Geschichte der deutschen Sparkassen): Geschichte der deutschen Sparkassen bis zum Anfang des 20. Jahrhunderts – Vollständiger Nachdruck der Originalausgabe von 1957, Stuttgart 1993.

Troll, Max (Grundsteuergesetz): Grundsteuergesetz: mit Nebengesetzen, Richtlinien und Verwaltungsanweisungen; Kommentar, 7. Aufl., München 1997.

Vereinte Dienstleistungsgewerkschaft (Blick in die Geschichte): Blick in die Geschichte, http://www.verdi.de/ 0x0ac80f2b_0x0003c3f9, 6.5.2005.

Vereinte Dienstleistungsgewerkschaft (Sparkasse Düsseldorf): Sparkasse Düsseldorf, http://www.verdi.de/0x0ac80f2b_0x007ae20a;internal&action=verdi_show_nachricht.action, 1.10.2004.

Vincenti, Aurelio J. F. (Subjektivität der Prognoseunsicherheit): Subjektivität der Prognoseunsicherheit und der Informationswirkung – Eine wertorientierte Betrachtung am Beispiel der Unternehmensbewertung, Göttingen 2004.

Vogelgesang, Klaus (Kommunale Selbstverwaltung): Kommunale Selbstverwaltung: Rechtsgrundlagen – Organisation – Aufgaben – Neue Steuerungsmodelle, 3. Aufl., Berlin 2005.

Vonderheid, Ulrich (Privatisierung von Sparkassen): Grenzen der Privatisierung von Sparkassen, in: Zeitschrift für öffentliche und gemeinwirtschaftliche Unternehmen, 14. Jg., 1991, S. 269-281.

Walter, Norbert/Lahusen, Reinhard (Bankgewerbe in Deutschland): Bankgewerbe in Deutschland – Mythen, Mysterien und die kontrastierende Realität, in: Wege aus der Banken- und Börsenkrise, 2004, S. 15-31.

Wanner, Claudia (Sparkassen-Streit): Sparkassen-Streit im Osten spitzt sich zu, in: Financial Times Deutschland, 5.12.2003, S. 19.

Weber, Manfred (Öffentlicher Auftrag): Der öffentliche Auftrag von Sparkassen ist überholt, in: Orientierungen zur Wirtschafts- und Gesellschaftspolitik, Heft 1, 2004, S. 7-11.

Weber, Manfred (Vorrang für das Private): Die privaten Banken stehen für fairen Wettbewerb – Vorrang für das Private, in: Die Bank, Heft 9, 2004, S. 12-15.

Weber, Walter (Entwicklung der Sparkassen): Die Entwicklung der Sparkassen zu selbständigen Anstalten des öffentlichen Rechts – Ein Beitrag zur Entwicklung des Anstaltsbegriffs im 19. Jahrhundert, Frankfurt a. M. 1985.

Weides, Peter (Eigenständigkeit des Sparkassenrechts): Zur Eigenständigkeit des Sparkassenrechts gegenüber dem Kommunalrecht, in: Die öffentliche Verwaltung, 37. Jg., 1984, S. 41- 51.

Weimann, Joachim (Wirtschaftspolitik): Wirtschaftspolitik – Allokation und kollektive Entscheidung, 3. Aufl., Berlin u. a. 2004.

WEINGARTNER, H. MARTIN (Capital Budgeting Problems): Mathematical Programming and the Analysis of Capital Budgeting Problems, Englewood Cliffs 1963.

WEISS, WOLFGANG (Privatisierung und Staatsaufgaben): Privatisierung und Staatsaufgaben – Privatisierungsentscheidungen im Lichte einer grundrechtlichen Staatsaufgabenlehre unter dem Grundgesetz, Tübingen 2002.

WEIZSÄCKER, CARL CHRISTIAN VON (Staatliche Regulierung): Staatliche Regulierung – positive und normative Theorie, in: Schweizerische Zeitschrift für Volkswirtschaft und Statistik, 118. Jg., 1982, S. 325-343.

WELTEKE, ERNST (Haben Sparkassen Zukunft): Haben die Sparkassen Zukunft – und was für eine?, in: Zeitschrift für das gesamte Kreditwesen, 47. Jg., 1994, S. 162-165.

WENDT, RUDOLF (Sozialisierung): Art. 15 – Sozialisierung, Überführung in Gemeineigentum, in: *SACHS, MICHAEL (HRSG.)*: Grundgesetz – Kommentar, 3. Aufl., München 2003, S. 666-672.

WERNER, RALPH (Strategie und Taktik): Strategie und Taktik im kommunalen Haushalt, Königstein/Ts. 1979.

WERNER, THOMAS/PADBERG, THOMAS (Rückzahlungspotentiale): Rückzahlungspotentiale bei Sparkassen, Büren 1998.

WIESEL, ERNST (Sparkassen): Sparkassen und Landesbanken auf dem Prüfstand des europäischen Wettbewerbsrechts, in: Zeitschrift für Bankrecht und Bankwirtschaft, 14. Jg., 2002, S. 288-299.

WILL, HELLMUTH (Sparkassen): Die deutschen Sparkassen – Entwicklung – Organisation – Bedeutung, Stuttgart u. a. 1935.

WISSENSCHAFTSFÖRDERUNG DER SPARKASSENORGANISATION E. V. (HRSG.): Der Zweckverband als Organisationsform kommunaler Sparkassen: rechtliche Grundlagen, geschäftspolitische Bedeutung, historische Erfahrungen am Beispiel der Kreissparkasse Köln, Stuttgart 1999.

WISSENSCHAFTSFÖRDERUNG DER SPARKASSENORGANISATION E. V. (HRSG.): Europäische Sparkassengeschichte, Stuttgart 1995.

WITTE, JÜRGEN/RAFIQPOOR, PARWÄZ (Privatisierung öffentlich-rechtlicher Kreditinstitute): Privatisierung öffentlich-rechtlicher Kreditinstitute, in: Wertpapiermitteilungen, 57. Jg., 2003, S. 1885-1891.

WITTMANN, WALDEMAR ET AL. (HRSG.): Handwörterbuch der Betriebswirtschaft, Bd. 2, 5. Aufl., Stuttgart 1993.

WITTMANN, WALDEMAR, ET AL. (HRSG.): Handwörterbuch der Betriebswirtschaft, Bd. 3, 5. Aufl., Stuttgart 1993.

WÖHE, GÜNTER (Allgemeine Betriebswirtschaftslehre): Einführung in die Allgemeine Betriebswirtschaftslehre, 21. Aufl., München 2002.

WOLFF, HANS J./BACHOF, OTTO/STOBER, ROLF (Verwaltungsrecht III): Verwaltungsrecht, Bd. 3, 5. Aufl., München u. a. 2004.

WÜSTENHÖFER, ULRICH (Gewerbesteuer): Einführung in das Steuerrecht, Bd. 5, Gewerbesteuer, 5. Aufl., München 2001.

WYSOCKI, JOSEF (Sparkassen): Untersuchungen zur Wirtschafts- und Sozialgeschichte der deutschen Sparkassen im 19. Jahrhundert, Stuttgart 1980.

ZENSEN, RAINER (Bewertung von Universalbanken): Die Bewertung von deutschen Universalbanken unter Berücksichtigung rechtsformspezifischer Besonderheiten, Frankfurt a. M. 2002.

ZWEHL, WOLFGANG VON (Programmierung): Programmierung, ganzzahlige, in: *ALBERS, WILLI (HRSG.)*: Handwörterbuch der Wirtschaftswissenschaft, Bd. 6, Stuttgart u. a. 1981, S. 349-360.

Rechtsprechungsverzeichnis

Gericht	Datum	Aktenzeichen	Fundstelle
BVerfG	20.07.1954	1BvR 459, 484, 548, 555, 623, 651, 748, 783, 801/52, 5, 9/53, 96, 114/54	BVerfGE 4, 7, 27
BVerfG	11.06.1958	1 BvR 596/56	BVerfGE 7, 377, 444
BVerfG	29.07.1959	1 BvR 205,332,333, 367/58	BVerfGE 10, 59, 89
BVerfG	17.05.1961	1 BvR 561, 579/60, 114/61	BVerfGE 12, 354, 369
BVerwG	19.12.1963	I C 77.60	BVerwGE 17, 306, 315
BVerwG	22.02.1972	I C 24.69	BVerwGE, 39, 329, 338
BFH	13.03.1974	I R 7/71	BStBl. II 1974, 391, 395
BVerfG	08.07.1982	2 BvR 1187/80	BVerfGE 61, 82, 118
BVerfG	15.06.1983	1 BvR 1025/79	BVerfGE 64, 229, 242
BGH	05.04.1984	III ZR 12/83	BGHZ 91, 84, 98
BVerfG	14.04.1987	1 BvR 775/84	BVerfGE 75, 192, 201
BVerfG	23.11.1988	2 BvR 1619/83	BVerfGE 79, 127, 161
BFH	30.11.1989	I R 19/87	BStBl. II 1990, 246, 249
BGH	05.10.1992	II ZR 172/91	BGHZ 119, 305, 334
BVerfG	23.09.1994	2 BvR 1547/85	WM 1994, 1971, 1972
BVerfG	26.10.1994	2 BvR 445/91	BVerfGE 91, 228, 245
EuG	06.03.2003	T-228/99; T-233/99	EuGHE II, 2003, 435, 575

Rechtsquellenverzeichnis

Aktiengesetz (AktG) vom 6.9.1965, in: BGBl. I S. 1089, zuletzt geändert durch Art. 5 des Gesetzes vom 15.12.2004, in: BGBl. I S. 3408.

Bundeshaushaltsordnung (BHO) vom 19.8.1969, in: BGBl. I S. 1284, zuletzt geändert durch Art. 3 des Gesetzes vom 17.6.1999, in: BGBl. I S. 1334.

Bürgerliches Gesetzbuch (BGB) i. d. F. der Bekanntmachung vom 2.1.2002, in: BGBl. I S. 42, berichtigt in: BGBl. I S. 2909, BGBl. I 2003 S. 738, zuletzt geändert durch Art. 1 des Gesetzes vom 6.2.2005, in: BGBl. I S. 203.

Dritte Verordnung des Reichspräsidenten zur Sicherung von Wirtschaft und Finanzen und zur Bekämpfung politischer Ausschreitungen vom 6.10.1931, in: RGBl. I S. 537.

Drittes Gesetz zur Änderung des Sparkassengesetzes des Landes Mecklenburg-Vorpommern vom 4.3.2004, in: GVOBl. S. 98.

Einkommensteuergesetz (EStG) i. d. F. der Bekanntmachung vom 19.10.2002, in: BGBl. I S. 4210, berichtigt in: BGBl. I 2003 S. 179, zuletzt geändert durch Art. 3 des Gesetzes vom 15.12.2004, in: BGBl. II S. 1653.

Einlagensicherungs- und Anlegerentschädigungsgesetz (EAEG) vom 16.7.1998, in: BGBl. I S. 1842, zuletzt geändert durch das Investmentmodernisierungsgesetz vom 15.12.2003, in: BGBl. I S. 2676, berichtigt in: BGBl. I S. 2733.

Erste Verordnung zur Änderung der Verordnung über die Beiträge zur Entschädigungseinrichtung des Bundesverbandes Öffentlicher Banken Deutschlands GmbH vom 5.6.2003, BGBl. I S. 846.

Erste Verordnung zur Änderung der Verordnung über die Beiträge zur Entschädigungseinrichtung deutscher Banken GmbH vom 5.6.2003, BGBl. I S. 847.

Erstes Gesetz zur Änderung des Thüringer Sparkassengesetzes vom 3.12.2002, GVBl. S. 416.

Gemeindehaushaltsverordnung Mecklenburg-Vorpommern (GemHVO MV) vom 27.11.1991, in: GVOBl. S. 454, zuletzt geändert durch die Verordnung vom 29.11.2001, in: GVOBl. S. 501.

Gemeindeordnung für Baden-Württemberg (GO BW) i. d. F. der Bekanntmachung vom 24.7.2000, in: GVBl. S. 582, berichtigt in: GVBl. S. 698, zuletzt geändert durch Art. 1 des Gesetzes vom 14.12.2004, in: GVBl. S. 882.

Gemeindeordnung für Brandenburg (GO KV) i. d. F. der Bekanntmachung vom 10.10.2001, in: GVBl. I S. 154, zuletzt geändert durch Art. 5 des Gesetzes vom 22.3.2004, in: GVBl. I S. 59.

Gemeindeordnung für den Freistaat Bayern (GO BY) i. d. F. der Bekanntmachung vom 22.8.1998, in: GVBl. S. 797, zuletzt geändert durch das Gesetz vom 24.12.2002, in: GVBl. S. 962.

Gemeindeordnung für den Freistaat Sachsen (GO SN) i. d. F. der Bekanntmachung vom 18.3.2003, in: GVBl. S. 55, berichtigt in: GVBl. S. 159.

Gemeindeordnung für Hessen (GO HE) i. d. F. der Bekanntmachung vom 1.4.1993, in: GVBl. I 1992 S. 534, zuletzt geändert durch das Gesetz vom 20.6.2002, in: GVBl. S. 342.

Gemeindeordnung für Niedersachsen (GO NI) i. d. F. der Bekanntmachung vom 22.8.1996, in: GVBl. S. 382, zuletzt geändert durch das Gesetz vom 19.2.2004, in: GVBl. S. 63, berichtigt in: GVBl. S. 69.

Gemeindeordnung für Nordrhein-Westfalen (GO NRW) i. d. F. der Bekanntmachung vom 14.7.1994, in: GV. S. 666, zuletzt geändert durch Art. 2 des Gesetzes vom 3.2.2004, in: GV. S. 96.

Gemeindeordnung für Rheinland-Pfalz (GO RP) i. d. F. vom 31.1.1994, in: GVBl. S. 153, zuletzt geändert durch das Gesetz vom 22.12.2003, in: GVBl. S. 390.

Gemeindeordnung für Sachsen-Anhalt (GO ST) vom 5.10.1993, in: GVBl. S. 568, zuletzt geändert durch Art. 1 des Gesetzes vom 22.12.2004, in: GVBl. S. 852.

Gemeindeordnung für Schleswig-Holstein (GO SH) i. d. F. der Bekanntmachung vom 28.2.2003, in: GVOBl. S. 57, zuletzt geändert durch Art. 1 des Gesetzes vom 1.2.2005, in: GVOBl. S. 66.

Gesetz gegen Wettbewerbsbeschränkungen (GWB) i. d. F. der Bekanntmachung vom 26.8.1998, in: BGBl. I S. 2546, zuletzt geändert durch Art. 20 des Gesetzes vom 9.12.2004, in: BGBl. I S. 3220.

Gesetz über das Kreditwesen (KWG) i. d. F. der Bekanntmachung vom 9.9.1998, in: BGBl. I S. 2776, zuletzt geändert durch Art. 1 des Gesetzes vom 21.12.2004, in: BGBl. I S. 3610.

Gesetz über das öffentliche Kreditwesen im Freistaat Sachsen vom 13.12.2002, in: GVBl. S. 333.

Gesetz über das öffentlich-rechtliche Kreditwesen im Freistaat Sachsen (SpkG SN) vom 13.12.2002, in: GVBl. S. 333.

Gesetz über die Errichtung der Landesbank Berlin – Girozentrale (LBG Berlin) i. d. F. der Bekanntmachung vom 3.12.1993, in: GVBl. S. 626, zuletzt geändert durch das Gesetz vom 19.9.2002, in: GVBl. S. 286.

Gesetz zu dem Staatsvertrag zur Änderung des Staatsvertrages über die Bildung einer gemeinsamen Sparkassenorganisation Hessen-Thüringen, zur Änderung des Hessischen Sparkassengesetzes und zur Änderung des Gesetzes über die Vereinigung der Stadtsparkasse Frankfurt am Main mit der Frankfurter Sparkasse von 1822 (Polytechnische Gesellschaft) vom 18.6.2002, in: GVBl. I S. 260.

Gesetz zur Änderung des Brandenburgischen Sparkassengesetzes vom 10.7.2002, in: GVBl. I S. 57.

Gesetz zur Änderung des Gesetzes über das Kreditwesen und anderer Vorschriften über Kreditinstitute vom 21.12.1992, in: BGBl. I S. 2211.

Gesetz zur Änderung des Landesbankgesetzes vom 22.10.2002, in: GBl. S. 385 (Baden-Württemberg).

Gesetz zur Änderung des Sparkassengesetzes für das Land Schleswig-Holstein vom 12.12.2002, in: GVBl. S. 254.

Gesetz zur Änderung des Sparkassengesetzes für öffentliche Sparkassen im Lande Bremen und des Gesetzes zur Ausführung der Zivilprozessordnung, der Insolvenzordnung und des Zwangsversteigerungsgesetzes vom 28.5.2002, in: GBl. S. 131.

Gesetz zur Änderung des Sparkassengesetzes vom 25.7.2002, in: GVBl. S. 324 (Bayern).

Gesetz zur Änderung sparkassenrechtlicher Vorschriften vom 22.10.2002, in: GBl. S. 386 (Baden-Württemberg).

Gesetz zur Änderung steuerrechtlicher Vorschriften und zur Errichtung eines Fonds „Aufbauhilfe“ (Flutopfersolidaritätsgesetz) vom 19.9.2002, in: BGBl. I S. 3651.

Gesetz zur Neuordnung der Gemeindefinanzen (Gemeindefinanzreformgesetz) i. d. F. der Bekanntmachung vom 4.4.2001, in: BGBl. I S. 482, zuletzt geändert durch das Gesetz vom 4.12.2004, in: BGBl. I S. 3166, berichtigt in: BGBl. I S. 3181.

Gesetz zur Neuordnung des öffentlichen Sparkassenwesens in Niedersachsen vom 21.11.2002, in: GVBl. S. 730.

Gesetz zur Neuordnung des öffentlich-rechtlichen Kreditwesens im Saarland vom 27.11.2002, in: Amtsbl. S. 2502.

Gesetz zur Neuregelung der Rechtsverhältnisse der öffentlich-rechtlichen Kreditinstitute in Nordrhein-Westfalen vom 2.7.2002, in: GVBl. S. 284.

Gesetzes zur Neuregelung des Kaufmanns- und Firmenrechts und zur Änderung anderer handels- und gesellschaftsrechtlicher Vorschriften (Handelsrechtsreformgesetz) vom 22.6.1998, in: BGBl. I S. 1474.

Gesetz zur Umsetzung von EG-Richtlinien zur Harmonisierung bank- und wertpapieraufsichtsrechtlicher Vorschriften vom 22.10.1997, in: BGBl. I S. 2518.

Gewerbesteuergesetz (GewStG) i. d. F. der Bekanntmachung vom 15.10.2002, in: BGBl. I S. 4167, zuletzt geändert durch Art. 4 des Gesetzes vom 15.12.2004, in: BGBl. II S. 1653.

Grundgesetz für die Bundesrepublik Deutschland (GG) vom 23.5.1949, in: BGBl. S. 1, zuletzt geändert durch Art. 1 des Gesetzes vom 26.7.2002, in: BGBl. I S. 2863.

Grundsatz I über die Eigenmittel der Institute (Grundsatz I) i. d. F. der Bekanntmachung vom 29.10.1997, in: BAnz. Nr. 210 vom 11.11.1997 S. 13555, zuletzt geändert durch die Bekanntmachung vom 20.7.2000, in: BAnz. Nr. 160 vom 25.8.2000 S. 17077.

Grundsatz II über die Liquidität der Institute (Grundsatz II) i. d. F. der Bekanntmachung vom 20.1.1969, in: BAnz. Nr. 17 vom 25.1.1969, zuletzt geändert durch die Bekanntmachung vom 25.11.1998, in: BAnz. S. 16985 f.

Grundsteuergesetz (GrStG) vom 7.8.1973, in: BGBl. I S. 965, zuletzt geändert durch Art. 21 des Gesetzes vom 19.12.2000, in: BGBl. I S. 1790.

Handelsgesetzbuch (HGB) vom 10.5.1897, in: RGBl. S. 219, zuletzt geändert durch Art. 1 des Gesetzes vom 15.12.2004, in: BGBl. I S. 3408.

Kommunalordnung Thüringen (KO TH) i. d. F. der Bekanntmachung vom 28.1.2003, in: GVBl. S. 41.

Kommunalselbstverwaltungsgesetz Saarland (KSVG SL) i. d. F. der Bekanntmachung vom 27.6.1997, in: Amtsbl. S. 682, zuletzt geändert durch Art. 1 des Gesetzes Nr. 1532 vom 8.10.2003, in: Amtsbl. 2004 S. 594.

Kommunalverfassung für Mecklenburg-Vorpommern (KV MV) i. d. F. der Bekanntmachung vom 8.6.2004, in: GVOBl. S. 205.

Körperschaftsteuergesetz (KStG) i. d. F. der Bekanntmachung vom 15.10.2002, in: BGBl. I S. 4144, zuletzt geändert durch Art. 4 des Gesetzes vom 15.12.2004, in: BGBl. I S. 3416.

Österreichisches Sparkassengesetz (ÖSpkG) vom 24.1.1979, in: BGBl. Nr. 64, zuletzt geändert durch das Gesetz vom 30.4.2004, in: BGBl. Nr. 45.

Reichsgesetz über das Kreditwesen vom 5.12.1934, in: RGBl. I S. 1203.

Richtlinie 89/299/EWG des Rates vom 17.4.1989 über die Eigenmittel von Kreditinstituten, in: Amtsblatt der Europäischen Gemeinschaften Nr. L 124 vom 5.5.1989, S. 16.

Richtlinie 89/647/EWG des Rates vom 18.12.1989 über einen Solvabilitätskoeffizienten für Kreditinstitute, in: Amtsblatt der Europäischen Gemeinschaften Nr. L 386 vom 30.12.1989, S. 14.

Richtlinie 93/6/EWG des Rates vom 15. März 1993 über die angemessene Eigenkapitalausstattung von Wertpapierfirmen und Kreditinstituten, in: Amtsblatt der Europäischen Gemeinschaften Nr. L 141 vom 11.6.1993, S. 27.

Richtlinie 94/19/EG des Europäischen Parlaments und des Rates vom 30.5.1994 über Einlagensicherungssysteme, in: Amtsblatt der Europäischen Gemeinschaften Nr. L 135 vom 31.5.1994, S. 5.

Richtlinie 97/9/EG des Europäischen Parlaments und des Rates vom 3.3.1997 über Systeme für die Entschädigung der Anleger, in: Amtsblatt der Europäischen Gemeinschaften Nr. L 84 vom 26.3.1997, S. 22.

Scheckgesetz vom 11.3.1908, in: RGBl. S. 71.

Siebtes Landesgesetz zur Änderung des Sparkassengesetzes vom 27.6.2002, in: GVBl. S. 304 (Rheinland-Pfalz).

Solidaritätszuschlaggesetz i. d. F. der Bekanntmachung vom 15.10.2002, in: BGBl. I S. 4130, zuletzt geändert durch das Gesetz vom 23.12.2002, in: BGBl. I S. 4621, berichtigt in: BGBl. I S. 4632.

Sparkassengesetz des Landes Mecklenburg-Vorpommern (SpkG MV) vom 26.7.1994, in: GVOBl. S. 761, zuletzt geändert durch das Gesetz vom 4.3.2004, in: GVOBl. S. 98.

Sparkassengesetz des Landes Sachsen-Anhalt (SpkG ST) vom 13.7.1994, in: GVBl. S. 823, zuletzt geändert durch das Gesetz vom 18.12.2002, in: GVBl. S. 447.

Sparkassengesetz für Baden-Württemberg (SpkG BW) i. d. F. der Bekanntmachung vom 1.4.2003, in: GBl. S. 215.

Sparkassengesetz für Bayern (SpkG BY) vom 21.12.1933, in: GVBl. S. 489, zuletzt geändert durch § 9 des Gesetzes vom 24.12.2002, in: GVBl. S. 962.

Sparkassengesetz für Brandenburg (SpkG BB) vom 26.6.1996, in: GVBl. I S. 210, zuletzt geändert durch Art. 1 des Gesetzes vom 10.7.2002, in: GVBl. I S. 57.

Sparkassengesetz für das Land Schleswig-Holstein (SpkG SH) i. d. F. der Bekanntmachung vom 9.2.2005, in: GVOBl. S. 111, berichtigt in: GVOBl. S. 186.

Sparkassengesetz für Hessen (SpkG HE) i. d. F. der Bekanntmachung vom 24.2.1991, in: GVBl. I S. 78, zuletzt geändert durch das Gesetz vom 13.12.2002, in: GVBl. I S. 752.

Sparkassengesetz für Niedersachsen (SpkG NI) vom 16.12.2004, in: GVBl. S. 609.

Sparkassengesetz für Nordrhein-Westfalen (SpkG NRW) i. d. F. der Bekanntmachung vom 10.9.2004, in: GVOBl. S. 521.

Sparkassengesetz für öffentlich-rechtliche Sparkassen im Lande Bremen (SpkG HB) vom 27.9.1994, in: GBl. S. 253, zuletzt geändert durch Art. 1 des Gesetzes vom 8.4.2003, in: GBl. S. 168.

Sparkassengesetz für Rheinland-Pfalz (SpkG RP) vom 1.4.1982, in: GVBl. S. 113, zuletzt geändert durch Art. 2 des Gesetzes vom 22.12.2004, in: GVBl. S. 545.

Sparkassengesetz für Saarland (SpkG SL) i. d. F. der Bekanntmachung vom 1.4.1993, in: Amtsbl. S. 360, zuletzt geändert durch das Gesetz vom 27.11.2002, in: Amtsbl. S. 2502.

Sparkassengesetz für Thüringen (SpkG TH) vom 19.7.1994, in: GVBl. S. 911, zuletzt geändert durch das Gesetz vom 3.12.2002, in: GVBl. S. 416.

Sparkassenordnung Bayern (SpkO BY) vom 1.12.1997, in: GVBl. S. 816, zuletzt geändert durch die Verordnung vom 24.9.2003, in: GVBl. S. 789.

Sparkassenverordnung Brandenburg (SpkVO BB) vom 26.9.1997, in: GVBl. II S. 814.

Sparkassenverordnung Mecklenburg-Vorpommern (SpkVO MV) vom 1.3.2001, in: GVOBl. S. 72.

Sparkassenverordnung Nordrhein-Westfalen (SpkVO NRW) vom 15.12.1995, in: GV. S. 92, i. d. F. der Änderungsverordnung vom 21.6.1999, in: GV. S. 411.

Sparkassenverordnung Sachsen (SpkVO SN) vom 11.1.2002, in: GVBl. S. 52, zuletzt geändert durch Art. 1 der Verordnung des Sächsischen Staatsministeriums der Finanzen zur Änderung sparkassenrechtlicher Vorschriften vom 1.9.2003, in: GVBl. S. 388.

Sparkassenverordnung Sachsen-Anhalt (SpkVO ST) vom 21.5.2003, in: GVBl. S. 116.

Sparkassenverordnung Thüringen (SpkVO TH) vom 1.7.1999, in: GVBI. S. 438, zuletzt geändert durch die 1. Verordnung zur Veränderung der Thüringer Sparkassenverordnung vom 13.12.2002, in: GVBI. S. 498.

Umsatzsteuergesetz (UStG) i. d. F. der Bekanntmachung vom 21.2.2005, in: BGBl. I S. 386.

Umwandlungsgesetz (UmwG) vom 28.10.1994, in: BGBl. I S. 3210, berichtigt in: BGBl. I 1995 S. 428, zuletzt geändert durch Art. 10 des Gesetzes vom 9.12.2004, in: BGBl. I S. 3214.

Umwandlungssteuergesetz (UmwStG) i. d. F. vom 15.10.2002, in: BGBl. I S. 4133, berichtigt in: BGBl. I 2003 S. 738, zuletzt geändert durch Art. 3 des Gesetzes vom 16.05.2003, in: BGBl. I S. 660.

Verordnung über die Aufhebung der Zinsverordnung und von Bestimmungen über die Kosten für Teilzahlungsfinanzierungskredite und Kleinkredite vom 21.3.1967, in: BGBl. I S. 352.

Verordnung über die Bedingungen, zu denen Kreditinstitute Kredite gewähren und Einlagen entgegennehmen dürfen (Zinsverordnung) vom 5.2.1965, in: BGBl. I S. 33.

Verordnung über die Beiträge zur Entschädigungseinrichtung des Bundesverbandes Öffentlicher Banken Deutschlands GmbH vom 10.7.1999, in: BGBl. I S. 1538.

Verordnung über die Beiträge zur Entschädigungseinrichtung deutscher Banken GmbH vom 10.7.1999, in: BGBl. I S. 1540.

Vertrag zur Gründung der Europäischen Gemeinschaft (EGV) i. d. F. der Bekanntmachung vom 24.12.2002, in: Amtsblatt der Europäischen Gemeinschaften Nr. C 325 vom 24.12.2002, S. 1.

Viertes Gesetz zur Änderung des Gesetzes über die Errichtung der Landesbank Berlin – Girozentrale vom 19.9.2002, in: GVBl. S. 286.

Zweite Richtlinie 89/646/EWG des Rates vom 15.12.1989 zur Koordinierung der Rechts- und Verwaltungsvorschriften über die Aufnahme und Ausübung der Tätigkeit der Kreditinstitute und zur Änderung der Richtlinie 77/780/EWG, in: Amtsblatt der Europäischen Gemeinschaften Nr. 386 vom 30.12.1989, S. 1.

Zweites Gesetz zur Änderung des Sparkassengesetzes des Landes Mecklenburg-Vorpommern vom 30.4.2002, in: GVBl. S. 182, berichtigt in: GVBl. S. 688.

Zweites Gesetz zur Änderung des Sparkassengesetzes des Landes Sachsen-Anhalt vom 18.12.2002, in: GVBl. S. 447.

Zweites Gesetz zur Änderung steuerlicher Vorschriften (Steueränderungsgesetz 2003 – StÄndG 2003) vom 15.12.2003, in: BGBl. I S. 2645.